HEYNE <

Von JOE ABERCROMBIE sind
im Wilhelm Heyne Verlag
erschienen:

DIE KLINGEN-SAGA

Kriegsklingen
Feuerklingen
Königsklingen
Racheklingen
Heldenklingen
Blutklingen
Schattenklingen
Zauberklingen

DIE KÖNIGS-TRILOGIE

Königsschwur
Königsjäger
Königskrone

JOE ABERCROMBIE

Schattenklingen

Roman

Aus dem Englischen von
Kirsten Borchardt

WILHELM HEYNE VERLAG
MÜNCHEN

Titel der englischen Originalausgabe:
SHARP ENDS

MIX
Papier aus verantwortungsvollen Quellen
FSC® C014496

Verlagsgruppe Random House FSC® N001967

2. Auflage
Deutsche Erstausgabe 02/2017
Redaktion: Werner Bauer

Printed in Germany
Karte: Dave Senior
Umschlagillustration: Melanie Korte
Umschlaggestaltung: Nele Schütz Design, München
Satz: Greiner & Reichel, Köln
Druck und Bindung: GGP Media GmbH, Pößneck, Germany

ISBN 978-3-453-31806-9

www.heyne.de

FÜR MUM UND DAD.
OHNE EUER GENETISCHES MATERIAL
WÄRE MIR DAS NIE GEGLÜCKT.

Inhalt

EIN BEWUNDERNSWERTER DRECKSACK

Kadir, Frühjahr 566

»Jaa!«, kreischte Salem Rews, seines Zeichens Quartiermeister des Ersten Regiments Seiner Erhabenen Majestät. »Machen Sie ihnen die Hölle heiß!«

Das war tatsächlich etwas, worauf sich Oberst Glokta verstand: seinen Gegnern die Hölle heißzumachen – im Fechtkreis, auf dem Schlachtfeld, aber auch in bedeutend weniger zivilisierter Umgebung, beispielsweise auf dem gesellschaftlichen Parkett.

Seine drei armseligen Kontrahenten gaben sich zwar alle Mühe, ihn zu erwischen, stolperten dabei aber ebenso hilflos hinter ihm her wie die betrogenen Ehemänner, die ignorierten Gläubiger und die übersehenen ehemaligen Kameraden, die ansonsten in seinem Kielwasser zurückblieben. Mit einem wissenden Lächeln tänzelte Glokta um seine Gegner herum und wurde dabei einmal mehr seinem doppelten Ruf gerecht, sowohl der gefeierteste Degenfechter der Union als auch der größte Angeber zu sein. Er schlich und stolzierte, täuschte und trippelte, flink wie eine Eintagsfliege, unberechenbar wie ein Schmetterling und, wenn er es darauf anlegte, so rachsüchtig wie eine aufgestachelte Wespe.

»Nun geben Sie sich mal ein wenig Mühe!«, rief er und brachte sich mit einer schnellen Drehung aus der Reichweite eines ungelenken Schlages, um danach dem Urheber einen festen Streich auf die Hinterbacken zu verpassen, der beim Publikum einen Ausbruch spöttischen Gelächters auslöste.

»Eine großartige Vorstellung!«, rief Lord Marschall Varuz, der begeistert auf seinem Klappstuhl hin und her wippte.

»Eine *verdammt* großartige Vorstellung!«, echote Oberst Kroy prompt, der rechts neben ihm saß.

»Hervorragende Arbeit!«, tönte Oberst Poulder links von ihm; wie immer waren beide stets bemüht, sich gegenseitig darin zu übertreffen, ihrem Befehlshaber recht zu geben. Als ob es kein edleres Unterfangen hätte geben können, als drei Rekruten zu blamieren, die zuvor kaum jemals einen Degen in der Hand gehabt hatten.

Salem Rews, äußerlich begeistert und innerlich beschämt, erging sich in ebenso lauten Beifallsrufen wie alle anderen. Dennoch konnte er seine Augen nicht daran hindern, gelegentlich von dem gleichermaßen faszinierenden wie ekelerregenden Spektakel abzuschweifen. Hinüber zum Tal, wo sich ein peinliches Beispiel für miserable Truppenorganisation bot.

Während sich die Befehlshaber hier oben auf dem Berggrat sonnten – Wein soffen, Gloktas selbstgefällige Fechtkämpfe beklatschten und den unbezahlbaren Luxus einer frischen Brise genossen –, kämpfte sich der größte Teil des Unionsheers in dem Glutofen unter ihnen weiter voran, versengt von der brennenden Sonne und teils verdeckt von einer erstickenden Staubwolke.

Es hatte den ganzen Tag gekostet, die Soldaten, Pferde und die allmählich auseinanderfallenden Planwagen des Nachschubzugs über die schmale Brücke zu bringen, die sich über das verführerische Rinnsal eines Bachbetts spannte, das sich tief in den Boden gegraben hatte. Die Männer schleppten sich in verlotterten Lumpen und zerfetzten Kleidern dahin und wirkten dabei eher wie Schlafwandler denn wie marschierende Soldaten. Jede Spur einer Straße war längst zu Staub zertrampelt worden, jede Spur von Ordnung, Disziplin oder Moral schon lange vergessen – die roten Jacken, die polierten Brustpanzer, die schlaff herabhängenden goldenen Standarten, alles hatte das allgegenwärtige Hellbraun des sonnenverbrannten, gurkhisischen Staubs angenommen.

Rews schob sich einen Finger unter den Kragen und versuchte, etwas kühle Luft an seinen verschwitzten Hals gelangen zu lassen. Wieder fragte er sich, ob nicht jemand versuchen sollte, etwas mehr Ordnung in das Durcheinander dort unten zu bringen. Es würde doch ohne Zweifel richtig übel für sie ausgehen, wenn jetzt die Gurkhisen kämen? Und die Gurkhisen hatten die Angewohnheit, in den unpassendsten Augenblicken aufzutauchen.

Aber Rews war schließlich nur Quartiermeister. Im Kader des Ersten Regiments stand er ganz unten auf der Leiter, und niemand machte sich die Mühe, diesen Umstand schönzureden, nicht einmal er selbst. Er zuckte die juckenden Schultern und kam still für sich wie so oft zu dem Schluss, dass die Lage auf der Brücke nicht sein Problem war. Dann glitt sein Blick, wie von einem Magneten angezogen, zurück zur unvergleichlichen athletischen Kampfkunst Oberst Gloktas.

Zweifelsohne hätte auch ein Leinwandporträt vermitteln können, dass dieser Mann geradezu unverschämt gut aussah, aber es war die Art, wie er stand, grinste, verächtlich den Mund verzog, die Augenbraue hob, ja, die Art, wie er sich überhaupt bewegte, die ihn erst recht attraktiv erscheinen ließ. Er hatte die Körperspannung eines Tänzers, die Haltung eines Helden, die Kraft eines Ringers, die Schnelligkeit einer Schlange.

Zwei Sommer zuvor hatte Rews in Adua miterlebt – unter deutlich zivilisierteren Umständen –, wie Glokta das Turnier gewonnen hatte, ohne selbst auch nur einen einzigen Streich einzustecken. Natürlich von den billigen Plätzen aus, so weit oben über dem Kampfplatz, dass die Fechter weit entfernt waren und winzig klein erschienen, aber dennoch hatte er mit wild schlagendem Herzen mitgefiebert, so sehr, dass er jede Bewegung mit einem Zucken seiner Hände begleitet hatte. Dass er sein Idol inzwischen aus größter Nähe hatte erleben können, das hatte seine Bewunderung nur gesteigert. Wenn man der Wahrheit die Ehre geben wollte, dann sogar in einem Maße, dass ein vernünftiger Betrachter von Liebe hätte sprechen mögen. Gleichzeitig jedoch hatte sich diese Bewunderung mit bitterem, gehässigem und sorgsam verborgenem Hass gemischt.

Glokta hatte alles, und was er nicht hatte, das nahm er sich, ohne dass ihn jemand aufhalten konnte. Frauen bewunderten ihn, Männer beneideten ihn. Oder anders herum: Frauen beneideten ihn, Männer bewunderten ihn, auch das traf durchaus zu. Bei dem Glück, mit dem das Schicksal ihn bedacht hatte, hätte der Oberst doch eigentlich der angenehmste Mensch auf der Welt sein müssen.

Aber Glokta war durch und durch ein Drecksack. Ein gutaussehender, gehässiger, fähiger, schrecklicher Drecksack, gleichzeitig der beste Mann und der größte Scheißkerl in der Union. Ein Bollwerk selbstzentrierter Selbstbesessenheit. Eine unüberwindliche Festung der Arroganz. Nur eines übertraf noch seine beträchtlichen Fähigkeiten: sein eigener Glaube an ebendiese. Andere Menschen waren Spielfiguren, die hin und her geschoben wurden, mit denen Siegpunkte zu erreichen waren, Requisiten für das herrliche lebende Bild, das er um sich als Mittelpunkt herum inszenierte. In der Disziplin Drecksacksein war Glokta ein echter Tornado, der eine Schneise zerstörter Freundschaften, zerstörter Karrieren und zerstörter Reputationen hinter sich zurückließ.

Sein Selbstbewusstsein war so überwältigend, dass es wie ein seltsames Licht aus ihm hervorschien und dabei die Persönlichkeiten aller anderen um ihn herum so verzerrte, bis sie mindestens zur Hälfte ebenso drecksäckig wirkten wie er. Vorgesetzte wurden willfährige Komplizen, Fachleute beugten sich seiner Unwissenheit. Anständige Männer verwandelten sich in rückgratlose Speichellecker. Frauen mit guter Menschenkenntnis schrumpften zu kichernden Nullen.

Rews hatte einmal gehört, von den besonders ergebenen Anhängern des gurkhisischen Glaubens werde erwartet, dass sie eine Pilgerfahrt nach Sarkant unternahmen. Und mit Glokta war es so, dass seine Person wie von selbst zu einem Pilgerziel aller besonders überzeugter Drecksäcke wurde. Drecksäcke wimmelten um ihn herum wie Ameisen um eine angebissene Pastete. Er war stets von einer ständig wechselnden Drecksack-Entourage umgeben, einem hinterhältigen Klüngel selbstherrlicher Anhänger. Drecksäcke folgten ihm wie der Schweif einem Kometen.

Und Rews wusste: Er selbst war keinen Deut besser. Wenn Glokta über andere spottete, lachte er mit und setzte alles daran, dass seine katzbuckelnde Zustimmung auch wahrgenommen wurde. Wenn er dann selbst zum Ziel von Gloktas gnadenloser Zunge wurde, was unvermeidlich immer wieder geschah, dann lachte er sogar noch lauter, vor Freude darüber, dass er so viel Aufmerksamkeit erhielt.

»Erteilen Sie denen eine Lehre!«, kreischte er, als Glokta einem seiner Gegner die kurze Klinge gegen den Bauch stieß, sodass der zusammenknickte. Noch während er das rief, fragte sich Rews jedoch, was das wohl für eine Lehre sein konnte, die diese Männer aus diesem Kampf ziehen sollten. Vielleicht, dass das Leben grausam, schrecklich und ungerecht war.

Glokta fing den Degen eines anderen Fechters mit seinem langen Eisen ab, schob noch im gleichen Augenblick die kurze Klinge in die Scheide und versetzte dem Mann links und rechts eine schallende Ohrfeige; dann schubste er den überrascht Aufschreienden mit einem verächtlichen Schnauben aus dem

Weg. Die Zivilisten, die eigentlich angereist waren, um den Fortgang des Krieges zu beobachten, stießen bewundernde Rufe aus, während die Damen in ihrer Begleitung gurrende Laute von sich gaben und sich unter der flatternden Leinwand eines Pavillons Kühlung zufächelten. Rews stand da, wie gelähmt vor Schuldgefühlen und Begeisterung, und wünschte sich, die Ohrfeigen selbst erhalten zu haben.

»Rews.« Leutnant West drängte sich neben ihn und stemmte einen staubigen Stiefel auf den Zaun, an dem sie standen.

West zählte zu den wenigen Männern unter Gloktas Befehl, der gegen die um sich greifende Verdrecksackung immun zu sein schien und die schlimmsten Exzesse seines Vorgesetzten immer wieder mit ehrlicher Betroffenheit kommentierte, auch wenn das eine eher unpopuläre Haltung war. Paradoxerweise zählte er gleichzeitig zu den wenigen, die Glokta aufrichtig zu respektieren schien, obwohl West von niederer Geburt war. Rews bemerkte das sehr wohl und verstand auch die Gründe dafür, aber dennoch sah er sich nicht in der Lage, Wests Beispiel zu folgen. Vielleicht deshalb, weil er so dick war. Oder vielleicht auch, weil ihm schlicht der Mut für Moral und Anstand fehlte. Jede andere Art von Mut ging ihm schließlich auch ab.

»West«, raunte Rews aus dem Mundwinkel, den Kopf stur geradeaus gerichtet; er wollte schließlich nichts von diesem Spektakel verpassen.

»Ich war auf der anderen Seite der Brücke.«

»Ach?«

»Die Nachhut ist in einem erbärmlichen Zustand. Wenn man denn überhaupt von einer Nachhut sprechen kann. Hauptmann Lasky hat es schlimm erwischt mit seinem Fuß. Es heißt, dass er ihn vielleicht verlieren wird.«

»Wohl mit dem falschen Fuß aufgestanden, was?« Rews lachte über seinen eigenen Witz und beglückwünschte sich dazu, dass es wahrscheinlich genau die Art von Kommentar war, die Glokta selbst gemacht haben würde.

»Ohne ihn ist seine Kompanie völlig kopflos.«

»Nun, das ist wohl ihr Problem, würde ich sagen – zustechen! Zustechen! Oooooh!« Glokta war geschickt ausgewichen und trat einem Gegner die Beine weg, sodass sich der nun am Boden wälzte.

»Das könnte verdammt schnell unser aller Problem werden«, knurrte West. »Die Männer sind erschöpft, kommen nur langsam voran. Und der Zug mit den Nachschubwagen ist ein einziges Durcheinander ...«

»Das ist der Nachschubzug doch immer, das gehört bei dieser Truppe praktisch mit dazu ... oh!« Wie alle anderen zog auch Rews hart die Luft ein, als Glokta einem Hieb mit großer Schnelligkeit auswich und dem Mann, der ihn geschlagen hatte – oder vielmehr dem Jungen, wie man korrekterweise sagen musste –, einen Tritt in den Schritt versetzte, dass der mit hervorquellenden Augen zusammenknickte.

»Aber wenn jetzt die Gurkhisen kommen ...«, fuhr West fort und blickte weiter mit gerunzelter Stirn über die verdorrte Landschaft auf der anderen Seite des Flusses.

»Die Gurkhisen sind noch meilenweit entfernt. Jetzt mal ehrlich, West, Sie machen sich doch immer Sorgen um irgendetwas.«

»Irgendjemand muss das ja tun ...«

»Dann beschweren Sie sich doch beim Lord Marschall!« Rews nickte zu Varuz hinüber, der von dem faszinierenden Schauspiel aus Fechten und Herumschubsen so gefesselt war, dass er beinahe von seinem Klappstuhl kippte. »Was glauben Sie denn, was ich daran ändern kann? Vielleicht mehr Futter für die Pferde anfordern?«

Ein hartes Ratschen war zu hören, als Glokta dem letzten Gegner die flache Seite seiner Klinge durchs Gesicht zog und ihn mit gequältem Aufschrei zurückstolpern ließ, die Hand an die Wange gepresst.

»Ist das wirklich das Beste, was Sie zu bieten haben?« Glokta trat vor und versetzte einem, der gerade wieder aufzustehen versuchte, einen mächtigen Tritt in den Hintern, sodass er unter allgemeinem Gelächter wieder mit dem Gesicht voran in den Staub fiel. Dabei saugte der Oberst den Beifall auf wie eine parasitäre Dschungelpflanze, die vom Saft ihres Wirts lebt; er verbeugte sich, strahlte, warf Kusshände, und Rews presste die Handflächen gegeneinander, bis sie schmerzten.

Was für ein Drecksack dieser Oberst Glokta war. Was für ein bewundernswerter Drecksack.

Seine drei Gegner humpelten geschlagen vom Kampfplatz. Die körperlichen Wunden würden schon bald heilen; die erfahrene Erniedrigung hingegen würde sie bis ins Grab begleiten. Glokta lehnte sich dekorativ an den Zaun, hinter dem sich die Damen versammelt hatten. Besondere Aufmerksamkeit erwies er dabei Lady Wetterlant – jung, reich, schön, wenn auch deutlich zu stark gepudert und trotz der Hitze ganz und gar nach der neusten Mode gekleidet. Zwar hatte sie kürzlich erst geheiratet, aber ihr wesentlich älterer Ehemann war aufgrund der Regierungsgeschäfte des Offenen Rats gezwungen gewesen, in Adua zu bleiben. Die Gerüchteküche wollte wissen, dass er seine Gattin zwar finanziell gut versorgte, aber generell nicht besonders an Frauen interessiert war.

Gloktas Interesse an Frauen wiederum war legendär.

»Dürfte ich wohl Ihr Taschentuch ausleihen?«, erkundigte er sich.

Rews hatte beobachtet, dass Glokta eine besondere Art hatte, wenn er mit einer Frau sprach, die ihm aufgefallen war. Seine Stimme wurde dann ein wenig rauer. Er kam einen kleinen Hauch näher, als tatsächlich schicklich gewesen wäre. Und er entwickelte eine Art Tunnelblick, als seien seine Augen mit Klebstoff an ihr befestigt. Wenn er erst einmal bekommen hatte, was er wollte, dann hätte er sie selbstredend nicht einmal mehr dann mit einem solchen Blick bedacht, wenn sie sich angezündet hätte.

Und dennoch übertrafen sich die neuen Objekte seiner Begierde darin, sich von den Flammen des Skandals verzehren zu lassen und flatterten umher wie Motten um eine Kerze – allesamt von dem Wunsch besessen, sich als die Eine, die Besondere zu erweisen, bei der es anders sein würde als bei allen anderen.

Lady Wetterlant hob eine sorgfältig gezupfte Augenbraue. »Weshalb wohl nicht, Herr Oberst?« Damit hob sie die Hand, um das Tüchlein aus ihrem Mieder zu ziehen. »Ich …«

Sie und ihre Begleiterinnen zogen laut hörbar die Luft ein, als Gloktas langes Eisen nach vorn zuckte und er das kleine Tuch ruckartig mit der stumpfen Turnierspitze aus ihrem Kleid herausbeförderte. Der dünne Stoff schwebte sanft in der Luft und fiel dann so zielgenau wie bei einem einstudierten Zaubertrick in Gloktas wartende Hand.

Eine der Damen hustete heiser, eine andere flatterte mit den Augenlidern. Lady Wetterlant stand ganz ruhig da, die Augen geweitet, die Lippen leicht geöffnet, die Hand noch immer halb zur Brust erhoben. Vielleicht fragten sie sich gerade alle, ob der Oberst die Haken und Ösen ihrer Korsage ebenso schnell hätte öffnen können, wenn er das gewollt hätte.

Rews zweifelte nicht im Geringsten daran.

»Ich danke Ihnen«, sagte Glokta und betupfte seine Stirn.

»Bitte behalten Sie es«, hauchte Lady Wetterlant mit leicht rauer Stimme. »Betrachten Sie es als Geschenk.«

Glokta lächelte, als er das Tuch unter sein Hemd steckte, sodass noch ein Zipfelchen lilafarbenen Stoffes hervorsah. »Ich werde es an meinem Herzen tragen.« Rews schnaubte. Als ob der Kerl überhaupt eins hätte. Glokta senkte die Stimme, achtete aber darauf, dass sie dennoch für alle Umstehenden hörbar blieb. »Vielleicht kann ich es Ihnen später zurückbringen?«

»Wann immer es Ihnen beliebt«, flüsterte sie, und Rews fragte sich wieder einmal, weshalb einem Menschen gerade jene Dinge, die offensichtlich ganz, ganz schlecht für ihn sind, stets so schrecklich verlockend erscheinen.

Glokta hatte sich wieder seinem Publikum zugewandt und breitete nun die Arme so weit aus, als wollte er die Zuschauer allesamt in eine erdrückende, beherrschende, lieblose Umarmung ziehen. »Gibt es unter all diesen ungeschickten Hunden denn niemanden, der unseren Besuchern einen besseren Kampf bieten kann?« Rews spürte, wie sein Herz einen atemlosen Sprung machte, als Gloktas Blick auf ihn fiel. »Rews, was ist mit Ihnen?«

Kurzes Gelächter brandete auf, und Rews selbst lachte am lautesten. »Oh, unmöglich!«, stieß er quäkend hervor. »Ich wäre Ihnen zweifellos nur peinlich!«

Sofort erkannte er, dass er zu weit gegangen war. Gloktas linkes Auge zuckte kaum wahrnehmbar. »Mir sind Sie schon peinlich, wenn ich mit Ihnen im selben Raum bin. Sie wollen doch Soldat sein, oder nicht? Wie zur Hölle kann es sein, dass Sie immer noch so fett sind, ich meine, bei dem verdammt grässlichen Fraß hier?«

Noch mehr Gelächter, und Rews schluckte, hielt starr das Lächeln auf sein Gesicht geklebt und spürte, wie der Schweiß unter seiner Uniform über sein Rückgrat rann. »Nun, Herr Oberst, ich war wohl schon immer dick. Schon als Kind.« Seine Worte stürzten durch die plötzliche Stille mit der schrecklichen Endgültigkeit von Leichen, die in ein Massengrab geworfen werden. »Sehr … dick. Enorm dick. Ich bin ein sehr dicker Mann.« Er räusperte sich und hoffte, der Boden würde sich unter ihm auftun.

Gloktas Blick glitt weiter und suchte nach einem würdigeren Gegner. Sein Gesicht hellte sich auf. »Leutnant West!«, rief er und vollführte eine schwungvolle Bewegung mit seinem Übungseisen. »Wie wäre es mit Ihnen?«

West verzog das Gesicht. »Ich?«

»Kommen Sie schon, Sie sind wahrscheinlich der beste Fechter im ganzen verdammten Regiment.« Glokta lächelte noch breiter. »Nach mir, natürlich.«

West sah blinzelnd über die Gesichter, die ihm nun erwartungsvoll zugewandt waren; es mochten wohl mehrere Hundert sein. »Aber ... ich habe gar keine stumpfen Übungswaffen dabei ...«

»Dann nehmen Sie doch gerne Ihre Kampfklingen.«

Leutnant West sah auf den Griff seines Degens hinab. »Das könnte ziemlich gefährlich werden.«

Oberst Gloktas Lächeln hatte einen scharfen Zug bekommen, der richtiggehend grimmig wirkte. »Nur dann, wenn es Ihnen gelingt, mich damit zu berühren.« Noch mehr Gelächter, mehr Applaus, beifällige Rufe seitens der anderen Offiziere, hörbares Einatmen seitens der Damen. Oberst Glokta war anerkanntermaßen Spezialist darin, die Damen hörbar einatmen zu lassen.

»West!«, rief jemand. »West!« Es dauerte nicht lange, dann skandierten die Offiziere: »West! West! West!« Die Damen fielen lachend ein und klatschten mit.

»Na los! Na los!« Rews ließ sich vom Chor der Zuschauer erfassen, die offenbar allesamt von angriffslustiger Raserei gepackt worden waren. »Na los!«

Falls irgendjemand dieses Unterfangen für eine schlechte Idee hielt, dann behielt er oder sie es für sich. Es gibt Männer, mit denen man einfach nicht streitet. Und es gibt Männer, die man am liebsten von einem Degen durchbohrt sähe. Glokta gehörte zu beiden Gruppen.

West holte tief Luft, dann sprang er unter kurzem Beifall

mit einem eleganten Satz über den Zaun, knöpfte sich die Uniformjacke auf und hängte sie über die oberste Latte. Und dann, mit ganz leisem metallischem Klingen und einem ganz leicht bedrückten Gesichtsausdruck, zog West seine Kampfklinge. Es war keine dieser auffälligen, etwa mit juwelenverziertem Korb versehenen Waffen, wie sie viele junge Offiziere im Ersten Regiment Seiner Majestät so schätzten. Niemand hätte hier von einem schönen Degen sprechen können.

Aber dennoch lag eine gewisse Schönheit in der knappen Bewegung, mit der West ihn präsentierte. Seine Haltung verriet geübte Präzision, und eine elegante, beherrschte Drehung des Handgelenks brachte die Klinge in eine so gerade Linie wie die Oberfläche eines stillen Sees, während die Sonne auf einer Spitze glänzte, die zu tödlicher Schärfe geschliffen war.

Atemlose Stille senkte sich über die Zuschauer. Er mochte von niederer Geburt sein, aber selbst der ahnungsloseste Beobachter hätte jetzt erkannt, dass der junge Leutnant West kein Anfänger war, wenn es um die Handhabung eines Degens ging.

»Sie haben tüchtig exerziert«, stellte Glokta fest, der nun seinem Diener, Korporal Tunny, sein kurzes Eisen zuwarf und nur das lange behielt.

»Lord Marschall Varuz war so gütig, mir einige Hinweise zu geben«, erklärte West.

Glokta sah seinen alten Fechtmeister mit erhobener Augenbraue an. »Sie haben mir nie gesagt, dass Sie auch andere Männer unterweisen, Herr Marschall.«

Varuz lächelte. »Sie haben das Turnier schon einmal gewonnen, Glokta. Ein Fechtmeister ist leider in der unglücklichen Lage, dass er stets neue Schüler finden und zum Sieg führen muss.«

»Wie nett von Ihnen, dass Sie nach meiner Krone hangeln, West. Aber Sie werden möglicherweise feststellen, dass ich noch nicht zum Abdanken bereit bin.« Glokta sprang schnell wie der Blitz nach vorn und stieß zu, einmal, zweimal. West parierte, Stahl schrammte über Stahl und schimmerte in der Sonne. Er wich zurück, aber vorsichtig, aufmerksam, den Blick fest auf Glokta gerichtet. Und wieder griff der Oberst an, Schlag auf Schlag, Stoß auf Stoß, so schnell, dass Rews fast nicht folgen konnte. Aber West hielt ordentlich mit, wehrte die Hiebe geschickt ab und bewegte sich dabei vorsichtig rückwärts, während die Menge bei jedem Kreuzen der Klingen in lautes »Oooh« und »Aaah« ausbrach.

Glokta grinste. »Sie haben wirklich fein geübt. Aber wann begreifen Sie endlich, West, dass Übung nicht Talent ersetzt!« Damit setzte er zu einem noch schnelleren und noch härteren Angriff an, mit glockenhell klapperndem Stahl. Er drängte sich so nahe an seinen Gegner, dass er den jungen Leutnant mit einem harten Kniestoß gegen die Rippen ins Stolpern bringen konnte, aber West fand sein Gleichgewicht sofort wieder und parierte einmal, zweimal, vollführte eine Drehung zur Seite und stand dann schwer atmend wieder bereit.

Und Rews merkte, wie ein beinahe schmerzhaft intensiver Wunsch in ihm Gestalt annahm: dass West Glokta die Klinge in sein grässlich-schönes Gesicht rammen möge, damit den Damen endlich einmal aus anderen Gründen die Luft wegblieb.

»Ha!« Glokta sprang vor, stieß zu, und West wich dem ersten Hieb noch aus, fing den zweiten aber zur allgemeinen Überraschung ab, drückte die Klinge mit metallischem Kreischen beiseite, überwand Gloktas Deckung und versetzte dem Oberst einen heftigen Stoß mit der Schulter. Einen kurzen Augenblick verlor Glokta die Balance. West knurrte mit gebleckten Zähnen und ließ seine Klinge blitzend hervorschnellen.

»*Gah!*« Glokta fuhr zurück, und Rews erhaschte einen köstlichen, kurzen Blick auf sein entsetztes Gesicht. Die Übungsklinge rutschte ihm aus der Hand und fiel klappernd auf die

Erde, und Rews merkte, dass er vor Freude beide Fäuste ballte, bis sie schmerzten.

West lief sofort auf seinen Gegner zu. »Ist alles in Ordnung, Herr Oberst?«

Glokta fasste mit der Hand nach seinem Hals und starrte dann völlig verblüfft auf seine blutigen Fingerspitzen. Als könne er es gar nicht glauben, dass er getroffen worden war. Als könne er nicht glauben, dass er nun, da er getroffen worden war, ebenso blutete wie alle anderen.

»Wer hätte das gedacht«, keuchte er.

»Es tut mir leid, Herr Oberst«, stammelte West, der seinen Degen senkte.

»Was denn?« Gloktas Grinsen wirkte, als ob es ihn alle Anstrengung kostete, die er aufzubringen vermochte. »Ein sehr guter Treffer. Sie sind wesentlich besser geworden, West.«

Nun begannen die Zuschauer zu klatschen, dann wurden die ersten Begeisterungsrufe laut. Rews konnte sehen, wie Gloktas Kiefermuskeln arbeiteten und sein linkes Auge zuckte, dann streckte er die Hand aus und schnippte laut mit den Fingern.

»Korporal Tunny, haben Sie meine Kampfklinge bei sich?«

Der junge Korporal, der erst am Tag zuvor in diesen Rang erhoben worden war, blinzelte. »Selbstverständlich, Herr Oberst.«

»Bringen Sie sie her!«

Schockierend schnell hatte sich die Stimmung verändert und war unversehens sehr hässlich geworden. Das war in Gloktas Nähe öfter der Fall. Rews sah unruhig zu Varuz hinüber und hoffte, der Marschall würde diesem gefährlichen Unsinn ein Ende machen, aber Varuz hatte seinen Platz verlassen und sah mit Poulder und Kroy ins Tal hinunter. Von denen war keine Hilfe zu erwarten.

Mit gesenktem Blick und gemessenen Bewegungen schob

West seinen Degen zurück in die Scheide. »Ich glaube, wir haben für heute genug mit Messern gespielt, Herr Oberst.«

»Aber Sie müssen mir doch Gelegenheit geben, mich auf gleiche Weise revanchieren zu können. Das verlangt die Ehre, West, das ist tatsächlich so.« Als ob Glokta überhaupt irgendeine Ahnung davon hatte, was Ehre war – abgesehen davon, dass man sie als Werkzeug benutzen konnte, um Menschen zu verleiten, dumme, gefährliche Dinge zu tun. »Das verstehen Sie doch wohl, auch wenn Sie kein Edelmann sind?«

Wests Kiefermuskeln verhärteten sich. »Die eigenen Freunde mit scharfen Klingen anzugreifen, während es genug Feinde gibt, denen man sich entgegenstellen könnte, erscheint mir eher närrisch als ehrenhaft, Herr Oberst.«

»Nennen Sie mich einen Narren?«, zischte Glokta, der nun seine Kampfklinge, die ihm Tunny nervös hinhielt, mit einem zornigen Zischen aus der Scheide riss.

West verschränkte stur die Arme. »Nein, Herr Oberst.«

Die Zuschauer standen völlig still da, aber direkt hinter ihnen erscholl plötzlich Lärm. Rews hörte gedämpfte Rufe wie »dort drüben« und »die Brücke«, war aber zu gefesselt von dem Drama, das sich gerade vor ihm entfaltete, um weiter darauf zu achten.

»Ich rate Ihnen sehr, sich zu verteidigen, Leutnant West«, zischte Glokta, der die Absätze in den staubigen Boden bohrte, die Zähne bleckte und seine schimmernde Klinge waagerecht ausrichtete.

Und in diesem Augenblick erscholl ein ohrenzerreißender Schrei, der in einem abgehackten Stöhnen ausklang.

»Sie ist ohnmächtig geworden!«, schrie jemand.

»Verschafft ihr etwas frische Luft!«

»Wie das denn? Verdammt noch eins, in diesem ganzen verdammten Land gibt es nirgendwo frische Luft!« Wieherndes Gelächter.

Rews eilte zum abgetrennten Bereich, in dem sich die Zivilisten befanden, und versuchte den Eindruck zu erwecken, als wollte er nur helfen. Dabei wusste er darüber, wie man anderen half, noch weniger als über seine Arbeit als Quartiermeister, aber es bestand immerhin die Aussicht, einen Blick unter die Röcke einer Frau werfen zu können, während sie ohnmächtig war. Unter anderen Umständen bekam Rews leider nur sehr selten, wenn überhaupt, die Gelegenheit dazu.

Doch noch bevor er das Grüppchen besorgter Umstehender erreichte, erstarrte er. Es war der Anblick hinter ihnen, der in ihm das unangenehme Gefühl verursachte, dass ihm seine massigen Eingeweide direkt aus dem Hintern rutschen wollten. In dem weiten, gelbbraunen Land, das sich hinter der Brücke ausdehnte, sammelten sich in einiger Entfernung schwarze Punkte, ein Schwarm, über dem eine Staubwolke hing. Und auch, wenn er vielleicht insgesamt nicht viel taugte, so besaß Rews doch eines: ein sicheres Gespür für Gefahr.

Er hob bebend den Arm. »Die Gurkhisen!«, heulte er.

»Was?« Jemand lachte unsicher.

»Da, im Westen!«

»Das ist Osten, Sie Narr!«

»Moment mal, meinen Sie das ernst?«

»Wir werden in unseren Betten abgeschlachtet werden!«

»Wir sind doch gar nicht in unseren Betten!«

»Ruhe!«, brüllte Varuz. »Wir sind hier verdammt noch mal nicht auf einem Benimmkursus für höhere Töchter!« Das Lärm erstarb, und die Offiziere verstummten schuldbewusst. »Major Mitterick, begeben Sie sich sofort dort hinunter und treiben Sie die Männer an.«

»Jawohl, Herr Marschall.«

»Leutnant Vallimir, wären Sie so gut, die Damen und unsere zivilen Gäste in sichere Gefilde zu geleiten?«

»Natürlich, Herr Marschall.«

»Ein paar Männer würden reichen, um diesen Trupp an der Brücke aufzuhalten«, brummte Oberst Poulder, der an seinem üppigen Schnurrbart zupfte.

»Ein paar Helden«, ergänzte Varuz.

»Ein paar tote Helden«, raunte Oberst Kroy gedämpft.

»Haben Sie frische Leute?«, fragte Varuz.

Poulder zuckte die Achseln. »Meine sind erledigt.«

»Meine auch«, ergänzte Kroy. »Sogar noch mehr.« Als sei der ganze Krieg ein einziger Wettbewerb darum, wer seine Truppen am ehesten verschliss.

Oberst Glokta stieß seine Kampfklinge wieder in die Scheide zurück. »Meine Männer sind frisch«, erklärte er, und Rews spürte, wie die Angst aus seinem Bauch in seine Arme und Beine kroch. »Sie haben sich nach unserem letzten kleinen Scharmützel ausgeruht. Jetzt brennen sie darauf, sich auf den Feind zu stürzen. Ich würde sagen, das Erste Regiment Seiner Majestät wäre bereit, die Brücke zu halten, bis die übrigen Männer bereit sind, Lord Marschall.«

»Wir brennen darauf!«, wiederholte einer von Gloktas Stabsoffizieren wiehernd. Ganz offensichtlich war er zu betrunken, um überhaupt zu erkennen, wozu er sich da gerade freiwillig meldete.

Ein anderer, der vielleicht etwas weniger betrunken war, blinzelte nervös zum Tal hinunter. Rews fragte sich, auf wie viele Männer seines Regiments diese kühne Behauptung des Obersts zutreffen mochte. Der Quartiermeister jedenfalls hatte es nicht eilig, sein Leben für irgendeine noble Sache zu geben, das wusste er mit ziemlicher Sicherheit.

Aber Lord Marschall Varuz war nicht Befehlshaber der Unionstruppen geworden, indem er andere daran gehindert hätte, sich zu opfern, wenn er damit seine eigenen Fehlentscheidungen übertünchen konnte. Er klopfte Glokta herzlich auf den Oberarm. »Ich wusste, dass ich auf Sie zählen kann, mein Freund!«

»Selbstverständlich, Herr Marschall.«

Und Rews erkannte mit wachsendem Entsetzen, dass das der Wahrheit entsprach. Man konnte sich tatsächlich darauf verlassen, dass Glokta jede noch so verschwindend kleine Gelegenheit nutzte, um sich aufzuspielen, ganz gleich, wie schicksalhaft sich das für jene erweisen mochte, die sich mit ihm in die Klauen des Todes begaben.

Varuz und Glokta, Befehlshaber und Lieblingsoffizier, Fechtmeister und Meisterschüler – und zwei Drecksäcke, wie man keine größeren hätte finden können, wenn man jahrelang gesucht hätte – richteten sich kerzengerade auf und salutierten mit vorgetäuschter Ergriffenheit voreinander. Dann rauschte Varuz davon, um Poulder, Kroy und seinem eigenen Drecksackgefolge lautstark seine Befehle zu geben, demonstrativ bemüht, das Heer eilends in Sicherheit zu bringen, damit sich das Opfer des Ersten Regiments Seiner Majestät zumindest lohnte.

Denn das erkannte Rews mit einem weiteren Blick auf den Gurkhisensturm, der sich auf der anderen Seite der Brücke sammelte: Sie würden sich opfern. Mit großer Sicherheit.

»Das ist Selbstmord«, flüsterte er unterdrückt.

»Korporal Tunny?«, rief Glokta, der sich die Jacke zuknöpfte.

»Herr Oberst?« Der allereifrigste unter den jungen Soldaten salutierte auf die allerergebenste Weise.

»Bringen Sie mir meinen Brustpanzer.«

»Selbstverständlich, Herr Oberst.« Tunny stürmte davon. Überhaupt rannten jede Menge Leute jetzt herum, um irgendwas zu holen oder zu bringen. Männer holten Pferde. Zivilisten brachten sich in Sicherheit, wobei Lady Wetterlant noch einen letzten, feuchten Blick über ihre Schulter warf. Rews war doch der Quartiermeister des Regiments, oder nicht? Er hätte jetzt auch irgendetwas Dringendes zu tun haben sollen. Und dennoch stand er einfach nur da, die Augen weit aufgerissen und auch ein wenig feucht, wobei er den Mund und die Hände sinnlos immer wieder öffnete und schloss.

Währenddessen waren nun zwei verschiedene Arten von Mut zu beobachten. Leutnant West sah grimmig zur Brücke hinüber – das Gesicht blass, die Zähne fest zusammengebissen, aber trotz aller begründeten Angst fest entschlossen, seine Pflicht zu tun. Oberst Glokta hingegen lächelte dem Tod höhnisch entgegen, als sei er eine verschmähte Geliebte, die um Zuneigung bettelte; offensichtlich felsenfest davon überzeugt, dass Gefahr nur niedere Menschen einholte, war er völlig bar jeder Furcht.

Nein, es gab sogar drei verschiedene Arten von Mut, wie Rews erkannte, denn schließlich war er ja auch noch da, und er zeigte, wie es aussieht, wenn man überhaupt keinen hat.

Und dann erschien noch eine vierte in Gestalt von Korporal Tunny, auf dessen hell poliertem Koppel die Sonne funkelte, während er dienstbeflissen Gloktas Brustpanzer in den Händen hielt und in seinen Augen der Mut noch unerprobter Jugend schimmerte, die sich unbedingt beweisen will.

»Danke«, sagte Glokta, die leicht zusammengekniffenen Augen auf den wachsenden Trupp gurkhisischer Kavallerie gerichtet, während Tunny die Gurte der Rüstung festzog. Mit beängstigender Geschwindigkeit galoppierten immer mehr Pferde heran. »Und jetzt begeben Sie sich wieder zum Zelt und packen meine Sachen ordentlich zusammen.«

Tunnys Gesicht bot ein Bild fassungsloser Enttäuschung. »Ich hatte gehofft, mit Ihnen dort hinunterreiten zu können, Herr Oberst …«

»Natürlich, und mir wäre nichts lieber, als Sie an meiner Seite zu haben. Aber wenn wir beide dort unten sterben, wer würde dann meine Sachen zurück zu meiner Mutter bringen?«

Der junge Korporal blinzelte die Tränen weg. »Aber, Herr Oberst …«

»Nun kommen Sie schon.« Glokta klopfte ihm auf die Schulter. »Ich würde auch ungern eine so vielversprechende Karriere gefährden. Sie werden zweifelsohne eines Tages Lord Marschall werden.« Glokta ließ den verblüfften Korporal stehen und hatte ihn im gleichen Augenblick bereits vergessen. »Hauptmann Lackenhorm, gehen Sie zu den Soldaten und fragen Sie sie, wer sich freiwillig meldet.«

Der auffällig hervortretende Knubbel vorn an Lackenhorms sehnigem Hals zuckte unsicher auf und ab. »Freiwillig wofür, Herr Oberst?« Dabei war es offensichtlich, welcher Auftrag auf sie wartete, dafür sorgte der Anblick, der sich im Tal unter ihnen bot – ein breit angelegtes Melodram, das sich auf großer Bühne entfaltete.

»Nun, natürlich, um die Gurkhisen von der Brücke dort zu vertreiben, Sie dummer alter Ziegenbock. Beeilen Sie sich und sehen Sie zu, dass die Männer so schnell wie möglich bewaffnet und einsatzbereit sind.«

Lackenhorm lächelte nervös und eilte dann davon, wobei er beinahe über den eigenen Degen stolperte.

Mit einem Satz sprang Glokta nun auf den Zaun, einen Fuß auf der unteren Latte, den anderen auf der oberen. »Heute habe ich die Absicht, diesen Gurkhisen eine kleine Lektion zu verpassen, meine stolzen Mannen des Ersten Regiments Seiner Majestät!«

Die jungen Offiziere scharten sich eilig um ihn wie Enten, die sich von den Plattitüden, die Glokta von sich gab, anlocken ließen, als seien es Brotbrocken.

»Ich werde niemandem befehlen, mir zu folgen – das ist eine Gewissensentscheidung, die jeder für sich selbst fällen muss!« Er verzog die Lippen. »Was ist mit Ihnen, Rews? Wollen Sie hinter uns herwatscheln?«

Rews war überzeugt, dass sein Gewissen eine Menge aushielt. »Nichts wäre mir lieber, als beim Angriff dabei zu sein, Herr Oberst, aber mein Bein ...«

Glokta schnaubte. »Ihre Massen herumzuschleppen, das ist natürlich eine Belastung für jedes Bein – das verstehe ich vollkommen. Eine solche Last hätte nicht einmal ein Pferd verdient.« Allgemeines Gelächter. »Manche Männer sind dazu geschaffen, Großes zu leisten. Andere machen eben das … was sie können. Natürlich sind Sie entschuldigt, Rews. Wie könnte es auch anders sein?«

Die vernichtende Erniedrigung ging ganz und gar in einer kribbelnden Welle von Erleichterung unter. Wer zuletzt lacht, lacht am längsten, heißt es schließlich, und Rews bezweifelte, dass viele derer, die sich gerade über ihn lustig machten, in einer Stunde auch noch lachen würden.

»Herr Oberst«, hörte er West sagen, während Glokta sich mit geradezu akrobatischem Geschick vom Zaun in den Sattel schwang. »Sind Sie sicher, dass wir das tun müssen?«

»Wer springt denn wohl sonst ein, was glauben Sie?«, gab Glokta zurück, der an den Zügeln zerrte und sein Pferd hart herumriss.

»Viele Männer werden dabei umkommen. Männer mit Familien.«

»Nun ja, davon gehe ich aus. Wir sind im *Krieg*, Herr Leutnant.« Vereinzelt wurde unter den Offizieren wieder katzbuckelnd gelacht. »Deswegen sind wir ja hier.«

»Natürlich, Herr Oberst.« West schluckte. »Korporal Tunny, satteln Sie bitte mein Pferd …«

»Nein, Leutnant West«, unterbrach ihn Glokta. »Ich brauche Sie hier.«

»Herr Oberst?«

»Wenn das alles hier vorbei ist, werde ich einen Offizier brauchen, der seinen Arsch von zwei Melonen unterscheiden kann.« Er warf Rews, der sich gerade die zerknitterten Hosen ein wenig hochzog, einen vernichtenden Blick zu. »Davon abgesehen gehe ich davon aus, dass Ihre Schwester zu einem ganz schönen Früchtchen heranwachsen wird. Die kann ich schließlich nicht Ihres festigenden Einflusses berauben, nicht wahr?«

»Aber Herr Oberst, ich sollte …«

»Ich will nichts davon hören, West. Sie bleiben hier, das ist ein Befehl.«

West öffnete den Mund, als wollte er etwas sagen, schloss ihn dann aber schnell, richtete sich auf und salutierte verkrampft. Korporal Tunny tat es ihm gleich, während in seinen Augenwinkeln Tränen schimmerten. Rews bemühte sich schuldbewusst, sich ihnen ebenfalls schnell anzuschließen, noch ganz durcheinander angesichts der entsetzlichen und entzückenden Vorstellung eines Glokta-freien Universums.

Der Oberst grinste sie an, und seine beiden vollständigen Reihen perfekter, brillant weißer Zähne strahlten im Sonnenlicht so hell, dass der Anblick beinahe schmerzte.

»Kommen Sie, meine Herren, keine langen Gesichter. Ich werde zurück sein, bevor Sie gemerkt haben, dass ich überhaupt weg war.«

Mit einem Ruck an den Zügeln ließ er sein Pferd vorn aufsteigen, und kurz hob er sich wie ein Reiterstandbild vor dem hellen Himmel ab, während Rews sich fragte, ob es je einen bewundernswerteren Drecksack gegeben hatte.

Dann spritzte ihm der Dreck ins Gesicht, als Glokta die Anhöhe hinuntergaloppierte.

Hinunter zur Brücke.

DER FLUCH DER GUTEN TAT

Westport, Herbst 573

Als Schev an jenem Morgen zum Aufschließen kam, ragten ein paar große, dreckige, nackte Füße aus dem Eingang zu ihrem Rauchhaus.

Eigentlich hätte ihr das einen ziemlichen Schreck versetzen sollen, aber nach dem, was sie in den letzten Jahren so alles erlebt hatte, erschreckte Schev sich nicht so leicht, wenn überhaupt noch.

»Hey!«, brüllte sie und trat mit geballten Fäusten näher.

Wer auch immer da in ihrem Eingang lag, wollte oder konnte sich offenbar nicht bewegen. Sie sah jetzt auch die langen Beine, die zu den nackten Füßen gehörten, und die in zerfetzten und fleckigen Hosen steckten, außerdem den zerlumpten Stoff eines zerrissenen und verdreckten Mantels. Und direkt in der schmierigen Ecke vor Schevs Tür war da noch ein Gestrüpp aus langem, rotem Haar, in dem sich Zweige und Dreck verfangen hatten.

Ein großer Kerl, ganz ohne Frage. Die Hand, die Schev sehen konnte, war so lang wie ihr Fuß, dick geädert, dreckig und an den Knöcheln abgeschürft. Allerdings hatten sie eine seltsame Form. Erstaunlich schlank.

»Hey!« Sie bohrte ihre Stiefelspitze in die Stelle des Mantelknäuels, an der sie den Hintern des Mannes vermutete. Noch immer tat sich nichts.

Hinter sich hörte sie Schritte. »Morgen, Boss.« Severard, verlässlich wie immer. Der Junge kam wirklich nie zu spät. Zwar nicht der Gründlichste bei der Arbeit, aber zumindest bei der Pünktlichkeit nicht zu schlagen. »Was hast du denn da an Land gezogen?«

»Einen ziemlich komischen Fisch, der da auf meiner Schwelle angespült worden ist.« Schev schob ein paar Strähnen des roten Haars zurück und rümpfte die Nase, als sie dabei feststellte, dass es auch noch völlig blutverklumpt war.

»Ist er besoffen?«

»Sie.« Ein Frauengesicht war unter dem Filz zum Vorschein gekommen. Mit kräftigem Kinn, starken Knochen und blasser Haut, die von so viel schwarzem Schorf, roten Abschürfungen und lila Schwellungen bedeckt war, dass Schev unwillkürlich zurückwich, obwohl sie selten mit Leuten zu tun hatte, die nicht mindestens eine oder zwei Wunden spazieren führten.

Severard stieß einen leisen Pfiff aus. »Das ist aber eine ziemlich große Sie.«

»Und jemand hat ihr ziemlich ordentlich eingeschenkt.« Schev beugte sich hinunter und ging mit ihrer Wange fast bis an den zerschlagenen Mund der Frau, bis sie einen ganz leisen Atemhauch spürte. »Lebt aber noch.« Mit einer wippenden Bewegung kam sie wieder in die Hocke, die Handgelenke auf den Knien, die Hände lose herabhängend, und sie fragte sich, was sie jetzt machen sollte. Es hatte einmal eine Zeit gegeben, da hatte sie sich auf jedes Problem gestürzt, das ihr über den Weg gelaufen war, ohne lange darüber nachzudenken, aber irgendwie fiel es ihr immer schwerer, anschließend mit den Folgen solcher guten Taten zurechtzukommen. Sie blies die Wangen auf und stieß einen äußerst müden Seufzer aus.

»Tja, so was kommt vor«, sagte Severard.

»Leider ja.«

»Ist aber nicht unser Problem, oder?«

»Glücklicherweise nicht.«

»Willst du, dass ich sie raus auf die Straße schleife?«

»Am liebsten würde ich das wollen, ja.« Schev schlug die Augen zum Himmel und seufzte noch einmal, vielleicht noch müder als zuvor. »Aber ich denke, wir schleppen sie mal lieber rein.«

»Sicher, Boss? Du erinnerst dich, als wir das letzte Mal jemandem geholfen haben …«

»Sicher? Nein, sicher bin ich mir keineswegs.« Schev hatte keine Ahnung, wieso sie immer noch das Bedürfnis verspürte, nett zu anderen sein zu wollen, nach der ganzen Scheiße, die sie selbst erlebt hatte. Vielleicht war es aber auch gerade deswegen. Vielleicht lauerte in ihr noch ein störrischer Kern, wie in einer Dattel – ein Kern, der sich weigerte, sich wegen der ganzen matschigen Scheiße um ihn herum selbst beschissen zu verhalten. Auch wenn das vielleicht gar keiner so richtig kapierte. Sie schloss die Tür auf, die wackelnd aufschwang. »Nimm du ihre Füße.«

Als Besitzerin eines Rauchhauses entwickelt man unweigerlich schnell Geschick darin, reglose Körper zu schleppen, aber die jetzige Empfängerin von Schevs halb ausgegorener Gutherzigkeit erwies sich dabei trotz aller Erfahrung als ziemlich große Herausforderung.

»Verdammt noch eins«, keuchte Severard. Ihm quollen beinahe die Augen aus den Höhlen, als sie die Frau über den muffig riechenden Korridor bugsierten, während ihr Rücken über die Dielenbretter schleifte. »Woraus ist die denn gemacht, aus Ambossen?«

»Ambosse sind leichter«, stieß Schev durch die zusammengebissenen Zähne hervor. Sie wankte unter dem toten Gewicht und stieß immer wieder an die abblätternden Wände.

Mit einem Fußtritt öffnete sie schließlich keuchend die Tür zu ihrem Kontor, oder, besser gesagt, zu der Besenkammer, die sie so bezeichnete. Jeder Muskel ihres Körpers brannte, als sie die Frau hineinzog. Der schlaff herabhängende Kopf schlug dabei gegen den Türrahmen, dann stolperte Schev über einen Mopp und fiel mit einem verzweifelten Aufschrei rücklings auf das Feldbett, das hinter ihr stand. Die Frau landete schwer auf ihr.

Im Bett mit einer Rothaarigen, dagegen war eigentlich nichts zu sagen. Allerdings war es Schev in der Regel lieber, wenn diese Rothaarigen zumindest halbwegs bei Bewusstsein waren. Und wenn sie insgesamt etwas besser rochen, jedenfalls am Anfang des Bettvergnügens. Diese Frau stank nach abgestandenem Schweiß und Fäulnis und dem so ziemlich Allerletzten, was man sich überhaupt vorstellen wollte.

»Dahin bringt einen die Freundlichkeit«, sagte Severard, der leise in sich hineinlachte. »Eingeklemmt von einem ziemlich schwerwiegenden Problem.«

»Willst du dich jetzt nur darüber amüsieren, oder hilfst du mir vielleicht auch mal, du Drecksack?«, fauchte Schev. Die ausgeleierten Federn des Bettes knarrten, als sie sich unter der Frau herauswand, dann wuchtete sie die Beine der Fremden aufs Bett; die Füße hingen ein großes Stück über den Rand. Es war kein großes Bett, aber jetzt, mit ihr drin, sah es aus wie ein Kinderbettchen. Der zerlumpte Mantel hatte sich geöffnet, und das fleckige Lederwams, das ihr neuer Gast darunter trug, war ein Stückchen hochgerutscht.

Schev war ein Jahr lang mit einer Jahrmarkttruppe unterwegs gewesen, zu der ein starker Mann gehörte, der sich der Unglaubliche Zaraquon nannte, obwohl er in Wirklichkeit Runkin hieß. Bei den Vorstellungen stellte er sich mit nacktem Oberkörper hin, ölte sich ein und stemmte dann vor den Augen des staunenden Publikums allerlei schwere Dinge. Abseits der Bühne, wenn er sich das Öl wieder abgewischt hatte, bekam man den faulen Sack nicht einmal dazu, einen Fingerhut zu stemmen. Sein Bauch war mit knotigen Muskeln bedeckt gewesen, als ob er unter seiner straff gespannten Haut aus Baumwurzeln anstatt aus Fleisch und Blut bestand.

Die blasse Körpermitte der Frau erinnerte Schev tatsächlich sehr an den Unglaublichen Zaraquon, wobei sie schmaler war, länger und sogar noch straffer. Bei jedem flachen Atemzug sah man, wie sich die kleinen Sehnen zwischen den Rippen bewegten. Aber statt mit Öl war ihr Bauch mit schwarzen und lilafarbenen und blauen Flecken bedeckt, und er wies dazu noch eine dicke, rote Strieme auf, die aussah, als ob sie von einem ziemlich unfreundlichen Axtstiel stammte.

Severard pfiff leise. »Die haben ihr aber eine ganz schöne Abreibung verpasst, was?«

»Kann man wohl sagen.« Schev wusste nur zu gut, wie sich so etwas anfühlte, und sie verzog mitleidig das Gesicht, als sie das Wams der Frau wieder etwas nach unten zog. Dann schlug sie die Decke hoch und breitete sie über die Fremde aus. Sie steckte sie am Hals sogar noch ein wenig fest, obwohl sie sich dabei blöd vorkam, und die Frau murmelte etwas und drehte sich leicht auf die Seite; dann rutschte ihr das verfilzte Haar übers Gesicht und sie begann zu schnarchen.

»Träum was Schönes«, brummte Schev. Nicht, dass sie selbst das jemals tat. Zwar war es nicht so, dass sie hier wirklich ein Bett gebraucht hätte, aber wenn man ein paar Jahre lang ohne einen sicheren Schlafplatz hatte auskommen müssen, dann neigt man dazu, sich an jedem Ort ein Bett aufzuschlagen, an dem man sich nicht bedroht fühlt. Sie schüttelte die Erinnerungen ab und schob Severard wieder auf den Flur hinaus. »Sieh besser zu, dass du die Türen aufschließt. Die Geschäfte laufen nicht so gut, dass wir auf Gäste verzichten könnten.«

»Meinst du, die Leute wollen um diese Tageszeit schon Spreu

qualmen?«, fragte Severard, der versuchte, sich die Hand abzuwischen, die mit dem Blut der Frau beschmiert war.

»Wenn man seine Sorgen vergessen will, wieso sollte man damit bis Mittag warten?«

Bei Tageslicht wirkte das Rauchzimmer ganz und gar nicht wie die faszinierende kleine Wunderhöhle, die Schev hatte aufbauen wollen, als sie das Haus gekauft hatte. Sie stemmte die Hände in die Hüften, sah sich um und seufzte wieder müde. Tatsächlich sah es mehr als nur ein bisschen wie ein echtes Dreckloch aus. Die Dielenbretter waren geborsten und fleckig und voller Splitter, die Kissen so speckig wie eine baolische Bratküche, und einer der billigen Wandbehänge war abgefallen und bot nun freien Blick auf die vor Schimmel blühende Wand. Die Gebetsglocken auf dem Regal waren das Einzige, was diesem Ort ein wenig Klasse verlieh, und Schev strich liebevoll über die größte von ihnen. Dann stellte sie sich auf Zehenspitzen und befestigte die Ecke des Wandbehangs erneut, sodass der Schimmel zumindest ihren Augen verborgen blieb, auch wenn ihre Nase ihn nicht vergessen konnte, da der Geruch nach vergammelnden Zwiebeln alles durchdrang.

Nicht einmal eine so geübte Lügnerin, wie Schev selbst es war, hätte jemanden davon überzeugen können, dass es sich hier um kein Dreckloch handelte. Nicht einmal eine so leichtgläubige Närrin, wie sie selbst eine war. Aber immerhin war es ihr Dreckloch. Und sie hatte Pläne, um es richtig schön herauszuputzen. Sie hatte immer Pläne.

»Machst du die Pfeifen sauber?«, fragte sie, als Severard, der die Türen geöffnet hatte, zurückkam und den Vorhang beiseiteschob.

»Die Leute, die hierherkommen, legen keinen Wert auf saubere Pfeifen, Boss.«

Schev runzelte die Stirn. »Ich aber. Wir haben vielleicht nicht das größte Haus und vielleicht auch nicht das gemütlichste, und wir haben auch wohl nicht das beste Spreu«, sie sah Severard mit erhobenen Augenbrauen in das picklige Gesicht, »und wir haben auch nicht die hübschesten Diener, um die Pfeifen anzuzünden – was also ist bei uns besser als bei der Konkurrenz?«

»Wir sind billiger?«

»Nein, nein, nein.« Sie dachte kurz darüber nach. »Na ja, das auch. Aber was noch?«

Severard seufzte. »Bei uns werden die Kunden besser bedient?«

»Treffer.« Schev schnippte gegen die größte Gebetsglocke und entlockte ihr das himmlische Lied, das in ihr steckte. »Also, mach die Pfeifen sauber, du fauler Strick, und zünde ein paar Kohlen an.«

Severard blies die Wangen auf, über die sich jene Art von flaumigem Bart zog, von dem Jungen hoffen, dass er sie männlicher erscheinen lässt, obwohl er sie in Wirklichkeit nur noch jünger macht. »Ja, Boss.«

Als er das Haus durch den Hintereingang verließ, hörte Schev Schritte von der Vordertür, und sie stützte die Hände auf den Ladentisch – oder vielmehr auf die zerhackte Oberfläche des Schlachterblocks, den sie auf einem Müllhaufen gefunden und aufpoliert hatte – und setzte ihr Geschäftsgesicht auf. Das hatte sie sich von Gusman, dem Teppichhändler, abgeguckt, der immerhin der verdammt beste Kaufmann war, den sie kannte. Er konnte allein mit seinem Blick erfolgreich das Gefühl vermitteln, ein Teppich sei die Lösung aller Probleme, die sein Kunde haben mochte.

Das Geschäftsgesicht löste sich allerdings sofort in Wohlgefallen auf, als sie sah, wer da zur Tür hereinmarschierte.

»Carcolf«, hauchte sie.

Bei Gott, Carcolf war nichts als Ärger. Hochgewachsener, blonder, gutaussehender Ärger. Ärger, der süß roch, süß lächelte, flinke Gedanken und flinke Finger hatte, so greifbar wie Regen und so vertrauenswürdig wie der Wind. Schev ließ ihren Blick an Carcolf hinauf- und hinuntergleiten. Ihre Augen ließen ihr kaum eine Wahl. »Na, da sieht mein Tag ja schon viel besser aus«, murmelte sie.

»Meiner auch«, sagte Carcolf, die sich am Vorhang vorbeidrängte, sodass das Sonnenlicht von hinten auf ihr Haar fiel. »Viel zu lange nicht gesehen, Schevedieh.«

Der Raum wirkte nun, da Carcolf in seiner Mitte stand, plötzlich viel ansprechender. Auf keinem Markt in Westport hätte man ein besseres Dekorationsstück finden können. Ihre Kleidung war nicht besonders eng, schmiegte sich aber an genau den richtigen Stellen an, und sie hatte so eine besondere Art, sich in den Hüften zu wiegen. Bei Gott, diese Hüften. Sie schienen plötzlich überall zu sein, als seien sie gar nicht mit ihrem Rückgrat verbunden, so wie bei anderen Menschen. Schev hatte mal gehört, dass Carcolf früher Tänzerin gewesen war. Der Tag, an dem sie damit aufhörte, war ein schlechter Tag für das Tanzgewerbe und ein guter für die Betrügergilde gewesen, so viel stand mal fest.

»Bist du zum Rauchen gekommen?«, fragte Schev.

Carcolf lächelte. »Ich behalte lieber einen klaren Kopf. Wie könnte man sonst das Leben genießen?«

»Hängt wahrscheinlich davon ab, ob man ein schönes Leben hat oder nicht.«

»Meins ist schön«, sagte Carcolf, die durch den Raum tänzelte, als sei sie die Besitzerin und Schev ein gern gesehener Gast. »Was denkst du über Talins?«

»Das Kaff fand ich schon immer grässlich«, brummte Schev.

»Ich hätte einen Auftrag.«

»Talins fand ich schon immer toll.«

»Ich brauche eine Partnerin.« Das Regal, auf dem die Gebetsglocken standen, war gar nicht so niedrig, aber trotzdem beugte sich Carcolf weit vor, um sie sich genau anzusehen. Ganz unabsichtlich, hätte man meinen können. Aber Schev bezweifelte, dass Carcolf jemals in ihrem Leben irgendetwas ohne Absicht getan hatte. Schon gar nicht, sich vorzubeugen. »Ich brauche jemanden, dem ich vertrauen kann. Jemanden, der meinen Arsch bewacht.«

Schevs Stimme wurde heiser. »Wenn es das ist, was du willst, dann bist du bei mir richtig, aber ...« Sie löste ihren Blick von diesem Anblick, als sich ihr Verstand wie ein ungebetener Gast in ihre Gedanken drängte. »Aber das ist nicht alles, was du suchst, oder? Wahrscheinlich würde es nicht schaden, wenn diese Partnerin, die du erwähnst, auch Schlösser knacken oder Taschen leer machen könnte?«

Carcolf grinste, als sei ihr diese Idee eben erst gekommen. »Das würde nicht schaden, nein. Wäre auch nicht schlecht, wenn sie den Mund halten könnte.« Damit schwebte sie zu Schev hinüber und blickte auf sie hinunter, was ihr leicht fiel, da sie ein ganzes Stück größer war. Wie die meisten Leute. »Außer, wenn ich natürlich möchte, dass sie den Mund aufmacht ...«

»Ich bin nicht blöd.«

»Du wärst mir auch nichts nütze, wenn dem so wäre.«

»Wenn ich mit dir gehe, lande ich wahrscheinlich irgendwann allein in irgendeiner schmierigen Gasse mit nicht mehr als den Kleidern, die ich am Leib trage.«

Carcolf neigte sich noch etwas weiter zu ihr hinunter, und Schevs Kopf war plötzlich von ihrem Geruch erfüllt, der wesentlich angenehmer war als vergammelte Zwiebeln oder eine verschwitzte Rothaarige. »Jetzt muss ich daran denken, wie du dich hinlegst. Und zwar ganz ohne Kleider.«

Schev gab ein Quietschen von sich, das an eine rostige Türangel erinnerte. Mit Mühe widerstand sie der Versuchung, sich an Carcolf festzuklammern wie eine Ertrinkende an einem wunder-, wunderschönen Stück Treibholz. Viel zu lange hatte sie mit ihrem Unterleib gedacht. Jetzt war es an der Zeit, einmal ihren Kopf zu bemühen.

»Ich mache so etwas nicht mehr. Jetzt muss ich mich um diesen Laden hier kümmern. Und wahrscheinlich auch um Severard …«

»Versuchst du immer noch, die ganze Welt ins Lot zu bringen?«

»Nicht die ganze, nur das Stück um mich herum.«

»Du kannst nicht jeden Streuner zu deinem Problem machen, Schevedieh.«

»Nicht jeden, aber diesen schon.« Sie dachte an die riesenhafte Frau in ihrem Bett. »Und vielleicht noch ein paar andere …«

»Du weißt, dass er in dich verliebt ist.«

»Ich habe ihm doch nur ein bisschen geholfen.«

»Deswegen hat er sich ja in dich verliebt. Das hat vorher noch niemand getan.« Carcolf streckte die Hand aus und schob mit einer Fingerspitze eine Haarsträhne aus Schevs Gesicht, dann seufzte sie. »Dabei klopft der arme Junge ja nun wirklich an die falsche Tür.«

Schev fasste nach Carcolfs Hand und schob sie weg. Nur weil man klein war, durfte man nicht zulassen, dass andere Leute mit einem machten, was sie wollten. »Da ist er nicht der Einzige.« Sie hielt Carcolfs Blick stand und sprach mit ruhiger, fester Stimme weiter. »Mir gefällt es natürlich, wenn du hier dein kleines Spielchen spielst. Gott weiß, wie sehr, aber hör bitte trotzdem auf. Wenn du mich um meiner selbst willen haben willst, dann steht dir meine Tür weit offen, und meine Beine sind es danach auch. Aber wenn du mich willst, weil du mich wie eine Zitrone ausquetschen und meine leere Schale dann in Talins wegschmeißen kannst – also, dann lieber nicht.«

Carcolf sah mit betretenem Gesicht zu Boden. Das war nicht so hübsch wie ihr Lächeln, aber wesentlich ehrlicher. »Ich war mir nicht sicher, ob du mich magst, wenn ich keine Spielchen spiele.«

»Warum probieren wir es nicht einfach aus?«

»Das Risiko ist mir zu hoch«, murmelte Carcolf und riss ihre Hand los. Als sie den Blick wieder hob, spielte sie schon wieder ihr Spiel. »Na, egal. Wenn du deine Meinung änderst … dann wird es zu spät sein.« Sie lächelte Schev über ihre Schulter hinweg an, tödlich wie eine Messerklinge, und dann trat sie zur Tür hinaus. O Gott, dieser Gang. Fließend wie Sirup an einem warmen Tag. Wie machte sie das nur? Hatte sie das vor einem Spiegel geübt? Stundenlang vermutlich. Tagelang.

Die Tür fiel ins Schloss, der Bann war gebrochen, und Schev stieß wieder ihr müdes Seufzen aus.

»War das Carcolf?«, fragte Severard, der gerade durch die andere Tür hereinkam.

»Ja«, bestätigte Schev wehmütig. Ein Hauch des himmlischen Geruchs kämpfte in ihrer Nase noch gegen den Schimmel.

»Ich vertraue diesem Luder nicht.«

Schev schnaubte. »Ganz bestimmt nicht.«

»Woher kennst du sie?«

»Von hier und da.« Von überall rund um Schevs Bett und doch nie darin.

»Ihr scheint aber ziemlich vertraut miteinander.«

»Nicht halb so sehr, wie mir lieb gewesen wäre«, brummte sie. »Hast du die Pfeifen sauber gemacht?«

»Joh.«

Wieder hörte Schev die Tür und wandte sich um, auf den Lippen ein Lächeln. Vielleicht war Carcolf noch einmal wiedergekommen und hatte beschlossen, dass sie Schev doch um ihrer selbst willen wollte …

»O Gott«, murmelte sie und ihre Miene verdüsterte sich. Normalerweise brauchte sie zumindest ein wenig länger, bevor sie eine Entscheidung bedauerte.

»Morgen, Schevedieh«, sagte Crandall. Er war Ärger von einer anderen, wesentlich weniger angenehmen Sorte. Ein rattengesichtiges, kleines Nichts, mit schmalen Schultern und schmalem Verstand, rosa umränderten Augen und ständig laufender Nase, aber er war der Sohn von Finger-Horald, und damit war er in dieser Stadt eine ziemlich große Nummer. Ein rattengesichtiges, kleines Nichts mit Macht, die er sich nicht selbst erarbeitet hatte, was ihn leicht reizbar, brutal und empfindlich rachsüchtig machte, zudem neidisch auf alles, was andere hatten und er nicht. Und jeder hatte irgendwas, das Crandall nicht hatte, selbst wenn es sich dabei auch nur um so etwas Profanes handeln mochte wie Talent, gutes Aussehen oder einen letzten Rest von Selbstachtung.

Schev bemühte sich wieder um ihr geschäftsmäßiges Lächeln, obwohl ihr niemand einfallen wollte, den sie weniger gern in ihrem Laden gehabt hätte. »Morgen, Crandall. Morgen, Mason.«

Mason duckte sich direkt hinter seinem Boss durch die Tür. Oder vielmehr, hinter dem Sohn seines Bosses. Er war schon früh einer von Horalds Getreuen gewesen, hatte ein breites, von Narben durchzogenes Gesicht, wie Blumenkohl verformte Ohren und eine Nase, die so oft gebrochen worden war, dass sie jetzt mehr wie eine Rübe aussah. Er galt als einer der härtesten Drecksäcke in ganz Westport, wobei in dieser Stadt an Drecksäcken allgemein kein Mangel herrschte. Jetzt sah er zu Schev hinüber, immer noch geduckt, weil er sich bei seiner Größe unter der niedrigen Decke nicht aufrichten konnte, und zog die Lippen entschuldigend zu einem Strich. Als wollte er sagen: *Tut mir leid, aber das war nicht meine Idee, das wollte dieser Narr.*

Der besagte Narr betrachtete Schevs Gebetsglocken, ohne sich dabei vorzubeugen, und verzog verächtlich den Mund. »Was sind das denn? Glocken?«

»Gebetsglocken«, erwiderte Schev. »Aus Thond.« Sie versuchte, ganz ruhig zu klingen, während sich drei weitere Kerle hinter Mason in ihren Laden drängten und offenbar versuchten, gefährlich dreinzublicken; allerdings mussten sie feststellen, dass es in dem kleinen Raum für echtes Imponiergehabe zu eng war und sie allenfalls betreten wirkten. Einer hatte ein Gesicht, in dem Eiterbeulen hässliche Krater hinterlassen hatten, und hervorquellende Augen. Ein anderer, der einen Ledermantel trug, der ihm viel zu groß war, verhedderte sich in einem der Vorhänge und riss ihn dabei beinahe herunter. Der dritte hatte die Hände tief in die Taschen geschoben und zeigte mit seinem Blick deutlich an, dass sich darin Messer befanden. Daran war nicht zu zweifeln.

Schev war sich ziemlich sicher, noch nie so viele Leute auf einmal im Laden gehabt zu haben. Schade, dass es keine zahlenden Gäste waren. Sie sah zu Severard hinüber, der nervös von einem Fuß auf den anderen trat, und hielt ihm die Handfläche entgegen, als wollte sie *ganz ruhig* sagen. Allerdings musste sie zugeben, dass sie sich selbst nicht besonders ruhig fühlte.

»Hätte gar nicht gedacht, dass du viel für Gebete übrig hast«, sagte Crandall, der nun angesichts der Glocken die Nase rümpfte.

»Hab ich auch nicht«, sagte Schev. »Mir gefallen die Glocken einfach. Sie geben diesem Raum etwas Spirituelles. Willst du was rauchen?«

»Nein. Und wenn, dann würde ich dafür nicht in so ein Dreckloch gehen.«

Stille breitete sich aus, und dann beugte sich der Pockennarbige zu ihr rüber. »Das hier ist ein Dreckloch, hat er gesagt!«

»Hab ich gehört«, gab Schev zurück. »In so einem kleinen Raum überträgt sich der Schall sehr gut. Und mir ist durchaus bewusst, dass es ein Dreckloch ist. Ich habe schon Pläne, wie ich das ändern will.«

Crandall grinste. »Du hast doch immer Pläne, Schev. Aus denen wird nur nie was.«

Das stimmte wohl, und das lag meistens an Ärschen wie denen, die gerade vor ihr standen. »Vielleicht wendet sich ja mal mein Glück«, sagte Schev. »Was willst du?«

»Ich will was klauen lassen. Oder wieso sollte ich sonst zu einer Diebin kommen?«

»Ich bin keine Diebin mehr.«

»Klar bist du das noch. Du bist jetzt nur eine Diebin, die dieses Dreckloch von einem Rauchhaus führt. Und du schuldest mir noch was.«

»Wofür sollte ich dir denn was schulden?«

Crandalls Grinsen wurde jetzt noch eine Spur gemeiner. »Für jeden Tag, an dem man dir nicht die Beine gebrochen hat.« Schev schluckte. Offenbar hatte er es geschafft, sich sogar zu einem noch größeren Drecksack zu entwickeln als früher.

Sanft und beruhigend erklang nun Masons grollende, tiefe Stimme. »Ist doch bloß so, dass es eine echte Verschwendung ist. Westport hat eine großartige Diebin verloren und eine ziemlich durchschnittliche Spreuhändlerin gewonnen. Wie alt bist du? Neunzehn?«

»Einundzwanzig.« Wobei sie sich manchmal eher wie hundert fühlte. »Ich habe nur das Glück, dass ich mir das Feuer der Jugend bewahrt habe.«

»Bist trotzdem noch viel zu jung, um dich zurückzuziehen.«

»Ich bin in genau dem richtigen Alter«, sagte Schev. »Nämlich noch am Leben.«

»Das könnte sich ja ändern«, sagte Crandall und trat näher. So nahe, wie Carcolf ihr vorhin gewesen war, nur wesentlich weniger angenehm.

»Halte mal ein bisschen Abstand von der Lady«, sagte Severard mit trotzig vorgeschobener Unterlippe.

Crandall schnaubte. »Lady? Soll das ein Witz sein, Kleiner?«

Schev sah, dass Severard ihren Knüppel hinter seinem Rücken hielt. Ein Stock von ordentlicher Länge und genau dem richtigen Gewicht, um jemandem ordentlich eins auf die Rübe zu verpassen. Aber es wäre das Letzte gewesen, was sie jetzt brauchte, dass er mit diesem Knüppel auf Crandall losging. Den würde er ein gutes Stück weit im Hintern haben, wenn Mason mit ihm fertig war.

»Wieso gehst du nicht hinten raus und fegst schon mal den Hof«, sagte Schev daher.

Severard sah sie an, das Kinn kampfbereit vorgereckt. Dieser Narr. Bei Gott, vielleicht war er tatsächlich in sie verliebt. »Ich will nicht …«

»Geh hinten raus. Ich komme schon zurecht.«

Er schluckte, warf Crandalls Schergen noch einen schrägen Blick zu und verzog sich dann.

Schev stieß einen lauten Pfiff aus, um die Aufmerksamkeit wieder auf sich zu lenken. Sie wusste aus Erfahrung, wann ihr keine Wahl mehr blieb. »Dieses Ding, das ihr haben wollt. Wenn ich euch das stehle, sind wir dann quitt?«

Crandall zuckte die Achseln. »Kann sein. Kann auch nicht sein. Hängt davon ab, ob ich mal wieder was gestohlen haben will, oder?«

»Ob dein Papi das will, meinst du wohl.«

Crandalls Auge zuckte. Er wurde nicht gern daran erinnert, dass er nur ein kleines Licht in Papis großem Schatten war. Aber Schev sagte immer das Falsche. Oder das Richtige, nur zur falschen Zeit. Oder das Richtige zur richtigen Zeit, aber vielleicht in der falschen Gesellschaft.

»Du tust, was man dir sagt, du kleine spaltenleckende Schlampe«, spuckte er ihr ins Gesicht, »oder ich brenne dein Dreckloch nieder, mit dir drin! Und mit deinen beschissenen Gebetsglocken!«

Mason blies die vernarbten Backen auf und stieß einen entnervten Seufzer aus. Als wollte er sagen: *Er ist ein rattengesichtiges, kleines Nichts, aber was kann ich tun?*

Schev starrte Crandall an. Wie gerne hätte sie ihm eine Kopfnuss verpasst. Nichts hätte sie jetzt so gern getan wie genau das. Ihr ganzes Leben lang hatten Drecksäcke wie er sie herumgeschubst. Da hätte es sich doch fast gelohnt, nur einmal zurückzuschlagen. Aber sie wusste, dass ihr nichts anderes übrig blieb, als zu lächeln. Wenn sie Crandall wehtat, würde Mason sie zehnmal so hart fertigmachen. Zwar nicht gern, aber tun würde er es trotzdem. Er verdiente sich sein Geld damit, dass er Dinge machte, die er nicht gern tat. Tat das nicht jeder?

Schev schluckte. Versuchte dann, ihre Wut wie Furcht aussehen zu lassen. Für Leute wie sie waren die Karten immer schlecht gemischt.

»Dann habe ich wohl keine Wahl.«

Crandall blies ihr seinen stinkigen Atem ins Gesicht, als er grinste. »Wer hat das schon?«

Nie auf den Boden gucken, das war das Geheimnis.

Schev saß rittlings auf dem glitschigen Dachfirst, und geborstene Schindeln bohrten sich in ihren Schritt, während sie sich weiter nach vorn schob und daran dachte, wie viel lieber sie jetzt rittlings auf Carcolf gesessen hätte. Unten auf der belebten Straße zu ihrer Rechten grölten ein paar besoffene Idioten viel zu laut über irgendeinen blöden Witz, und irgendwer quasselte auf Suljuk, einer Sprache, von der Schev höchstens eins von dreißig Worten verstand. Aber auf der leeren Gasse zu ihrer Linken schien alles ruhig.

Sie robbte auf den Schornstein zu, geduckt und nur als Schatten zu erkennen, und streifte dann die Seilschlinge über das Mauerwerk. Zwar sah der Kamin ganz solide aus, aber sie zog trotzdem noch einmal kräftig an dem Seil. Varini hatte zwar immer gesagt, sie wöge zwei Drittel von Garnichts, aber trotzdem hatte sie einmal einen Schornstein vom Dach gerissen und wäre fast auf die Straße geknallt, begraben unter einer halben Tonne Backsteinen, wenn sie nicht ein günstig gelegener Fenstersims gerettet hätte.

Vorsichtig, vorsichtig, das war das Geheimnis, aber eine ordentliche Portion Glück war auch nie verkehrt.

Ihr Herz schlug jetzt heftig, und sie atmete tief durch und versuchte sich zu beruhigen. Sie war nur außer Übung. Sie war die beste Diebin in ganz Westport, das war allgemein bekannt. Deswegen ließ man sie ja nicht aufhören. Deswegen hörte *sie* nicht auf. Es war ihr Fluch und Segen zugleich.

»Die beste Diebin von ganz Westport«, murmelte sie vor sich hin und ließ sich am Seil bis an den Rand des Daches rutschen, dann sah sie nach unten. Die zwei Wachleute, die links und rechts von der Tür standen, waren gut zu erkennen, da sich der Lampenschein auf ihren Helmen spiegelte.

Genau zur rechten Zeit erschollen nun die Stimmen der Huren, schrill und wütend. Schev beobachtete, wie die Wachleute die Köpfe wandten. Noch mehr Geschrei, dann konnte sie ganz kurz sehen, wie die beiden Frauen miteinander kämpften, bevor sie in den Rinnstein fielen. Die Wachleute schlenderten die Gasse entlang, um sich den Streit anzusehen, und Schev lächelte in sich hinein. Für die paar Silberstücke zogen die Mädels eine ganz schöne Schau ab.

Den richtigen Moment ausnutzen, das ist das Geheimnis.

In einem Augenblick, kurz wie ein Wimpernschlag, hatte sie sich über die Regenrinne geschwungen, war das Seil hinunter- und ins Fenster hineingeklettert. Es hatte nur ein paar Kupferstücke gekostet, dass die Dienstmagd die Läden unverriegelt gelassen hatte. Schev zog sie nun hinter sich wieder zu, bevor sie ins Zimmer sprang. Jemand kam gerade die Treppe runter, mit ganz leichtem Schritt, aber Schev ging auf Nummer sicher. Sie beugte sich über die Kerze und löschte die Flamme mit ihren behandschuhten Fingern, und der Korridor wurde in angenehme Schwärze getaucht.

Schnell rein und raus, das ist das Geheimnis.

Noch immer hörte sie von draußen das Gekreische der Huren, die inzwischen vermutlich schon eine Menge Schaulustige angezogen hatten; wahrscheinlich wurden schon Wetten auf den Ausgang des Kampfes abgeschlossen. Ringende Frauen haben etwas an sich, das Männer unwiderstehlich anlockt. Vor allem, wenn die Frauen, um die es geht, nicht besonders viel anhaben. Schev schob einen Finger unter ihren Kragen und lockerte ihn ein wenig, unterdrückte den kurz aufflackernden Wunsch, selbst einen Blick zu riskieren, und schlich dann leise über den Flur zur dritten Tür, während sie einen Bund Dietriche aus ihrer Tasche zog.

Es war ein verdammt gutes Schloss. Die meisten Diebe hätten sich überhaupt nicht daran versucht, sondern sich lieber einer leichteren Beute zugewandt. Aber Schev war anders als die meisten. Sie schloss die Augen und legte ihre Zungenspitze an die Oberlippe, dann probierte sie die Dietriche aus und begann mit dem Schloss zu arbeiten. Sie brauchte nur wenige Augenblicke, um ihm sein Geheimnis zu entlocken und die Stifte in die richtige Position zu kitzeln. Das Schloss stieß ein kleines, metallisches Seufzen aus, als es sich für sie öffnete, und Schev ließ ihre Zunge wieder in den Mund und die Dietriche zurück in die Tasche gleiten, dann drehte sie den Knauf – wobei Knäufe sie insgesamt wesentlich weniger interessierten als Schlösser, um ehrlich zu sein –, schob die Tür einen Spalt breit auf und schlüpfte gerade in dem Augenblick hindurch, als sie die Stiefeltritte auf der Treppe hörte. In der Dunkelheit merkte sie selbst, dass sie unwillkürlich grinste.

Zwar hatte sie das nicht zugeben wollen, schon gar nicht vor sich selbst, aber bei Gott, sie hatte das hier vermisst. Die

Angst. Der Nervenkitzel. Das Risiko. Das aufregende Gefühl, sich etwas zu nehmen, das ihr nicht gehörte. Das aufregende Gefühl zu wissen, wie verdammt gut sie darin war.

»Die verdammt beste Diebin von ganz Westport«, hauchte sie und glitt zum Tisch hinüber. Die Mappe lag genau dort, wo Crandall gesagt hatte, und sie schob sich den Riemen in herrlichem, samtigem Schweigen über die Schulter. Alles lief nach Plan.

Sie wandte sich wieder zur Tür – als ein Dielenbrett unter ihrem Fuß knarrte.

Eine Frau fuhr mit einem Ruck aus dem Bett auf. Eine Frau in einem blassen Nachthemd, die sie direkt anstarrte.

Dabei hätte in diesem Zimmer überhaupt niemand sein sollen.

Schev hob ihre behandschuhte Hand. »Das ist jetzt nicht so, wie es aussieht ...«

Die Frau stieß den durchdringendsten Schrei aus, den Schev in ihrem ganzen Leben gehört hatte.

Schlauheit, Vorsicht und Pläne bringen einen Dieb nur bis an einen bestimmten Punkt. Aber letztlich ist das Glück ein verräterisches Luder und spielt nicht immer mit, und dann muss man auf Kühnheit vertrauen. Schev rannte zum Fenster, hob ihren schwarzen Stiefel, trat mit größter Wucht gegen die Läden, bis der Riegel splitternd nachgab, und stieß sie zitternd auf, während die Frau erschauernd Luft holte.

Ein Viereck Nachthimmel. Das zweite Stockwerk der gegenüberliegenden Häuser. Sie erhaschte einen Blick auf einen Mann im Fenster direkt auf der anderen Straßenseite, der den Kopf in die Hände stützte. Dann fiel ihr ein, wie tief es abwärts ging, und schob diese Überlegung sofort entschieden weg. Daran darf man nicht denken. Die Frau stieß einen weiteren Schrei aus, bei dem man sich durchaus in die Hosen hätte machen können. Schev hörte, wie die Tür weit aufgerissen wurde und die Wachleute brüllten. Sie sprang.

Der Wind riss und zerrte an ihren Kleidern, und dann war da dieser Ruck im Bauch, als sie fiel. Es war wie bei dem Sprung in die Tiefe, als sie noch mit der Jahrmarkttruppe unterwegs gewesen war, wenn sie die Hände nach Varinis Armen ausstreckte. Das beruhigende Klatschen, mit dem ihre Handflächen auf seine trafen, die Kreidewolke, die aufstieg, wenn er sie sicher packte und festhielt. Jedes Mal. Jedes Mal bis zum letzten, als er ein Glas zu viel getrunken hatte und sie vom Boden aufgefangen worden war.

Sie ließ es geschehen. Wenn man erst einmal fällt, darf man sich nicht dagegen sperren. Zwar gibt es immer den Drang, um sich zu schlagen und zu zappeln, aber die Luft wird dich nicht halten. Niemand tut das. Niemals, ihrer Erfahrung nach.

Ihr schlugen die Zähne heftig aufeinander, als sie hart auf dem Wagen mit Fellen landete, den Jens auf ihre Weisung und dank guter Bezahlung hier unter dem Fenster abgestellt hatte. Er wirkte angemessen überrascht, als er sah, wie sie aus seiner Ladung kletterte, sich die Mappe wieder umhängte und dann hastig über die Straße lief, wo sie sich schnell unter die Menge mischte, die dort noch unterwegs war. Schließlich verschwand sie in der Dunkelheit zwischen dem Bierstand und dem Pferdestall, während die Rufe hinter ihr leiser wurden.

Sie taumelte gegen die Hauswand, hielt sich die Seite, atmete laut keuchend ein und versuchte, nicht laut aufzuschreien. Die Leiter des Wagens hatte sie an den Rippen erwischt, und der Übelkeit erregende Schmerz und die Tatsache, dass sich alles um sie drehte, ließen vermuten, dass mindestens eine gebrochen war.

»Scheiße, aua«, presste sie zwischen zusammengebissenen Zähnen hervor. Dann blickte sie wieder zu dem Gebäude, wo Jens sein Maultier anbrüllte und der Wagen sich langsam in Bewegung setzte, während sich ein Wachmann aus dem offenen Fenster lehnte und wild gestikulierend in ihre Richtung zeigte. Sie sah, wie jemand aus einer Seitentür kam und sie sanft wieder schloss. Jemand, der groß und schlank war, mit einem schwarzen Hut, unter dem ein paar blonde Strähnen hervorsahen, und der eine Mappe über der Schulter trug. Jemand mit einem herrlichen Gang, der mit schwingenden Hüften still in den Schatten verschwand.

Der Wachmann brüllte etwas, und Schev wandte sich um, rannte stolpernd die Straße entlang, quetschte sich durch den schmalen Mauerspalt und war auf und davon.

Jetzt wusste sie wieder, wieso sie aufhören und lieber ein Rauchhaus hatte führen wollen.

Die meisten Diebe werden nicht alt. Nicht einmal die guten.

»Du bist verletzt«, sagte Severard.

Das war Schev tatsächlich, aber sie hatte gelernt, Verletzungen so gut wie möglich zu verbergen. Ihrer Erfahrung nach waren die Menschen wie Haie; Blut im Wasser machte sie nur hungrig. Also schüttelte sie den Kopf, versuchte zu lächeln, versuchte, unverletzt auszusehen, obwohl ihr Gesicht verzerrt und verschwitzt war und sie sich die Hand gegen die Rippen presste. »Es ist nichts. Haben wir Gäste?«

»Nur Berrick.«

Er nickte zu dem alten Spreukopf hinüber, der mit geschlossenen Augen und offenem Mund auf den speckigen Kissen ausgestreckt lag, die verloschene Pfeife neben sich.

»Wann hat er geraucht?«

»Vor ein paar Stunden.«

Schev umklammerte fest ihre Seite, als sie sich hinkniete und den Alten sanft an der Wange anstupste. »Berrick? Komm jetzt, wach mal wieder auf.«

Seine Augen öffneten sich flatternd und richteten sich auf Schev, dann plötzlich fiel sein zerknittertes Gesicht in sich zusammen. »Sie ist tot«, flüsterte er. »Das ist immer noch ganz frisch. Sie ist tot.« Damit schloss er die Augen und quetschte ein paar Tränen hervor, die ihm über die Wangen rannen.

»Ich weiß«, sagte Schev. »Ich weiß, und es tut mir leid. Normalerweise würde ich dich so lange hierbleiben lassen, wie du willst, und ich mache das jetzt nicht gerne, aber du musst aufstehen, Berrick. Es gibt vielleicht Ärger. Später kannst du wiederkommen. Bring ihn nach Hause, ja, Severard?«

»Ich sollte hier bleiben und dir den Rücken frei halten …«

Es war eher wahrscheinlich, dass er irgendwelchen Blödsinn machte und dafür sorgte, dass sie beide umgebracht wurden. »Solange ich mich erinnern kann, habe ich am liebsten selbst auf mich aufgepasst. Geh deine Vögel füttern.«

»Hab ich schon.«

»Dann mach's noch mal. Versprich mir nur, dass du dich hier erst wieder blicken lässt, wenn Crandall hier erschienen und wieder abgehauen ist.«

Severard bewegte schmollend seine Kiefermuskeln unter der pickligen Haut. Scheiße, der Junge war wirklich in sie verliebt. »Versprochen.« Damit schob er den Arm unter Berricks Schulter und half dem Alten stolpernd zur Tür. Zwei kleine Sorgen weniger, aber mit der größeren musste sie sich immer noch herumschlagen. Schev sah sich um und fragte sich, wie sie sich am besten auf Crandalls Besuch vorbereiten konnte. Fluchtwege, versteckte Waffen, Alternativpläne, falls etwas schiefging.

Die Kohlen, die sie zum Anzünden der Pfeifen verwendeten, glommen in der Zinnpfanne auf ihrem Ständer. Schev nahm den Wasserkrug und wollte sie erst auslöschen, überlegte dann aber, dass sie sich vielleicht noch nutzen ließen; vielleicht konnte man sie jemandem ins Gesicht schleudern, wenn sich das anbot. Also schob sie den Ständer nur weiter zur Wand, aber immer noch in Griffweite, und die Kohlen rutschten und knisterten, als sie die Pfanne wieder absetzte.

»'n Abend, Schev.« Sie wirbelte herum und versuchte sich den stechenden Schmerz nicht anmerken zu lassen, der ihr dabei durch die Seite fuhr. Für einen so großen Kerl hatte Mason einen verdammt leisen Schritt, wenn es sein musste.

Crandall duckte sich unter dem Türsturz hindurch, als er eintrat, und sah dabei noch übellauniger aus als gewöhnlich. Zwei seiner Schergen nahmen hinter ihm Aufstellung, »Großmantel« und »Taschenhand«.

Die Tür zum Hof öffnete sich knarrend. Pockengesicht schlich herein und schob sie mit der Schulter wieder zu. So viel zum Fluchtweg. Schev schluckte. Erst einmal so wenig wie möglich sagen, sie nicht reizen und so schnell wieder loswerden wie möglich. Das war das Geheimnis.

»Schwarz steht dir«, sagte Mason, der sie von oben bis unten musterte.

»Deswegen trage ich es auch«, erwiderte sie und versuchte dabei, so entspannt wie möglich zu klingen, aber die Worte kamen schrecklich flau aus ihrem Mund. »Und außerdem ist es bei den Diebestouren praktisch.«

»Hast du's?«, zischte Crandall.

Schev holte die Mappe unter der Theke hervor und warf sie ihm mit schlenkerndem Trageriemen zu.

»Braves Mädchen.« Er fing die Tasche auf. »Hast du reingeguckt?«

»Geht mich doch nichts an, was drin ist.«

Crandall schlug die Klappe zurück. Dann grabbelte er im Inneren herum. Und dann guckte er sie mit einem Gesichtsausdruck an, der gar nicht nach dem zufriedenen Kunden aussah, auf den sie gehofft hatte. »Soll dass ein verdammter Witz sein?«

»Wieso?«

»Es ist nicht hier drin!«

»Was denn?«

»Das, was hier hätte drin sein sollen!« Crandall schüttelte die Mappe in ihre Richtung, und die grimmigen Mienen seiner Männer verdüsterten sich weiter.

Schev schluckte wieder und spürte ein beklemmendes Gefühl im Bauch, als stünde sie auf einer hohen Klippe und spürte, wie die Erde unter ihren Füßen wegrutschte. »Du hast nicht gesagt, dass da irgendwas drin sein sollte. Du hast auch nicht gesagt, dass eine superlaute Kreischerin im Zimmer sein würde. Du hast gesagt, hol die Mappe, und das habe ich getan!«

Crandall schleuderte die leere Tasche zu Boden. »Du hast wohl geglaubt, du kannst es verdammt noch mal jemand anderem verkaufen, was?«

»Wie bitte? Ich wusste noch nicht mal, was da drin ist! Und wenn ich dich beschissen hätte, würde ich jetzt ja wohl nicht hier stehen und nichts als ein Lächeln tragen, oder?«

»Willst du mich verarschen? Meinst du, ich hätte nicht gesehen, dass Carcolf vor uns hier war?«

»Carcolf? Sie wollte mir nur von einem Auftrag erzählen … in Talins …« Schev verstummte. Es war dasselbe Gefühl wie seinerzeit, als ihre Hände aus Varinis Griff rutschten und der Boden ihr entgegenschoss. Crandalls Männer bewegten sich, Pockengesicht holte ein Messer mit gezackter Klinge hervor, und Mason zog eine noch nachdenklichere Grimasse als sonst und schüttelte langsam den Kopf.

Oh Gott. Carcolf hatte sie endlich so richtig aufs Kreuz gelegt. Aber nicht so, wie sie sich das vorgestellt hatte. Im Gegenteil.

Schev hob die Hände beruhigend und versuchte sich etwas Zeit zu verschaffen, um sich auf die Schnelle noch irgendetwas einfallen zu lassen. »Hör zu! Du hast gesagt, hol die Mappe, und das habe ich getan.« Sie hasste es, wie weinerlich ihre Stimme klang. Und sie wusste, dass es keinen Zweck hatte zu betteln, aber sie tat es dennoch. Ein Blick zu den Türen zeigte ihr, dass Crandalls Schergen allmählich näher kamen, und ihr war klar, dass es jetzt nur noch darum ging, wie sehr sie ihr wehtun würden. Crandall stürzte sich mit verzerrtem Gesicht auf sie.

»Hör zu!«, kreischte sie, als er sie in die Rippen boxte. Es war zwar bei Weitem nicht der härteste Schlag, den sie je abbekommen hatte, aber sie hatte das Pech, dass seine Faust genau dieselbe Stelle erwischte wie die Wagenleiter zuvor, und es schoss ein so heftiger Schmerz durch ihre Eingeweide, dass sie sich zusammenkrümmte und ihm über die Hosen kotzte.

»Na, so ist es richtig, du verdammtes Luder! Haltet sie fest.«

Der mit den Pockennarben packte ihren linken Arm, der mit dem dämlichen Mantel den rechten, während er ihr gleichzeitig den Unterarm gegen die Kehle drückte und sie damit gegen die Wand schob. Beide grinsten dabei, als hätten sie schon seit einer Ewigkeit nicht mehr so viel Spaß gehabt. Schev selbst hatte sich schon einmal besser amüsiert als jetzt, da Pockengesicht mit seinem Messer vor ihrem Gesicht herumwedelte, sie den beißenden Geschmack von Kotze im Mund hatte, ihre Seite wie Feuer brannte und sie mit schielendem Blick die glänzende Spitze der Klinge verfolgte.

Crandall schnippte an Mason gewandt mit den Fingern. »Gib mir deine Axt.«

Mason blies die Backen auf. »Garantiert steckt dieses Luder Carcolf hinter der ganzen Sache. So was hätte Schevedieh gar nicht gekonnt. Wenn wir sie umbringen, dann kann sie uns nicht mehr dabei helfen, das zu finden, was wir suchen, oder?«

»Hier geht es jetzt nicht mehr ums Geschäft«, sagte Crandall, dieses rattengesichtige kleine Nichts, »sondern darum, eine Lektion zu erteilen.«

»Was soll das denn für eine Lektion vermitteln? Und wem überhaupt?«

»Gib mir einfach deine Scheiß-Axt!«

Mason gefiel das nicht, aber er verdiente sein Geld damit, dass er Dinge tat, die ihm nicht gefielen. War ja nicht so, als ob diese Geschehnisse hier neue Grenzen überschritten. Sein Gesichtsausdruck sagte zwar: *Tut mir echt leid,* aber er holte trotzdem das Beil hervor und klatschte Crandall den polierten Griff in die Hand, bevor er sich angeekelt abwandte.

Schev wand sich wie ein in der Mitte zerteilter Wurm, konnte aber wegen der Schmerzen im Brustkorb kaum atmen, und die beiden Drecksäcke hielten sie weiter fest. Crandall neigte sich zu ihr runter, packte ihr Hemd mit der Faust und zog sie näher zu sich. »Ich würde gerne sagen, dass es schön war, dich kennengelernt zu haben, aber das wäre Scheiße noch mal gelogen.«

»Versuch mal, mich diesmal nicht so vollzuspritzen, Boss«, sagte Pockengesicht, der das Glubschauge zukniff, das ihr am nächsten war, damit er nichts von ihrem Hirn hineinbekam.

Schev stieß ein dümmliches Wimmern aus und schloss die Augen. Crandall hob die Axt.

Das war es dann also, oder wie? Das war ihr Leben gewesen? Ein beschissenes Leben, wenn man so darüber nachdachte. Ein paar gute Augenblicke, die sie mit halbwegs anständigen Leuten geteilt hatte. Ein paar kleine Nettigkeiten. Ein paar kleine Siege, mühsam erkämpft zwischen vielen Niederlagen. Sie hatte immer gedacht, es würde noch irgendwas Gutes kommen. Irgendwas Gutes, wie es ihr manchmal ja auch zuteil geworden war. Oder wie sie es manchmal selbst anderen hatte zuteil werden lassen. Aber nein, wie sich herausstellte, war das schon alles gewesen.

»Ist lange her, seit ich Gebetsglocken gesehen habe.«

Sie öffnete die Augen wieder. Die Rothaarige, die sie – wann war das gewesen? – in ihr Bett geschleppt und dann total vergessen hatte, stand überlebensgroß in Schevs Rauchzimmer, angetan mit diesem zerfetzten Lederwams, und betrachtete sinnend die Glocken auf dem Regal.

»Das hier ist eine besonders schöne.« Dabei fuhr die Frau mit den schorfigen Fingerspitzen über die Bronzeoberfläche. »Zweite Dynastie.«

»Wer ist denn diese bescheuerte Witzfigur?«, fauchte Crandall, der das Beil in seiner Hand wog.

Ihre Augen glitten träge zu ihm hinüber. Oder jedenfalls das eine, das Schev sehen konnte; das andere war von rotem, verfilztem Haar verdeckt. Das grobknochige Gesicht war noch immer voller Schwellungen, die Nase zerschnitten, angeschwollen und blutverkrustet, die Lippen aufgeplatzt und aufgedunsen. Aber es lag dieser gewisse Blick in dem einen, blutunterlaufenen Auge, das über Crandall und seine vier Schergen glitt, kurz bei Mason verharrte und dann zum nächsten wanderte. Lässige Verächtlichkeit. Als hätte sie die Lage mit diesem einen Blick schon gründlich abgeschätzt und sei zu dem Schluss gekommen, dass sie sich keinerlei Gedanken machen musste.

»Ich bin Javre«, sagte die Frau, die Schev bewusstlos auf ihrer Türschwelle gefunden hatte. Sie hatte einen seltsamen Akzent. Ein bisschen klang es so, als sei sie aus dem Norden. »Die Löwin von Hoskopp, und alles andere als eine Witzfigur – im Gegenteil, man hat mir schon oft gesagt, ich hätte ziemlich wenig Humor. Wer hat mich in das Bett gelegt?«

So, wie Schev da stand, von drei Kerlen an eine Wand gedrängt, konnte sie nur einen Finger heben.

Javre nickte. »Das war eine Freundlichkeit, die ich nicht vergessen werde. Hast du mein Schwert?«

»Schwert?«, brachte Schev nun krächzend heraus, da der Unterarm über ihrer Kehle sich etwas gelockert hatte; sein Besitzer hatte sich umgedreht, um die Frau mit einem abfälligen Blick zu bedenken.

Javre zischte durch die Zähne. »Es könnte sehr gefährlich sein, wenn es in die falschen Hände gerät. Es wurde aus dem Eisen eines gefallenen Sterns geschmiedet.«

»Die ist ja bekloppt«, sagte Crandall.

»Eine Scheiß-Verrückte«, brummte Taschenhand.

»Löwin von Hoskopp«, stieß Großmantel mit leisem Kichern hervor.

»Ich werde es mir zurückstehlen müssen«, überlegte Javre weiter. »Kennt vielleicht jemand von euch einen guten Dieb?«

Eine Pause folgte, dann hob Schev wieder ihren Finger.

»Ah!« Javres blutverkrustete Braue hob sich. »Es heißt, die Göttin sorgt für Begegnungen zwischen den richtigen Menschen.« Sie runzelte die Stirn, als ob sie jetzt erst begriff, was sich da vor ihr abspielte. »Bedrängen dich diese Männer?«

»Ein bisschen«, flüsterte Schev und verzog das Gesicht, weil sich der dumpfe Schmerz von den Rippen inzwischen bis in ihre Fingerspitzen vorgearbeitet hatte.

»Wollte nur vorher fragen. Man weiß ja nie, was manche Leute so alles an Vorlieben haben.« Langsam ließ Javre die nackten Schultern kreisen. Auch sie erinnerten Schev an den Unglaublichen Zaraquon, hart wie Holz und in hundert kleine Muskelfasern gegliedert. »Ich sag's euch jetzt im Guten: Lasst das dunkelhäutige Mädchen los und verschwindet.«

Crandall schnaubte. »Und wenn wir das nicht tun?«

Das eine Auge Javres, das unter ihrem Haar zu sehen war, verengte sich leicht. »Dann werden sich eines Tages, wenn wir alle schon lange zur Göttin gegangen sind, die Enkel der Enkel jener, die das hier miterlebten, noch schreckliche Geschichten darüber zuflüstern, wie ich euch auseinandergenommen habe.«

Taschenhand schob die Fäuste noch tiefer in die Taschen. »Du hast ja nicht mal eine Waffe«, schnaubte er verächtlich.

Aber Javre lächelte nur. »Mein lieber Freund, ich *bin* die Waffe.«

Crandall deutete mit einer ruckartigen Kopfbewegung zu ihr hinüber. »Erlöst dieses dumme Luder von ihrem Elend, dann geht's mir auch gleich besser.«

Pockengesicht und Großmantel ließen Schev los, was immerhin ein Segen war, rückten dann aber um Javre zusammen. Großmantel zog einen Stock aus seinem Umhang, was ein wenig enttäuschend war, da er in diesem riesigen Kleidungsstück mindestens genug Platz für ein Langschwert gehabt hätte. Pockengesicht wirbelte seinen Dolch mit der gezackten Klinge immer wieder um seine Finger und streckte die Zunge heraus, die, falls das möglich war, noch hässlicher wirkte als seine Klinge.

Javre stand einfach nur da und stemmte die Hände in die Hüften. »Na? Braucht ihr eine schriftliche Einladung?«

Pockengesicht holte zu einem Stich aus, aber sein Messer fand kein Ziel. Mit einer Geschwindigkeit, der selbst Schevs Augen kaum folgen konnten, wirbelte Javre zur Seite, dann schoss ihre weiße Hand nach vorn und versetzte Pockengesicht einen harten Schlag gegen den Hals. Es klang wie ein Hackebeil, das Fleisch zerteilt, und Crandalls Schläger fiel in sich zusammen, als hätte er keine Knochen mehr im Körper, das Messer rutschte ihm aus der Hand, dann zappelte und zuckte er auf dem Boden wie ein Fisch auf dem Trockenen, spuckte und gurgelte, und seine Augen quollen ihm noch weiter aus dem Kopf als sonst.

Jetzt schlug Großmantel ihr seinen Stock gegen die Seite. Er hätte dem Klang nach auch auf einen Pfeiler treffen können. Javre zuckte kaum zusammen. Die Muskeln ihres Arms traten dick hervor, als sie ihrem Gegner die Faust in den Magen rammte und er mit einem harten Keuchen zusammenknickte. Javre packte ihn mit ihrer großen rechten Faust an seinem Haar und schmetterte seinen Kopf gegen Schevs Schlachterblock-Ladentisch, dass das Blut bis an die billigen Wandbehänge spritzte.

»Scheiße«, hauchte Crandall, und die Hand, mit der er Schev festhielt, wurde schlaff.

Javre sah zu dem Kerl hinüber, der die Hände tief in seinen Taschen versenkt hatte und dessen Mund jetzt weit offen stand. »Ist dir irgendwas peinlich?«, fragte sie. »Dazu gibt es doch gar keinen Grund. Wenn ich einen Schwanz hätte, würde ich auch dauernd damit spielen.«

Mit einem Ruck riss er die Hände aus den Taschen und schleuderte ein Messer. Schev sah das Metall aufblitzen und hörte die Klinge durch die Luft pfeifen.

Javre fing sie auf. Dabei machte sie kein großes Aufhebens davon, wie die Jongleure in der Jahrmarkttruppe früher. Sie pflückte es einfach aus der Luft, wie man eine Münze fing, die man selbst hochgeworfen hatte.

»Danke«, sagte sie und warf es zurück. Es drang tief in einen Schenkel des Mannes, der einen speichelsprühenden Schrei ausstieß und rückwärts durch die Tür auf die Straße stolperte.

Mason zog in diesem Augenblick sein eigenes Messer, ein Monstrum, das man ohne jegliche Übertreibung auch als Schwert hätte bezeichnen können. Javre stemmte wieder die Hände in die Hüften. »Bist du sicher, dass du es so haben willst?«

»Kann ich nicht sagen«, erwiderte Mason, der eine leicht geduckte Kampfhaltung einnahm. »Aber anders geht es nun mal nicht.«

»Ich weiß.« Javre bewegte wieder die Schultern und hob dann ihre großen, leeren Hände. »Aber es lohnt sich trotzdem immer, vorher zu fragen.«

Er sprang ihr entgegen, das Messer wie ein verschwommener Blitz, und sie warf sich mit einer blitzschnellen Drehung beiseite. Wieder hieb er nach ihr, und wieder wich sie aus, sah ihm zu, wie er zur Tür stolperte und dabei den Vorhang von den Haken riss. Er schlug nach ihr, erwischte aber erst nur ein Kissen, sodass die Federn wie aus einer Fontäne in die Luft stoben, dann flogen die Splitter, als er den Ladentisch mit einem Stiefeltritt umwarf, und schließlich fuhr seine Klinge durch einen Wandbehang, dessen Stoff ratschend entzweiriss.

Mason stieß ein Brüllen aus, das an einen verletzten Bullen erinnerte, und griff erneut an. Doch als sein Messer Javre entgegenzuckte, packte sie sein Handgelenk, und eine dicke Vene trat an ihrem Arm hervor, als sie die zitternde Spitze mit großer Anstrengung einen Fingerbreit von ihrer Stirn bremsen konnte.

»Jetzt hab ich dich!« Mason versprühte Spucke durch die zusammengebissenen Zähne. Mit einem Ruck packte er Javre an ihrem dicken Hals und zwang sie, einen Schritt zurückzuweichen.

In diesem Augenblick riss sie die große Gebetsglocke vom Regal und schlug sie ihm über den Kopf, und das allmächtige Dröhnen war so laut, dass Schev fühlte, wie ihre Zähne klapperten. Javre schlug noch einmal zu, entwand sich seiner grabschenden Hand, und er stieß ein lautes Stöhnen aus und sank auf die Knie. Das Blut strömte ihm über das Gesicht. Dann riss Javre den Arm hoch und ließ ihm die Glocke mit voller Wucht auf den Rücken prallen, wobei sie von ihrem Griff abbrach und klappernd in eine Ecke flog, wo das Dröhnen allmählich verstummte.

Javre, das Gesicht mit Masons Blut bespritzt, sah Crandall an. »Hast du das gehört?« Sie hob die roten Augenbrauen. »Zeit für dich zu beten.«

»Oh, zur Hölle«, krächzte Crandall. Er ließ die Axt scheppernd auf die Dielen fallen und streckte die Handflächen nach oben. »Aber pass mal auf«, brachte er stammelnd heraus, »ich bin der Sohn von Horald. Finger-Horald!«

Javre zuckte die Achseln und stieg über Masons Körper hinweg. »Ich bin neu in der Stadt. Da bedeutet mir ein Name nicht mehr als der andere.«

»Mein Vater hat hier das Sagen! Er gibt die Befehle!«

Javre grinste und stieg nun über die Leiche von Großmantel. »Mir gibt er keine.«

»Er kann dir Geld geben! So viel kannst du gar nicht zählen!«

Mit der Stiefelspitze schob Javre das zu Boden gefallene Messer von Pockengesicht beiseite. »Ich will kein Geld. Ich habe ganz schlichte Bedürfnisse.«

Crandalls Stimme wurde immer schriller, während er vor ihr zurückzuweichen versuchte. »Wenn du mir was tust, wird er hinter dir her sein!«

Wieder zuckte Javre die Achseln und tat einen Schritt. »Das können wir zumindest hoffen. Es wäre sein letzter Fehler.«

»Aber … bitte!«, winselte Crandall. »Bitte! Ich flehe dich an!«

»Ich bin es wirklich nicht, die du anflehen musst«, sagte Javre und deutete mit einem Kopfnicken auf etwas, das sich hinter ihm befand.

Schev pfiff leise, und Crandall wandte sich verblüfft um. Und sein Blick wurde noch überraschter, als sie die Klinge von Masons Beil mit einem scharfen Knacken in seine Stirn grub.

»Bwurgh«, brachte er mit hervorquellender Zunge heraus, dann taumelte er zurück, fasste mit der schlaffen Hand nach dem Ständer der Kohlenpfanne und warf ihn um. Ein Schauer heißer Kohlen flog gegen die Wand.

»Scheiße«, zischte Schev, als Flammen aus den dünnen Wandbehängen schlugen. Sie griff nach dem Wasserkrug, aber dessen karger Inhalt konnte kaum etwas ausrichten. Schon hatte das Feuer den nächsten Vorhang erfasst, und Flöckchen glimmender Asche rieselten zu Boden.

»Wir sollten den Laden besser räumen«, sagte Javre und schob Schev den Arm mit einer Kraft unter die Schulter, die deutlich machte, dass man sich ihr besser nicht widersetzte, bugsierte sie dann zur Tür und ließ die vier toten Männer im brennenden Raum zurück.

Draußen stand noch der Kerl, der die Hände in den Taschen gehabt hatte; er lehnte an einer Mauer und hatte die Hand um sein Messer gekrallt, das in seinem Oberschenkel steckte.

»Warte!«, rief er, doch da hatte Javre ihn schon am Kragen gepackt und ließ ihn mit einer schlichten Drehung ihres Handgelenks quer über die Straße fliegen, dass er mit dem Kopf gegen eine Häuserwand knallte.

In diesem Augenbilck kam Severard herbeigerannt und starrte fassungslos auf das Haus, aus dessen Türfüllung bereits die Flammen schlugen. Javre hielt ihn fest und schob ihn in die andere Richtung. »Da ist nichts mehr zu retten. Die Dekoration war für einen Raum mit offenem Feuer schlecht gewählt.« Wie um das zu unterstreichen, zerbarst das Fenster, ein Feuerball schoss über die Straße, und Severard riss die Hände über den Kopf und duckte sich.

»Was zur Hölle ist da passiert?«, wollte er jammernd wissen.

»Es ist schlecht gelaufen«, flüsterte Schev, die sich die Seite hielt. »Ganz schlecht.«

»Das nennst du schlecht?« Javre kratzte sich das verdreckte Rothaar aus dem zerschlagenen Gesicht und grinste angesichts von Schevs in Rauch aufgegangenen Hoffnungen, als sei es für sie ein Tag gewesen, der sich durchaus gelohnt hatte. »Ich würde sagen, es hätte doch wirklich viel schlimmer kommen können.«

»Wie das?«, fuhr Schev sie an. »Wie könnte das denn wohl noch schlimmer sein, verdammte Scheiße?«

»Wir könnten beide tot sein.« Javre lachte kurz auf. »Wenn man lebend rauskommt, hat man gewonnen.«

»So was kommt davon«, sinnierte Severard, in dessen Augen sich die Flammen spiegelten, als das Haus noch heller brannte, »wenn man zu anderen freundlich ist.«

»Ach was, hör auf zu heulen, Kleiner. Auf lange Sicht führt Freundlichkeit dazu, dass man auch selbst welche erfährt. Die

Göttin sorgt dafür, dass wir eines Tages die Belohnung erhalten, die wir uns verdient haben! Ich bin übrigens Javre.« Sie klopfte ihm auf die Schulter und warf ihn dabei fast um. »Hast du vielleicht einen älteren Bruder? Nach so einem Kampf bin ich immer so richtig in Stimmung.«

»Was?«

»Oder vielleicht gleich ein paar Brüder?«

Schev hielt sich den Kopf, der sich anfühlte, als wollte er zerspringen. »Ich habe Crandall umgebracht«, flüsterte sie. »Verdammte Scheiße, ich habe ihn umgebracht. Jetzt werden sie hinter mir her sein! Sie werden niemals aufgeben!«

»Pffft.« Javre schob einen großen, muskelbepackten Arm um Schevs Schultern. Gleichzeitig seltsam beruhigend und erdrückend. »Du solltest die Drecksäcke sehen, die hinter mir her sind. Aber reden wir doch noch mal darüber, wie man mein Schwert zurückstehlen könnte …«

IDIOTENAUFTRÄGE

Östlich der Crinna, August 574

Kropf kaute an der harten Haut rund um seine Nägel, so wie er das immer tat. Seine Finger taten weh, so wie immer. Er dachte bei sich, dass er endlich einmal mit diesem Herumkauen aufhören musste. So, wie er das immer tat.

»Wie kommt es bloß«, brummte er leise und mit einer gewissen Bitterkeit, »dass immer ich auf den Idiotenaufträgen sitzen bleibe?«

Das Dorf lag geduckt an einer Gabelung des Flusses, ein Grüppchen feuchter Strohdächer, zerstrubbelt wie das Haar eines Dorftrottels, eingefasst von einem mannshohen Zaun aus roh behauenen Baumstämmen. Runde Hütten aus Flechtwerk und drei große Langhäuser kauerten im Matsch. Die Pfosten des größten liefen in schlecht geschnitzten Drachenköpfen aus, oder vielleicht waren es auch Wolfsköpfe oder irgendetwas anderes, was Menschen Angst machen sollte. In Kropf lösten sie nichts weiter aus als Sehnsucht nach ordentlicher Zimmermannsarbeit. Rauch quoll in öligen Schwaden aus den Kaminen. Halbkahle Bäume schüttelten noch ein paar braune Blätter. In der Ferne glitzerte das schwache Sonnenlicht auf den fauligen Marschwiesen, wie tausend Spiegel, die sich bis zum Horizont erstreckten. Nur ohne einen Hauch von Romantik.

Herrlich kratzte sich an der langen Narbe, die sich durch die kurzen Stoppeln ihres kahl geschorenen Kopfes zog, und hielt dann lange genug dabei inne, um dazu ihren Kommentar abzugeben. »Für mich«, sagte sie, »sieht das nach einem echten Drecksloch aus.«

»Wir sind ziemlich weit östlich der Crinna, oder?« Kropf bekam mit Zunge und Zähnen ein kleines Stückchen Nagelhaut zu fassen, riss es ab und spuckte es aus, dann betrachtete er mit zusammengekniffenen Augen die kleine rosafarbene Stelle, die links von seinem Nagel zurückgeblieben war und wesentlich mehr wehtat, als man eigentlich hätte erwarten sollen. »Hier gibt es auf hundert Meilen in jede Richtung nichts als Dreckslöcher. Bist du sicher, dass wir am richtigen Ort sind, Raubin?«

»Ganz sicher. Sie hat sich sehr klar rausgedrückt.«

Kropf runzelte die Stirn. Er war sich nicht ganz sicher, ob er eine so entschiedene Abneigung gegen Raubin hegte, weil er derjenige war, der die Aufträge an Land zog und weil diese Aufträge dann in der Regel scheiße waren, oder ob er ihn deswegen so wenig mochte, weil er schlicht ein wieselgesichtiges Arschloch war. Vielleicht beides ein bisschen. »Das heißt ausgedrückt, du Vollidiot.«

»Hast aber ja wohl verstanden, was ich mein', oder? 'n Dorf in einer Flussgabelung, hat sie gesagt, südlich vom Sumpf, drei große Langhäuser, und das größte hat Pfosten mit geschnitzten Fuchsköpfen.«

»Aaaah.« Kropf schnippte mit den Fingern. »Das sollen Füchse sein.«

»Hier lebt wohl der Fuchs-Clan.«

»Ach, tatsächlich?«

»Hat sie gesagt.«

»Und das Ding, was wir ihr holen sollen. Was ist das genau?«

»Na ja, so'n Ding«, sagte Raubin.

»So viel wissen wir schon.«

»Ungefähr ... so lang, denk ich. Genauer hat sie es nicht beschrieben.«

»Ach, dann hat sie sich nicht so genau rausgedrückt?«, fragte Herrlich, die beim Grinsen alle Zähne zeigte.

»Sie hat gesagt, da wäre so eine Art Licht drumrum.«

»Ein Licht?«, fragte Kropf. »Was für eins? Wie bei einer Scheiß-Zauberkerze oder was?«

Aber Raubin konnte nur die Achseln zucken, und das brachte nun keinen wirklich weiter. »Weiß ich nicht. Sie hat gesagt, wir würden es erkennen, wenn wir es sehen.«

»Na großartig.« Kropf hatte geglaubt, seine Laune könne nicht noch weiter sinken. Jetzt wusste er es besser. »Das ist ja wirklich großartig. Also soll ich mein Leben und das meiner Leute aufs Spiel setzen im Vertrauen darauf, dass wir es erkennen, wenn wir es sehen?« Er schob sich auf dem Bauch über die Steine rückwärts, außer Sicht des Dorfes, rappelte sich dann auf und bürstete sich den Dreck von seinem Mantel, wobei er verärgert vor sich hin brummte, weil der Mantel nämlich neu war und er eigentlich hatte darauf achten wollen, dass er noch eine Weile sauber blieb. Dabei hätte er gleich wissen sollen, dass das vergebene Liebesmühe war, weil er bei den beschissenen Aufträgen, die er bekam, sowieso immer mitten in der Scheiße landete. Kopfschüttelnd wandte er sich um, ging den Abhang hinunter und marschierte durch die Bäume zu den anderen. Mit kraftvollem, zuversichtlichem Schritt. Dem Schritt eines Anführers. Es war wichtig für einen Häuptling, so glaubte Kropf jedenfalls, den Eindruck zu vermitteln, dass er wusste, wo er hinging.

Vor allem dann, wenn das nicht der Fall war.

Raubin hastete hinter ihm her, und seine winselnde Stimme drang wie Nadelstiche in Kropfs Rücken. »Sie hat das nicht genau gesagt. Was das für'n Ding ist, du weißt schon. Ich meine, das macht sie ja nie, sie ist ja immer so. Sie guckt dich bloß an mit diesen Augen …« Er erschauerte deutlich sichtbar. »Sie hat bloß gesagt, hol mir dieses Ding, und wo es ist. Und dann diese ganze Bemalung und diese Stimme, da bricht einem verdammt noch mal schon der Angstschweiß aus, wenn sie einen nur ansieht …« Wieder erschauerte er, so sehr sogar, dass seine verrotteten Zähne klapperten. »Da stell' ich doch keine Fragen, das kannst du dir doch wohl denken. Da will ich nur so schnell wie möglich wieder abhauen, bevor ich mir in die Hosen pisse. Nur schnell raus und das Ding besorgen, was sie haben will …«

»Na, dann ist doch alles prima«, sagte Kropf. »Bloß, was das tatsächliche Besorgen von dem Ding angeht, ist es natürlich ein bisschen blöd.«

»Was das Besorgen von dem Ding angeht«, erklärte Herrlich, über deren knochiges Gesicht Licht- und Schattenflecke wanderten, als sie sinnend zu den Baumkronen aufsah, »birgt der Mangel an Einzelheiten ernste Schwierigkeiten. In einem Dorf dieser Größe gibt's alle möglichen Dinge. Also, welches hat sie gemeint? Welches Ding, das ist hier die Frage.« Offenbar war sie in nachdenklicher Stimmung. »Man könnte sagen, die Stimme, die Bemalung und die bedrohliche Aura seien im vorliegenden Fall … gewissermaßen selbstzerstörerisch.«

»O nein«, sagte Kropf. »Selbstzerstörerisch wären sie, wenn sie selbst anschließend mit durchgeschnittener Kehle irgendwo jenseits der Crinna läge, weil es irgendwelche Ungenauigkeiten bei der Beschreibung des Auftrags gab, den wir hier verdammt noch mal ausführen sollen.« Mit einem vernichtenden Blick in Raubins Richtung schritt er hinaus aus dem Wald und betrat die Lichtung.

Scorry saß da und schärfte seine Messer. Acht Klingen lagen sauber aufgereiht auf dem struppigen Gras vor seinen überschlagenen Beinen, angefangen mit einem kleinen Dorn, der kaum länger war als Kropfs Daumen, bis hin zu einem soliden Schlachtermesser, das kaum kleiner war als ein Kurzschwert. Die neunte Klinge hielt er noch in den Händen, zog den Wetzstein über die Schneide, knirsch, knarsch, und nutzte das Geräusch als Rhythmus für seinen leisen, hohen Gesang. Er hatte eine Singstimme, die geradezu ein Wunder war, dieser Zehenspitzen-Scorry. In glücklicheren Zeiten wäre er sicherlich Barde geworden, aber heutzutage konnte man sich seinen Lebensunterhalt gesicherter damit verdienen, dass man anderen Leuten auflauerte und sie abstach. Eine traurige Tatsache, überlegte Kropf, aber so war es nun mal.

Brack-i-Dayn saß neben Scorry und knabberte an einem schon ziemlich gut abgenagten Kaninchenknochen; dabei zog er die Lippen hoch wie ein grasendes Schaf. Wie ein riesiges, sehr gefährliches Schaf. Der kleine Knochen wirkte wie ein Zahnstocher in seiner massigen, blau tätowierten, kantigen Faust. Yon Fröhlich sah so grimmig auf ihn herab, als sei er ein großer Scheißhaufen, was Brack vielleicht hätte verstimmen mögen, wäre nicht allgemein bekannt gewesen, dass Yon alles und jeden auf diese Weise anzusehen pflegte. Tatsächlich stand er in dem Ruf, der unfröhlichste Mensch im ganzen Norden zu sein, was ihm schließlich auch seinen Namen eingetragen hatte.

Whirrun von Blei kniete allein auf der anderen Seite der Lichtung vor seinem großen, langen Schwert, das er zu diesem Zweck an einen Baum gelehnt hatte. Die Hände hielt er ineinandergeschlungen vor seinem Kinn, und die Kapuze, die er sich über den Kopf gezogen hatte, ließ nur das spitze Ende seiner Nase erkennen. Offenbar betete er. Kropf hegte schon ein gewisses Misstrauen gegenüber Männern, die zu Göttern beteten, von Schwertern gar nicht zu reden. Aber so waren nun einmal die Zeiten, dachte er. In blutigen Tagen waren Schwerter mehr wert als Götter. Auf alle Fälle waren sie in der

Überzahl. Davon abgesehen kam Whirrun aus dem Tal weit im Norden und Westen, von jenseits der Berge nahe des Weißen Meeres, wo es im Sommer schneite und niemand, der bei Verstand war, hätte leben wollen. Wer konnte schon sagen, was er dachte?

»Hab dir doch gesagt, es ist ein echter Pissfleck von einem Dorf, oder nicht?« Niemals war dabei, seinen Bogen zu bespannen. Dabei grinste er auf diese typische Weise, als ob er sich gerade einen Witz auf Kosten der anderen leistete, den außer ihm niemand kapierte. Kropf hätte gern gewusst, was das sein sollte; er hätte sich tatsächlich gefreut, wenn es etwas zum Lachen gegeben hätte. Soweit er das sagen konnte, ging der Witz auf ihrer aller Kosten.

»Würde mal sagen, da hast du recht gehabt«, sagte Herrlich, als sie an ihm vorbei auf die Lichtung marschierte. »Piss. Fleck.«

»Na ja, wir wollen uns hier aber ja auch nicht niederlassen«, meinte Kropf, »wir sind gekommen, um dieses Ding zu holen.«

Yon Fröhlich gelang nun, was viele gar nicht für möglich gehalten hätten – er blickte noch grimmiger drein als sonst, die schwarzen Augen grabesfinster, und fuhr sich mit den dicken Fingern durch den verfilzten Bart. »Was für ein Ding denn eigentlich?«

Kropf warf Raubin einen neuerlichen Blick zu. »Willst du dich noch mal darüber ausbreiten?« Das Wieselgesicht hob nur hilflos die Hände. »Soweit ich gehört habe, werden wir es erkennen, wenn wir es sehen.«

»Wir werden es erkennen, wenn wir es sehen? Was für ein ...«

»Das kannst du den Bäumen erzählen, Yon, der Auftrag ist nun mal so, wie er ist.«

»Und jetzt sind wir schließlich hier, oder nicht?«, wollte Raubin wissen.

Kropf saugte an seinen Zähnen. »Höchst brillante Beobachtung. Und wie bei den Besten ist auch diese wahr, sobald man sie ausspricht. Ja, wir sind hier.«

»Wir sind hier«, wiederholte Brack-i-Dayn in dem singenden Tonfall der Bergmenschen, lutschte das letzte bisschen Fett von seinem Knochen und schleuderte ihn dann in die Büsche. »Östlich der Crinna, wo der Mond nicht scheint, hundert Meilen weit weg von einem sauberen Platz zum Kacken und umzingelt von wilden, verrückten Drecksäcken, die es für eine tolle Idee halten, sich Knochen durchs eigene Gesicht zu bohren.« Was aus seinem Mund einigermaßen possierlich klang, wenn man bedachte, dass seine eigene Haut wegen der vielen Tätowierungen mehr blau als weiß war. Niemand hat mehr Verachtung für den Wilden als ein anderer Wilder, dachte Kropf.

»Stimmt wohl, sie haben ein paar komische Ideen östlich der Crinna.« Raubin zuckte die Achseln. »Aber hier befindet sich nun mal das Ding, und deswegen sind auch wir hier, warum holen wir also nicht endlich dieses Scheißding und verpissen uns wieder nach Hause?«

»Wieso holst denn du dieses Scheißding nicht?«, knurrte Yon Fröhlich.

»Weil es nun mal meine Scheiß-Aufgabe ist, euch verdammt noch mal zu sagen, wo ihr das Scheißding holen könnt, darum, Yon Wichser Cumber.«

Es entstand eine lange, hässliche Pause. Hässlicher als das Kind eines Menschen und eines Schafs, wie die Bergmenschen zu sagen pflegten. Dann begann Yon mit ganz ruhiger Stimme zu sprechen, auf diese Art, bei der Kropf eine Gänsehaut über die Arme kroch, obwohl er Yon schon so lange kannte. »Ich hoffe, dass ich mich irre. Bei den Toten, ich hoffe, dass ich mich irre. Aber ich habe irgendwie das Gefühl ...« Yon machte eine kleine Bewegung nach vorn, die allen unwillkürlich in Erinnerung rief, wie viele Äxte er bei sich trug. »... das Gefühl, dass man mich nicht respektiert.«

»Nein, nein, gar nicht, ich habe nicht gemeint ...«

»*Respekt*, Raubin. Der Scheiß kostet nichts, aber mit seiner Hilfe kann ein Mann vielleicht vermeiden, dass er auf dem Weg nach Hause sein Hirn mit der Hand in den Kopf zurückschieben muss. Habe ich mich klar genug ausgedrückt?«

»Natürlich, Yon, natürlich. Ich bin zu weit gegangen, ein paar Meilen zu weit, und es tut mir leid. Wollte nicht, dass es respektlos klingt. Das liegt an dem Druck. Wir stehen doch alle total unter Druck. Und mein Kopf liegt genauso auf dem Richtblock wie deiner. Nicht hier vielleicht, aber zu Hause, darauf kannst du dich verlassen, denn wenn sie nicht kriegt, was sie will ...« Rubin erschauerte jetzt noch heftiger als zuvor.

»Ein bisschen Respekt erscheint trotzdem nicht zu viel verlangt ...«

»Das reicht.« Kropf hieß die beiden mit einer Handbewegung schweigen. »Wir gehen gerade alle gemeinsam auf dem gleichen lecken Kahn unter, und es ist keine Hilfe, wenn wir jetzt noch darüber streiten. Jetzt muss jeder Mann – und jede Frau – an einem Strang ziehen.«

»Ich bin immer eine Hilfe«, erklärte Herrlich in aller Unschuld.

»Schön wär's.« Kropf hockte sich hin, zog ein Messer und zeichnete mit der Spitze eine Karte des Dorfes auf den Boden. So, wie Dreibaum es vor langer, langer Zeit immer getan hatte. »Mag sein, dass wir nicht genau wissen, um was für ein Ding es sich handelt, aber wir wissen zumindest, wo es ist.« Das Messer kratzte über die Erde, während die anderen sich um sie scharten, sich hinknieten, hinsetzten, zusahen. »Ein großes Langhaus in der Mitte, in dessen Pfosten Fuchsköpfe geschnitzt sind. Wenn man mich fragt, sind es eher Drachen, aber egal, das spielt jetzt keine Rolle. Draußen verläuft eine Palisade mit zwei Toren, nach Norden und nach Süden. Hier drüben sind Häuser und Hütten. Hier ist ein Schweinepferch, würde ich sagen. Das da ist vielleicht eine Schmiede.«

»Wie viele Leute sind im Dorf, wissen wir das?«, fragte Yon.

Herrlich rieb sich die Narbe auf ihrer Kopfhaut und verzog das Gesicht, als sie zum blassen Himmel hinaufsah. »Vielleicht fünfzig, sechzig kampferprobte Männer? Ein paar Alte, ein paar Dutzend Frauen und auch Kinder. Von denen kann vielleicht auch noch jemand eine Klinge schwingen.«

»Kämpfende Frauen.« Niemals grinste. »Das ist doch eine Schande.«

Herrlich zeigte ihm die gebleckten Zähne. »Holt die Weiber wieder ans Küchenfeuer, was?«

»Oh, das Küchenfeuer ...« Brack starrte in den bewölkten Himmel, als sei er voller glücklicher Erinnerungen.

»Sechzig Krieger? Wir sind nur sieben – wenn man das Gepäck nicht mitzählt.« Yon Fröhlich rollte die Zunge ein und spuckte in sauberem Bogen auf Raubins Stiefel. »Das ist doch Scheiße. Wir brauchen mehr Leute.«

»Dann hätten wir nicht genug zu essen.« Brack-i-Dayn legte sich die Hand auf den Bauch. »Es ist jetzt schon knapp genug ...«

Kropf schnitt ihm das Wort ab. »Vielleicht sollten wir uns an Pläne halten, die mit der vorhandenen Zahl funktionieren, oder? Das steht mal fest, sechzig sind viel zu viele, um sie in einem fairen Kampf anzugehen.« Nicht, dass sich irgendwer seiner Truppe angeschlossen hatte, weil er Wert auf sauberes Kampfgebaren legte. »Wir müssen ein paar von ihnen weglocken.«

Niemals verzog das Gesicht. »Hätte es Zweck zu fragen, wieso ihr alle mich anseht?«

»Weil hässliche Männer nichts so sehr hassen wie gut aussehende Kerle, mein Hübscher.«

»Das kann ich nicht bestreiten.« Niemals seufzte und warf das lange Haar zurück. »Ich bin halt mit einem hübschen Gesicht geschlagen.«

»Dein Fluch ist unser Segen.« Kropf deutete auf die nördliche Seite seines in den Boden gekratzten Plans, auf die Stelle, an der eine hölzerne Brücke einen Bach überquerte. »Du begibst dich in all deiner Schönheit zu dieser Brücke. Dort stehen sicherlich Wachen. Sorge für ein Ablenkungsmanöver.«

»Du meinst, ich sollte vielleicht einen von ihnen abschießen?«

»Vielleicht eher einen Schuss in ihre Nähe abgeben. Wir sollten versuchen, nicht mehr Leute umzubringen, als unbedingt nötig ist. Vielleicht sind das unter anderen Umständen ganz anständige Menschen.«

Niemals hob eine zweifelnde Augenbraue. »Meinst du?«

Das tat Kropf eigentlich nicht, aber er hatte nicht den Wunsch, sein Gewissen noch weiter zu belasten. Es drückte ihn jetzt schon schwer genug. »Locke sie nur zu einem kleinen Tänzchen weg.«

Herrlich schlug sich die Hand gegen die Brust. »Tut mir so leid, dass ich das verpassen werde. Es tanzt doch niemand so schön wie unser Niemals, wenn die Musik aufspielt.«

Niemals grinste sie an. »Keine Sorge, Süße. Ich tanze später nur für dich.«

»Leere Versprechungen.«

»Ja, ja.« Kropf hieß auch die beiden mit einer Handbewegung schweigen. »Ihr könnt uns alle zum Lachen bringen, wenn wir diesen Idiotenauftrag erledigt haben, falls wir dann noch atmen.«

»Vielleicht können wir dann auch dich zum Lachen bringen, was, Whirrun?«, fragte Herrlich.

Der Mann aus dem Tal saß im Schneidersitz da, das Schwert über den Knien, und zuckte die Achseln. »Vielleicht.«

»Wir sind eine Truppe mit engem Zusammenhalt, wir haben es gern, wenn man zueinander freundlich ist.«

Whirruns Augen glitten zu Yon Fröhlichs düsterer Miene, bevor sie zu Herrlich zurückkehrten. »Das sehe ich.«

»Wir sind wie Brüder«, ergänzte Brack, der über sein ganzes tätowiertes Gesicht grinste. »Wir durchleben dieselben Gefahren, wir essen dasselbe Essen, wir bekommen denselben Lohn, und von Zeit zu Zeit lachen wir auch über dieselben Witze.«

»Mit meinen Brüdern habe ich mich nie gut verstanden«, sagte Whirrun.

Herrlich schnaubte. »Na, dann hast du jetzt ein Riesenglück, Kleiner. Du bekommst eine zweite Chance, eine liebende Familie kennenzulernen. Wenn du lange genug bei uns bleibst, findest du sicher raus, nach welchen Regeln sie funktioniert.«

Der Schatten von Whirruns Kapuze glitt hin und zurück über sein Gesicht, als er langsam nickte. »Jeder Tag sollte eine neue Lektion bringen.«

»Ein guter Rat«, sagte Kropf. »Also, haltet die Ohren offen, allesamt. Sobald Niemals ein paar Leute weggelockt hat, schleichen wir durchs Südtor rein.« Er zeichnete ein Kreuz an die genannte Stelle. »Zwei Gruppen, eine an jede Seite des großen Langhauses, in dem sich das Ding befindet. Oder wo wir zumindest glauben, dass das Ding sein sollte. Ich, Yon und Whirrun gehen nach links.« Yon spuckte noch einmal aus, Whirrun nickte kaum wahrnehmbar. »Herrlich, du führst Brack und Scorry nach rechts.«

»Alles klar, Häuptling«, sagte Herrlich.

»Alles klar für uns«, sang Brack.

»So, so, so«, machte Scorry, was Kropf als Zustimmung wertete.

Er deutete mit einem erbärmlich abgekauten Fingernagel noch einmal auf jeden einzelnen. »Und ihr alle gebt euer Bestes, ist das klar? Ihr schleicht so leise wie eine Frühlingsbrise. Dieses Mal fällt bitte keiner über ein Kochgeschirr, verstanden, Brack?«

»Ich pass auf meine Stiefel auf, Häuptling.«

»Dann ist gut.«

»Haben wir einen Notfallplan?«, fragte Herrlich. »Nur, falls das Unmögliche geschieht und es nicht so läuft, wie wir gedacht haben?«

»Das Übliche. Das Ding schnappen, wenn es geht, und dann rennen wie der Teufel. Du«, wandte sich Kropf nun an Raubin.

Dessen Augen wurden groß wie zwei Kochtöpfe. »Was, ich?«

»Du bleibst hier und bewachst die Ausrüstung.« Raubin stieß einen langen Seufzer der Erleichterung aus, und Kropf fühlte, wie er die Lippen verzog. Er machte dem Mann keinen Vorwurf daraus, dass er ein elender Feigling war, das waren schließlich die meisten. Kropf eingeschlossen. Aber dass Raubin das so zeigte, das war nicht in Ordnung. »Mach's dir nicht zu gemütlich, klar? Wenn uns anderen was zustößt, dann werden diese Fuchs-Ärsche dich hier aufspüren, bevor unser Blut geronnen ist, und höchstwahrscheinlich reißen sie dir dann die Eier ab.«

Raubins erleichterter Seufzer erstarb unversehens.

»Und sie schneiden dir den Kopf ab«, flüsterte Niemals, die Augen angstgeweitet aufgerissen.

»Reißen dir die Eingeweide raus und kochen sie«, knurrte Yon Fröhlich.

»Ziehen dir die Haut vom Gesicht ab und machen sich eine Maske draus«, grollte Brack.

»Nehmen deinen Schwanz als Löffel«, sagte Herrlich.

Darüber dachten sie alle ein ganz schönes Weilchen nach …

»Also dann«, sagte Kropf irgendwann. »Immer schön vorsichtig. Versuchen wir mal, in dieses Langhaus reinzukommen, ohne dass uns jemand sieht, und dieses Ding zu finden. Vor allem …« Und nun warf er ihnen allen den strengsten Blick zu, ließ die Augen über den Halbkreis aus verdreckten, vernarbten, helläugigen und stoppelbärtigen Gesichtern gleiten. Seine Truppe. Seine Familie. »Keiner stirbt, klar? Zu den Waffen.«

Nun, da es an die Arbeit ging, machte sich Kropfs Truppe schnell, präzise und ohne Murren bereit. Jeder von ihnen war mit seinen Waffen so erfahren wie ein Weber mit dem Schiffchen, und so zerlumpt ihre Kleidung und so verdreckt ihre Gesichter auch sein mochten, ihre Ausrüstung war in bestem Zustand, schimmernd und blitzsauber. Gürtel, Riemen und Schnürbänder wurden zischend festgezogen, Metall knirschte, klapperte und sang, und darüber erhob sich Scorrys Lied hell und klar in die Luft.

Kropfs Hände unternahmen wie von selbst die altbekannten Griffe, während seine Gedanken über die Jahre zurückwanderten, zu anderen Tagen, an denen er dasselbe getan hatte, an anderen Orten, umgeben von anderen Gesichtern, von denen viele schon seit Langem wieder zu Schlamm geworden waren. Einige hatte er mit eigenen Händen begraben. Insgeheim hoffte er, dass keiner seiner Leute heute sterben und dann zu weiter nichts als Erde und verblasster Erinnerung werden würde. Er prüfte seinen Schild, den lederumwickelten, festen und soliden Griff und die straffen Riemen. Er prüfte sein Messer, sein Ersatzmesser und sein Ersatzersatzmesser, die alle fest in ihren Scheiden steckten. Man kann nie zu viele Messer haben, jedenfalls hatte ihm das einmal jemand gesagt, und das war ein guter Rat, jedenfalls, solange man vorsichtig darauf achtete, wo man sie hinsteckte, und nicht etwa stürzte und sich eine Klinge in die eigenen Nüsse bohrte.

Jeder traf seine eigenen Vorbereitungen. Außer Whirrun. Der neigte nur den Kopf, als er sein Schwert sanft vom Baumstamm nahm und es dabei unter der Parierstange an der fleckigen Lederscheide anfasste; die geschützte Klinge war länger als seine bereits recht beachtlichen Beine. Dann schob er die Kapuze zurück, kratzte sich mit den dreckigen Fingernägeln im plattgedrückten Haar und sah dann den anderen zu, den Kopf leicht zur Seite geneigt.

»Ist das die einzige Klinge, die du bei dir hast?«, fragte Kropf, der das eigene Schwert am Gürtel befestigte und hoffte, eine Verbindung zu dem hochgewachsenen Mann aufzubauen, um ein gewisses Vertrauen zu schaffen. Bei einer so kleinen, eng zusammenstehenden Truppe konnte ein bisschen Vertrauen Leben retten. Vielleicht sogar das von ihnen allen.

Whirruns Blick glitt zu ihm. »Dies ist der Vater der Schwerter, und die Menschen haben hundert weitere Namen für ihn. Dämmerdolch. Grabschöpfer. Bluternte. Höchstes und Tiefstes. Scac-ang-Gaioc in der Talsprache, und das bedeutet Weltenspaltung, jene Schlacht, die zu Anbeginn der Zeiten ausgetragen wurde und an ihrem Ende noch einmal wieder beginnen wird.« Einen Augenblick fürchtete Kropf, er würde jetzt die ganzen verdammten hundert Namen aufzählen, aber glücklicherweise hielt Whirrun inne und sah mit gerunzelter Stirn auf den Griff, der mit stumpfem, grauem Draht umwickelt war. »Es ist mein Lohn und meine Strafe zugleich. Dies ist die einzige Klinge, die ich brauche.«

»Zum Essen bisschen lang, oder?«, fragte Herrlich, die von der anderen Seite zu ihnen trat.

Whirrun bleckte die Zähne in ihre Richtung. »Dafür habe ich ja diese.«

»Schärfst du es nie?«, fragte Kropf.

»Es schärft mich.«

»Na gut, wie du meinst.« Er hoffte, dass Whirrun mit seiner großen Klinge wirklich so gut war, wie man sagte, denn zumindest lag sein größtes Talent nicht darin, ihre Runde mit Gesprächen aufzulockern.

»Davon abgesehen muss man es ziehen, wenn man es

schärfen will«, sagte Herrlich, die Kropf mit dem Auge, das Whirrun nicht sehen konnte, zublinzelte.

»Das stimmt wohl.« Whirruns Augen glitten nun zu ihr. »Und wenn der Vater der Schwerter erst einmal gezogen wurde, dann kann er nicht wieder in die Scheide geschoben werden, ohne …«

»Ohne Blut zu schmecken?« Man brauchte kein Geschick im Runenwerfen, um diese Bemerkung vorherzusagen, denn Whirrun hatte diese Worte wohl schon ein Dutzend Mal geäußert, seit sie Carleon verlassen hatten. Oft genug jedenfalls, damit sie allen schon ein bisschen zum Hals raushingen.

»Blut zu schmecken«, wiederholte Whirrun mit bedeutungsschwangerer Stimme.

Herrlich warf Kropf einen Blick zu. »Denkst du manchmal, Whirrun von Blei, dass du dich vielleicht eine Spur zu ernst nimmst?«

Er legte den Kopf in den Nacken und blickte zum Himmel. »Ich lache, wenn ich was Lustiges höre.«

Kropf spürte Yons Hand auf seiner Schulter. »Kann ich dich kurz was fragen, Häuptling?«

»Klar.« Das Grinsen kostete Kropf etwas Mühe.

Yon führte ihn einige Schritte beiseite und sprach leise dieselben Worte wie vor jedem Kampf. »Wenn ich hier sterbe …«

»Heute stirbt keiner«, fuhr Kropf ihn an. Dieselben Worte, mit denen er immer antwortete.

»Das hast du letztes Mal auch gesagt, bevor wir Jutlan beerdigt haben.« Damit rutschte Kropfs Laune noch eine Leitersprosse tiefer in den Morast. »Daran hat ja keiner Schuld, wir haben nun mal einen gefährlichen Beruf, und das wissen wir auch. Kann ja gut sein, dass ich überlebe, aber ich wollte nur sagen, falls nicht …«

»Dann gehe ich zu deinen Kindern, bringe ihnen deinen Anteil und sage ihnen, was für ein Kerl du warst.«

»Genau. Und?«

»Und ich beschönige nichts.«

»Dann ist gut.« Von Fröhlich lächelte natürlich nicht. Kropf kannte ihn seit Jahren und hatte ihn in all der Zeit höchstens ein Dutzend Mal lächeln sehen, manchmal dann, wenn es am wenigsten zu erwarten gewesen war. Aber er nickte zufrieden. »Gut. Es gibt keinen anderen, dem ich diesen Auftrag anvertrauen würde.«

Kropf nickte ebenfalls. »Gut. Großartig.« Es gab keinen Auftrag, den er weniger gern übernommen hätte. Während Yon davonging, raunte er vor sich hin: »Immer kriege ich die Idiotenaufträge ...«

Es lief ziemlich so, wie Kropf es geplant hatte. Zwar hätte er nicht behauptet, dass dies vorher noch nie vorgekommen wäre, aber eine angenehme Überraschung war es trotzdem, soviel war mal sicher. Sie lagen alle sechs ganz still und ruhig an der Böschung und beobachteten die kleinen Bewegungen der Blätter und Zweige, die ihnen anzeigten, wo sich gerade Niemals an dieses Pissfleck-Dorf anschlich. Es sah auch von Nahem nicht besser aus als von Weitem. Das taten die Dinge selten, nach Kropfs Erfahrung. Wieder kaute er an seinen Nägeln, sah, wie Niemals in den Büschen kniete, auf dem anderen Bachufer gegenüber dem Nordtor, wie er einen Pfeil auf die Sehne legte und den Bogen spannte. Aus dieser Entfernung war es schwer zu sagen, aber es sah fast so aus, als ob er immer noch dieses wissende Grinsen auf dem Gesicht trug.

Niemals ließ den Pfeil davonschwirren, und Kropf nahm an, dass er in einen der Baumstämme der Palisade schlug. Der Wind trug leise Rufe zu ihnen heran. Einige Pfeile flogen schwankend in die andere Richtung und verschwanden zwischen den Bäumen, während Niemals sich umwandte und ungesehen im Unterholz davonhuschte. Kropf hörte eine Trommel schlagen, noch mehr Gebrüll, und dann rannten Männer über die Brücke, mit Waffen aus Roheisen in den Händen, wobei sich einige noch ihre Felle umwarfen oder die Stiefel anzogen. Vielleicht drei Dutzend insgesamt. Niemals hatte ordentliche Arbeit geleistet. Immer vorausgesetzt, dass er mit dem Leben davonkam.

Yon schüttelte den Kopf, während er beobachtete, wie ein hübscher Teil des Fuchs-Clans über die Brücke in den Wald rannte. »Faszinierend, oder? Ich werde mich nie dran gewöhnen, wie beschissen blöd die Leute sind.«

»Es ist immer ein Fehler, die Drecksäcke zu überschätzen«, flüsterte Kropf. »Glücklicherweise sind wir der schlaueste Trupp im ganzen Weltenrund, nicht wahr? Kriegen wir das heute also mal hin, dass keiner was verkackt?«

»Wenn du es nicht tust, tu ich's auch nicht, Häuptling«, murmelte Herrlich.

»Hah.« Wenn er das doch nur hätte versprechen können. Kropf tippte Scorry auf die Schulter und deutete zum Dorf hinunter. Der kleine Mann zwinkerte ihm zu, dann glitt er bäuchlings über die Anhöhe und hinein ins Unterholz, so flink wie eine Kaulquappe in einem Teich.

Kropf fuhr sich mit der trockenen Zunge durch den Mund. In solchen Augenblicken blieb ihm immer die Spucke weg, und egal, wie oft er so etwas tat, daran änderte sich nichts. Aus dem Augenwinkel beobachtete er die anderen, von denen keiner schwache Nerven erkennen ließ. Er fragte sich, ob in ihnen dieselben Ängste wüteten wie in ihm und sie nur ein tapferes Gesicht aufsetzten, genau wie er. Oder vielleicht hatte er auch als Einziger Angst. Aber letztlich machte es keinen Unterschied. Am besten kam man mit der Angst zurecht, wenn man so tat, als hätte man keine.

Er hob die Faust, stellte erleichtert fest, dass sie nicht zitterte, und deutete dann in Scorrys Richtung. Nun setzten sie sich alle in Bewegung. Hinunter zum Südtor – wenn man diesen Ausdruck überhaupt benutzen wollte, für eine Lücke in einem vergammelten Zaun, die von krummen Ästen überwölbt wurde, an deren Mitte der Schädel eines Tieres prangte, das wohl leider das Pech gehabt hatte, ein paar Furcht einflößende Hörner zu besitzen. Beim Anblick des windschiefen Tores drängte sich Kropf die Frage auf, ob es im Umkreis von hundert Meilen wohl irgendein verdammtes Stück Holz gab, das gerade war.

Der einzige Wachmann, der noch auf dieser Seite geblieben war, stand mit zerstrubbeltem Haar und in Pelze gehüllt direkt unter dem Schädel, stützte sich auf seinen Speer und starrte ins Nichts. Er bohrte in der Nase und hob den Finger in die Höhe, um sich das Resultat anzusehen. Dann schnippte er den Rotzpopel weg. Er streckte sich und griff sich mit der Hand an den Hintern, um sich zu kratzen. Scorrys Messer drang seitlich in seinen Hals und riss ihm die Kehle heraus, so schnell und geschickt, wie ein Fischer einen Lachs ausnimmt. Kropf verzog trotzdem kurz das Gesicht, aber er wusste, dass sich das alles nicht ändern ließ. Sie würden von Glück sagen können, wenn das der einzige Mann war, der sein Leben lassen musste, nur damit sie ihren Scheiß-Auftrag erfüllten. Scorry hielt seinen Gegner fest, während das Blut aus dem aufgeschlitzten Hals schoss, fing ihn dann auf, als er zusammensackte, und führte den zuckenden Körper geräuschlos zur Seite des Tors, wo ihn neugierige Augen nicht entdecken würden.

So leise wie die Brise, die über das Unterholz strich, eilten Kropf und die anderen die Böschung hinauf, die Waffen in der Hand. Scorry hatte sein Messer schon wieder abgewischt und wartete auf sie; er spähte vorsichtig um den Torpfosten herum und streckte ihnen die Handfläche entgegen, zum Zeichen, dass sie warten sollten. Kropf sah grimmig auf das blutige Gesicht des Toten, dessen Mund leicht offen stand, als wollte er eine Frage stellen. Ein Töpfer töpfert Geschirr. Ein Bäcker backt Brot. Und das hier war es eben, was Kropf tat. Was er so ziemlich sein ganzes Leben lang getan hatte.

Es war schwer, angesichts dieses Anblicks Stolz zu empfinden, egal, wie sauber die Arbeit erledigt worden war. Was blieb, war die Tatsache, dass hier ein Mann dafür ermordet worden war, dass er sein eigenes Dorf bewachte. Denn das hier waren Menschen, mit Hoffnungen und Sorgen und allem, was dazu gehörte, auch, wenn sie jenseits der Crinna lebten und sich nicht allzu häufig wuschen. Aber was konnte ein Einzelner schon ändern? Kropf holte tief Luft und atmete langsam wieder aus. Wichtig war, dass er seinen Auftrag erledigte, ohne dass einer seiner eigenen Leute dabei umkam. Wenn man in harten Zeiten zu weich ist, kann das tödlicher sein als die Pest.

Er sah zu Herrlich hinüber und deutete mit einer Kopfbewegung zum Dorf. Sie schlich um den Torpfosten hinter die Palisade und nahm den Pfad zu ihrer Rechten; ihr rasierter Kopf drehte sich nach links und nach rechts. Scorry folgte ihr auf dem Fuße, und dann kam Brack, der trotz seines massigen Körpers völlig lautlos ging.

Kropf atmete noch einmal tief ein, dann kroch er zum linken Weg und verzog das Gesicht bei dem Versuch, die trockensten und am wenigsten schmatzenden Stellen in dem zerfurchten Matsch zu finden. Er hörte das Zischen von Yons vorsichtigem Atem hinter sich und wusste, dass auch Whirrun dort war, obwohl der so leise huschte wie eine Ratte. Kropf hörte etwas klackern. Vielleicht ein Spinnrad? Dann lachte jemand, aber vielleicht bildete er sich das auch nur ein. Sein Kopf fuhr bei jedem noch so leisen Geräusch in eine andere Richtung, als hätte man ihm einen Haken durch die Nase gezogen. In diesem Augenblick erschien plötzlich alles schrecklich hell und offensichtlich. Vielleicht hätten sie auf die Dunkelheit warten sollen, aber Kropf hatte noch nie gern nachts gearbeitet. Nicht seit dieser Scheiß-Katastrophe von Gurndrift, als die Leute von Schneebleich am Ende durch einen blöden Zufall gegen die von Kleinknochen gekämpft hatten und mehr als fünfzig Männer umkamen, ohne dass auch nur ein Feind in der Nähe gewesen wäre. Nachts konnte zu viel schiefgehen.

Aber andererseits hatte Kropf auch tagsüber schon zu viele Leute sterben sehen.

Er glitt neben eine Flechtwand und merkte, dass er schweißnass war vor Angst. Es war dieser kitzelnde Schweiß, der aus allen Poren dringt, wenn einem der Tod direkt über die Schulter guckt. Alles zeichnete sich mit überdeutlicher Schärfe ab. Jede Rute im Flechtwerk, jeder Kiesel am Boden. Die Lederumwickelung am Schwertgriff, die sich in seine Hand drückte, wenn er die Finger bewegte. Das leise Pfeifen, das beim Einatmen hörbar wurde, wenn die Luft zu drei Vierteln in seinen schmerzenden Lungen angekommen war. Das Loch in seinem Socken, durch das bei jedem vorsichtigen Schritt die Sohle seines Fußes an der Innenseite seines Stiefels festklebte. Erst festklebte und sich dann wieder löste.

Er musste sich neue Socken besorgen, jawohl, das musste er. Na ja, zuerst einmal musste er diesen Tag überleben, dann brauchte er Socken. Vielleicht sogar die, die er gesehen hatte, als er letztes Mal in Uffrith war, rot gefärbt. Darüber hatten sie alle gelacht. Er, Yon, Herrlich und der arme tote Jutlan. Sie hatten gelacht über diese verrückte Idee. Aber anschließend hatte er sich gedacht, das war doch reiner Luxus, dass ein Mann es sich leisten konnte, seine Socken rot zu färben, und er hatte diese feine Wolle noch mit einem langen, sehnsüchtigen Blick bedacht. Vielleicht würde er sich, wenn er diesen Idiotenauftrag erledigt hatte, wirklich ein paar rote Socken kaufen. Vielleicht sogar zwei Paar. Und sie sich über seine Stiefel ziehen, damit die Leute sahen, was er für ein großer Mann war. Vielleicht würde man ihn dann Curnden Rotsocke nennen. Er merkte, dass er trotz allem lächelte. Rote Socken, das war der erste Schritt zum Untergang, wenn er je …

An einer Hütte zu seiner Linken öffnete sich eine wacklige Tür, und drei Männer kamen lachend heraus. Der vorderste wandte den struppigen Kopf, noch ein breites Lächeln auf dem Gesicht, das seine gelben Zähne zeigte. Er sah Kropf und Yon und Whirrun direkt an, die wie erstarrt neben einem Langhaus standen, die Münder weit offen wie drei Kinder, die man beim Stibitzen von Keksen erwischt hat. Sie alle glotzten sich gegenseitig an.

Kropf hatte das Gefühl, dass die Zeit plötzlich seltsam langsam dahinkroch, wie das immer war, bevor Blut floss. Langsam genug, um die blödesten Dinge zu beobachten. Um sich zu fragen, ob der eine Kerl wirklich einen Hühnerknochen im Ohr hatte. Um die Nägel zu zählen, die aus einer ihrer Keulen ragten. Es waren achteinhalb. Langsam genug, um darüber nachzudenken, wie komisch es war, dass ihm nichts Sinnvolleres durch den Kopf ging. Es war, als ob er sich selbst zusah und sich fragte, was er tun würde, obwohl er gleichzeitig das Gefühl hatte, dass es gar nicht an ihm war, das zu entscheiden. Und das Seltsamste überhaupt war: Er hatte dieses Gefühl jetzt schon so oft gehabt, dass er merkte, wenn es ihn überkam. Dieser erstarrte, verblüffte Augenblick, bevor die Welt aus den Fugen geriet.

Scheiße. Jetzt geht es wieder los …

Er spürte, wie der kalte Wind sein Gesicht küsste, als Whirrun mit der kreisenden Bewegung eines Schnitters das Schwert schwang. Der vorderste Mann hatte nicht einmal Zeit, sich zu ducken. Die flache Seite der noch in der Scheide steckenden Klinge traf ihn seitlich am Kopf, riss ihn um und schleuderte ihn Hals über Kopf in die Luft, sodass er mit den Füßen nach oben gegen die Wand eines Schuppens krachte. Kropfs Hand hob seine Klinge, auch ohne bewusst den Befehl dazu bekommen zu haben. Whirrun schoss nach vorn, streckte den Arm aus und schlug dem zweiten Mann den Knauf seines Schwertes gegen den Mund, und Zähne und Zahnsplitter flogen durch die Gegend.

Noch während der dritte umstürzte wie ein gefällter Baum, die Arme weit ausgebreitet, versuchte er, seine Keule zu schwingen. Kropf hackte ihm sein Schwert in die Seite, der Stahl biss mit einem nassen Aufschlag durch Pelz und Fleisch, und Blutspritzer schossen hervor. Der Mann öffnete den Mund und stieß ein lautes, hohes Kreischen aus, stolperte nach vorn und klappte mit hervorquellenden Augen zusammen. Kropf spaltete ihm mit so viel Wucht den Kopf, dass der Schwertgriff in seiner Hand vibrierte, und der Schrei endete erstickt in einem überraschten Quietschen. Der Mann stürzte zu Boden, Blut strömte aus dem aufgeplatzten Kopf und ergoss sich über Kropfs Stiefel. Sah aus, als würde er tatsächlich noch seine roten Socken bekommen. So viel zu dem frommen Wunsch, keine weiteren Männer zu töten, und so viel zu dem frommen Wunsch, so geräuschlos wie eine Frühlingsbrise zu sein.

»Scheiße«, sagte Kropf.

Jetzt flog die Zeit schon wieder viel zu schnell. Die Welt zuckte und wackelte und schleuderte ihm, als er jetzt zu rennen begann, Dreck ins Gesicht. Schreie ertönten und Metall schepperte, sein eigener Atem und sein eigenes Herz rauschten und brüllten in seinen Ohren. Er riskierte einen kurzen Blick über seine Schulter, sah Yon mit dem Schild einen Streitkolben abwehren und schreiend einen Mann niederschlagen. Als Kropf sich wieder umwandte, kam ein Pfeil auf ihn zugeflogen – die Toten mochten wissen, woher – und bohrte sich direkt vor ihm in den Boden. Vor Schreck wäre er beinahe hintenübergefallen, aber da rannte Whirrun schon mit voller Wucht in ihn hinein und warf ihn nach vorn. Als er sich, den Mund voll Erde, wieder aufrappelte, stürmte ihm ein Mann entgegen, und kurz zuckten ein schreiendes Gesicht und ein wilder Haarschopf durch sein Blickfeld. Kropf drehte sich hinter seinem Schild, als Scorry aus dem Nichts erschien und dem angreifenden Drecksack das Messer in die Seite rammte. Der Mann kreischte und stolperte. Kropf schlug ihm einen Teil des Kopfes weg, die Klinge fuhr mit einem singenden Geräusch durch den Knochen und krachte dann mit so viel Wucht auf den Boden, dass sie ihm beinahe aus der Hand rutschte.

»Bewegung!«, brüllte er und wusste dabei selbst nicht, wen er da anschrie; dann versuchte er, die Klinge wieder aus dem Boden zu zerren. Von Fröhlich hastete an ihm vorbei, die Zähne gebleckt, seine Axt blutverschmiert. Kropf folgte ihm, Whirrun hinter sich, dessen Gesicht zwar schlaff und ausdruckslos wirkte, dessen Augen jedoch schnell von einer Hütte zur nächsten glitten. Das noch immer in der Scheide steckende Schwert hielt er in der Hand. Hinter der Ecke eines Stalls wartete ein breiter Streifen Matsch, der teilweise mit Stroh abgestreut war. Schweine quiekten und grunzten in einem Pferch daneben. Das Langhaus mit den geschnitzten Pfosten, eine richtig große Halle, erhob sich gegenüber. Ein paar Stufen führten zu einer breiten Tür, hinter der Dunkelheit lauerte.

Ein rothaariger Mann kam herausgestampft und schwang eine Holzfälleraxt. Herrlich schickte aus sechs Schritten Entfernung einen Pfeil durch seine Wangen, und er blieb stehen, griff sich mit der Hand ans Gesicht und taumelte dann auf sie zu. Sie stürmte ihm mit wildem Kampfgeschrei entgegen, riss ihr Schwert aus der Scheide und schlug ihm sauber den Kopf ab, der kreisend und Blut verspritzend durch die Luft flog und in den Schweinepferch fiel. Kropf fragte sich kurz, ob der arme Drecksack wohl noch mitbekam, was geschah.

Dann sah er, dass die schwere Tür der Halle zugezogen wurde. Ein blasses Gesicht war im Eingang sichtbar. »Zur Tür!«, brüllte er und rannte los, über den schmatzenden Morast und die hölzernen Stufen hinauf, deren Bohlen dabei laut klapperten. Bevor die Tür vollends zuschlug, gelang es ihm noch, seinen blutigen und schlammigen Stiefel in den Spalt zu schieben, und sofort schoss ein solcher Schmerz sein Bein hinauf, dass er laut aufheulte und ihm die Augen schier aus dem Kopf traten. »Mein Fuß! Verdammte Scheiße!«

Inzwischen hatten sich ein paar Dutzend Fuchsleute auf der anderen Seite des kleinen Platzes eingefunden, und sie knurrten und grunzten lauter und hässlicher als die Schweine. Sie schwenkten erbärmliche, schartige Schwerter, Äxte und roh behauene Keulen in den Fäusten, ein paar hatten auch halbwegs brauchbare Schwerter, und ganz vorn stand einer, der sogar einen verrosteten und am Saum ausgefransten Kettenpanzer trug und sich Ringe aus grob geschmiedetem Silber ins verfilzte Haar gedreht hatte.

»Zurück.« Whirrun stand hoch aufragend vor ihnen und hielt sein Schwert auf Armeslänge vor sich, das Heft nach oben gerichtet, als sei es ein magischer Schutz vor dem Bösen. »Zurück, dann müsst ihr heute nicht sterben.«

Der mit dem Kettenpanzer spuckte aus und zischte ihm dann in gebrochenem Nordisch entgegen: »Zeig uns dein Eisen, Dieb!«

»Dann werde ich das tun. Werft einen Blick auf den Vater der Schwerter, und es wird euer letzter sein.« Damit zog Whirrun die Klinge aus der Scheide.

Nun mochten die Menschen hundert verschiedene Namen für diese Waffe haben – Dämmerdolch, Grabschöpfer, Blut-ernte, Höchstes und Tiefstes, Scac-ang-Gaioc in der Talsprache, was Weltenspaltung bedeutet und so weiter und so weiter –, aber Kropf musste sich eingestehen, dass es sich um ein enttäuschendes Stück Metall handelte. Keine Flamme, kein goldenes Licht, kein Trompetenstoß oder spiegelheller Stahl. Nur ein sanftes Schaben, als die lange Klinge aus dem fleckigen Leder glitt. Sie hatte das stumpfe Grau von feuchtem Schiefer, ohne Glanz oder Verzierungen, außer einer leicht glänzenden Inschrift unterhalb der schlichten, schmucklosen Parierstange.

Aber Kropf hatte andere Sorgen, als sich darüber Gedanken zu machen, dass Whirruns Schwert den Legenden nicht gerecht wurde. »Zur Tür!«, kreischte er Yon entgegen und fummelte mit der linken Hand am Rand des Türblatts herum, wobei ihn sein Schild behinderte; dann schob er sein Schwert durch die schmale Lücke und fuchtelte damit herum, ohne irgendetwas auszurichten. »Mein verdammter Fuß!«

Brüllend kam nun Yon die Stufen heraufgerannt und warf sich mit der Schulter gegen die Tür. Ganz plötzlich gab sie nach, brach aus ihren Angeln und begrub irgendeinen armen Wicht unter sich. Yon und Kropf krachten in den Raum dahinter, dämmerdunkel und mit beißend süßem Rauch verhangen. Eine Gestalt kam Kropf entgegen, und er riss instinktiv den Schild empor, dann fühlte er, dass etwas dagegenschlug und ihm Splitter ins Gesicht flogen. Kurz geriet er aus dem Gleichgewicht, krachte gegen etwas anderes, Metall schepperte, und Geschirr zerbrach. Jemand sah auf, ein geisterhaftes Gesicht, darunter eine Kette aus klappernden Zähnen. Kropf schlug mit seinem Schwert danach, wieder und wieder, und der Mann brach zusammen, das weiß bemalte Gesicht mit roten Spritzern bedeckt.

Kropf hustete, würgte, hustete, blinzelte in die stinkende Düsternis, das Schwert weiterhin bereit zum Schlag erhoben. Er hörte, wie Yon brüllte, hörte, wie eine Axt in Fleisch drang und wie jemand kreischte. Der Rauch verzog sich jetzt ein wenig, sodass Kropf etwas von der Halle erkennen konnte, in der er stand. Kohlen glühten in der Feuerstelle und tauchten ein Spinnennetz aus geschnitzten Dachbalken in rußiges Rot und Orange, warfen zuckende Schatten, die seine Augen in die Irre führten. Es war höllisch heiß hier drin, und es roch auch wie die Hölle. Wandteppiche hingen überall, altes, ausgefranstes Leintuch mit ein paar Farbflecken. Hinten in der Halle stand ein Block aus schwarzem Stein, über den eine grob gefertigte Statue wachte, an deren Fuß etwas golden schimmerte. Ein Becher, dachte Kropf. Ein Kelch. Er trat darauf zu und versuchte dabei, mit dem wild geschwenkten Schild den Nebel vor seinem Gesicht zu vertreiben.

»Yon?«, rief er.

»Kropf, wo steckst du?«

Von irgendwoher ertönte ein seltsamer Gesang. Zwar konnte Kropf die Worte nicht verstehen, aber sie gefielen ihm trotzdem nicht. Kein bisschen. »Yon?« Und plötzlich sprang eine Gestalt hinter diesem Steinblock hervor. Kropfs Augen weiteten sich, und beinahe wäre er beim Zurückweichen in die Feuergrube gestürzt.

Die Gestalt trug eine zerlumpte, rote Robe, aus der lange, sehnige, weit ausgebreitete Arme ragten, mit Farbe bemalt und glänzend vor Schweiß. Das Gesicht verschwand unter einem Tierschädel mit schwarzen, gedrehten Hörnern, und in dem zuckenden Licht wirkte dieses Wesen wie ein Teufel, der geradewegs aus der Hölle entsprungen war. Kropf wusste, dass es eine Maske war, aber wie sie so aus dem Rauch auf ihn zukam und dieser seltsame Gesang aus dem Schädel drang, erstarrte er vor Angst. So sehr, dass er nicht einmal sein Schwert heben konnte. Er blieb einfach zitternd stehen, jeder Muskel hatte sich in Wasser verwandelt. Nun war er noch nie ein echter Held gewesen, soviel stand mal fest, aber so wie jetzt hatte er sich auch noch nie gefürchtet. Nicht einmal bei Ineward, als der Blutige Neuner auf ihn zugekommen war, mit einem verzerrten, irren Gesicht, bespritzt mit dem Blut anderer. Hilflos stand er da.

»Fuh ... fuh ... fuh ...«

Der Priester trat vor und hob einen langen Arm. In den bemalten Fingern hielt er etwas. Ein Stück verdrehtes Holz, das von einem ganz leichten Lichtschein umgeben war.

Das Ding. Das Ding, das sie besorgen sollten.

Der Schimmer, der davon ausging, wurde heller und heller, so hell, dass sich seine verdrehte Form in Kropfs Blickfeld einbrannte, während der Gesang in seinen Ohren dröhnte, bis er nichts anderes mehr hören, nichts anderes mehr denken und nichts anderes mehr sehen konnte als dieses Ding, gleißend hell wie die Sonne. Es nahm ihm den Atem, brach seinen Willen, hinderte ihn am Luftholen, fuhr ihm schneidend durch …

Knack. Die Axt von Yon Fröhlich spaltete den Tierschädel in zwei Hälften und schlug tief in das Gesicht darunter. Blut spritzte, zischte auf den Kohlen in der Feuergrube. Kropf fühlte Tropfen auf seinem Gesicht, blinzelte und schüttelte den Kopf, plötzlich von der lähmenden Furcht befreit. Der Priester fiel mit einem Ruck zur Seite, aus dem Gesang wurde ein ersticktes Gurgeln, während unter der zerschlagenen Maske Blut hervorströmte. Kropf fauchte, als er sein Schwert schwang, dann stieß er es in die Brust des Hexenmeisters und warf ihn rücklings um. Das Ding fiel dem Mann aus der Hand und rollte über den roh gezimmerten Dielenboden, während das gleißende Licht zu schwachem Glimmen verblasste.

»Scheiß-Zauberer«, zischte Yon, der die Zunge einrollte und auf den Leichnam spuckte. »Warum versuchen sie das bloß immer wieder? Wie lange dauert es, bis man den ganzen Seich gelernt hat, der einem dann am Ende doch nicht halb so viel nützt wie ein anständiges Messer …« Er runzelte die Stirn. »Oh-oh.«

Der Priester war in die Feuerstelle gestürzt und hatte dabei glühende Kohlen überall auf die Dielenbretter geschleudert. Ein paar waren sogar so weit gerutscht, dass sie an den ausgefransten Saum eines Wandbehangs stießen.

»Scheiße.« Kropf eilte mit wackligen Knien hinüber, um die Glut mit dem Fuß wegzuschieben. Doch noch bevor er die Wand erreichte, zuckte schon eine Flamme über das alte Leintuch. »Scheiße.« Er versuchte das Feuer auszutreten, aber sein Kopf drehte sich noch, und er schaffte es lediglich, Funken auf sein Hosenbein zu bekommen, die er wild umherspringend erst einmal wegschlagen musste. Die Flammen breiteten sich weiter aus, schneller als die Pest. Viel zu weit, als das man sie noch hätte löschen können, längst leckten sie mehr als mannshoch die Wand empor. »Scheiße!« Kropf stolperte rückwärts, fühlte schon die Wärme auf dem Gesicht und sah die roten Schatten über die Dachsparren tanzen. »Schnappen wir uns das Ding und hauen wir ab!«

Yon fummelte schon an den Riemen seines Lederrucksacks. »Recht hast du, Häuptling, alles klar! Notfallplan!«

Kropf ließ ihn zurück, hastete zur Tür und fragte sich dabei, wer auf der anderen Seite noch am Leben sein mochte. Dann stürmte er hinaus ins Tageslicht, das sich nach der Düsternis der Halle grell in seine Augen bohrte.

Herrlich stand da, den Mund weit offen. Sie hatte einen Pfeil auf die Sehne ihres halb ausgezogenen Bogens gelegt, aber die Spitze deutete schlaff zu Boden. Kropf konnte sich nicht daran erinnern, wann er sie das letzte Mal wirklich überrascht erlebt hatte.

»Was ist los?«, fuhr er sie an, blieb mit dem Schwert am Türrahmen hängen und riss sich knurrend los. »Bist du verletzt?« Er blinzelte mit zusammengekniffenen Augen in die Sonne und beschattete dann die Augen mit seinem Schild. »Was ist denn …« Dann hielt er auf den Treppenstufen inne. »Bei den Toten.«

Whirrun hatte sich kaum bewegt, hielt den Vater der Schwerter noch immer mit der Faust umklammert, und die Spitze der langen, matten Klinge deutete zu Boden. Aber jetzt war der

Mann aus dem Tal von Kopf bis Fuß mit Blut besudelt und bespritzt, und die verdrehten und zerschlagenen, zerstückelten und zerschundenen Leichen der Dutzend Fuchskrieger, die sich ihm entgegengestellt hatten, lagen in einem breiten Halbkreis vor seinen Stiefeln ausgestreckt; ein paar Stücke, die bis vor Kurzem zu ihnen gehört hatten, waren sogar noch weiter verstreut.

»Er hat sie alle umgebracht.« Bracks Gesicht hatte sich vor Verwirrung in Falten gelegt. »Einfach so. Ich habe noch nicht mal meinen Hammer gehoben.«

»So was Verdammtes aber auch«, raunte Herrlich. »So was aber auch.« Sie rümpfte die Nase. »Riecht das hier nach Rauch?«

Yon kam aus der Halle gerannt, stieß gegen Kropfs Rücken und hätte sie beinahe beide die Treppe hinuntergestürzt. »Hast du das Ding?«, zischte Kropf ihn an.

»Ich glaube, ich …« Blinzelnd betrachtete Yon jetzt Whirrun, der vor den abgeschlachteten Feinden stand. »Bei den Toten aber auch.«

Whirrun drehte sich halb zu ihnen um, warf sich leicht zur Seite, als ein Pfeil zu ihm herangeschossen kam, der dann zitternd in der Seitenwand der Halle stecken blieb. Mit seiner freien Hand winkte er sie zu sich heran. »Vielleicht sollten wir besser …«

»Lauft!«, brüllte Kropf. Ein guter Anführer hätte möglicherweise warten sollen, bis alle anderen in Sicherheit waren. Bei einem Kampf der Erste und der Letzte sein und so. So hatte Dreibaum das gemacht. Aber Kropf war nicht Dreibaum, das musste man kaum extra betonen, und er rannte selbst so schnell wie ein Kaninchen, dessen Schwanz in Flammen steht. Mit gutem Beispiel vorangehen, hätte er das genannt. Er hörte hinter sich Bogensehnen surren. Ein Pfeil flog an ihm vorüber, verfehlte nur knapp seinen wedelnden Arm und bohrte sich in eine Stallwand. Dann kam noch einer. Sein zerquetschter Fuß schmerzte wie verrückt, aber er humpelte weiter, wobei er wild den Schildarm schwenkte. Dem zuckenden, wackelnden Durchgang entgegen, über dem der Tierschädel hing. »Lauft! Lauft!«

Herrlich überholte ihn fliegenden Schrittes und schleuderte Kropf dabei Erde ins Gesicht. Er sah, wie Scorry vor ihnen zwischen zwei Hütten flitzte, dann geschmeidig wie eine Eidechse um einen der Torpfosten glitt und raus war aus dem Dorf. Kropf setzte ihm nach und hielt auf das Tor mit seinen krummen Pfosten zu. Sprang die Böschung hinunter, blieb mit dem verletzten Fuß hängen, spürte den Schmerz durch den ganzen Körper zucken, biss unwillkürlich die Zähne zusammen und erwischte dabei seine Zunge. Noch ein wackliger Schritt, dann fiel er hin, ins moorige Farnkraut, und rollte sich dabei über den eigenen Schild, wobei es ihm gerade noch gelang, sich mit dem Schwert nicht die eigene Nase abzuschlagen. Mühsam kam er wieder auf die Beine, stolperte den Abhang hinauf, unter die Bäume, und er merkte, wie seine Beine brannten und seine Lungen, und dass seine Hosen bis zum Knie vom Moorwasser durchnässt waren. Er hörte, wie Brack sich neben ihm vorankämpfte und dabei laut schnaufte, und hinter ihm ertönte Yons knurrende Stimme: »Verdammte … Scheiße … verdammte … Rennerei … verdammte … Scheiße …«

Er brach durchs Unterholz und kam mit wackligen Beinen auf die Lichtung, wo sie ihre Pläne geschmiedet hatten. Pläne, die nicht allzu glatt funktioniert hatten, wie sich herausgestellt hatte. Raubin stand bei ihren Sachen. Neben ihm wartete Herrlich, die Hände in die Hüften gestemmt. Niemals kniete auf der anderen Seite der Lichtung, einen Pfeil auf die Sehne gelegt. Er grinste, als er Kropf erkannte. »Dann hast du es geschafft, Häuptling?«

»Scheiße.« Kropf beugte sich vornüber. Ihm drehte sich der

Kopf, und er holte tief Luft. »Scheiße.« Keuchend richtete er sich wieder auf, sah in den Himmel hinauf, mit brennendem Gesicht, und war nicht in der Lage, ein anderes Wort zu denken. Und selbst, wenn er das gekonnt hätte – um es auszusprechen, hätte ihm der Atem gefehlt.

Brack sah noch mitgenommener aus als Kropf, falls das möglich war. Er stützte sich mit den Händen auf die Knie, die offenbar ziemlich zitterten, die breite Brust hob und senkte sich heftig, und sein breites Gesicht war zwischen den blauen Tätowierungen rot wie ein Hintern, den man mit der flachen Hand verdroschen hat. Yon kam herangetaumelt, lehnte sich an einen Baum und blies die Backen auf. Seine Haut glänzte vor Schweiß.

Herrlich war kaum außer Atem. »Bei den Toten, in was für einem Zustand seid ihr fetten alten Säcke bloß.« Sie gab Niemals einen Klaps auf den Arm. »Das war ziemlich gute Arbeit da unten in dem Dorf. Hatte schon gedacht, sie hätten dich erwischt und würden dir die Haut bei lebendigem Leib abziehen.«

»Hattest du gehofft, meinst du wohl«, sagte Niemand, »hättest du aber gleich besser wissen können. Wenn's ums Wegrennen geht, bin ich der Beste im ganzen Norden.«

»Das steht mal fest.«

»Wo ist Scorry?«, keuchte Kropf, der jetzt wieder genug zu Atem gekommen war, um sich Sorgen zu machen.

Niemals deutete mit dem Daumen zur Seite. »Der umkreist das Lager, um sicherzugehen, dass uns niemand auf den Fersen ist.«

Nun kam Whirrun auf die Lichtung geschlendert. Er hatte sich die Kapuze wieder über den Kopf gezogen und trug den Vater der Schwerter quer über seinen Schultern wie ein Milchmädchen sein Joch mit den Melkeimern. Eine Hand lag am Griff, die andere baumelte über die Klinge.

»Ich gehe mal davon aus, dass sie uns nicht verfolgen?«, fragte Herrlich und hob eine Augenbraue.

Whirrun schüttelte den Kopf. »Nein.«

»Kann ich den armen Ärschen nicht mal übel nehmen. Ich nehme alles zurück, was ich vorhin sagte, dass du dich zu ernst nimmst und so. Mit diesem Schwert bist du ein echt ernstzunehmender Drecksack.«

»Habt ihr das Ding gekriegt?«, fragte Raubin, das Gesicht blass vor Anspannung.

»Aber klar, Raubin, wir haben deinen Arsch gerettet.« Kropf wischte sich den Mund ab und betrachtete seinen blutigen Handrücken; offenbar hatte er sich richtig heftig auf die Zunge gebissen. Sie hatten es geschafft. Jetzt kehrte sein Sinn für Humor allmählich wieder zurück. »Ha. Hättest du etwa gedacht, dass wir das Scheißding da zurücklassen würden?«

»Keine Sorge«, sagte Yon und schlug den Deckel seines Rucksacks zurück. »Yon Cumber Fröhlich, wieder mal der verdammte Held des Tages.« Damit schob er seine Hand hinein und zog sie wieder hervor.

Kropf blinzelte. Dann runzelte er die Stirn. Dann starrte er Yon an. Gold schimmerte im verblassenden Tageslicht, und Kropf spürte, dass ihm elender zumute wurde als den ganzen Tag zuvor. »Das ist es doch nicht, Yon, verdammt noch mal!«

»Nicht?«

»Das ist ein Kelch! Wir wollten doch das *Ding*!« Er rammte sein Schwert mit der Spitze in den Boden und wedelte mit der Hand. »Das verdammte Ding mit diesem komischen Licht drumrum!«

Yon starrte jetzt zurück. »Niemand hat mir gesagt, dass es ein verdammtes Licht haben sollte!«

Eine Weile herrschte Schweigen, während sie alle nachdachten. Es war kein Laut zu hören, nur der Wind, der in den gefallenen Blättern raschelte und die schwarzen Äste knarren ließ. Dann warf Whirrun den Kopf in den Nacken und brach in schallendes Gelächter aus. Ein paar Krähen flogen erschreckt auf und flatterten träge in den grauen Himmel.

»Warum zur Hölle lachst du?«, fuhr Herrlich ihn an.

Unter der Kapuze glänzte Whirruns verzerrtes Gesicht vor Lachtränen. »Ich hab dir doch gesagt, ich lache, wenn ich was Lustiges höre!« Und damit lachte er weiter, den Rücken gekrümmt wie ein gespannter Bogen, und bebte am ganzen Körper.

»Ihr müsst noch einmal zurück«, sagte Raubin.

»Zurück?«, fragte Herrlich leise, das dreckverschmierte Gesicht ungläubig verzogen. »Zurück, du verrücktes Arschloch?«

»Du weißt, dass die Halle abgebrannt ist, oder?«, zischte Brack, der mit einem dicken, zitternden Arm zum Dorf hin deutete, von dem immer dichtere Rauchwolken zum Himmel aufstiegen.

»Sie ist was?«, fragte Raubin, während Whirrun eine weitere Lachsalve in den Himmel schickte, hustete, gurgelte und sich kaum noch auf den Beinen halten konnte.

»Joh, die ist abgebrannt, höchstwahrscheinlich mit dem verdammten Ding drin.«

»Na ja, dann weiß ich auch nicht ... dann werdet ihr die Asche durchwühlen müssen!«

»Wie wär's, wenn wir mal deine Scheiß-Asche durchwühlen?«, grollte Yon, der den Kelch auf den Boden schleuderte.

Kropf stieß einen langen Seufzer aus, rieb sich die Augen, dann sah er mit zusammengekniffenen Augen zu dem Dreckloch von Dorf hinunter. Hinter ihm sägte sich Whirruns Lachen kehlig durch die Dämmerung. »Ist doch immer dasselbe«, brummelte er. »Wieso kriege immer wieder ich die verdammten Idiotenaufträge?«

RAUS AUS DER STADT

Naheland, Sommer 575

»Vielleicht sollten wir raus aus der Stadt«, meinte Javre.

»Oh, nein, nein, nein, dieses Mal nicht«, fuhr Schev sie an. »Du kannst nicht wie wild durchs Leben rasen und überall hinter dir die Trümmer deiner falschen Entscheidungen zurücklassen.«

Schweigen breitete sich zwischen ihnen aus, während sie durch die Schatten huschten. Schev musste beinahe rennen, um mit Javre mitzuhalten, die mit gefurchter Stirn und enorm langen Schritten voranmarschierte.

»Was haben wir dann also im vergangenen Jahr gemacht?«

»Na ja, wir haben …« Schev dachte darüber nach. »Das meine ich ja gerade! Wir können nicht so weitermachen.«

»Verstehe. Dann geben wir Tumnor also seinen Edelstein, lassen uns das versprochene Geld auszahlen, bezahlen damit unsere Spielschulden …«

»*Deine* Spielschulden.«

»Und dann? Dann schlagen wir hier Wurzeln, oder was?« Javre hob eine rothaarige Augenbraue und betrachtete die verfallenden Gebäude, die mit Unrat übersäte Straße und den nach Fisch stinkenden Bettler, der in einem Hauseingang hockte und kränklich und abgehackt hustete.

»Na ja, wohl nicht. Dann ziehen wir weiter.«

»Und was haben wir heute zurückgelassen?« Javre wandte

den Kopf in die Richtung, aus der sie gekommen waren. »Würdest du da von Trümmern sprechen?«

»Ich würde sagen, das war ...« Schev fragte sich, wie weit sich die Wahrheit wohl dehnen ließ, bevor sie in Fetzen ging. »... eine Verkettung unglücklicher Zufälle.«

»Für mich sah es ziemlich nach Trümmern aus. Nachdem die Vorderseite des Herrenhauses eingestürzt war, könnte man beim Rest doch wohl von Trümmern sprechen, oder?«

Schev warf schnell einen Blick über die Schulter und überzeugte sich, dass ihnen niemand folgte. »Ein kritischer Betrachter könnte es wahrscheinlich so beschreiben.«

»Dann erklär mir mal, wenn du magst, Schevedieh, wie sich deine Vorgehensweise von meiner unterscheidet, mal abgesehen davon, dass wir bei deiner die Stadt mit weniger Geld in der Tasche verlassen?«

»Wir verlassen sie auch mit weniger Feinden im Rücken! Mir hängt es zum Hals raus, dass wir uns in jedem Dreckloch, durch das wir kommen, ein neues Dutzend schaffen und damit eine Spur legen, als würden wir Kaninchendreck hinter uns liegen lassen! Früher oder später werde ich ein gutes Dreckloch brauchen, um mal wieder für eine Weile unterzukriechen. Diese verdammten *Feinde*. Nachts schrecke ich dauernd schweißnass aus dem Schlaf wegen denen!«

»Das liegt an dem scharf gewürzten Essen«, behauptete Javre. »Wie oft habe ich dir schon gesagt, du sollst besser auf deine Ernährung achten. Und Feinde sind etwas Gutes. Feinde zeigen, dass du ... *Eindruck* gemacht hast.«

»Oh, du machst garantiert Eindruck, keine Frage, das würde ich nie bestreiten. Auf die Burschen da heute Abend hast du riesigen Eindruck gemacht.«

Javre grinste und zeigte dabei eine Phalanx weißer Zähne, während sie eine vernarbte Hand zur Faust ballte und dann damit in die offene, schwielige Fläche der anderen schlug, was einen Knall gab, als ob eine Tür zufiel. »Das habe ich wohl wirklich.«

»Aber ich bin eine Diebin, Javre, nicht das … was du bist. Bei mir kommt es darauf an, nicht aufzufallen.«

»Ah!« Wieder hob Javre die rothaarige Braue und sah schnell zur Seite. »Deswegen das ganze Schwarz.«

»Außerdem steht es mir wirklich gut, das musst du ja wohl zugeben.«

»Du bist jedenfalls eine zwielichtige und verführerische Verderberin jungfräulicher Unschuld.« Javre versetzte Schev einen spielerischen Stoß mit dem Ellenbogen in die Rippen, der ihre Begleiterin beinahe gegen die nächste Wand taumeln ließ, packte sie dann an der Hand und riss sie in eine erdrückende Umarmung, wobei Schevs Wange in den Schraubstock von Javres Achselhöhle geriet. »Dann machen wir es auf deine Weise, Schevedieh, meine liebe Freundin! Aufrecht und wahrhaftig und moralisch einwandfrei, wie eine Diebin sein sollte! Wir werden deine Schulden bezahlen, und dann betrinken wir uns und suchen uns ein paar Männer.«

Schev rang nach dem Rippenstoß noch immer nach Luft. »Und was sollte ich wohl mit diesen Männern machen, deiner Meinung nach?«

Javre grinste. »Die Männer wären für mich. Ich bin eine Frau aus Thond und habe große Gelüste. Du kannst Wache halten.«

»Da sage ich doch ganz überwältigt Dankeschön für diese enorme Ehre«, brummte Schev, die sich unter dem Gewicht von Javres muskelbepacktem Arm herauswand.

»Das ist doch das Mindeste, was ich tun kann. Du warst bis jetzt eine ziemlich gute Hilfe.«

»Ich dachte, wir hätten eine Partnerschaft auf Augenhöhe.«

»Das glauben die besten Gehilfen immer«, behauptete Javre, die jetzt auf die Tür der Taverne Zum Weinenden Sklavenhalter zuhielt, deren Schild schräg von nur noch einem Ring gehalten wurde und gefährlich an einer verrosteten Stange schaukelte.

Schev griff nach Javres Arm, und indem sie sich mit all ihrem Gewicht daranhängte und ihre Hacken in die Erde stemmte, gelang es ihr, die große Frau kurz aufzuhalten. »Ich habe das Gefühl, dass Tumnor uns erwartet.«

»So hatten wir es doch ausgemacht.« Javre sah verblüfft auf sie herab.

»Angesichts der Tatsache, dass er uns jede Menge verheimlicht hat, was den Auftrag betraf, will er uns vielleicht aufs Kreuz legen.«

Javre runzelte die Stirn. »Du meinst, er will sich vielleicht nicht an unsere Abmachung halten?«

»Er hat uns nichts von den Fallen erzählt, oder?«, fragte Schev, die noch immer an Javres Arm zerrte. »Oder von dem tiefen Abgrund? Oder der Mauer? Oder den Hunden? Und er hat auch behauptet, da wären zwei Wachen und keine zwölf.«

Mit mahlenden Kiefermuskeln biss Javre die Zähne zusammen. »Auch von diesem Zauberer hat er nichts erwähnt.«

»Genau«, stieß Schev hervor, deren Sehnen vor Anstrengung zitterten.

»Beim Atem der Mutter, du hast recht.«

Schev stieß erleichtert die Luft aus und richtete sich langsam wieder auf, bevor sie Javre losließ und ihr dabei leicht den Arm tätschelte. »Ich schleiche mich zur Hintertür rein und sorge dafür, dass …«

Javre grinste sie breit an. »Die Löwin von Hoskopp nimmt niemals die Hintertür!« Damit stürmte sie die Stufen empor, trat mit einem kräftigen Stiefeltritt die Tür splitternd aus den Angeln und marschierte in die Taverne, während die dreckigen Schöße ihres einst weißen Mantels hinter ihr her flattertern.

Schevedieh dachte kurz, aber ernsthaft darüber nach, sich

umzudrehen und die Straße hinunterzurennen, aber dann seufzte sie und tappte leise Javre hinterdrein.

Die Taverne Zum Weinenden Sklavenhändler war nicht gerade die edelste Adresse, obwohl Schev sich eingestehen musste, dass sie sich schon in schlimmeren Spelunken aufgehalten hatte. Wahrscheinlich hatte sie sogar den größten Teil der letzten Jahre in üblerer Umgebung zugebracht.

Immerhin war die Wirtsstube groß, so geräumig wie eine Scheune, und wurde auf Höhe des ersten Stocks von einem Balkon eingefasst. Ein riesiger, kreisrunder Leuchter mit rußenden Kerzen in fleckigen Gläsern sorgte für düsteres Licht. Der Boden war mit dreckigem Stroh bedeckt, darauf stand eine Sammlung zusammengewürfelter Tische und Stühle, und auf einer Seite des Raumes befand sich ein schiefer Tresen, hinter dem auf Regalen die billigsten Branntweine aus einem Aberdutzend verschiedener Länder aufgereiht waren.

Es roch nach Rauch und Schweiß, nach verschütteten Getränken und breitgetretener Kotze, nach Verzweiflung und verpassten Chancen, und damit wirkte die Taverne annähernd genauso wie vor drei Tagen, als sie den Auftrag angenommen hatten; kurz bevor Javre die Hälfte des ihnen versprochenen Lohns beim Würfeln verspielt hatte. Allerdings gab es einen deutlichen Unterschied. Vor drei Tagen hatte sich hier Abschaum aller Art getummelt. Jetzt schien nur ein einziger Gast zugegen.

Tumnor saß an einem Tisch inmitten des Raumes. Sein rundes Gesicht zeigte ein starres Grinsen, und ein Schweißfilm bedeckte seine Stirn. Er wirkte ausgesprochen nervös, selbst für einen Mann, der gerade ein paar notorische Diebinnen aufs Kreuz legen will. Tatsächlich wirkte er so, als fürchtete er gerade um sein eigenes Leben.

»Das ist eine Falle«, stieß er durch die zusammengebissenen Zähne hervor, ohne die Hände dabei vom Tisch zu bewegen.

»Das hatten wir uns schon gedacht, du Strolch!«, fuhr Javre ihn an.

»Nein«, keuchte er, wobei seine Augen wild zur Seite ruckten, zu Schev und Javre zurückkehrten und dann wieder zur Seite glitten. »Eine *Falle.*«

Da erst erkannte Schev, dass seine Hände auf dem Tisch angenagelt worden waren. Sie folgte seinem Blick, vorbei an einem großen braunen Fleck auf dem Boden, der verdächtig nach Blut aussah, bis hinein in die Schatten. Dort entdeckte sie eine Gestalt. Das Schimmern von Augen. Das Glitzern von Stahl. Ein Mann, kampfbereit und aufmerksam. Und jetzt bemerkte sie, dass es auch anderswo in den dunklen Schatten der Taverne verdächtig schimmerte – ein Axtkämpfer hatte sich hinter das Regal mit den Getränken gedrückt, die Nase eines Flachbogenschützen ragte vom Balkon über ihnen ins Licht, und ein Paar Stiefel lugte hinter der Tür zum Keller hervor, das vermuten ließ, dass in ihm noch die toten Beine eines von Tumnor gedungenen Schergen steckten. Ihr sank der Mut. Sie hasste es zu kämpfen, und sie hatte den starken Verdacht, dass sie das schon bald würde tun müssen.

»Es sieht so aus«, raunte sie Javre leise zu, »als ob der Abschaum, der uns aufs Kreuz legen wollte, gerade von anderem Abschaum gelinkt worden ist.«

»Ja«, flüsterte Javre zurück. Ihr Flüstern war dabei, wie meistens, lauter als die normale Stimme anderer Menschen. »Ich sehe mich in einer Zwickmühle. Welchen soll ich zuerst töten?«

»Vielleicht könnten wir uns auch herausreden?«, schlug Schev hoffnungsvoll vor. Die Hoffnung durfte man schließlich nie aufgeben.

»Schevedieh, wir müssen der Möglichkeit ins Auge sehen, dass es hier gleich mächtig rund gehen könnte.«

»Du hast wirklich ein enormes Gespür für Vorahnungen.«

»Wenn es soweit ist, wäre ich dir sehr dankbar, wenn du dich mit dem Flachbogenschützen da oben auf dem Balkon beschäftigen könntest.«

»Verstanden«, murmelte Schev.

»Den größten Teil der anderen kannst du wahrscheinlich mir überlassen.«

»Zu gütig.«

Und jetzt erklangen aus dem hinteren Bereich der Taverne die unverkennbaren Tritte schwerer Stiefel und das Klappern von Metall. Tumnors Gesicht verdüsterte sich noch mehr, und Schweißperlen rannen über sein Gesicht und seine Wangen.

Javre verengte die Augen. »Und nun der Auftritt des Schurken.«

»Schurken lieben ein bisschen Theaterdonner, oder?«, raunte Schev.

Die Frau, die ins flackernde Kerzenlicht trat, war hager und sehr groß. Fast so groß wie Javre vielleicht. Ihr schwarzes Haar war kurzgeschoren, ein sehniger Arm war nackt und mit blauen Tätowierungen bedeckt, der andere steckte in einem zerbeulten Plattenpanzer, welcher in einem klauenbewehrten Fehdehandschuh auslief; die gebogenen Nägel aus geschärftem Metall klapperten, als sie näher kam, und als sie den beiden Frauen zulächelte, schimmerten ihre tiefgrünen Augen.

»Es ist eine Weile her, Javre.«

Javre schürzte die Lippen. »Oh, beim Arsch der Göttin«, sagte sie. »Schön, dich wiederzusehen, Weylen. Oder vielleicht auch nicht so schön.«

»Du kennst sie?«, raunte Schev.

Javre verzog das Gesicht. »Ich muss zugeben, sie ist mir nicht ganz fremd. Sie war die Dreizehnte der Fünfzehn.«

»Jetzt bin ich die Zehnte«, erklärte Weylen. »Nachdem du Hanama und Birke ja umgebracht hast.«

»Ich habe ihnen dieselbe Wahl gelassen, wie ich sie gleich

dir lassen werde.« Javre zuckte die Achseln. »Sie wählten den Tod.«

»Ähm …« Schev hob einen behandschuhten Finger. »Wenn ich fragen dürfte … worüber reden wir da eigentlich?«

Die smaragdgrünen Augen der Frau richteten sich nun auf sie. »Hat sie es dir nicht erzählt?«

»Was denn?«

Javre sah noch unbehaglicher drein. »Diese Freunde, von denen ich mal gesprochen habe, die aus dem Tempel …«

»Dem Tempel in Thond?«

»Ja. So richtige Freunde waren das nicht.«

»Also … dann standen sie dir neutral gegenüber?«, versuchte Schev es hoffnungsvoll. Die Hoffnung durfte man schließlich nie aufgeben.

»Eher feindlich«, antwortete Javre.

»Ah ja, verstehe.«

»Den fünfzehn Tempelritterinnen des Goldenen Ordens ist es verboten, den Tempel zu verlassen, es sei denn, dass die Hohepriesterin es ihnen gebietet. Andernfalls droht ihnen der Tod.«

»Und ich tippe jetzt mal, eine solche Erlaubnis hattest du nicht?«, fragte Schevedieh, die nachdenklich die vielen scharfen Klingen betrachtete, die überall in der Taverne aufblitzten.

»Nicht so direkt.«

»Nicht so direkt?«

»Eher so gar nicht.«

»Ihr Leben ist verwirkt«, verkündete Weylen. »Wie auch das Leben aller, die ihr Beistand anbieten.« Damit streckte sie den Zeigefinger mit der stählernen Klaue aus und rammte sie in Tumnors Schädeldecke. Er gab ein Geräusch von sich, das wie ein Furz klang, dann fiel er vornüber, und Blut quoll aus der sauberen Wunde auf seinem kahlen Kopf.

Schev hob die Handflächen. »Also, ich habe ihr nichts dergleichen angeboten, das kann ich dir versprechen. Dabei habe ich so viel Lust wie jede Frau, wenn nicht mehr, aber mit Javre …« Sie machte eine vorsichtige Handbewegung und ließ den Mechanismus einrasten, wobei sie hoffte, dass es nur so aussah, als wollte sie ihre Worte durch eine entschiedene Geste unterstreichen. »Ohne sie beleidigen zu wollen, sie wird bestimmt eines Tages ganz vielen Männern ein toller Gatte sein, aber mein Typ ist sie wirklich nicht.« Schev hob anzüglich die Augenbrauen und sah Weylen an, die tatsächlich wesentlich eher ihrem Typ entsprach, schon allein wegen diesen unglaublichen Augen. »Und weißt du, ich will jetzt zwar nicht angeben, aber was heißt überhaupt, *anbieten*? Ich muss mich nicht anbieten, ich kriege auch so alles, was …«

»Sie hat Beistand gesagt«, unterbrach sie jetzt Javre.

»Hä?«

»Beistand. So was wie Unterstützung. Nicht Beischlaf.«

»Oh.«

»Tötet sie«, sagte Weylen.

Der Flachbogenschütze hob seine Waffe, und das Kerzenlicht schimmerte auf der geschärften Spitze des Bolzens, der auf der gespannten Sehne lag. Gleichzeitig sprangen aus den Schatten noch andere Schergen, die eine beeindruckende Auswahl an unangenehm wirkenden Waffen schwangen. Aber welche Waffen wirken schon angenehm, überlegte Schev, wenn man mit ihnen bedroht wird?

Sie drehte das Handgelenk, und das Wurfmesser sprang in ihre Hand. Leider war die Feder zu stark gespannt gewesen, und die kleine Klinge schoss durch ihre Finger und bohrte sich in die Decke, wobei sie glatt das Seil durchtrennte, das den Kerzenleuchter hielt. Rollen und Schnüre surrten, und das riesige Ding stürzte ihnen entgegen.

Der Flachbogenschütze lächelte, als er den Abzug drückte und dabei genau auf Schevs Herz zielte. Einer der Männer hob eine riesige Axt über seinen Kopf. Dann krachte ein Berg aus Holz, Glas und Wachs auf ihn herab und zermalmte ihn, und der Flachbogenbolzen bohrte sich zitternd ins Holz – einen Wimpernschlag, bevor der Kronleuchter auf den Bogen schlug und zwei weitere Schergen unter sich begrub, während Staub, Splitter, Glasscherben und Kerzen in weitem Bogen durch die Taverne flogen.

»Scheiße«, flüsterte Schev, die wie gelähmt dastand und blinzelte, während der Lärm verhallte. Sie stand mit Javre in der Mitte eines kreisrunden Rings aus Zerstörung, den der Kronleuchter hinterlassen hatte, aber offenbar waren sie beide unverletzt.

Schev stieß einen Triumphschrei aus, der sich, wie viele ihrer Triumphschreie, in einen Ausruf des Entsetzens verwandelte, als ein noch unzermalmter Kerl über die Trümmer hinwegsprang und dabei sein Schwert so schnell schwang, dass die Bewegung vor den Augen verschwamm. Sie wich zurück, stolperte über einen Tisch, fiel über einen Stuhl, rollte sich zur Seite, sah eine Klinge vorüberblitzen, krabbelte unter einen anderen Tisch und sah den Staub um sich herum herunterrieseln, als jemand mit einer Axt auf die Platte einschlug. Sie hörte Krachen, Klappern, laute Flüche und all die anderen typischen Geräusche, die eine Wirtshausschlägerei gewöhnlich begleiteten.

Verdammte Scheiße, Schev hasste Kämpfe. Und zwar so richtig. Gemessen daran, wie sehr sie das tat, geriet sie allerdings verdammt oft in welche hinein. Dass sie sich mit Javre zusammengetan hatte, war in dieser Hinsicht nicht besonders hilfreich gewesen, ebenso wenig wie in anderen. Sie glitt unter dem Tisch hervor, sprang auf, bekam einen Faustschlag ins Gesicht und krachte schmerzhaft gegen den Tresen, wo sie spuckend und zitternd versuchte, sich die Tränen aus den Augen zu blinzeln.

Ein fauchender Bewaffneter kam mit einem Messer auf sie

zu, und sie konnte sich noch schnell genug zur Seite drehen, sodass der Stahl an ihr vorbeiblitzte und sich nicht in sie, sondern tief in den Tresen bohrte. Mit einem Ruck schlug sie dem Mann die Stirn gegen die Nase und traf ihn so heftig, dass er zurücktaumelte und sich die Hände aufs Gesicht presste, dann riss sie sein Messer aus dem Holz und nutzte es sofort für einen gezielten Wurf: Es bohrte sich in die Stirn des Flachbogenschützen, der gerade wieder die frisch geladene Waffe hatte heben wollen. Seine Augen verdrehten sich nach oben, dann stürzte er vom Balkon auf einen der Tische, und Flaschen und Gläser flogen zu allen Seiten.

»Was für ein geschickter Messerwurf«, raunte Schev, »bei meinem Talent hätte ich auch … urgh!« Ihre Selbstzufriedenheit löste sich sofort in Wohlgefallen auf, als ein Mann mit so viel Wucht gegen sie prallte, dass ihr alle Luft aus den Lungen gepresst wurde und sie ins Stolpern geriet.

Es war ein großer, ausgesprochen hässlicher Kerl, der noch dazu einen Streitkolben schwenkte, der fast genauso groß und hässlich war wie er selbst. Die Gläser und Möbel, die er mit seinen weit ausholenden Bewegungen erwischte, flogen ihnen in Splittern um die Ohren. Wimmernd stieß Schev jeden Fluch hervor, der ihr einfiel, während sie duckend und drehend und springend auszuweichen versuchte, aber nicht einmal eine einzige Blöße bei ihrem Gegner ausmachen konnte, und schließlich drängte er sie immer mehr in eine Ecke.

Er hob den Streitkolben zum Schlag, das breite Gesicht vor Wut verzerrt.

»Warte!«, kreischte sie und deutete auf etwas hinter ihm.

Es war verblüffend, wie oft dieser alte Trick funktionierte. Er wandte unwillkürlich den Kopf und hielt gerade lange genug inne, damit sie ihm das Knie mit aller Kraft in die Nüsse rammen konnte. Er keuchte, stolperte, brach in die Knie, und sie riss ihren Dolch hervor und stieß ihm die Klinge sauber zwischen Hals und Schulter. Er stöhnte, versuchte aufzustehen und krachte dann blutüberströmt vornüber.

»Tut mir leid«, sagte Schev. »Verdammt noch eins, es tut mir leid.« Und das stimmte auch, so wie immer. Dennoch war es besser, etwas zu bedauern, als tot zu sein. Das war auch immer so. Diese Lektion hatte sie bereits vor langer Zeit gelernt.

Jetzt bot sich kein weiterer Kampf mehr an. Javre stand neben den Trümmern des Kronleuchters. Ihr dreckigweißer Mantel war mit Blut bespritzt, und um sie herum lagen die zusammengekrümmten Leichen eines Dutzends gedungener Schergen. Den Kopf eines weiteren hatte sie sich in eine Armbeuge geklemmt, und mit dem anderen Arm drückte sie einen Mann am Hals auf einen Tisch. Zwar wehrte er sich nach Kräften und trat wild um sich, konnte sich aber nicht befreien.

»Es geht allmählich offenbar abwärts.« Ein leichtes Zucken ging über ihr Gesicht, als sie mit einer kleinen Beugung ihres muskulösen Arms den Hals des ersten Mannes brach und seine Leiche zu Boden rutschen ließ. »Der Tempel hat sich früher bessere Schlägertrupps geleistet.« Sie senkte die Schulter und schleuderte den anderen mit Schwung durch ein Fenster, wobei er die Läden mit sich riss. Sein verzweifelter Schrei brach ab, als sein Kopf ein Stück aus einem Stützpfosten schlug.

»Die besten, die ich kurzfristig auftreiben konnte«, sagte Weylen, die jetzt eine Hand hinter den Rücken nahm. »Aber natürlich lief es von Anfang an auf das hier hinaus.« Damit zog sie einen Krummsäbel, dessen lange Klinge in Schevs Augen aussah, als sei sie aus waberndem schwarzem Rauch.

»Es muss nicht sein«, sagte Javre. »Du hast die Wahl, genau wie Hanama und Birke. Du kannst nach Thond zurückkehren. Geh zur Hohepriesterin und richte ihr aus, dass ich mich von niemandem versklaven lasse. Niemals. Sag ihr, ich bin frei.«

»Frei? Ha! Glaubst du, die Hohepriesterin würde diese Antwort hinnehmen?«

Javre zuckte die Achseln. »Dann sag ihr, dass du mich nicht finden konntest. Erzähl ihr irgendwas.«

Weylens Mund verzog sich zu einem bitteren Lächeln. »Und was wäre meine andere ...«

»Ich zeige dir das Schwert.« Javres Gelenke knackten, als sie die Schultern bewegte, ihre Stiefel knirschten, als sie sich breitbeiniger hinstellte, und dann zog sie ein Bündel aus ihrem Mantel, lang und schmal, verpackt in Tücher und Lumpen, aus denen aber an einem Ende Gold aufblitzte.

Weylen hob leicht das Kinn, und es war kein Lächeln, was sie nun zeigte, sondern mehr ein Zähneblecken. »Du weißt, dass es keine Wahl für uns gibt.«

Javre nickte. »Ich weiß. Schevedieh?«

»Ja?«, krächzte Schev.

»Mach die Augen zu.«

Sie presste die Lider fest zusammen, als Weylen über einen Tisch sprang und einen Kampfschrei ausstieß, hoch, schrill und schrecklich. Dann hörte sie schnelle Schritte, die mit geradezu unmenschlicher Geschwindigkeit über die Dielenbretter eilten.

Metall erklang, und Schev wich zurück, als plötzlich ein helles Licht rosa durch ihre Lider schimmerte. Ein Kratzen, ein krächzendes Keuchen, dann war das Licht wieder verloschen.

»Schevedieh.«

»Ja?«, stieß sie hervor.

»Du kannst sie wieder aufmachen.«

In einer Hand hielt Javre noch immer das Bündel, dessen Tuchfetzen flatterten. Mit der anderen stützte sie Weylen, deren Arme schlaff herunterbaumelten, sodass die stahlverstärkten Knöchel über den Boden schabten. Auf ihrer Brust war ein roter Fleck, aber sie sah friedlich aus. Abgesehen von dem schwarzen Blut, das aus ihrem Rücken in dickem Schwall auf die Dielenbretter spritzte.

»Sie werden dich finden, Javre«, flüsterte sie, während nun auch Blut auf ihre Lippen trat.

»Ich weiß«, sagte Javre. »Und sie alle werden die Wahl haben.« Sie bettete Weylen auf die Dielen, in die wachsende Pfütze aus ihrem eigenen Blut, und schloss sanft die Lider über den tiefgrünen Augen. »Möge die Göttin dir Gnade erweisen«, raunte sie.

»Erst einmal sollte sie das uns gegenüber tun«, raunte Schevedieh, die das Blut unter ihrer vor Schmerz pochenden Nase abwischte und näher an den Tresen trat, den Dolch stichbereit, und vorsichtig über den Schanktisch linste. Der Wirt hatte sich dahinter zusammengekauert und versuchte sich nun sogar noch kleiner zu machen, als er sie sah. »Töte mich nicht! Bitte töte mich nicht!«

»Tu ich nicht.« Sie verbarg den Dolch hinter ihrem Rücken und zeigte ihm die offene Handfläche. »Niemand wird dich töten. Es ist alles in Ordnung, sie sind …« »*Weg*«, hatte sie sagen wollen, aber nach einem Blick auf die Zerstörung in der Wirtsstube entschied sie sich gezwungenermaßen für etwas anderes und stieß schließlich rau hervor: »Tot. Du kannst rauskommen.«

Er erhob sich langsam, spähte über die Theke, und ihm blieb der Mund offen stehen. »Bei den …«

»Ich muss mich für den Schaden entschuldigen«, sagte Javre. »Es sieht schlimmer aus, als es ist.«

In diesem Augenblick fiel die von Rissen durchzogene Mauer auf der anderen Seite des Raumes in sich zusammen, und eine dicke Staubwolke stieg auf. Schev trat einen Schritt zurück und hustete.

Javre schürzte die Lippen und presste dann überlegend einen Finger dagegen. »Vielleicht ist es doch genauso schlimm, wie es aussieht.«

Schev stieß einen schmerzerfüllten Seufzer aus. Es war nicht der erste, der in der Gesellschaft von Javre, der Löwin von Hoskopp, über ihre Lippen gekommen war, und sie glaubte nicht, dass es der letzte sein würde. Schließlich zog sie den kleinen Beutel unter ihrem Hemd hervor, löste das Band und ließ den Edelstein auf die gespaltene Oberfläche des Tresens rollen, wo er schimmernd liegen blieb.

»Für deine Unkosten«, erklärte sie dem Wirt, der sie anglotzte. Dann wischte sie ihren Dolch an der Jacke des nächsten Leichnams ab und ließ ihn dann wieder in seine Scheide gleiten, wandte sich wortlos um und trat über die zertrümmerten Überreste der Tür hinaus auf die Straße.

Der Morgen zog herauf, und die Sonne schickte einen ganz leisen grauen Schimmer an den östlichen Himmel über den baufälligen Gebäuden. Schev holte tief Luft und sah sich dann kopfschüttelnd um. »Verdammt, Schevedieh«, sagte sie leise zu sich selbst, »ein Gewissen ist wirklich eine üble Belastung für eine Diebin.«

Sie hörte Javres schwere Schritte, fühlte die Präsenz ihrer hoch aufragenden Gestalt neben sich, und dann hörte sie ihre tiefe Stimme, als sie sich hinunterbeugte und Schev ins Ohr flüsterte: »Würdest du jetzt gern raus aus der Stadt?«

Schev nickte. »Ja, ich denke, das wäre eine gute Idee.«

HÖLLE

Dagoska, Frühjahr 576

Tempel rannte.

Es war nicht gerade das erste Mal. Fast sein halbes Leben hatte er damit zugebracht, vor Dingen wegzurennen; die übrige Zeit war er dann wieder auf sie zugerannt. Aber noch nie so schnell wie jetzt. Er lief, als hätte sich hinter ihm die Hölle aufgetan. Und so war es wohl auch.

Wieder bebte die Erde. Licht flammte auf in der Nacht, in Tempels Augenwinkel, und er zuckte zusammen. Kurz darauf ertönte der krachende Donner, so laut, dass seine Ohren dröhnten. Feuer flackerte über den Gebäuden links von ihm empor, wie verrückte Arme, die über die Oberstadt griffen und überall flüssige Flammen ausbreiteten. Ein Steinbrocken, groß wie ein Männerkopf, schlug direkt vor ihm auf die Straße, sprang über seinen Weg und krachte dann in eine Mauer. Eine Staubwolke wirbelte empor, kleinere Steine regneten herab, klapperten und rasselten.

Tempel rannte weiter, ohne sich umzusehen. Falls ihn das Gurkhisenfeuer, das vom Himmel fiel, in winzige Stücke zerriss, die man niemals finden würde, dann konnte er nichts dagegen tun. Um ihn trauern würden nur wenige. Ein winziger Tropfen in einem Ozean aus Tragödien. Er konnte nur hoffen, dass Gott ihn dazu ausersehen hatte, gerettet zu werden, auch wenn er sich keinen einzigen Grund dafür vorstellen konnte.

Und wenn er sich auch nicht gerade vieler Dinge völlig sicher war, so wusste er doch eines: Er wollte nicht sterben.

Stolpernd kam er neben einer Mauer zum Stehen, weil ihn ein Hustenanfall packte; ihm brannte die Brust von all dem Rauch, den er eingeatmet hatte. Schon seit Tagen. Seine Augen tränten. Vom Staub. Von der Angst. Er wandte sich um und blickte den Weg zurück, den er gekommen war. Die Mauern der Oberstadt, zerstörte Zinnen, die sich schwarz vor dem Feuer abhoben. Dort kämpften überall Menschen, winzige, rot erleuchtete Gestalten.

Es war hoffnungslos. Schon seit Tagen. Und trotzdem hatten sie weitergekämpft. Vielleicht, um das zu verteidigen, was sie hatten. Ihr Eigentum, ihre Familien, ihre Art zu leben. Vielleicht kämpften sie aus Liebe, vielleicht auch aus Hass. Vielleicht war auch einfach nichts anderes mehr da.

Tempel hatte keine Ahnung, was einen Menschen dazu brachte, kämpfen zu wollen. Er hatte nie einen großen Drang dazu verspürt.

An einer Ecke bog er in eine kleine Gasse, die voller Trümmer lag, stürzte über einen herabgefallenen Dachsparren und schlug sich die Knie auf, wankte bis zur nächsten Ecke und hob dabei die Hand als schwachen Schild vor der Hitze, die von einem brennenden Gebäude ausging. Die Flammen knisterten, und dicker Rauch stieg himmelwärts in die Nacht.

Feuer, überall Feuer. *Ich habe die Hölle gesehen,* hieß es bei Verturio, *und sie ist die Belagerung einer großen Stadt.* Schon seit Wochen war Dagoska die Hölle. Tempel hatte nie angezweifelt, dass er es verdiente, in der Hölle zu schmoren. Nur erinnerte er sich nicht daran, dass er irgendwann einmal gestorben war.

Er sah einige Gestalten, die sich um eine Tür versammelt hatten, einen Mann, der eine Axt schwang, und hörte das Splittern von Holz. Waren die gurkhisischen Truppen vielleicht schon durchgebrochen? Oder waren es Plünderer, die gerade die Gelegenheit nutzten, sich die Habseligkeiten anderer unter den Nagel zu reißen, solange es überhaupt noch etwas gab, das sich zu stehlen lohnte? Er konnte es ihnen nicht direkt verübeln, schließlich hatte auch er früher einmal gern zugegriffen. Und was bedeutete das jetzt überhaupt noch, dieses Konzept von Schuld?

Wenn es kein Gesetz mehr gibt, gibt es auch kein Verbrechen.

Geduckt lief er weiter, den zerrissenen Ärmel gegen den Mund gepresst. Dass seine Tempeldienerrobe einmal leuchtend weiß gewesen war, sah man ihr nicht mehr an. Jetzt war sie so ausgefranst und schmutzig wie die Bettlerlumpen, die er zuvor getragen hatte, besudelt mit Asche und Dreck und Blut, seinem eigenen und dem jener, denen er zu helfen versucht hatte. Denen er nicht hatte helfen können.

Tempel hatte sein ganzes Leben in Dagoska verbracht. Er war in diesen Straßen aufgewachsen und mit ihnen so vertraut wie ein Kind mit dem Gesicht seiner Mutter. Aber jetzt erkannte er sie kaum wieder. Häuser hatten sich in geschwärzte Ruinen verwandelt, von denen nur noch die Grundmauern standen und deren nackte Balken wie Rippen aus Wüstenleichnamen ragten, Bäume waren zu verkohlten Stumpen heruntergebrannt, und Schutthaufen bedeckten die zerstörten Straßen. Er hielt weiter auf den hohen Felsen zu, auf dessen Spitze die Lichter der Zitadelle schimmerten, erhaschte über ein eingestürztes Dach hinweg einen kurzen Blick auf eine der schlanken Turmspitzen des Tempels und rannte weiter.

Überall in der Stadt wüteten Feuer, aber jetzt fielen die Flammen nicht mehr vom Himmel. Das allerdings versetzte Tempel in nur noch größere Angst. Wenn die Feuerbälle ausblieben, kamen die Soldaten. Sein ganzes Leben lang war er vor Soldaten geflohen. Vor den Gurkhisen waren es die Unionisten gewesen, und vor denen die Dagoskaner selbst. Wenn man einem Mann ein Schwert in die Hand drückt, dann verhält er sich immer auf dieselbe Weise, egal, welche Hautfarbe er hat.

Es hatte hier einmal einen Markt gegeben, auf dem reiche Leute Fleisch kauften. Jetzt waren nur noch ein paar verkohlte Bogenkonstruktionen übrig. Als Kind hatte er hier gebettelt, die Hände stets weit ausgestreckt. Als er dann älter wurde, hatte er hier mal einen Kaufmann beklaut. Und als er noch älter war, eines Nachts ein Mädchen an einem Brunnen geküsst. Die Brunnen waren jetzt zerstört und mit Asche verstopft. Und das Mädchen? Wer wusste das schon?

Es war ein schöner Ort gewesen. Eine stolze Straße in einer stolzen Stadt. Das war alles verschwunden, und wofür?

»Ist das dein großer Plan?«, flüsterte er zum Himmel gewandt.

Aber Gott sprach nur selten mit Bettlerjungen. Noch nicht einmal dann, wenn sie ihre Lehrzeit im Großen Tempel hinter sich gebracht hatten.

»Hilf mir«, ertönte eine zischende Stimme. »Hilf mir.«

Im Schutt neben ihm lag eine Frau. Beinahe wäre er in seiner Hast in vollem Lauf über sie weggetrampelt. Wahrscheinlich hatte der Splitter einer gurkhisischen Bombe sie erwischt, vielleicht auch herabfallende Trümmer eines brennenden Gebäudes. Ihr Hals war versengt und voller Blasen, ein Teil ihres Haares war verbrannt. Eine Schulter war völlig zertrümmert, der Arm unnatürlich nach hinten verdreht. Er konnte nicht erkennen, was verkohlte Kleidung war und was verkohlte Haut. Sie roch wie gesottenes Fleisch. Ein Geruch, der Tempels leeren Magen knurren ließ; eine Regung, die wiederum unmittelbar danach Übelkeit in ihm auslöste. In ihrer Kehle rasselte es bei jedem Atemzug, und irgendetwas blubberte in ihrer Brust. Groß und dunkel blickten ihre Augen aus ihrem schwarzbespritzten Gesicht.

»O Gott«, flüsterte Tempel. Er hatte keine Ahnung, wo er anfangen sollte. Es gab nichts, wo er hätte anfangen können.

»Hilf mir«, flüsterte sie wieder und krallte sich an ihm fest, starrte ihn dabei unverwandt an.

»Es gibt nichts, was ich tun könnte«, krächzte Tempel. »Es tut mir leid.«

»Nein, nein, bitte …«

»Es tut mir leid.« Er löste ihren Griff und vermied es, ihr in die Augen zu sehen. »Gott sei dir gnädig.« Dabei war doch offensichtlich, dass Er ihr nicht gnädig gewesen war. »Es tut mir leid!« Tempel erhob sich. Er wandte sich ab. Er lief weiter.

Während ihre Schreie hinter ihm verhallten, versuchte er sich zu sagen, dass er sich damit nicht nur für das entschieden hatte, was für ihn am einfachsten gewesen war, sondern auch für das Richtige. Er hätte nichts für die Frau tun können. Sie hätte nicht überlebt. Die Gurkhisen waren zu nahe, und er hätte nicht vor ihnen fliehen können, wenn er sie trug. Stattdessen musste er die anderen warnen, das war seine Aufgabe. Er hätte sie nicht retten können. Er konnte nur sich selbst retten. Und es war doch besser, wenn nur einer von ihnen starb und nicht sie beide, oder? Gott würde das verstehen, oder nicht? Gott war doch das Verständnis schlechthin.

Zeiten wie diese bringen die wahre Natur eines Menschen zum Vorschein. Eine Weile hatte Tempel sich selbst erfolgreich eingeredet, ein rechtschaffener Mann zu sein, aber es ist leicht, sich anständig zu geben, solange dieser Anstand nicht auf die Probe gestellt wird. Wie ein in der Sonne getrockneter Haufen Kameldung war auch er unter seiner frommen Kruste derselbe stinkende, selbstsüchtige Feigling, der er immer schon gewesen war.

Das Gewissen ist ein Stück Gottes, das der Allmächtige jedem Menschen eingepflanzt hat, hätte Kahdia gesagt. *Ein Splitter des Göttlichen. Man hat immer eine Wahl.*

Unsicher stolpernd kam er zum Stehen und starrte auf das verschmierte Blut, das ihre Finger auf seinem Ärmel hinterlassen hatten. Sollte er zurücklaufen? Zitternd stand er da, atmete keuchend und fühlte sich hin und her gerissen zwischen richtig und falsch, zwischen Vernunft und Dummheit, zwischen Leben und Tod.

Kahdia hatte ihm einmal gesagt, dass er viel zu viel nachdachte, um ein guter Mensch sein zu können.

Er blickte zurück auf den Weg, den er gekommen war. Flammen, von grellen Feuerfarben erleuchtete Gebäude, und vor den Flammen schwarze, sich bewegende Gestalten. Und war das nur eine Täuschung im schimmernden Dunst, oder konnte er dort noch etwas anderes erkennen? Den Umriss einer Frau, hochgewachsen und dünn, die in weißer Rüstung voranmarschierte, während ein wenig goldenes Haar aufblitzte. Angst schnürte Tempel die Kehle zu, und er stürzte, rappelte sich wieder auf, lief weiter. Der gedankenlose Instinkt des Kindes, das auf den Straßen aufgewachsen ist. Des Kaninchens, das den Schatten des Falken über sich sieht. Zwar wusste er kaum, wofür es sich zu leben lohnte, aber er wusste, dass er nicht sterben wollte.

Keuchend, hustend und mit brennenden Beinen stolperte er die gesprungenen Stufen zum Großen Tempel hinauf. Einen Augenblick überkam ihn ein Gefühl der Erleichterung, als er die vertraute Fassade vor sich aufragen sah, aber er wusste, schon bald würde es auch auf diesem Platz vor gurkhisischen Soldaten nur so wimmeln. Wenn nicht sogar vor Schlimmerem.

Er hastete auf die hoch aufragenden Tore zu. Asche wirbelte an ihm vorüber, brennende Papiere segelten auf dem heißen Wind nach unten, und er hämmerte gegen die Tür, bis seine Fäuste brannten, brüllte seinen Namen, bis seine Kehle schmerzte. Ganz plötzlich schwang eine kleine Tür innerhalb des großen Tores auf, und er kletterte hindurch; hinter ihm fiel der Riegel wieder mit beruhigender Endgültigkeit in seine Halterung.

Sicherheit. Zumindest für kurze Zeit. Ein Mann, der sich in der Wüste verirrt, muss das Wasser annehmen, das er angeboten bekommt, ganz gleich, wer es ihm gibt.

Als Tempel diesen überwältigenden Raum zum ersten Mal betreten hatte – als er die funkelnden Mosaike, die feinen Steinmetzarbeiten und das durch die sternförmigen Fenster einfallende Licht gesehen hatte, das die vergoldeten Buchstaben der Schriften glänzen ließ, die sich mannshoch über die Wände erstreckten –, da hatte er die Hand Gottes auf seiner Schulter gefühlt.

Jetzt spürte er nichts von Gottes Gegenwart. Nur wenige Lampen erhellten die riesige Halle, und die Schatten der Flammen draußen zuckten über die Decke. Es stank nach Angst und Tod, und der ganze Raum war erfüllt vom Wimmern der Verwundeten und von endlosen, leise gemurmelten, sinnlosen Gebeten. Selbst die Mosaikgesichter der Propheten, die einst von himmlischer Ekstase erfüllt auf ihn hinuntergeblickt hatten, schienen jetzt vor Entsetzen erstarrt.

Überall drängten sich Menschen – Männer und Frauen, junge und alte, alle gleichermaßen verdreckt und verzweifelt. Tempel schob sich durch das Gewühl, versuchte seine Angst runterzuschlucken und an nichts anderes zu denken, als dass er Kahdia finden musste. Dann endlich entdeckte er den Priester auf dem Podest, auf dem einst die Kanzel gestanden hatte. Kahdia hatte sich einen Ärmel seiner weißen Robe an der Schulter abgerissen, um Verbände daraus zu machen. Der andere Ärmel war bis zum Ellenbogen mit dem Blut der Verwundeten bespritzt, die er versorgt hatte. Seine Augen lagen tief in ihren Höhlen, seine Wangen waren eingefallen, aber je verzweifelter die Lage wurde, desto mehr Ruhe strahlte er aus.

Welch große Kraft erforderte es wohl, fragte sich Tempel, die Last der Verantwortung für das Leben all dieser Menschen zu tragen?

Unionssoldaten drängten sich um den Priester, und aus altem Instinkt verharrte Tempel nervös in einigem Abstand. Es waren vielleicht ein Dutzend, und sie hatten ihre Degen aus Respekt vor der heiligen Stätte in die Scheide geschoben, aber ihre Hände schwebten ständig nahe an den Griffen. General Vissbruck war dabei, dessen sonnenverbranntes Gesicht mit Asche beschmiert war. Vor der Belagerung war er ein recht beleibter Mann gewesen, aber jetzt hing seine Uniform lose an ihm herunter. Sie alle waren jetzt dünner als zuvor, hier in Dagoska.

»Gurkhisische Soldaten sind durch das Nordtor in die Oberstadt gestürmt.« Vissbruck benutzte natürlich die Sprache der Union, die Tempel allerdings ebenso gut verstand wie jeder Bewohner von Midderland. »Es wird nicht mehr lange dauern, bis die Mauer gestürmt wird. Wir gehen von Verrat aus.«

»Sie verdächtigen Nicomo Cosca?«, fragte Kahdia.

»Ich hatte ihn eine ganze Weile in Verdacht, aber mag er sein, wie er will, ein Narr ist er nicht. Wenn er die Stadt hätte verraten wollen, dann hätte er das getan, solange dafür noch ein guter Preis zu erzielen war.«

»Was ist mit seinem Leben?«, stieß ein Soldat hervor, der seinen Arm in einer Schlinge trug.

Vissbruck schnaubte. »Dem hat er noch nie den geringsten Wert beigemessen. Der Mann kennt überhaupt keine Angst.«

Was musste das für ein Segen sein. Die Angst war stets Tempels treuster Begleiter gewesen, solange er sich erinnern konnte.

»Das spielt jetzt ohnehin keine Rolle mehr«, fuhr Vissbruck fort. »Ob Cosca uns verkauft hat oder nicht, und ob er tot oder lebendig ist, er brät jetzt sicherlich in der Hölle. Genau wie wir übrigen. Wir ziehen uns in die Zitadelle zurück, Haddisch. Sie sollten mit uns kommen.«

»Und wenn die Gurkhisen Ihnen dorthin folgen, wohin wollen Sie dann fliehen?«

Vissbruck schluckte, der kantige Knubbel an seiner Kehle zuckte auf und ab, und er sprach weiter, als hätte Kahdia nichts gesagt. Darauf verstanden sich die Unionisten bestens, das hatten sie seit ihrer Ankunft in Dagoska unaufhörlich bewiesen. »Sie waren ein mutiger Anführer und ein wahrer Freund der Union. Sie haben sich einen Platz in der Zitadelle verdient.«

Kahdia lächelte müde. »Wenn es einen Platz gibt, den ich mir verdient habe, dann ist er hier, in meinem Tempel, bei meinen Leuten. Diesen Platz werde ich stolz einnehmen.«

»Ich wusste, dass Sie das sagen würden. Aber ich musste es Ihnen dennoch anbieten.«

Kahdia streckte die Hand aus. »Es war mir eine Ehre.«

»Die Ehre ist ganz meinerseits.« Der General beugte sich vor und umarmte den Priester. Der Unionist und der Dagoskaner. Weiße Haut und dunkle Haut. Ein komischer Anblick. »Ich bedaure zutiefst«, sagte Vissbruck, während Tränen in seinen Augen schimmerten, »dass ich Sie erst verstanden habe, als es schon zu spät war.«

»Es ist nie zu spät«, sagte Kahdia. »Ich glaube fest daran, dass wir uns im Himmel begegnen mögen.«

»Dann hoffe ich erneut, dass Sie mit Ihrem Glauben richtig liegen, und nicht ich mit meinem.« Vissbruck ließ Kahdia los und wandte sich auf dem Absatz um, hielt dann aber noch einmal inne, um sich umzudrehen.

»Superior Glokta hat mir gesagt, dass es besser sein mag, sich selbst zu töten, als von den Gurkhisen gefangen genommen zu werden«, sagte Vissbruck. Kahdia blinzelte, sagte aber nichts. »Man mag über unseren ehemaligen Anführer denken, was man will, aber wenn jemand weiß, was Gefangenschaft in den Händen der Gurkhisen bedeutet, dann er.« Der Haddisch blieb weiterhin stumm. »Was meinen Sie dazu?«

»Sich selbst zu töten gilt als Sünde vor Gott.« Kahdia zuckte die Achseln. »Aber in Zeiten wie diesen – wer kann da sagen, was das Richtige ist?«

Vissbruck nickte langsam. »Wir haben all unsere Verbindungen verloren. Zur Union. Zu unseren Familien. Zu Gott. Jetzt müssen wir unseren eigenen Weg finden.« Damit eilte er zum Hintereingang des Tempels, und seine Absätze klackerten auf dem Marmorboden, als sich die Menge teilte, um ihn und seine Soldaten durchzulassen.

Tempel sprang mit einem Satz auf Kahdia zu und packte ihn am Arm. »Haddisch, Ihr müsst mit ihm gehen!«

Sanft löste Kahdia Tempels Finger von seinem Handgelenk. Genau so, wie Tempel den Griff der sterbenden Frau gelöst hatte. »Ich freue mich, dass du noch lebst, Tempel. Ich habe mir Sorgen um dich gemacht. Aber du blutest …«

»Das ist nichts! Ihr müsst hinauf zur Zitadelle.«

»Ich muss? Wir haben stets eine Wahl, Tempel.«

»Sie kommen. Die Gurkhisen kommen.« Er schluckte. Nicht einmal jetzt wollte es ihm gelingen, die Stimme laut genug zu erheben, um die nächsten Worte über die Lippen zu bringen. »Die Verzehrer kommen.«

»Ich weiß. Deshalb muss ich bleiben.«

Tempel biss die Zähne zusammen. Die Ruhe des alten Mannes machte ihn verrückt, und er wusste auch genau, warum. Nicht, weil er sich um Kahdia sorgte, sondern um sich selbst. Er wünschte sich, der Priester würde fliehen, damit er ihn begleiten könnte. Auch wenn es keinen Ort gab, an dem man vor den Verzehrern sicher war. Nirgendwo auf der ganzen Welt war man sicher, und in Dagoska schon gar nicht. Und wenn er sich in die Zitadelle zurückzog, würde ihm das höchstens ein paar Tage Aufschub gewähren, und wahrscheinlich nicht einmal besonders viele. Aber dennoch.

Der Haddisch lächelte. Als ob er das alles durchschaute. Als ob er es durchschaute, und Tempel dennoch vergab.

»Ich muss bleiben«, sagte er. »Aber du solltest gehen, Tempel. Wenn du meinst, dass du dazu meine Erlaubnis brauchst, dann erteile ich sie dir gern.«

Tempel fluchte. Ihm war schon viel zu oft vergeben worden. Es wäre ihm lieber gewesen, Kahdia hätte ihm gezürnt, ihm Vorwürfe gemacht, ihn geschlagen. Dann hätte er einen Grund gehabt, den einfachen Weg zu wählen und einfach abzuhauen. Aber das ließ Kahdia nicht zu. Deswegen hatte Tempel ihn stets geliebt. Tränen traten ihm in die Augen. Er fluchte wieder. Aber er blieb.

»Was tun wir?«, stieß er krächzend hervor.

»Wir kümmern uns um die Verwundeten. Wir trösten die Schwachen. Wir begraben die Toten. Wir beten.«

Vom Kämpfen sprach er nicht, aber einige der anderen hatten unübersehbar genau das im Sinn. Fünf Tempeldiener standen unruhig beieinander an einer Wand, verstohlen wie Kinder, die ein geheimes Spiel erfunden haben. Tempel sah eine Klinge aufblitzen. Eine Axt, die in den Falten eines Gewands verborgen war.

»Legt diese Waffen nieder!«, rief Kahdia und schritt zu ihnen. »Das hier ist ein Tempel!«

»Glaubt Ihr, die Gurkhisen werden unseren heiligen Boden respektieren?«, kreischte einer der Männer, in dessen Augen angstbedingter Irrsinn flackerte. »Glaubt Ihr, dass *sie* ihre Waffen ablegen werden?«

Kahdia war so ruhig wie ein stiller See. »Gott wird sie für ihre Verbrechen richten. Und uns für die unseren. Legt eure Waffen nieder.«

Die Männer sahen einander an, traten unsicher von einem Fuß auf den anderen, aber trotz ihrer Waffen traute sich keiner von ihnen, sich Kahdias unnachgiebigem Blick zu stellen. Einer nach dem anderen ließen sie ihre Waffen auf den Boden gleiten.

Der Haddisch legte dem Mann, der ihm widersprochen hatte, die Hand auf die Schulter. »Sobald du dich für eine Seite entscheidest, stehst du auf der falschen, mein Sohn. Wir müssen so handeln, wie wir eigentlich handeln wollen würden. Wir müssen so handeln, wie wir es uns von anderen wünschen würden. Heute mehr denn je.«

»Und wie soll uns das helfen?«, hörte Tempel sich selbst leise raunen.

»Was sonst bleibt uns am Ende?« Damit blickte Kahdia zu den großen Toren, richtete sich auf und straffte seine Schultern.

Tempel wurde sich bewusst, dass es draußen still geworden war. Auf dem Platz, über den einst die Rufe der Priester gehallt waren, wenn sie die Gläubigen zum Gebet aufforderten. Und dann die der Händler, die alle Leute zum Kaufen aufforderten. Dann die Schreie der Verwundeten, der Verwaisten, der Verzweifelten. Stille konnte nur eines bedeuten.

Sie waren hier.

»Erinnerst du dich, was du warst, als wir uns zum ersten Mal begegneten?«, fragte Kahdia.

»Ein Dieb.« Tempel schluckte. »Ein Narr. Ein Junge ohne Grundsätze und ohne Ziel.«

»Und nun sieh dir an, was aus dir geworden ist!«

Er fühlte sich heute kaum anders als damals. »Was wird nun aus mir werden, ohne Euch?«

Kahdia lächelte und legte Tempel eine Hand auf die Schulter. »Das liegt in deiner Macht. Und in der Macht Gottes.« Nun kam er ein wenig näher und flüsterte: »Tu nichts Unvernünftiges, hörst du? Du musst überleben.«

»Warum?«

»Wie ein Sturm, wie eine Plage, wie ein Heuschreckenschwarm werden die Gurkhisen über uns kommen und wieder verschwinden. Wenn das geschehen ist, werden in Dagoska gute Männer gebraucht.«

Tempel wollte darauf hinweisen, dass er kaum besser war als jeder andere Dieb, als ein donnernder Schlag die Tore erschütterte. Die großen Türflügel erzitterten, und Staub rieselte leise zu Boden, während die Lampen wild flackerten. Die Menschen hielten den Atem an und schraken zusammen, dann wichen sie in die Schatten auf der anderen Seite des Tempels zurück.

Noch ein Schlag, und alles erzitterte erneut, die Türen, die Menschen, Tempel selbst.

Dann ertönte ein Wort, ausgesprochen von einer Stimme wie Donnerhall, unmöglich und ohrenbetäubend laut, mächtig wie der Schlag einer großen Glocke. Tempel kannte die Sprache nicht, und dennoch sah er die Buchstaben dazu, in blendendem Licht in die Tür eingebrannt. Das schwere Tor zerbarst in einer Wolke aus Splittern, Holzstücke schlitterten über den Marmorboden und flogen in alle Richtungen.

Eine Gestalt trat zwischen die verbogenen Angeln. Eine Gestalt in weißer Rüstung, die mit goldenen Lettern verziert war, mit einem Lächeln auf dem Gesicht, das so perfekt war, als sei es aus Glas geformt worden.

»Grüße vom Propheten Khalul!«, rief der Mann, mit warmer, freundlicher Stimme, und die Menschen wimmerten und krochen weiter zurück.

Die feurigen Buchstaben waren noch immer in die Dunkelheit von Tempels verschwommenem Blick eingebrannt, heilige Buchstaben, unheilige Buchstaben, und seine Ohren dröhnten von dem lauten Hall. Neben ihm wimmerte ein Mädchen, die Hände vors Gesicht geschlagen. Tempel legte ihr seine Hände auf die Schultern, umklammerte sie fest, versuchte sie zu beruhigen, aber gleichzeitig auch sich selbst. Weitere Gestalten drangen in den Tempel. Gestalten in weißer Rüstung.

Es waren nur fünf, aber die Menschen wichen vor ihnen zurück, als seien sie Schafe im Angesicht von Wölfen, und schubsten und bedrängten einander in ihrer Angst. In Tempels Nähe nahm eine Frau Aufstellung, wunderschön, schrecklich, lang und dünn wie ein Speer, das blasse Gesicht schimmernd wie Perlmutt, und ihr goldenes Haar wehte, als ob sie stets von ihrer eigenen Brise umgeben wäre.

»Hallo, meine Hübschen.« Sie lächelte Tempel breit an und ließ dann ihre lange, spitze Zunge über einen langen, spitzen Zahn gleiten, schloss den Mund dann mit einem vernehmlichen Schnappen und zwinkerte ihm zu. Seine Eingeweide verwandelten sich in Wasser.

Dann erscholl ein Schrei. Jemand erhob sich aus der Menge, einer der Tempeldiener. Tempel sah Metall in der Dunkelheit aufblitzen, wurde aber beiseitegedrängt, als eine Welle der Angst die Menge erfasste.

»Nein!«, schrie Kahdia.

Zu spät. Eine der Verzehrerinnen bewegte sich. So schnell wie der Blitz und genauso tödlich. Sie packte den Mann am Handgelenk, riss ihn von den Beinen, wirbelte ihn mit unmöglicher Kraft herum und schleuderte ihn durch die gesamte Tempelhalle, wie ein schmollendes Kind, das im Zorn eine kaputte Puppe wegwirft. Der Dolch schlitterte über die Fliesen.

Sein Schrei verstummte, als er in etwa zehn Schritt Höhe gegen die Wand prallte und dann schlaff in einem Schauer aus Blut und Marmorbröckchen zu Boden stürzte. Sein Kopf war flach geklopft und einmal im Halbrund gedreht, sodass sein Gesicht zur Wand blickte, wofür Tempel dankbar war.

»Gott«, flüsterte er, »o Gott.«

»Ruhig, ihr alle!«, rief Kahdia und streckte den Arm aus.

»Bist du ihr Anführer?«, fragte der vorderste der Verzehrer, der eine Augenbraue hob. Sein dunkles Gesicht war jung und glatt und schön, aber seine Augen waren alt.

»Ich bin Kahdia, der Haddisch dieses Tempels.«

»Ein Priester also. Ein Mann der Schrift. Dagoska war der

Geburtsort vieler heiliger Männer. Vieler verehrter Philosophen und geschätzter Theologen. Männer, die Gottes Stimme hörten. Bist du ein solcher, Haddisch Kahdia?«

Tempel wusste nicht, wie es sein konnte, dass Kahdia überhaupt keine Angst zeigte. Er sprach, als stünde er vor seiner Gemeinde. Selbst diesen Teufel, diese Ausgeburt der Hölle, diesen Verzehrer menschlichen Fleisches behandelte er, als stünde er weder über noch unter ihm. »Ich bin nur ein Mensch. Ich versuche, rechtschaffen zu handeln.«

»Du magst es glauben oder nicht, das tun wir alle.« Der Verzehrer blickte grimmig auf seine Hand, ballte sie zur Faust und öffnete die Finger dann langsam wieder, als wollte er Sand herausrieseln lassen. »Und mich hat die Straße der Rechtschaffenheit hierher geführt. Weißt du, wer ich bin?« In seinem Gesicht war kein spöttischer Triumph zu erkennen. Nur eine gewisse Traurigkeit.

»Du bist Mamun«, sagte Haddisch Kahdia. »Die Frucht der Wüste. Dreimal gesegnet und dreimal verflucht.«

»Ja. Obwohl die Flüche mit jedem Jahr schwerer zu tragen sind, während die Segnungen immer mehr zu verblassen scheinen.«

»Dafür kannst du die Schuld nur bei dir selbst suchen«, sagte Kahdia ruhig. »Du hast Gottes Gebot gebrochen und das Fleisch von Menschen verzehrt.«

»Das Fleisch von Männern, von Frauen und Kindern und allen Wesen, die atmen.« Mit gerunzelter Stirn betrachtete Mamun den zerschmetterten Leichnam des Tempelwächters. Eine der Verzehrerinnen war daneben in die Hocke gegangen, tunkte einen Finger in die rote Lache, die sich unter ihm sammelte, und schmierte sich das Blut langsam über das ausdruckslos lächelnde Gesicht. »Aber es ist leicht, von der Vergangenheit zu sprechen, unmöglich jedoch, wieder dorthin zu gelangen. Ich bin mächtig auf eine Art, von der du nur träumen kannst, und dennoch bin ich ein Gefangener meiner eigenen Taten. Nie werde ich der Zelle entkommen, die ich selbst errichtet habe. Die Dinge sind, wie sie nun einmal sind.«

»Wir haben immer eine Wahl«, sagte Kahdia.

Mamun lächelte ihn an. Ein seltsames Lächeln war das, fand Tempel. Als sei es … voller Hoffnung. »Meinst du?«

»Gott sagt, dass es so ist.«

»Dann biete ich dir deine Wahl. Wir können sie nehmen.« Mamuns Blick glitt über die Menge, und als seine glasigen Augen Tempel erfassten, fühlte er, wie sich seine Nackenhaare aufstellten. »Wir können sie alle nehmen, aber du bliebest verschont.«

Die Verzehrerin mit dem goldenen Haar zwinkerte Tempel erneut zu, und er spürte, wie das Mädchen neben ihm erschauerte; dann bemerkte er sein eigenes Zittern.

»Oder wir nähmen dich«, sagte Mamun, »und sie blieben verschont.«

»Sie alle?«, fragte Kahdia.

»Sie alle.«

Jetzt hätte er vortreten sollen, das wusste Tempel. Um so zu handeln, wie er es eigentlich wollte. So, wie er wünschte, dass andere handelten. In diesem Augenblick hätte er Mut, Selbstlosigkeit und Solidarität zeigen sollen mit dem Mann, der ihm das Leben gerettet, der ihm Gnade erwiesen und ihm eine Chance gegeben hatte, die er gar nicht verdiente. Er hätte vortreten und anbieten sollen, Kahdias Platz einzunehmen. Jetzt, in diesem Augenblick.

Tempel rührte sich nicht.

Niemand rührte sich.

Der Haddisch lächelte jedoch. »Du lässt dich auf einen schlechten Handel ein, Verzehrer. Ich hätte mein Leben auch für jeden einzelnen von ihnen gegeben.«

Die blonde Frau hob ihre langen Arme, legte den Kopf in

den Nacken und begann zu singen. Hoch und betörend rein hob sich ihre Stimme in die Höhen der großen Tempelhalle, schöner als jede andere Musik, die Tempel je gehört hatte.

Mamun fiel vor Kahdia auf die Knie und legte sich eine Hand aufs Herz. »Lasst Jubel sein im Himmel, dass ein rechtschaffener Mann gefunden wurde. Wascht ihn. Gebt ihm Wasser und Nahrung. Geleitet ihn in Ehren zum Tisch des Propheten.«

»Gott sei mit euch«, raunte Kahdia über seine Schulter hinweg; er lächelte immer noch. »Gott sei mit euch allen.« Und dann verließ er den Tempel, flankiert von zwei Verzehrern, die ihre Köpfe so respektvoll neigten, wie er den seinen hoch erhoben hielt.

»Eine Schande«, sagte die Verzehrerin mit dem blutbeschmierten Gesicht, die Lippen schmollend geschürzt. Sie packte den Leichnam des Tempeldieners am Knöchel und schleifte ihn hinter sich her, als sie zur Tür marschierte. Eine breite Blutspur zog sich über den Boden.

Mamun hielt kurz unter dem zerstörten Tor inne. »Ihr anderen seid frei. Von uns jedenfalls. Euch selbst könnt ihr niemals entfliehen.«

Wie lange standen sie noch in dem verschwitzten Gedränge da, nachdem die Verzehrer gegangen waren? Wie lange verharrten sie still und starrten auf den zerstörten Eingang? Erstarrt vor Angst. Gelähmt vor Schuld. Minuten? Stunden? Von draußen drang leise das Knistern der Flammen zu ihnen herein, das Scheppern von Stahl, die Schreie, der Lärm der Eroberung von Dagoska. Den Lärm des Untergangs der Welt.

Dann endlich beugte sich das Mädchen näher zu Tempel und flüsterte rau: »Was machen wir denn jetzt?«

Tempel schluckte. »Wir kümmern uns um die Verletzten. Wir trösten die Schwachen. Wir begraben die Toten. Wir beten.«

Bei Gott, wie hohl das klang. Aber was sonst blieb ihnen am Ende?

ZWEI SIND EINER ZU VIEL

Irgendwo im Norden, Sommer 576

»Das ist die Hölle«, murmelte Schev, als sie über den Rand der Schlucht spähte. »Die Hölle.« Felsen, schimmernd dunkel vor Nässe, verschwanden im Nebel, und irgendwo tief unter ihnen rauschte Wasser. »Bei Gott, ich hasse den Norden.«

Javre strich sich das Haar zurück, das wegen der alles durchdringenden Feuchtigkeit strähnig und braun geworden war. »Irgendwie habe ich das Gefühl, dass Gott nicht zuhört.«

»Oh, dessen bin ich mir absolut bewusst. Mir hört ja nie einer zu.«

»Ich schon.« Javre wandte sich vom Rand ab und kehrte zu dem Ziegenpfad zurück, der sich tief ins Land gegraben hatte. Mit großen Schritten ging sie nun weiter voran, den Kopf trotz des Regens zurückgeworfen, während ihr der durchnässte Mantel um die schlammbespritzten Waden flatterte. »Allerdings muss ich sagen, dass mich das, was ich höre, enorm langweilt.«

»Spiel nicht mit mir, Javre.« Schev versuchte hastig aufzuholen und dabei ihre Füße auf die am wenigsten schlammigen Stellen zu setzen. »Ich habe so allmählich die Nase voll von all dem!«

»Sagst du ja immer wieder. Und am nächsten Tag gehst du trotzdem wieder los.«

»Ich bin verdammt wütend!«

»Das glaube ich dir.«

»Das meine ich ernst!«

»Wenn du jemandem sagst, dass du wütend bist, und dann noch hinzufügst, dass es dir damit ernst ist, dann hat deine Wut schon mal nicht die gewünschte Durchschlagskraft gezeigt.«

»Ich hasse den verdammten Norden!« Schev stampfte mit dem Fuß auf, als hätte sie damit jemand anderem wehtun können als sich selbst, aber sie erreichte lediglich, dass ihr nasser Dreck das Bein hoch spritzte. Nicht, dass sie überhaupt noch dreckiger oder nasser hätte werden können. »Dieser ganze Fleck Erde besteht nur aus *Scheiße!*«

Javre zuckte die Achseln. »Ist letztlich mit allem so.«

»Wie kann man diese Kälte überhaupt aushalten?«

»Man muss sich eben wappnen. Hör auf zu schmollen. Soll ich dich vielleicht auf die Schultern nehmen?«

Das hätte Schev tatsächlich ziemlich gut gefallen, aber ihr verletzter Stolz zwang sie, weiter einen schmatzenden Schritt nach dem anderen zu tun. »Bin ich vielleicht ein Kind oder was?«

Javre hob die rothaarigen Brauen. »Hat man dir nie gesagt, dass du nur Fragen stellen solltest, die du auch wirklich beantwortet haben willst? Willst du die Antwort hören?«

»Nicht, wenn du witzig sein willst.«

»Och, nun komm schon, Schevedieh!« Javre beugte sich etwas runter, um ihrer Begleiterin den riesigen Arm um die Schultern zu schlingen und sie zu drücken, dass die Knochen knackten. »Wo ist das immer gut aufgelegte kleine Schlitzohr, in das ich mich in Westport verliebt habe, das den Widrigkeiten des Lebens mit einem Lachen, einem Freudensprung und einem Funkeln in den Augen entgegentritt?« Ihre zuckenden Finger suchten Schevs Bauch.

Schev hob ein Messer. »Wenn du mich kitzelst, stech ich dich ab.«

Javre blies die Wangen auf, nahm den Arm wieder weg und marschierte schmatzend weiter über den Pfad. »Jetzt trag mal nicht so dick auf, das ist doch anstrengend. Wir müssen nur dafür sorgen, dass du wieder trocken wirst, und dir dann ein hübsches kleines Bauernmädchen besorgen, mit dem du in die Kiste springen kannst, dann sieht am Morgen schon wieder alles besser aus.«

»Hier gibt es keine hübschen Bauernmädchen! Hier gibt es überhaupt keine Mädchen! Und keinen einzigen Bauernhof!« Schev streckte die Arme aus, um das endlose Grau, den Schlamm und die versprengten Felsen einzufangen. »Es gibt noch nicht mal einen verdammten Morgen!«

»Da hinten ist eine Brücke«, sagte Javre und deutete in das düstere Nichts vor ihnen. »Siehst du? Es geht aufwärts!«

»Das macht mir aber richtig Mut jetzt«, brummte Schev.

Bei der besagten Brücke handelte es sich um ein Gewirr aus ausgefransten Seilen, festgemacht an uralten Pfosten, die mit Runen verziert und mit Vogeldreck überzogen waren, und dazwischen befestigten, faulig aussehenden Brettern, die eine gefährliche Überquerung versprachen. Das ganze Konstrukt hing so tief durch wie Schevs Laune, verlor sich im schwindelerregenden Unbekannten oberhalb der Schlucht und schwankte beunruhigend im Wind, dass die Bretter klapperten.

»Verdammter Norden«, maulte Schev, als sie probeweise an den Seilen zog. »Sogar die Brücken hier sind Scheiße.«

»Dafür sind die Männer gut«, sagte Javre, die ohne jede Angst ausschritt. »Zwar nicht unbedingt besonders feinsinnig, aber leidenschaftlich.«

»Na toll«, maulte Schev, während sie ihr folgte und einen misstrauischen Blick mit der Krähe tauschte, die auf einem der

Pfosten hockte. »Männer. Das Einzige, was mich nun wirklich überhaupt nicht interessiert.«

»Du solltest es mal mit ihnen versuchen.«

»Hab ich. Einmal. Reine Zeitverschwendung. Als wollte man mit jemandem reden, der weder die gleiche Sprache spricht noch irgendeine Ahnung vom Thema hat.«

»Manche können sich in der Waagerechten etwas besser ausdrücken als andere.«

»Nein. Das kommt überhaupt nicht infrage. Diese ganzen Haare, und diese Knubbel überall, die dicken Grabbelfinger, und diese … *Eier*. Ich meine, jetzt mal ehrlich, *Eier*. Was soll denn so was? Das sind doch einzigartig hässliche Körperteile. So was ist einfach … ein Irrtum der Natur, sag ich mal so.«

Javre seufzte. »Es ist die große Schande der Schöpfung, dass wir nicht alle so perfekt geformt sein können wie du, Schevedieh, und auch so durch und durch hübsche, kleine, angespannte Sehnenbündel sind.«

»Ich hätte verdammt viel mehr auf den Rippen, wenn wir nicht von großen Worten und dem einen oder anderen Karnickel leben müssten. Vielleicht bin ich nicht perfekt, aber wenigstens hängt mir keine Socke mit Kiesfüllung bis zu den Knien, das musst du mir lassen … Warte mal.« Sie hatten die durchhängende Mitte der Brücke erreicht, und Schev konnte jetzt weder den einen noch den anderen Rand der Schlucht erkennen. Nur die Seile, die in beide Richtungen ins graue Nichts führten.

»Was denn?«, murmelte Javre und hielt ebenfalls inne.

Die Brücke ruckelte weiter. Ein schwerer Schritt, der direkt auf sie zukam.

»Da ist jemand in unsere Richtung unterwegs«, raunte Schev, die mit einer Drehung des Handgelenks den Dolch aus ihrem Ärmel in die Handfläche gleiten ließ. Zwar war ein Kampf das Letzte, worauf sie es anlegte, aber sie gestand sich inzwischen zögernd ein, dass es keine Nachteile hatte, wenn man ein gutes Messer griffbereit hielt. Wenn schon sonst nichts, dann sorgte das meist zumindest schon mal für ein nettes Gesprächsthema.

Allmählich zeichnete sich eine Gestalt ab. Zuerst war es nur ein Schatten, der sich hin und her bewegte, wenn der Wind den Nebel vor ihnen zerzauste. Dann sah es aus wie ein kleiner Mann, schließlich wie ein großer. Dann wie ein Mann, der eine Harke geschultert hatte. Dann wie ein halbnackter Mann mit einem riesigen Schwert über den Armen.

Schev linste an Javres Ellenbogen vorbei und wartete darauf, dass sich das Bild zu etwas formte, das mehr Sinn ergab. Das geschah allerdings nicht.

»Das ist ... ungewöhnlich«, sagte Javre.

»Verdammter Norden«, brummte Schev. »Hier oben überrascht mich nichts mehr.«

Etwa zwei Schritte vor ihnen blieb der Mann stehen. Er lächelte. Allerdings war es ein Lächeln, das mehr von Irrsinn als von guter Laune kündete. Wenigstens trug er Hosen, die aus irgendeinem schlecht gegerbten Fell geschnitten waren, und Stiefel mit albernem Pelzbesatz am Rand. Davon abgesehen war er nackt, sein blasser Oberkörper war von dicken Muskelsträngen gezeichnet, mit einem Gewirr von Narben bedeckt und mit Tautropfen überzogen. Das Schwert sah aus der Nähe sogar noch größer aus, als hätte es ein besonders optimistischer Schmied für einen Riesen gefertigt. Es war fast so lang wie sein Besitzer, und der war auch alles andere als klein, sondern konnte Javre beinahe in die Augen sehen.

»Sieht aus, als ob da jemand etwas kompensiert«, brummte Schev gedämpft.

»Seid gegrüßt, meine Damen«, sagte der Mann mit breitem Akzent. »Schönen Tag.«

»Es ist verdammt noch mal kein schöner Tag«, grollte Schev.

»Nun ja, das hängt ganz davon ab, wie man es betrachtet, oder nicht?« Er hob erwartungsvoll die Augenbrauen, doch als die beiden Frauen keine Antwort gaben, fuhr er fort: »Ich bin Whirrun von Blei. Manche nennen mich auch Knacknuss-Whirrun.«

»Herzlichen Glückwunsch«, sagte Schev.

Er wirkte erfreut. »Dann hast du schon von mir gehört?«

»Nein. Wo zur Hölle liegt dieses Blei?«

Er verzog leicht betreten das Gesicht. »Ehrlich gesagt, ich habe keine Ahnung.«

»Ich bin Javre«, sagte Javre und warf sich in die beachtlich breite Brust, »die Löwin von Hoskopp.« Schev rollte mit den Augen. Bei Gott – diese Krieger und ihre blöden Titel und ihre blöden gegenseitigen Vorstellungen und ihr blödes Sich-in-die-Brust-werfen. »Wir überqueren gerade diese Brücke.«

»Ah! Ich auch!«

Schev knirschte mit den Zähnen. »Was wird das hier, ein Wettbewerb im Erklären des Offensichtlichen? Wir haben uns ja wohl in der Mitte getroffen, oder nicht?«

»Ja.« Whirrun holte tief durch die Nase Luft und ließ sie glücklich wieder entweichen. »Ja, haben wir.«

»Das ist ein ziemlich beachtliches Schwert«, meinte Javre.

»Es ist der Vater der Schwerter, und die Menschen haben hundert weitere Namen dafür. Dämmerdolch. Grabschöpfer. Bluternte. Höchstes und Tiefstes. Scac-ang-Gaioc in der Talsprache, und das bedeutet Weltenspaltung, jene Schlacht, die zu Anbeginn der Zeiten ausgetragen wurde und an ihrem Ende noch einmal wieder beginnen wird. Manche sagen, es sei Gottes Schwert, das vom Himmel gefallen ist.«

»Hm.« Javre hielt das in etwa schwertförmige Lumpenbündel empor, das sie bei sich trug. »Mein Schwert wurde aus einem gefallenen Stern geschmiedet.«

»Es sieht aus wie ein Lumpenbündel in Form eines Schwertes.«

Javre verengte die Augen. »Ich muss es darin einwickeln.«

»Wieso?«

»Weil sein Schein euch sonst alle blenden würde.«

»Oooooooh«, erwiderte Whirrun. »Wie lustig – jetzt will ich es erst recht sehen. Könnte ich wohl noch einen guten Blick darauf erhaschen, bevor ich blind würde, oder …«

»Seid ihr zwei jetzt fertig mit dem Wettpissen?«, fragte Schev.

»Ich würde mich auf kein Wettpissen mit einem Kerl einlassen.« Javre schob die Hüften vor, schob sich die Hand in den Schritt und deutete den zu erwartenden Bogen mit einem ausgestreckten Finger an. »Das habe ich schon mal versucht, und man kann ja über Schwänze sagen, was man will, aber sie haben einfach eine größere Reichweite. Eine viel größere. Was denn?«, fragte sie und sah gereizt über ihre Schulter. »Das kriegt man nicht hin, egal, wie viel man vorher trinkt. Aber falls du es mal mit Wettpissen probieren wolltest …«

»Will ich nicht«, fauchte Schev. »Jetzt im Augenblick will ich nichts weiter als ein trockenes Plätzchen, um mich umzubringen!«

»Du übertreibst immer gleich so«, sagte Javre und schüttelte den Kopf. »Sie übertreibt immer so. Das macht einen fertig.«

Whirrun zuckte die Achseln. »Zwischen Übertreibung und Untertreibung ist ein ganz schmaler Grat, oder?«

»Wohl wahr«, bekräftigte Javre, »oh ja.«

Eine Pause entstand, und die Brücke knarrte leicht.

»Nun«, erklärte Schev schließlich, »das war ja sehr nett, aber wir werden verfolgt von den Schergen des Großen Tempels in Thond und von ein paar Kerlen, die Finger-Horald gedungen hat, und wenn es euch daher nichts ausmachen würde …«

»Würde es mir. Ich werde nämlich auch verfolgt, von den Schergen des Königs der Nordmänner, Bethod. Man sollte ja glauben, er hätte was Besseres zu tun, bei diesem verrückten Krieg gegen die Union, den er da führt, aber ob man ihn nun mag oder nicht, Bethod muss man ja das Eine lassen: Er ist verdammt hartnäckig.«

»Scheiß auf Hartnäckigkeit«, sagte Schev.

»Da würde ich nicht widersprechen«, lamentierte Whirrun. »Je größer die Macht eines Mannes anwächst, desto mehr schrumpfen seine guten Eigenschaften.«

»Wohl wahr«, bekräftigte Javre, »oh ja.«

Wieder herrschte Schweigen, und der Wind erhob sich und ließ die Brücke bedenklich schaukeln. Javre und Whirrun maßen sich mit grimmigen Blicken.

»Tritt beiseite«, sagte Javre, »und dann gehen wir unserer Wege.«

»Ich denke nicht daran. Schon gar nicht auf einer so schmalen Brücke wie dieser hier.« Whirrun kniff die Augen leicht zusammen. »Und deinen Ton finde ich ein kleines bisschen beleidigend.«

»Dann würde es deine zarten Gefühle wahrscheinlich nur noch mehr verletzen, wenn ich dir einen kräftigen Tritt in den Hintern geben würde. Tritt beiseite.«

Whirrun schwang den Vater der Schwerter von seiner Schulter und stellte ihn mit der Spitze voran auf die Brücke. »Ich fürchte, du wirst mir deine Klinge wohl doch noch zeigen müssen, Weib.«

»Mit Vergnügen …«

»Wartet!«, fuhr Schev dazwischen und drängte sich an Javre vorbei, um beruhigend die Hand auszustrecken. »Wartet einen Augenblick! Ihr habt meinen Segen, euch beide umzubringen, aber wenn ihr eure so wahnsinnig beeindruckenden Schwerter hier auf der Brücke schwingt, dann besteht durchaus die Möglichkeit, dass ihr eines dieser Seile hier erwischt, und dann bringt ihr nicht nur euch beide um, sondern auch mich, und dafür bekommt ihr meinen Segen ganz bestimmt nicht.«

Whirrun hob die Brauen. »Da hat sie recht.«

»Schevedieh denkt manchmal sehr gründlich nach«, sagte Javre, die nickte. Dann deutete sie in die Richtung, aus der sie gekommen waren. »Lasst uns zu unserer Seite zurückkehren und kämpfen.«

Schev holte tief Luft. »Du willst also nicht zur Seite treten, um ihn vorbei zu lassen, aber um mit ihm zu kämpfen, würdest du das ganze Stück zurücklaufen?«

Javre wirkte verblüfft. »Natürlich. Das gebietet doch der Anstand.«

»Genau!«, bestätigte Whirrun. »Und Anstand ist das Wichtigste für einen anständigen Menschen. Und deswegen sollten wir zu *meiner* Seite zurückgehen um zu kämpfen.«

Jetzt war es Javre, deren Augen schmal wurden. Überhaupt war sie im Augenzusammenkneifen fast so gut wie im Kämpfen, und das wollte etwas heißen. »Wir gehen zu meiner Seite.«

»Zu meiner«, knurrte Whirrun. »Ich bestehe drauf.

Schev massierte sich die Schläfen. So oft, wie sie das in den letzten Jahren getan hatte, war es ein Wunder, dass sie sich dort nicht schon die Haut durchgescheuert hatte. »Wollt ihr zwei Idioten jetzt auch noch darüber streiten, wo ihr kämpft? Wir waren zur anderen Seite unterwegs, und er bietet uns jetzt an, dass wir da hingehen! Also tun wir das doch einfach!«

Javre kniff die Augen noch mehr zusammen, bis sie Schlitze waren, Schlitze mit einem kleinen bisschen Blau darin. »Na gut. Aber glaub bloß nicht, dass du uns den Kampf noch ausreden kannst, Schevedieh.«

Schev stieß den müdesten Seufzer aus, zu dem sie in der Lage war. »Nichts läge mir ferner, als Blutvergießen vermeiden zu wollen.«

Whirrun stieß sein großes Schwert mit der Spitze voran in eine Felsspalte, wo es sanft zitternd aufrecht stecken blieb. »Lass uns die Klingen beiseitelegen. Der Vater der Schwerter kann nicht gezogen werden, ohne Blut zu schmecken.«

Javre schnaubte. »Angst?«

»Nein. Die Hexe Schoglig verkündete mir einst Ort und Zeit meines Todes, und es ist nicht hier und nicht jetzt.«

»Ha.« Javre legte ihr eigenes Schwert auf den Boden und ließ dann einen Knöchel nach dem anderen knacken, laut und leicht explosiv. »Hat sie dir auch verraten, wo und wann ich dich so heftig in den Hintern treten werde, dass du dir in die Hosen machst?«

Whirruns Gesicht nahm einen nachdenklichen Ausdruck an. »Sie hat mir vorhergesagt, dass ich mir in die Hosen machen würde, aber das lag an einem verdorbenen Eintopf, und überhaupt, das habe ich schon hinter mir. Das war letztes Jahr bei Uffrith. Deswegen habe ich ja diese neuen Hosen.« Er beugte sich vor und betrachtete seine Beinkleider mit einem stolzen Lächeln, dann warf er Schev einen misstrauischen Blick zu. »Ich gehe davon aus, dass deine Dienerin sich aus dieser Sache heraushalten wird?«

»Dienerin?«, fauchte Schev.

»Schevedieh ist nicht meine Dienerin«, sagte Javre.

»Vielen Dank.«

»Sie ist mindestens eine Gefolgsfrau, vielleicht sogar ein Kumpel.«

Schev stemmte die Hände in die Hüften. »Wir sind Partner! Ein Duo!«

Javre lachte. »Nein. Ein Duo? Nein, nein, nein.«

»Was auch immer sie ist«, fuhr Whirrun fort, »sie sieht aus, als könnte sie sich so gut anschleichen wie ein Dieb in der Nacht. Ich will nicht, dass sie mich in den Rücken sticht.«

»Darüber mach dir mal keine Sorgen«, fuhr Schev ihn an. »Du kannst mir glauben, wenn ich sage, dass ich am liebsten überhaupt nichts mit diesem ganzen Blödsinn zu tun hätte.

Und was den Dieb in der Nacht betrifft, so wollte ich das alles längst hinter mir gelassen haben und in Ruhe ein Rauchhaus betreiben, aber das hat mir *meine Partnerin* leider abgefackelt!«

»Du bist allerhöchstens ein Kumpel«, verbesserte Javre. »Und wenn ich mich recht erinnere, dann hast du die Kohlenpfanne ja wohl selbst umgekippt. Mal ehrlich, Schevedieh, du suchst doch immer irgendeinen Sündenbock. Wenn du wirklich eines Tages mal die eine Hälfte eines Duos sein willst, dann musst du auch mal Verantwortung übernehmen können.«

»Ein Rauchhaus?«, fragte Whirrun. »Du magst Fisch?«

»Nein, nein«, sagte Schev. »Doch, schon, aber es war nicht so ein Rauchhaus, du ... Vergiss es.« Mit einem Seufzer ließ sie sich auf einen Felsen sinken und stützte ihr Kinn auf ihre Fäuste.

»Da wir gerade schon dabei sind, uns auf Regeln zu verständigen«, sagte Javre und verzog leicht das Gesicht, während sie ihren Busen emporreckte. »Können wir uns darauf einigen, dass es keine Schläge auf die Möpse gibt? Männer können sich meist gar nicht vorstellen, wie weh das tut.«

»Geht in Ordnung.« Whirrun hob ein Bein, um sein Gemächt zurechtzurücken. »Wenn du die Nüsse in Ruhe lässt. Diese blöden Dinger können einem manchmal ziemlich in die Quere kommen.«

»Ein Irrtum der Natur«, sagte Schev. »Hab ich das nicht gesagt? Ein Irrtum.«

Javre ließ den Mantel von ihren Schultern rutschen und warf ihn Schev so zu, dass er ihr über den Kopf rutschte.

»Danke«, zischte sie, während sie ihn von ihrem feuchten Haar zog und ihn sich um die feuchten Schultern legte.

Javre hob die Fäuste, und Whirrun nickte bewundernd, als er sah, wie die Sehnen an ihren Armen sichtbar hervortraten. »Du bist zweifelsohne eine Frau von ganz bemerkenswerter Gestalt.« Dann reckte er die eigenen Fäuste und spannte seine

Muskeln an, die aussahen, als seien sie aus Holz geschnitzt. »Aber deswegen werde ich dir gegenüber keine Milde walten lassen.«

»Gut. Außer in der Brustgegend?«

»Wie vereinbart.« Whirrun grinste. »Das könnte ein Kampf sein, über den später einmal Lieder gesungen werden.«

»Du wirst allerdings nicht mitsingen können, so ganz ohne Zähne.«

Und nun schlugen sie beide zu, jeder so schnell wie der Blitz. Whirruns Faust krachte mit lautem Aufschlag gegen Javres Rippen, was sie jedoch kaum zu bemerken schien, während sie selbst drei schnelle Hiebe austeilte und ihn mit dem letzten hart am Kinn traf. Er wankte nicht, sondern trat nur einen kleinen Schritt zurück, schon wieder aufmerksam angespannt, auf der Hut und bereit.

»Du bist stark«, sagte er. »Für eine Frau jedenfalls.«

»Ich werde dir noch zeigen, wie stark ich bin.«

Jetzt griff sie ihn wieder an, mit einem Hagel aus Schlägen, aber ihre Fäuste pfiffen nur durch die Luft, während er, trotz seiner enormen Größe glitschig wie ein Aal, von einer Seite zur anderen glitt. Es klatschte laut, als Javre einen Antwortschlag auf die Unterarme bekam, und sie knurrte durch die zusammengebissenen Zähne, schüttelte einen Klaps gegen die Stirn ab und packte Whirrun am Arm. Wie der Blitz ließ sie sich auf ein Bein fallen, stemmte ihn hoch in die Luft über ihren Kopf, aber er rollte sich so geschickt zusammen, wie Schev das bei den Auftritten mit der Jahrmarkttruppe getan hatte, und als er mit der Schulter auf dem Boden aufschlug, federte er sich sofort ab und kam wieder auf die Beine, immer noch lächelnd.

»Jeder Tag sollte eine neue Lektion bereithalten«, sagte er.

»Du bist schnell«, sagte Javre. »Für einen Mann jedenfalls.«

»Ich werde dir noch zeigen, wie schnell ich bin.«

Er stürzte sich auf sie, deutete einen hohen Schlag an und

duckte sich unter ihrem zustoßenden Fuß weg, um sie an der anderen Wade zu packen, mühelos in die Höhe zu heben und dann zu Boden zu werfen. Aber Javre hatte ihr Bein schon um seinen Nacken geschlungen und riss ihn mit sich. Sie stürzten in einem Durcheinander aus Armen und Beinen auf die schlammige Erde und rollten dort recht würdelos miteinander herum, wanden sich und zuckten, schlugen mit Fäusten und Knien, spuckten und fauchten.

»Das ist die Hölle.« Schev stieß ein langgezogenes Stöhnen aus und blickte in den Nebel. »Das ist …« Sie hielt inne, und ihr wurde noch elender zumute. »Hey, ihr zwei«, raunte sie und stand langsam auf. »Hey!«

»Wir sind …«, zischte Javre, die Whirrun ihr Knie in die Rippen rammte.

»… ein wenig …«, fauchte Whirrun, der ihr auf den Mund schlug.

»… beschäftigt!«, stieß Javre hervor, die mit ihrem Gegner durch eine Pfütze kugelte.

»Vielleicht möchtet ihr kurz aufhören«, knurrte Schev. Gestalten traten aus dem Nebel. Erst waren es drei. Dann fünf. Dann sieben Männer, von denen einer auf einem Pferd saß. »Könnte sein, dass Bethods Schergen da sind.«

»Ach du Scheiße!« Whirrun befreite sich aus Javres Griff, hastete zu seinem Schwert und nahm dort, die Hand am Griff, eine angemessen beeindruckende Pose ein, die lediglich ein wenig davon beeinträchtigt wurde, dass eine nackte Körperseite völlig mit Schlamm beschmiert war. Schev schluckte und ließ den Dolch wieder in ihre Hand gleiten. Inzwischen fand er sich dort viel öfter, als ihr lieb war.

Der Erste, der aus dem Dunst trat, war ein unruhig wirkender Junge, der höchstens fünfzehn sein konnte. Er zog seinen Bogen mit leicht zittrigen Händen zur Hälfte aus, wobei der Pfeil vage in Whirruns Richtung zeigte. Ihm folgte eine Sammlung Nordmänner mit beeindruckenden Bärten, wenn man Gesichtsbehaarung schön fand, was Schev nicht tat, und noch beeindruckenderen Waffen, wenn man auf scharfes Eisen stand, was bei Schev auch nicht der Fall war.

»'n Abend, Flut«, sagte Whirrun, der sich etwas Blut von seiner aufgeplatzten Lippe tupfte.

»Whirrun«, sagte der, den Schev für den Anführer hielt und der sich auf seinen Speer stützte, als ob er einen langen Weg gewandert sei.

Whirrun zählte die Nordmänner jetzt mit ausgestrecktem Zeigefinger durch, wobei sich seine Lippen leise bewegten.

»Es sind sieben«, sagte Schev.

»Ah!«, rief Whirrun. »Du hast recht, sie ist flink im Denken! Sieben! Mich überrascht ja, dass Bethod auf so viele Männer verzichten kann, und das allein für mich. Dabei hätte ich gedacht, er braucht jeden Mann bei diesem komischen Krieg gegen die Südländer. Ich meine, mich nennt man verrückt, aber so ein Krieg? *Der* ist doch verrückt.«

»Dem kann ich nicht widersprechen«, sagte Flut, der sich mit dreckigen Fingern durch den Bart fuhr, »aber das sind ja auch nicht meine Entscheidungen.«

»Manche Männer haben einfach nicht den Mumm, eigene Entscheidungen zu fällen.«

»Und manchen anderen hängt es einfach zum Hals raus, dass ihre Entscheidungen sich immer als die falschen erweisen. Ich weiß, dass es in deiner Natur liegt, schwierig zu sein, Whirrun, aber könntest du dich vielleicht doch einmal kurz am Riemen reißen? Bethod ist doch jetzt König der Nordmänner. Da kann er sich nicht leisten, dass seine Leute machen, was sie wollen.«

»Ich bin Whirrun von Blei«, sagte Whirrun und warf sich in seine beachtliche Brust. »Ich mache immer nur, was ich will.«

»O Gott«, murmelte Schev. »Die männliche Ausgabe von Javre. Er ist die männliche Ausgabe von dir, Javre!«

»Jedenfalls ist er mir tatsächlich ein bisschen ähnlich«, räumte Javre widerwillig anerkennend ein und schnippte ein bisschen Schafsdreck weg, der sich beim Kampf in ihrem Haar verfangen hatte. »Wieso hat nur einer von euch ein Pferd?«

Die Nordmänner tauschten ein paar Blicke, als ob dieses Thema unter ihnen bereits zu etwas Reibung geführt hatte.

»Es ist Krieg«, brummte einer mit fürchterlich schlechten Zähnen. »Da gibt's nicht so viele Pferde.«

Schev schnaubte. »Ach was. Meint ihr, ich würde vielleicht zu Fuß gehen, wenn ich nicht müsste?«

»Es ist mein Pferd«, sagte Flut. »Aber Kerric hat's am Bein, und deswegen habe ich gesagt, er darf reiten.«

»Wir haben's alle am Bein«, knurrte ein großer Kerl mit einem wild wuchernden Bart und einer Axt, die mindestens genauso wild aussah.

»Jetzt ist es vielleicht nicht an der Zeit, um wieder darüber zu streiten, wer das Pferd bekommt«, ranzte Flut ihn an. »Bei den Toten, über diese Frage haben wir ja jetzt wohl langsam genug diskutiert, meint ihr nicht, verdammt noch eins?« Mit einer Geste bedeutete er seinen Männern, nach links und rechts auszuschwärmen. »Wer zum Teufel sind überhaupt diese Weiber, Whirrun?«

Schev rollte mit den Augen, als sich nun Javre in die Brust warf. »Ich bin Javre, die Löwin von Hoskopp.«

Flut hob eine Augenbraue. »Und deine Dienerin?«

Schev stöhnte müde. »Oh, um …«

»Sie ist keine Dienerin, sondern ein Kumpel«, erklärte Whirrun. »Oder … eine Kumpelin. Gibt es so ein Wort?«

»Eine Partnerin!«, stieß Schev hervor.

»Nein, nein.« Javre schüttelte den Kopf. »Partnerin? Nein.«

»Ist ja eigentlich auch egal«, sagte Flut, der allmählich ungeduldig wurde. »Tatsache ist, dass Bethod mit dir reden will, Whirrun, und du kommst jetzt mit uns, auch wenn das heißen sollte, dass wir dir vorher wehtun müssen …«

»Moment mal.« Javre hob ihre große Hand. »Dieser Mann und ich sind mitten in einer Auseinandersetzung. Ihr könnt ihm später wehtun, wenn ich mit ihm fertig bin, falls er dann noch was merkt.«

»Bei den Toten.« Flut massierte sich die Augenlider mit Daumen und Zeigefinger. »Es ist doch nichts jemals einfach. Wieso geht denn nie etwas einfach?«

»Glaub mir, ich fühle mit dir«, sagte Schev, die den Griff ihres Messers fester packte und sich dann an Javre wandte: »Erst wolltest du gegen ihn kämpfen, wegen nichts, und jetzt willst du für ihn kämpfen, auch wegen nichts?«

»Wir stehen dort, wo uns die Göttin hinschickt«, knurrte Javre, deren Knöchel weiß wurden, als sie den Knauf ihres Schwertes umfasste.

Flut stieß einen entnervten Seufzer aus. »Whirrun, es gibt wirklich keinen Grund, hier Blut zu vergießen …«

»Da bin ich ganz und gar seiner Meinung«, erklärte Schev mit erhobenem Zeigefinger

»… aber du lässt mir wirklich keine andere Wahl. Bethod will, dass du vor Skarlings Thron gebracht wirst, tot oder lebendig.«

Whirrun grinste. »Schoglig hat mir die Stunde meines Todes vorhergesagt, und es ist nicht hier und es ist nicht …«

Eine Bogensehne schnarrte. Es war der Junge mit den zittrigen Händen, der geradezu selbst darüber überrascht schien, dass er sie losgelassen hatte. Whirrun fing den Pfeil. Pflückte ihn einfach aus der Luft, als sei das nichts Besonderes.

»Wartet!«, brüllte Flut. Leider zu spät. Der Kerl mit dem wilden Bart sprang Whirrun an, brüllte, spuckte und schwang seine Axt. Im letzten Augenblick trat Whirrun neben den Vater der

Schwerter, sodass das Axtblatt gegen die noch in der Scheide steckende Klinge schlug, und rammte dem Bärtigen den Pfeil in den Hals. Er stürzte blutblubbernd zu Boden.

Jetzt brüllten alle.

Für jemanden, der Kämpfe so sehr hasste, war Schev ziemlich oft in welche verwickelt, und dabei hatte sie eines gelernt: Wenn es losging, dann gab man am besten alles. Natürlich, nachdem man zuvor alles daran gesetzt hatte zu verhandeln, Kompromisse zu finden und die Hauerei so lange wie möglich hinauszuzögern. Wenn dann aber die Zeit zum Kämpfen gekommen war, dann musste man aus vollem Herzen zuschlagen. Und so warf sie jetzt ihr Messer.

Hätte sie darüber nachgedacht, dann wäre Schev vielleicht zu dem Schluss gekommen, dass sie ihr Gewissen nicht mehr als nötig belasten wollte, und ein Pferd zu töten, das war nicht so schlimm, wie einen Mann umzubringen. Hätte sie noch ein bisschen mehr darüber nachgedacht, dann wäre ihr vielleicht eingefallen, dass der Mann sich dafür entschieden hatte, hier zu sein, und das Pferd vermutlich nicht, weswegen er den Tod eigentlich eher verdiente als das Tier. Aber hätte sie dann noch mehr darüber nachgedacht, dann hätte sie vielleicht erkannt, dass der Mann es sich auch nicht wirklich ausgesucht hatte, jedenfalls nicht mehr als Schev selbst, sondern dass er durch sein Leben gerollt war wie ein Stein im Flussbett, je nachdem, welche Richtung seine Lage, seine Bekanntschaften, sein Charakter und viel Pech gerade vorgaben, ohne allzu viele Möglichkeiten zu haben, irgendetwas selbst zu bestimmen.

Aber Leute, die in einem Kampf allzu viel nachdenken, überleben ihn meistens nicht, und daher verschob Schev die Grübelei auf später und warf nach dem leichtesten Ziel, das sich ihr bot.

Das Messer bohrte sich in die Hinterbacken des Pferdes, dem daraufhin die Augen aus dem Kopf traten. Es stieg vorn hoch, stolperte, bäumte sich auf und taumelte, und Schev musste schnell ausweichen, während der Reiter verzweifelt an den Zügeln zerrte. Das Pferd trat und schlug aus, der Sattelgurt brach, und der Sattel rutschte von seinem Rücken, als das Tier zur Seite fiel. Es wälzte sich auf seinen Reiter, dessen verzweifelte Schreie abrupt abbrachen, dann rutschte es weiter um sich tretend über den felsigen Rand der Schlucht und verschwand aus ihrem Blickfeld.

Und so hatte Schev jetzt das Pferd und seinen Reiter auf dem Gewissen. Aber die traurige Tatsache war ja nun einmal, dass nur die Sieger die Gelegenheit bekamen, ihre Taten zu bedauern, und im Augenblick hatte Schev andere Sorgen. Und zwar in Gestalt eines Mannes mit dem ruinösesten Gebiss, das sie je gesehen hatte, und einem verdammt Furcht einflößenden Streithammer. Wieso grinste der bloß so? Bei Gott, wenn sie solche Zähne gehabt hätte, dann hätte man eine Brechstange gebraucht, um ihr das Maul aufzumachen.

»Komm her«, fauchte er sie an.

»Ich bleibe lieber, wo ich bin«, zischte Schev zurück.

Sie stolperte ihm aus dem Weg, und mit den Hacken trat sie kleine, feuchte Steinchen los, während das Kreischen, Krachen und Klappern der Kämpfe um sie herum fast vergessen in den Hintergrund trat. Ständig stolperte sie von einer Klemme in die andere, von einer Katastrophe in die nächste. Und wie oft hatte sie dabei am Rand einer Schlucht gestanden, deren Grund nicht zu erahnen war, zumindest im übertragenen Sinne. Und wie immer schaffte sie es auch jetzt nicht, dieser Lage zu entkommen.

Der Hammerschwinger mit dem verfaulten Gebiss schnappte sie mit der freien Hand am Kragen und riss so hart daran, dass die Hälfte ihrer Hemdknöpfe absprang; der Ruck ließ sie mit dem Kopf gegen einen Felsen krachen. Sie stach nach dem Mann mit ihrem anderen Messer, aber die Klinge schabte nur über seine Rüstung und wurde ihr dann aus der Hand gewunden. Sofort danach krachte seine Faust in ihren Magen und presste ihr keuchend die Luft aus den Lungen.

»Hab ich dich«, schnaufte er ihr ins Gesicht, und sein Atem allein reichte beinahe, damit sie das Bewusstsein verlor. Er hob den Streithammer.

Sie deutete mit einem Finger über seine Schulter. »Achtung, hinter dir …«

»Wenn du glaubst, dass ich darauf reinfalle …«

Ein lauter Aufschlag ertönte, und der Vater der Schwerter spaltete den Mann von der Schulter bis zu den Gedärmen, und Schev spritzte so viel Blut ins Gesicht, als hätte jemand einen Eimer ausgeleert.

»Urrgh!« Sie wand sich unter dem Leichnam ihres Gegners heraus und versuchte verzweifelt, sich dabei von den Schlachtabfällen zu befreien, die ihr plötzlich in den Schoß gefallen waren. »Gott«, wimmerte sie, während sie sich zitternd und spuckend aufrappelte, die Kleider blutgetränkt, das Haar bluttriefend, Mund, Augen und Nase voller Blut. »O Gott.«

»Sieh's mal von der Sonnenseite«, erklärte Whirrun. »Immerhin ist das nicht von dir.«

Bethods Männer lagen überall auf dem schlammigen Gras, in Stücke gehackt, verdreht, tropfend. Der einzige, der noch aufrecht stand, war Flut.

»Jetzt hör mal«, sagte er gerade und fuhr sich mit der Zunge über die Lippen, während Javre auf ihn zukam. »Ich wollte gar nicht, dass es soweit kommt …«

Sie riss ihr Schwert aus der Scheide, und Schev fuhr zurück, als zwei blendende Lichtbalken durch ihr Blickfeld schossen. Die Spitze von Fluts Speer flog davon, dann folgte das untere Stück, sodass er nur noch einen Stock in Händen hielt, der etwa so lang war wie Schevs Fuß. Er schluckte, ließ das Holz fallen und hob die Hände.

»Sieh zu, dass du zu deinem Herrn zurückkommst, Flut«, sagte Whirrun, »und danke den Toten bei jedem Schritt dafür, dass du noch einmal Glück gehabt hast. Sag ihm, dass Whirrun von Blei nur nach seiner eigenen Pfeife tanzt.«

Mit weit aufgerissenen Augen nickte Flut, dann wich er langsam zurück.

»Und wenn du Curnden Kropf treffen solltest, dann richte ihm aus, ich hätte nicht vergessen, dass er mir noch drei Hühner schuldet!«

»Hühner?«, fragte Javre leise.

»Jede Schuld ist eine Ehrenschuld«, sagte Whirrun, der sich nonchalant auf den Vater der Schwerter stützte. Sein nackter, weißer Körper war jetzt nicht nur mit Schlamm, sondern auch mit Blut verschmiert. »Und wo wir gerade davon sprechen, wir haben ja auch noch etwas zu klären.«

»Stimmt.« Javre ließ ihren Blick langsam an Whirrun auf und ab gleiten und schürzte nachdenklich die Lippen. Es war ein Blick, den Schev schon kannte, und sie spürte, dass ihr noch mulmiger zumute wurde als zuvor, falls das möglich war. »Aber mir fällt gerade eine andere Möglichkeit dazu ein.«

»Uh ... uh ... uh ...«

Schev kniete zitternd an einer Pfütze aus schlammigem Regenwasser und stieß jeden Fluch aus, den sie kannte, und das waren eine ganze Menge. Dabei versuchte sie, das Blut zwischen ihren Möpsen mit einem Lappen abzuwaschen, den sie sich vom Hemd eines Toten abgerissen hatte, und außerdem Javres kehliges Stöhnen zu überhören, das hinter dem Felsen hervordrang. Genauso gut hätte man allerdings versuchen können, jemanden zu ignorieren, der einem Nägel in den Kopf schlug.

»Uh ... uh ... uh ...«

»Das ist die Hölle«, jammerte Schev und starrte ihr heruntergekommenes Spiegelbild an, das ihr aus der trüben, blutigen Pfütze entgegenblickte. »Das ist die Hölle.«

Womit hatte sie es verdient, an diesen Ort zu geraten? Ausgesetzt in dieser lieblosen, sonnenvergessenen, unzivilisierten und ungemütlichen Gegend. An einem Ort, der von den Tränen der Rechtschaffenen gesalzen wurde, wie ihre Mutter zu sagen pflegte. Ihr Haar war an ihre feuchte Stirn geklatscht wie blutiger Seetang an ein verfaulendes Boot. Ihre Haut war überall abgeschürft, und man konnte kaum sagen, wo die Gänsehaut aufhörte und der schuppige Ausschlag begann, den ihr die ständig nagende Kälte eingebracht hatte. Dauernd lief ihre Nase, die schon ganz wundgescheuert war von der elenden Abwischerei. Ihr geschrumpfter Magen knurrte, die Prellungen am Hals pochten, die blasenübersäten Füße schmerzten, ihre ausgezehrten Träume verdorrten, ihre …

»Uh … uh … uh …« Javres Stöhnen wurde immer lauter, und jetzt mischte sich noch das langgezogene, gleichmäßige Knurren Whirruns darunter: »Rrrrrrrrrrr …«

Unwillkürlich fragte sich Schev, was die beiden wohl genau trieben, und schlug sich mit der Hand gegen den Kopf, als ob sie sich diesen Gedanken damit irgendwie austreiben könnte. Schließlich wollte sie sich darauf konzentrieren, sich selbst richtig leidzutun! Und an alles zu denken, was sie verloren hatte!

Das Rauchhaus. Na ja, so toll war es nun auch nicht gewesen. Ihre Freunde in Westport. Gut, da war auch niemand dabei gewesen, dem sie auch nur ein Kupferstück anvertraut hätte. Severard. Für den war es zweifelsohne besser, dass er zu seiner Mutter nach Adua zurückgekehrt war, so schlimm diese Vorstellung für ihn auch sein mochte. Carcolf. Carcolf hatte sie betrogen, verdammt noch eins! Aber bei Gott, diese Hüften. Wie konnte man jemandem dauerhaft böse sein, der solche Hüften hatte?

»Uh … uh … uh …«

»Rrrrrrrrrrrrr …«

Sie warf sich das Hemd wieder über, das durch ihre Säuberungsversuche jetzt nicht mehr nur blutig, sondern blutig, dreckig und vollgesogen mit eiskaltem Wasser war. Erschauernd vor Ekel wischte sie sich nun das Blut aus den Ohren, der Nase, den Augenbrauen.

Sie hatte doch versucht, immer mal wieder etwas Gutes zu tun, wenn sich die Gelegenheit ergab, oder nicht? Immer mal ein Kupferstück für die Bettler, wenn sie es sich leisten konnte, und so weiter? Und was alles andere anging, so hatte sie ihre Gründe gehabt, nicht wahr? Oder waren es nur gute Entschuldigungen gewesen?

»O Gott«, raunte sie leise und schob sich das fettig-kalte Haar aus dem Gesicht.

Die schreckliche Tatsache war jedoch, dass sie all dieses Elend wirklich verdiente. Wenn nicht sogar Schlimmeres. Vorausgesetzt, das hier war die Hölle, dann befand sie sich aus gutem Grund darin. Sie holte tief Luft und ließ sie prustend durch die fast geschlossenen Lippen entweichen.

»Uh … uh … uh!«

»Rrrrrrr!«

Schev ließ die Schultern hängen und sah trübsinnig zur Brücke hinüber.

Dann hielt sie inne, und ihr wurde noch mulmiger zumute als zuvor. Das Herz rutschte ihr nicht nur in die Hose, sondern hinunter bis zu den blasenbedeckten Füßen.

»Hey, ihr zwei«, raunte Schev, die nun langsam aufstand und an den noch verbliebenen Hemdknöpfen zerrte. »Hey!«

»Wir sind …«, ertönte Javres erstickte Stimme.

»… ein bisschen …«, stöhnte Whirrun.

»… beschäftigt!«

»Dann wollt ihr vielleicht mal kurz damit aufhören, verfickt noch mal!«, kreischte Schev, die ein Messer zückte und es hinter dem Arm versteckte. Sie merkte, dass sie sich tatsächlich verknöpft hatte und ein langer Schoß des nassen Hemds an ihrem Bein klebte. Aber es war jetzt ein bisschen zu spät, um sich schick zu machen. Wieder erschienen Gestalten im Nebel. Sie kamen von der Brücke. Erst eine. Dann zwei. Dann drei Frauen.

Hochgewachsene Frauen, die alle mit demselben entspannten Selbstbewusstsein daherstolzierten wie Javre. Mit dieser Haltung, die klar machte, dass ihnen der Boden gehörte, auf dem sie standen. Alle drei trugen Schwerter. Alle drei trugen ein verächtliches Lächeln auf den Lippen. Und alle drei, da war Schev sich sicher, gehörten zum Tempel des Goldenen Ordens und suchten im Auftrag der Hohepriesterin von Thond nach Javre.

Die erste hatte dunkles Haar, das sie zu einem langen Zopf gewunden hatte, der mit goldenem Draht gehalten wurde, und alte Augen in einem jungen Gesicht. Die zweite war gezeichnet von einer großen Brandnarbe, die von ihrer Wange bis über ihre Kopfhaut reichte, und ihr fehlte ein Ohr. Die dritte hatte kurzes, rotes Haar und Augen, die sie listig zusammenkniff, als sie Schev von oben bis unten musterte. »Du bist sehr … *nass*«, sagte sie.

Schev schluckte. »Wir sind hier im Norden. Da ist alles ein bisschen feucht.«

»Verdammter Norden.« Die Vernarbte spuckte aus. »Nirgendwo ist ein Pferd aufzutreiben.«

»Weder für Geld noch für gute Worte«, sang die Rothaarige, »und glaub mir, ich habe es mit beidem versucht.«

»Liegt wohl am Krieg«, sagte die Dunkelhaarige.

»Wir sind hier im Norden. Da ist immer irgendwo Krieg.«

Whirrun stieß einen langen Seufzer aus, als er hinter dem Felsen hervorkletterte und sich den Gürtel zumachte. »Das ist zwar eine demütigende Kritik an unserer Lebensart, aber ich kann es wohl kaum bestreiten.« Damit hob er sich den Vater der Schwerter über die Schulter und stellte sich neben Schev.

»Du bist viel weniger witzig, als du glaubst«, sagte die Vernarbte.

»Nur ganz wenige Leute«, erklärte Schev, »sind tatsächlich so witzig, wie sie glauben.«

Jetzt kam Javre hinter dem Felsen hervor, und die drei Frauen wurden bei ihrem Anblick sofort nervös. Aus dem verächtlichen Lächeln wurden Sorgenfalten. Hände wanderten zu den Schwertgriffen. Schev fühlte den Kampf nahen, so unaufhaltsam, wie das Gras wächst, und sie umklammerte das lächerlich unzureichende Messer. Bei all den Auseinandersetzungen, in die sie geriet, sollte sie wirklich lernen, wie man ein Schwert schwang. Oder einen Speer. Vielleicht würde sie mit einem Speer auch größer wirken. Aber dann musste man das Scheißding ja auch dauernd mit sich rumschleppen. Vielleicht doch lieber irgendwas mit einer Kette, die man klein zusammenrollen konnte?

»Javre«, sagte die mit dem Zopf.

»Ja.« Javre warf den Frauen ihren Kämpferblick zu. Diesen achtlosen Blick, der zu vermitteln schien, dass sie ihre Gegner in Windeseile abgeschätzt hatte und kein bisschen beeindruckt war.

»Du bist dann also hier.«

»Wo sollte ich sonst sein, wenn nicht da, wo ich bin?«

Die Dunkelhaarige hob ihr spitzes Kinn. »Willst du uns nicht alle einmal vorstellen?«

»Es erscheint recht viel Mühe, wo ihr doch sowieso schon so bald nicht mehr da sein werdet.«

»Tu mir den Gefallen.«

Javre seufzte. »Das ist Golyin, Vierte der Fünfzehn. Früher mal eine gute Freundin von mir.«

»Immer noch eine gute Freundin, würde ich hoffen.«

Schev schnaubte. »Würde man denn eine gute Freundin quer über das ganze Weltenrund verfolgen?« Und gedämpft fügte sie hinzu: »Gar nicht zu reden von der Partnerin der besten Freundin.«

Golyins Augen glitten zu Schev, die eine gewisse Traurigkeit in ihnen wahrnahm. »Wenn eine gute Freundin so etwas geschworen hat, dann ja. Wenn die Zeiten ruhig wären, dann würde sie vielleicht darum weinen, dass die Welt so ist, wie sie nun einmal ist, die Hände ringen und die Göttin um Rat anflehen, aber …« Golyin seufzte schwer. »Sie würde es dennoch tun. Du musst doch gewusst haben, dass wir dich irgendwann aufspüren würden, Javre.«

Javre zuckte die Achseln, und die Sehnen ihrer Schultern bewegten sich sichtbar. »Mich aufzuspüren, das war ja noch nie ein Kunststück. Schwer wird es dann, wenn man mich aufgespürt hat.« Sie nickte zu der Vernarbten hinüber, die sich langsam, geschmeidig und lautlos am Rand der Schlucht nach rechts bewegte. »Das da ist Ahum, Elfte der Fünfzehn. Brennt die Narbe noch?«

»Ich habe eine Salbe, die hat eine beruhigende Wirkung«, sagte Ahum und kräuselte die Lippen. »Und ich bin inzwischen die Neunte.«

»Schon bald die Nichtste.« Javre sah mit gehobenen Brauen zu der Rothaarigen, die sich gerade nach links schlich. »Die da kenne ich nicht.«

»Ich bin Sarabin Schin, Vierzehnte der Fünfzehn, und man nennt mich …«

»Das interessiert keine Sau«, erklärte Javre. »Ich werde euch allen dieselbe Wahl lassen wie Hanama und Birke und Weylen und den anderen. Geht zurück zur Hohepriesterin und sagt ihr, dass ich mich von niemandem versklaven lasse. Niemals. Oder ich zeige euch das Schwert.«

Das vertraute Knacken war zu hören, als Javre die Schultern kreisen ließ, sich noch etwas breitbeiniger hinstellte und das schwertförmige Bündel mit der linken Hand anhob.

Golyin lutschte an ihrem Zahnfleisch. »Du hast immer schon so gern übertrieben, Javre. Wir würden dich lieber zurückbringen als dich töten.«

Whirrun stieß ein kurzes, schnaubendes Lachen aus. »Ich könnte schwören, dass wir vorhin genau dasselbe Gespräch geführt haben.«

»Haben wir«, bestätigte Javre, »und dieses hier wird auf genau dieselbe Weise enden.«

»Diese Frau ist eine Mörderin, eine Eidbrecherin, eine Flüchtige«, sagte Golyin.

»Ach was.« Whirrun zuckte die Achseln. »Wer ist das nicht?«

»Du musst hier nicht sterben, Mann«, sagte Sarabin Schin, die nun selbst ihre bevorzugte Kampfhaltung einnahm.

Whirrun zuckte wieder die Achseln. »Zum Sterben ist ein Ort so gut wie der andere, und die Damen hier haben mir vorhin aus einer sehr unangenehmen Klemme geholfen.« Er deutete mit dem Schwertknauf auf die sechs Leichen, die um sie herum auf dem Boden lagen. »Und mein Freund Curnden Kropf sagt immer, es wäre unanständig, sich für einen Gefallen nicht erkenntlich zu zeigen.«

»Du magst noch feststellen, dass die Klemme, in die du jetzt gerätst, noch um einiges unangenehmer sein wird als die letzte«, sagte die Vernarbte und zog ihr Schwert. Die Klinge rauchte auf äußerst unnatürliche und besorgniserregende Weise, und ein frostiger Schimmer lag auf dem weißen Metall.

Whirrun lächelte nur, während er sein riesiges Schwert von der Schulter gleiten ließ. »Ich kenne für jede Gelegenheit eine Melodie.«

Die zwei anderen Frauen zogen ebenfalls ihre Schwerter. Golyins gebogene Klinge schien aus schwarzem Schatten gemacht, der sich so sehr wandte und zuckte, dass ihre tatsächliche Form nicht wirklich auszumachen war. Sarabin Schin lächelte Schev an und hob ihr eigenes Schwert, lang und dünn und glühend, als sei die Klinge gerade erst aus der Esse gehoben wurden. Schev hasste Schwerter, und ganz besonders solche, die gegen sie gerichtet waren, aber sie hatte selten eines gesehen, das sie noch hässlicher gefunden hätte.

Mit der einen Hand hielt sie noch immer das Messer, die andere hob sie jetzt flehentlich. »Bitte, Mädels.« Sie war sich nicht zu stolz, um zu betteln. »Bitte! Das ist doch aussichtslos. Wenn wir kämpfen, wird irgendjemand sterben, und für den ist dann alles verloren. Und jene, die gewinnen, sind auch nicht besser dran als vorher.«

»Was für ein hübsches kleines Ding«, sagte die Vernarbte.

Schev strich sich eine blutige Haarsträhne hinters Ohr. »Hey, das ist ja schön zu ...«

»Aber sie redet zu viel«, ergänzte Golyin. »Tötet sie.«

Schev schleuderte ihr Messer. Sarabin Schin holte mit dem Schwert aus, traf die kleine Waffe und ließ sie in den Nebel davonfliegen, während sie mit lautem Geschrei angriff.

Schev rollte sich nach rechts, nach links, nach hinten und nach vorn, während die glühende Klinge um sie herum durch die Luft schnitt, und sie fühlte die schreckliche Hitze auf ihrer Haut. Sie ruckte, zuckte und duckte sich noch gelenkiger, als sie das bei der Jahrmarktstruppe getan hatte, und aus den Augenwinkeln verfolgte sie das Blitzen von Javres Schwert, die gegen Golyin antrat, und hörte das metallene Scheppern des Kampfes, den Whirrun mit Ahum ausfocht.

Schev warf alle Messer, die sie hatte, also etwa sechs, und danach warf sie mit allem, was sich in ihrer Reichweite befand: Nach dem letzten Kampf lag noch eine recht beachtliche Sammlung von Waffen, Rüstungsteilen und anderen Ausrüstungsgegenständen herum.

Sarabin Schin wich einem hastig geschleuderten Streithammer aus, dann einer Axt, dann schlug sie eine Wasserflasche entzwei, deren Inhalt zischend verdampfte, und schließlich zog sie mit verächtlichem Gesichtsausdruck den Kopf ein, um nicht von einem labbrigen Stiefel getroffen zu werden.

Schev erzielte nur einen Treffer, indem es ihr gelang, Schin einen gespaltenen Nordmann-Helm gegen den Kopf zu knallen. Er hinterließ eine kleine Platzwunde, was die Kriegerin aber offenbar nur in ihrer Entschlossenheit bestärkte, Schev den Garaus zu machen.

Schließlich riss sie den Sattel an sich und nutzte ihn wie einen Schild, um verzweifelt Schins Schläge abzuwehren. Fauchend hackte ihre Gegnerin rauchende Stücke davon herunter, und Schev hielt ein immer kleiner und kleiner werdendes Lederfleckchen in Händen, bis Schin es mit einem letzten Schlag in zwei flammende, faustgroße Teile schlug und Schev am Kragen packte, um sie dann mit fast unglaublicher Kraft an sich zu ziehen und ihr die rauchende Klinge vors Gesicht zu halten.

»Jetzt wird nicht mehr weggerannt!«, zischte sie ihr durch die zusammengebissenen Zähne entgegen und holte zu einem letzten Streich aus.

Schev kniff die Augen zusammen und hoffte zum zweiten Mal an diesem Tag entgegen aller Wahrscheinlichkeit darauf, dass sie eine Möglichkeit finden würde, sich in den Himmel hineinzumogeln.

»Lass sofort meine *Partnerin* los!«, ertönte Javres wilder Schrei.

Selbst durch die geschlossenen Augen sah sie einen blendenden Blitz und fuhr keuchend zurück. Ein Zischen war zu hören, und etwas Heißes fuhr sanft über Schevs Gesicht. Dann wurde die Hand an ihrem Kragen schlaff, und sie hörte, wie etwas zu Boden fiel.

»Na, das war's dann wohl«, sagte Whirrun.

Schev öffnete zögernd ein Auge und sah durch den grellen Lichtstreifen, den Javres Schwert in ihrem Blickfeld hinterlassen hatte, vorsichtig an sich herab. Neben ihr lag der enthauptete Leichnam von Sarabin Schin.

»O Gott«, wimmerte sie und stand ganz starr vor Entsetzen da, die Kleider und das Haar mit Blut getränkt, den Mund, die Augen und die Nase voller Blut. Schon wieder. »Ogottogottogott.«

»Sieh's mal von der Sonnenseite«, sagte Javre, die ihr Schwert schon wieder in seine zerlumpte Scheide geschoben hatte. »Wenigstens ist das nicht …«

»Scheiß auf die Sonnenseite!«, kreischte Schev. »Und scheiß auf den verdammten Norden, und scheiß auf euch zwei brünftige Wahnsinnige!«

Whirrun zuckte die Achseln. »Dass ich wahnsinnig bin, das ist nichts Neues. Dafür bin ich bekannt. Man nennt mich Knacknuss, weil ich einen Sprung in der Schüssel habe, und das ist nun mal Tatsache.« Mit der Stiefelspitze tippte er Ahums Leiche an, die mit dem Gesicht nach unten neben ihm lag und noch immer blutete. »Trotzdem kann selbst ich mir ausrechnen, dass diese Tempelritterinnen des Silbernen Ordens …«

»Des Goldenen«, verbesserte Javre.

»Wie auch immer die sich nennen, sie werden nicht ruhen, bis sie dich geschnappt haben.«

Javre nickte und ließ den Blick über die toten Schergen des Königs der Nordmänner schweifen. »Da hast du recht. Ebenso wenig wie Bethod aufhören wird, dich zu verfolgen.«

»Ich habe nichts Dringendes vor«, sagte Whirrun. »Vielleicht könnten wir uns bei unseren Feinden gegenseitig ein bisschen aushelfen?«

»Zwei Schwerter sind besser als eins.« Javre tippte sich

nachdenklich mit dem Zeigefinger gegen die Lippen. »Und wir könnten hin und wieder noch ein bisschen ficken.«

»Der Gedanke ist mir auch gekommen«, erklärte Whirrun grinsend. »Das fing gerade an, interessant zu werden.«

»Wie schön.« Schev verzog das Gesicht, während sie versuchte, sich das Blut aus der Nase zu schneuzen. »Darf ich auch etwas dazu sagen?«

»Gefolgsfrauen haben kein Mitspracherecht«, antwortete Javre.

»Und selbst wenn«, fügte Whirrun mit einem entschuldigenden Schulterzucken hinzu, »wir sind zu dritt. Du würdest sowieso überstimmt.«

Schev legte den Kopf in den Nacken und blickte in den gleichmütigen, eisengrauen Himmel. »Das ist ja das Problem mit der blöden Demokratie.«

»Also ist es abgemacht!« Whirrun klatschte in die Hände und vollführte einen jungenhaften Luftsprung. »Wollen wir dann jetzt erst noch mal ficken, oder ...?«

»Lass uns lieber noch das Tageslicht ausnutzen und ein bisschen weiterziehen.« Javre sah über den gefällten Leichnam ihrer alten Freundin Golyin hinweg nach Westen. »Bis Carleon ist es ein langer Weg.«

Whirrun runzelte die Stirn. »Erst gehen wir nach Thond, damit ich meine Schuld dir gegenüber begleichen kann.«

Javre warf sich in die Brust, als sie sich ihm zuwandte. »Davon will ich nichts hören. Zuerst kümmern wir uns um Bethod.«

Mit einem unendlich müden Seufzer ließ sich Schev neben der Pfütze auf den Boden sinken, nahm den blutigen Lumpen zur Hand, den sie zuvor schon benutzt hatte, und wrang ihn aus.

»Ich bestehe darauf«, knurrte Whirrun.

»Und ich auch!«, knurrte Javre.

Und wie in gegenseitigem Einverständnis packten sie einander und stürzten ringend zu Boden, schlugen, zischten, traten, zappelten.

»Das ist die Hölle.« Schev stützte den Kopf in die Hände. »Das ist die Hölle.«

FALSCHE ZEIT, FALSCHER ORT

Westport, Frühjahr 580

Canto Silvine hatte seine morgendliche Scheibe Brot mit Honig verzehrt und fuhr sich mit der Zunge über die Finger, tupfte dann die Krümel auf, die noch auf dem Teller lagen, und lächelte, als er sie ableckte. Routine war doch etwas Schönes. Es war zudem etwas, worauf Mauthis viel Wert legte. Routine. Canto versuchte, mächtigen Leuten nachzueifern, indem er dieselben Dinge mochte. Vielleicht dachte er, dass er auf diese Weise einmal so werden würde wie sie. Jedenfalls hatte er keine Ahnung, wie er das sonst hätte bewerkstelligen sollen.

Mit gerunzelter Stirn stellte er fest, dass er einen Honigfleck auf dem Ärmel hatte. »Verdammt noch eins!« So etwas schätzte Mauthis gar nicht, denn sein Augenmerk lag auf makelloser Präsentation, aber wenn er, Canto, jetzt noch länger herumtrödelte, kam er zu spät. Und wenn es etwas gab, das Mauthis bei einem Schreiber wirklich hasste, dann war es Unpünktlichkeit. Canto stand auf und versuchte krampfhaft, dabei kein Geräusch zu machen, doch die Stuhlbeine blieben an den unebenen Dielenbrettern hängen und verursachten ein scheußliches, schabendes Geräusch.

»Cantolarus!«, ertönte Mimis zischende Stimme aus dem Nebenzimmer, und Canto zuckte zusammen. Nur seine Mutter nannte ihn bei seinem vollen Namen. Seine Mutter – und seine Frau, wenn sie ihm eine Lektion erteilen wollte. Als sie jetzt mit ihrem Sohn auf den Armen ins Zimmer getappt kam, hatte sie diesen ernsthaften Gesichtsausdruck aufgesetzt, mit der kleinen Falte zwischen den Augenbrauen, die er vor ihrer Hochzeit so geliebt, die aber über die letzten Monate immer mehr ihren Reiz verloren hatte. Am Anfang war diese kleine Falte erschienen, wenn sie ihm verträumt geschildert hatte, wie ihr Leben aussehen würde, sobald sie erst einmal verheiratet wären. Jetzt erschien sie, wenn sie ihm klar machte, wie weit ihr Leben tatsächlich davon entfernt war, was sie sich einmal vorgestellt hatten.

»Ja, mein Schatz?«, fragte er in einem Ton, der versuchen sollte, sie gleichzeitig lachend zu entwaffnen und zu beschwichtigen, und der mit beidem grandios scheiterte.

»Wie lange, denkst du, müssen wir hier noch bleiben?«

»Nun, auf alle Fälle, bis ich von der Arbeit zurück bin!« Er stieß ein nervöses Kichern aus.

Sie lachte nicht. Stattdessen vertiefte sich die kleine Falte. Von oben ertönte ein lautes Rumpeln, dann wurden Stimmen hörbar, und Mimi rollte die Augen zur Decke. Da hatten diese Drecksäcke doch wirklich die dümmste Zeit gewählt, um sich wieder einmal zu streiten. Wenn Canto auch nur ein halber Mann gewesen wäre, dann wäre er hinaufgegangen und hätte denen mal richtig Bescheid gestoßen. Das hatte Mimi ihm jedenfalls deutlich zu verstehen gegeben. Aber Canto war nicht mal ein halber Mann. Auch das hatte Mimi ihm gesagt.

»Das sollte doch nur eine Übergangslösung sein«, sagte sie, und ihr Sohn reckte sich zappelnd, als wollte er gleich noch mehr Schuldgefühle auf Cantos hängende Schultern laden.

»Ich weiß, und das ist es ja auch, wirklich! Aber … im Augenblick können wir uns noch nichts Besseres leisten. Mein Lohn reicht nicht dafür …«

»Dann muss dein Lohn entweder steigen, oder aber du musst dir eine besser bezahlte Stellung suchen.« Die Falte wurde noch tiefer. »Du bist jetzt Vater, Cantolarus. Da musst du verlangen, was dir zusteht. Du musst dich als *Mann* erweisen.«

»Ich bin ein Mann!«, fuhr er sie an und hörte selbst, dass er dabei fürchterlich gereizt und unmännlich klang. Er zwang sich, mit tieferer Stimme weiterzusprechen. »Mir steht eine Beförderung zu, das hat Mauthis mir versichert.«

»Hat er?«

»Habe ich dir doch gerade gesagt, oder?« In Wahrheit hatte Mauthis seit drei Monaten nicht mehr direkt mit ihm gesprochen, und bei jener letzten Begegnung hatte er ihn lediglich eiskalt auf einen unbedeutenden Fehler in einer Berechnung aufmerksam gemacht.

Mimis zorniger Blick wich jetzt immerhin einem eher misstrauischen, und Canto wertete das zumindest als einen kleinen Sieg, egal, auf welche Weise er erkauft worden war. »Das hat er aber schon einmal erzählt«, maulte sie und hob ihren Sohn wieder ein wenig höher auf ihren Arm. Er war ein wirklich riesiges Kind. »Und bisher hat sich gar nichts getan.«

»Das wird es aber jetzt, mein Schatz. Vertrau mir.« Das sagte er jedes Mal. Aber es war leichter, sie anzulügen, als die richtig schweren Gespräche zu führen. Viel leichter. Glücklicherweise entschied sich ihr Sohn gerade jetzt, ein leises Quäken von sich zu geben und am Nachthemd seiner Mutter zu zupfen. Canto nutzte die günstige Gelegenheit. »Ich muss gehen, ich bin sowieso schon spät dran.«

Sie neigte ihr Gesicht in seine Richtung und erwartete wahrscheinlich einen Kuss, aber er brachte das nicht über sich, und zu seiner Erleichterung begann der Sohnemann zu zappeln und dringend seine Mahlzeit einzufordern. Und daher lächelte er nur dünn, trat in den schimmligen Flur und zog die Tür klappernd hinter sich zu.

Wenn man ein Problem hinter sich ließ, war das doch so, als sei es gelöst.

Oder nicht.

Canto klappte seinen Folianten mit lautem Knall zu und sprang von seinem Schreibtisch auf, drängte sich zwischen einer wohlhabenden Kauffrau und ihrem Leibwächter hindurch und rannte durch das Gedränge in der Schalterhalle. »Herr Mauthis, Herr Mauthis, dürfte ich wohl …«

Mauthis' bedachte ihn mit dem kühlen Blick eines Pfandleihers, der die letzten Habseligkeiten eines Toten schätzte. »Ja, Silvine?«

»Äh …« Dass Mauthis wusste, wer er war, brachte Canto durcheinander, so sehr er sich auch darüber freute. Ohnehin war es heute so heiß in dem großen Raum, dass er das Gefühl hatte, als ob er glühte. Seine Zunge machte sich selbstständig. »Sie wissen meinen Namen, Herr Mauthis?«

»Ich kenne die Namen aller Männer und Frauen, die in den Diensten des Bankhauses Valint und Balk in Styrien stehen. Ihre Namen, ihre Positionen, ihre Gehälter.« Der Bankier kniff die Augen leicht zusammen. »Und es gefällt mir nicht, wenn sich etwas an ihnen ändert. Was kann ich für Sie tun?«

Canto schluckte. »Nun, Herr Mauthis, es ist so …« Plötzlich schienen die Geräusche irritierend laut um ihn herum. Das Kratzen der Schreiberfedern auf den Papieren und ihr Klappern an den Tintenfässern, die gedämpft gemurmelten Zahlen, Bedingungen und Quoten, das Zusammenklappen eines Folianten, das so laut dröhnte, als würde eine Tür zugeschlagen. Das waren nur die Nerven, nur die Nerven. Er hörte Mimis Stimme. *Du musst dich als Mann erweisen!* Aber jetzt sahen ihn alle an, die leitenden Angestellten, die sich ihre Bücher gegen die Brust pressten, und zwei pelzgeschmückte Kaufleute, die Canto, wie er jetzt bemerkte, in ihrem Gespräch unterbrochen hatte. *Als Mann erweisen*. Er zupfte an seinem Kragen und versuchte sich etwas mehr Luft zu verschaffen. »Es ist so …«

»Zeit ist Geld, Silvine«, sagte Mauthis. »Und ich sollte Ihnen wohl nicht erst erklären müssen, dass es das Bankhaus Valint und Balk nicht schätzt, wenn Geld verschwendet wird.«

»Es ist so …« Seine Zunge fühlte sich plötzlich an, als sei sie doppelt so groß wie sonst. Er hatte einen komischen Geschmack im Mund.

»Er braucht ein wenig frische Luft!«, erschallte eine Stimme aus einer anderen Ecke der Schalterhalle, und Mauthis runzelte die Stirn. Verblüfft. Und dann fast verkrampft.

»Es ist so …«

Plötzlich krümmte Mauthis sich zusammen, als hätte er einen Schlag in den Magen bekommen. Canto trat entsetzt einen Schritt zurück, und aus irgendeinem Grund knickte ihm das Knie beinahe ein. Es war so heiß in diesem Raum. Wie in dieser Eisengießerei, die er einmal mit seinem Vater besucht hatte.

»Drehen Sie ihn um!«, tönte es von weiter hinten aus dem großen Saal. Alle starrten dorthin. Die Gesichter verschwammen, interessiert, ängstlich.

»Herr Mauthis? Herr Mauthis?« Einer der leitenden Angestellten stützte seinen Vorgesetzten am Ellenbogen und ließ ihn dann vorsichtig zu Boden sinken. Mauthis hob zitternd einen Arm, deutete mit einem knochigen Finger in das Gedränge, starrte eine Frau an. Eine blasse Frau, deren Augen hell hinter schwarzem Haar funkelten.

»Muh«, stieß er hervor, »Muh …«

Dann trat und schlug er wild um sich. Canto erschreckte das sehr, denn ganz offensichtlich entsprach das nicht der Routine. Mauthis hatte auf Routine immer so viel Wert gelegt. Doch nun packte ihn ein plötzlicher und höchst unangenehmer, heftiger Hustenanfall.

»Hilfe!«

»Frische Luft, habe ich gesagt!«

Aber es gab keine Luft. Im ganzen großen Raum nicht. Canto sank langsam auf die Knie und zerrte weiter an seinem Kragen. Er konnte kaum noch richtig atmen.

Mauthis lag ganz still da, rosa Schaum quoll über seine Lippen, und die weit aufgerissenen Augen starrten blicklos die schwarzhaarige Frau an, die zurückstarrte. Mit wem sollte Canto nun noch über eine Lohnerhöhung sprechen? Aber vielleicht war das jetzt auch gar nicht das Problem, über das man sich Gedanken machen sollte?

»Eine Seuche!«, brüllte jemand. Ein Schreibtisch stürzte krachend um. Menschen rannten in alle Richtungen. Canto krallte sich hilfesuchend an jemandem fest, aber seine Finger hatten kaum Kraft. Ein Knie traf ihn im Rücken, und er stürzte, fiel mit dem Gesicht auf die Fliesen, und sein Mund füllte sich mit salzigem Blut.

Als er aufstehen wollte, merkte er, dass er sich kaum noch bewegen konnte; sein ganzer Körper hatte sich versteift und zitterte, als ob er aus einem einzigen Krampf bestand. Als er schließlich dachte, nun sei doch die Zeit gekommen, um laut um Hilfe zu schreien, kam nur noch ein blubberndes Gurgeln aus seiner Kehle. Mimi hatte recht. Selbst jetzt war er nur ein halber Mann.

Er sah stampfende, schlurfende Füße. Eine Frau kreischte, als sie neben ihn zu Boden stürzte, und der Laut schien wie aus einem langen Tunnel hervorzudringen.

Die Umgebung verschwamm.

Und er merkte, zu seiner großen Verzweiflung, dass er keine Luft mehr bekam.

Sipani, Frühjahr 580

»Diese Typen da gefallen mir nicht«, murmelte Onna und bedachte die Unterhaltungskünstler, die über den Innenhof von Cardottis Haus der Sinnesfreuden stolzierten, tänzelten und schlichen, mit einem finsteren Blick.

In diesem Geschäft entwickelte man nach einer Weile ein Gespür dafür, wenn mit jemandem etwas nicht stimmte. Wenn jemand zum Beispiel zu Gewaltausbrüchen neigte. Natürlich ließen sich unangenehme Überraschungen trotzdem nicht immer vermeiden. Und in diesem Geschäft konnten unangenehme Überraschungen schnell zu einer ziemlich großen Katastrophe werden. Aber gerade deswegen hörte man ja auf seinen Bauch, wenn man schlau war, und Onnas Eingeweide rumorten gerade mächtig.

Sie mochten ja alle mit hübschen, goldenen Masken ausstaffiert sein und sich ordentlich lustig aufführen, aber irgendwie wirkten sie alle nicht ganz echt. Ein Muskel, der nervös an einem unrasierten Kiefer zuckte. Ein Augenpaar, das misstrauisch durch die Gucklöcher einer Maske schielte. Eine Hand mit vernarbten Knöcheln, die sich immer wieder zur Faust ballte, losließ und sich gleich wieder ballte.

Onna schüttelte den Kopf. »Diese Typen gefallen mir gar nicht.«

Merilee blies eine kleine Wolke stinkenden Tschagga-Rauchs aus und lutschte an ihrem Zahnfleisch. »Wenn du nur mit Typen zu tun haben willst, die dir gefallen, solltest du vielleicht die Finger von der Hurerei lassen und dir eine andere Arbeit suchen.«

Jirry hörte kurz auf, ihre Fingernägel zu feilen und stieß dieses für sie so typische kleine Kichern aus, bei dem sie ihre spitzen Zähnchen zeigte. Sie wusste genau, wie man richtig kicherte, diese Jirry.

»Wir sollen uns doch Begleiterinnen nennen«, sagte Onna.

»Natürlich, sind wir ja auch.« Merilee konnte so viel Sarkasmus in ihre Stimme legen, dass es beinahe in den Ohren brannte. »Begleiterinnen mit Fickbereitschaft.«

Jirry kicherte wieder, und Onna seufzte. »Du musst es nicht so hässlich ausdrücken.«

»Muss ich nicht.« Merilee zog wieder an ihrer Pfeife und ließ den Rauch dieses Mal durch ihre Nase entweichen. »Aber ich finde, es hilft. Du bist verdammt noch mal zu nett, damit tust du dir keinen Gefallen. Lies dein Buch, wenn du dich mit was Schönem beschäftigen willst.«

Onna sah mit gequältem Gesichtsausdruck auf die Buchstaben. Sie kam nur langsam voran, das stimmte wohl. Eine weit hergeholte Schmonzette über eine wunderschöne, aber mies behandelte Küchenmagd, die, da war sich Onna ziemlich sicher, schon bald ein schöneres Leben kennenlernen würde, natürlich an der Seite des gut aussehenden, jüngeren Sohns des Grafen. Nun hätte man glauben können, dass man sich umso mehr in hübsche Fantasien flüchtete, je übler einem das Leben mitspielte, aber Merilee hatte recht, schöne Lügen sorgten nur dafür, dass die hässliche Wahrheit sich noch schlimmer anfühlte. Außerdem hatte sie sowieso keine Lust zu streiten. So war sie schon immer gewesen. Viel zu nett.

»Wer sind die beiden da?«, fragte Jirry und deutete mit einer Kopfbewegung zu zwei Frauen hinüber, die Onna zuvor noch nicht gesehen hatte und die jetzt still ins Haus glitten, schon fertig maskiert und angezogen für das abendliche Unterhaltungsprogramm. Irgendetwas an der Art, wie die Dunkelhaarige das Kinn vorreckte, machte Onna nervös. Das, und die Tatsache, dass es so aussah, als ob eine lange, rote Narbe über ihren Oberschenkel lief, als der Schlitz in ihrem Rock kurz einen Blick auf ihr Bein preisgab.

Mit seltsamen Begleiterinnen musste man vorsichtig sein.

Seltsame Begleiterinnen ziehen seltsame Gäste an. Onna schüttelte den Kopf. »Die da gefallen mir auch nicht.«

Merilee nahm die Pfeife gerade lange genug aus dem Mund, um den frommen Wunsch »Verfickt noch mal, bewahre uns« zum Himmel zu schicken.

»Meine Damen.« Ein Kerl mit gewachstem Schnurrbart und hohem Hut zückte ein Taschentuch und verbeugte sich schwungvoll. Hinter einer mit Kristallen besetzten Maske funkelten seine Augen. Auf ziemlich hässliche Weise. »Es ist mir eine große Ehre.« Damit stolzierte er an ihnen vorüber, wobei er ein winziges bisschen schwankte. Ein Säufer, vermutete Onna.

»Blöder alter Sack«, murmelte Merilee auf Nordisch aus dem Mundwinkel, bevor sie sich die Pfeife wieder zwischen die Zähne schob.

Onna gab ihrer Maske einen kleinen Kniff, dann zupfte sie unter den Achseln an ihrer Korsage und versuchte, sie etwas weiter hochzuziehen. Da konnte sie die anderen Mädchen noch so sehr bitten, sie so fest wie möglich zu schnüren, das blöde Ding rutschte trotzdem dauernd. Außerdem rieb es sie an einigen Stellen wund, und sie warf Bellit einen neidischen Blick zu, weil die sich den unvorstellbaren Luxus eines Oberteils mit Trägern gönnte. Hätten sie nicht auch ein paar Träger bekommen können? Aber leider war gerade schulterfrei in Mode.

»Scheiße«, zischte Jirry durch die zusammengebissenen Zähne, wandte dem kerzenerleuchteten Raum den Rücken zu und erlaubte sich, dass ihr Lächeln einer schmerzverzerrten Miene wich, während sie die Hüften bog und versuchte, die eng anliegenden Röcke beiseitezuschieben. »Ich bin da unten roh wie eine Rinderhälfte.«

»Wir oft hab ich dir gesagt, du sollst da Olivenöl drauftun?«, zischte Bellit, packte Jirrys Hand und drückte ihr eine kleine Phiole in die Finger.

»Wenn ich das mal geschafft hätte! Ich hatte nicht mal Zeit zu pissen, seit wir geöffnet haben. Du hast uns auf nicht halb so viele vorbereitet!«

»Doppelt so viele Gäste sind auch doppelt so viel Geld. Tu ein bisschen Öl drauf, und dann stell dich hin und lächele.«

Doppelt so viele Gäste hieß auch doppelt so viel Ärger, das war jedenfalls Onnas Meinung. Heute Abend herrschte zudem eine ganz seltsam wilde Stimmung bei Cardotti. Sogar noch schlimmer als sonst. Es war viel zu voll, und irgendwie lag fast ein bisschen Blutdurst in der Luft. Die Stimmen klangen schrill und irrsinnig, und übertriebene, wiehernde Aufschneidereien mischten sich mit abgehacktem Gelächter. Vielleicht lag es an den Masken, dass sich die Leute noch mehr als sonst wie Tiere benahmen. Vielleicht war es die schreckliche, kreischende Musik, oder die kerzenerhellte Dunkelheit, oder die hohen Einsätze an den Spieltischen. Vielleicht lag es auch nur am Alkohol, Tschagga, Spreu und Perlenstaub, die überall die Runde machten. Vielleicht waren es auch die völlig wahnsinnigen Kunststückchen, das Feuer, die Klingen, die Gefahr. Onna gefiel das alles nicht. Kein bisschen. Ihr Bauch rumorte mehr denn je.

So sicher sie sich war, dass es noch Ärger geben würde – was konnte sie tun? Wenn sie das Geld nicht gebraucht hätte, wäre sie sowieso nicht hier gewesen, wie Merilee ihr gerne unter die Nase rieb. Und daher stellte sie sich ein wenig linkisch auf und versuchte, eine Haltung einzunehmen, die Bellit sinnlich genug erscheinen würde, bei der sie aber dennoch mit den vielen Schatten verschmolz und niemanden auf sich aufmerksam machte. Leider ein Kompromiss, der unmöglich umzusetzen war.

Sie zuckte zusammen, als Bellit sich zu ihr beugte und ihr ins Ohr zischte: »Das ist deiner.«

Onna sah zur Tür und spürte, wie sich ihr Magen noch mehr

zusammenkrampfte. Der Drecksack sah aus wie eine geballte Faust. Breite, bullige Schultern und kein Hals, den rasierten Kopf wie ein Rammbock nach vorn gestreckt, breite Hände, deren Rücken mit Sehnen und Adern überzogen waren. Hände, die aussahen, als seien sie wie dafür gemacht, Menschen zu prügeln. Die meisten Männer mussten ihre Waffen am Eingang abgeben, aber er trug einen Degen an der Seite und einen polierten Brustpanzer, und das bedeutete, dass er der Leibwächter irgendeines reichen Kerls war, was wiederum bedeutete, dass er daran gewöhnt war, Gewalt anzuwenden und damit durchzukommen. Unter seiner Maske, die aus schlichtem, hartem Metall bestand, bewegten sich seine Kinnmuskeln, während er mit den Zähnen knirschte.

»Mir gefällt dieser Typ nicht«, raunte sie und trat beinahe einen Schritt zurück.

»Dir gefällt überhaupt keiner hier!«, zischte Bellit wütend, während sie unentwegt weiter lächelte, dann packte sie Onna am Ellenbogen und zerrte sie zu dem Mann hinüber. »Meinst du vielleicht, einem Bäcker gefällt der Anblick des Teigs, den er knetet? Melke ihn und nimm dir dann den nächsten vor!«

Onna hatte keine Ahnung, wieso Bellit sie so hasste. Sie versuchte, immer nett zu sein. Merilee hingegen war die größte Zicke von ganz Styrien und kam immer wieder mit allem durch. Es stimmte schon, was ihre Mutter gesagt hatte: Wer nett ist, schläft immer ganz hinten. Aber Onna hatte einfach nicht allzu viel Gehässigkeit in sich.

»Schon gut«, murmelte sie, »schon gut.« Wieder zerrte sie an ihrer Korsage. »Ich sag's ja nur.« Damit deckte sie all ihre begründeten Bedenken mit einem Lächeln zu und wackelte hinüber zu ihrem Ziel. Zu ihrem Gast.

Schließlich waren sie alle gehalten, nur von Gästen zu sprechen.

»Wie heißt du?«, fragte sie, als sie langsam die Tür schloss und sich dann zögernd wieder umdrehte.

»Bremer.« Für einen so großen Kerl hatte er eine seltsam hohe, kleinmädchenhafte Stimme, und als er sprach, verzog er das Gesicht, als täte es ihm weh zu hören, wie sie klang. »Wie heißt du?«

Sie lächelte, als sie sich neben ihn setzte, und fuhr ihm mit einer Fingerspitze übers Kinn. Dazu verspürte sie zwar keine besonders große Lust, aber sie hoffte, wenn sie selbst sich sanft gab, würde vielleicht auch er sich als ganz zahm erweisen. Irgendwann musste sich Nettigkeit doch auszahlen, oder? Dementsprechend versuchte sie, auch ihre Stimme möglichst weich klingen und keine Angst mitschwingen zu lassen. »Du kannst mich nennen, wie du willst.«

Jetzt sah er sie an. Hinter seiner Maske wirkte sein Blick leicht verschleiert – vielleicht wurde er gerade von seinen Gefühlen übermannt, vielleicht hatte er nur zu viel getrunken. Beides konnte gefährlich werden. »Dann werde ich dich Fin nennen.«

Onna schluckte. Damit stand sie vor einer schwierigen Entscheidung. Sollte sie mitspielen, so tun, als sei sie diese Fin, und ihn so vielleicht beruhigen? Möglicherweise kam sie dann sogar damit durch, ihm nur einen runterzuholen? Oder sie durfte vielleicht wenigstens nach oben? Ihre Haut prickelte, wenn sie sich vorstellte, hilflos unter diesem Muskelberg eingeklemmt zu sein. Wie begraben.

Aber was, wenn diese Fin eine Geliebte war, die ihm den Laufpass gegeben hatte, oder eine Ehefrau, die ihn mit seinem besten Freund betrogen hatte, oder seine verhasste Halbschwester, die ihm die Liebe seiner Mutter weggenommen hatte, oder irgendeine andere Frau, der er unbedingt wehtun wollte? Es war ein Risiko, und Onna war keine Spielernatur. Als Hure war man allerdings sowieso höchst erfahren in der Schauspielerei, oder nicht? Man tat so, als ob man den Freier mochte, erweckte den Anschein, als ob man Spaß bei der Sache hatte, und man stellte sich die ganze Zeit über vor, ganz woanders zu sein. Währenddessen auch noch so zu tun, als sei man nicht nur an einem anderen Ort, sondern auch ein anderer Mensch, war gewissermaßen eine leichte Übung.

»Ganz, wie du willst«, sagte sie.

Er war betrunken. Sie roch den Alkohol in seinem Atem und wünschte sich, sie wäre es auch. Gleichzeitig kam es ihr so vor, als sei sie die Einzige im ganzen Haus, die noch nüchtern war. Draußen auf dem Flur stieß eine Frau ein gurgelndes Kichern aus, vom Innenhof drang Gelächter. Die grässliche Musik hatte aufgehört, was schon mal ein wahrer Segen war; allerdings gab jetzt die Geige einen einzelnen, sägenden Ton von sich, der Onnas Anspannung nur noch weiter verstärkte.

Sie versuchte, ruhig zu atmen und zu lächeln. Tu so, als ob du alles im Griff hast, sagte Merilee immer, dann hast du schon das Wichtigste geschafft. Lass dir nie anmerken, dass du Angst hast.

»Ganz, wie du willst«, sagte sie wieder, ganz sanft, und fuhr mit den Fingerknöcheln über das kalte Metall seines Brustpanzers, glitt dann tiefer und …

Er packte ihr Handgelenk, und ganz kurz spürte sie die schreckliche Kraft in seinem Griff und fürchtete, sie würde sich gleich in die Hosen machen. Dann ließ er los und blickte zu Boden. »Würde es dir was ausmachen, wenn … wir nur … hier zusammen sitzen?«

Dabei beugte er sich zu ihr rüber, berührte sie aber nicht. Stattdessen presste er die geballten Fäuste gegen seinen Brustpanzer, der leicht metallisch klapperte, und rollte sich zu einer Kugel zusammen, bevor er sich in ihren Schoß kuschelte, den Rücken an sie geschmiegt, sodass sich ein großes, schweres Gewicht über ihre Schenkel legte und sein Schwert, das hinter ihm herausragte, ihre Hüfte kitzelte.

»Vielleicht könntest du mich einfach ein bisschen festhalten?«, stieß er mit dieser quäkenden, hohen Stimme hervor.

Onna blinzelte. Als Hure erlebte man alle möglichen Überraschungen, aber angenehme wie diese waren selten. Sie nahm ihn in die Arme. »Wie du möchtest.«

Dann saßen sie schweigend da, während von draußen triumphierende Rufe und Metallgeklapper zu ihnen drangen. Wahrscheinlich wurde ein Schaukampf veranstaltet, dachte sie. Solche Sachen sehen Männer ja gerne. Völlig idiotisch, so was, aber es gab Schlimmeres. Zum Beispiel echte Kämpfe. Dann war ein Krachen zu hören, als ob Glas zerbrach. Ein Schatten glitt am Fenster vorbei.

Wie sie jetzt feststellte, bebten die breiten Schultern ihres Freiers leicht. Sie hob die Augenbrauen. Dann beugte sie sich zu ihm hinunter, schmiegte sich eng an seinen Rücken und wiegte ihn sanft hin und her. So, wie sie es mit ihrer Schwester gemacht hatte, damals, vor langer Zeit, wenn sie nicht einschlafen konnte.

»Schhhht«, flüsterte sie ihm sanft ins Ohr. Und er packte ihre Arme, schluchzte und heulte. Das war zwar schon irgendwie seltsam, aber wenn sie ehrlich war, dann spielte sie lieber die Rolle einer Mutter, als dass sie das tat, was sie eigentlich erwartet hatte. »Schhhht.«

Mit gerunzelter Stirn sah sie zum Fenster hinüber. Draußen hörte es sich jetzt nach einem richtigen Kampf an. Es erklangen auch keine Beifallsrufe mehr, sondern nur Schreie, die höchst beunruhigend eher nach Wut und Schmerz und ziemlich echtem Entsetzen klangen. Das gelegentliche Zucken einer Flamme war zu einem ständigen, hellen Flackern geworden, das heller und heller durch das Ornamentglas drang.

Ihr Kunde hob ruckartig den Kopf. »Was ist da draußen los?«, schnaufte er und schob sie mit einer ungeschickten Hand beiseite, als er aufsprang und zum Fenster stolperte.

Onna wurde noch mulmiger zumute als zuvor, als er sich am Riegel zu schaffen machte und die Flügel schließlich aufstieß. Verrückte, schreckliche Geräusche drangen zu ihnen herauf. Als ob mitten in Cardottis Freudenhaus eine Schlacht tobte.

»Der König!«, trompetete er, fuhr herum, stieß gegen das hohe Schränkchen und wäre fast auf sie gestürzt. Dann riss er ungelenk den Degen aus der Scheide, und sie fuhr erschreckt zurück. »Der König!«

Mit diesen Worten rannte er an ihr vorüber, prallte gegen die abgeschlossene Tür, fluchte, hob dann den Fuß und zerschmetterte das Schloss mit einem Stiefeltritt, um dann hustend in den Flur zu stürmen. Unter dem Türsturz drang Rauch ins Zimmer, aber es roch nicht erdig nach Spreu oder süß nach Tschagga, sondern scharf und erstickend nach brennendem Holz.

Was war geschehen? Langsam und mit weichen Knien erhob sich Onna vom Bett, schlich zum Fenster und spähte hinaus.

Draußen im Hof kämpften Gestalten, und Metall schimmerte in verrücktem Feuerglanz. Das trockene Efeu, das die Fassade bedeckte, brannte hell lodernd bis hinauf zum Dach. Menschen schrien, schlugen, rangen miteinander, drängten sich in einem fauchenden Pulk vor den verschlossenen Toren, zerrten an den Riegeln. Sie sah, wie Klingen erhoben wurden. Sie sah auch, wie Menschen zusammenbrachen und in unnatürlicher Haltung liegen blieben.

Mit einem Ruck fuhr sie zurück, und in ihren Atem, der in ihrer Kehle kratzte und biss, hatte sich ein ängstliches Wimmern gemischt. Panisch rannte sie zur Tür, knickte dabei auf ihren hohen Schuhen um und stieß gegen den Türrahmen. Taumelnd gelangte sie dann in den Flur, der schon normalerweise recht düster war, und jetzt durch den Rauch völlig verdunkelt wurde.

Jemand krallte sich hustend an ihr fest und hätte sie fast umgeworfen. »Hilf mir!«, krächzte sie. »Hilfe!«

Merilee, mit völlig verrutschter Maske und verrückten, weit aufgerissenen Augen. Ein enormes, totes Gewicht an ihrem Arm.

»Lass mich los, du widerliche Kuh!« Onna versetzte ihr einen Schlag ins Gesicht, dann noch einen, bis Merilee kreischend durch die Tür verschwand, Blut auf ihren prickelnden Knöcheln. Offenbar brauchte man nur ein bisschen Feuer, um festzustellen, dass man doch eine hässliche Seite hatte.

Irgendwo klapperte berstendes Glas. Brennendes Holz knackte und zischte. Wutgebrüll und Schmerzensschreie drangen gedämpft aus der erstickenden Düsternis. Flammen zuckten unter einer Tür hindurch. Onna schlug sich die Hand vor den Mund und machte ein paar taumelnde Schritte. Jemand stürmte an ihr vorbei, erwischte sie mit dem Ellenbogen und stieß sie gegen eine Mauer.

Sie sank auf die Knie, hustete, würgte, spuckte. Vor lauter Rauch konnte sie nichts sehen. Und nicht atmen. Jemand brüllte etwas. »Der König! Der König!«

»Hilfe«, krächzte sie.

Aber niemand hörte es.

Ospria, Sommer 580

»Krieg' ich vielleicht auch so einen Waffenrock?«, fragte Predo.

Nach drei Monaten als Soldat hatte er beschlossen, dass dies das richtige Leben für ihn war. Vorher hatte er es mit einigen anderen Sachen probiert, die nicht so gut geklappt hatten. In Ettisani war er als Beutelschneider unterwegs gewesen, bis man ihn beinahe erwischt hatte, dann hatte er einem Spieler in Musselia den Spiegel gehalten, bis man ihn beinahe erwischt hatte, und in Etrea dann hatte er für eine Bande Straßenräuber Schmiere gestanden, bis sie alle erwischt und gehängt worden waren – außer ihm, weil er nämlich nicht so gut Schmiere gestanden hatte, wie die anderen es sich wohl erhofft hatten. Aber die meiste Zeit hatte er Schwänze gelutscht. Zuerst hatte er in einem Bordell in Talins gearbeitet, das großartig gewesen war, aber er hatte unter der Treppe schlafen müssen und war schließlich rausgeflogen, weil er einen heftigen Streit mit einem der Mädchen gehabt hatte. Mädchen waren insgesamt wesentlich beliebter, und das war für Predo immer wie eine verkehrte Welt. Wenn man jemanden wollte, der wirklich wusste, wie man einen Schwanz am besten lutschte, dann suchte man sich doch am besten jemanden, der selber einen hatte. Das sagte einem doch der gesunde Menschenverstand, oder nicht? Man geht zu einem Experten. Aber Predo erschien es, als ob nur sehr wenige Leute über gesunden Menschenverstand verfügten, und außerdem war er zu dem Schluss gekommen, dass die Welt in vieler Hinsicht ziemlich verkehrt war. Aber so war nun einmal das Leben. Man musste aus dem, was es einem bot, das Beste machen.

Jedenfalls hatte man ihn aus dem Hurenhaus rausgeworfen, und als er versuchte, in der Gosse wieder auf die Beine zu kommen, war sein Blick auf einen Feldwebel gefallen, der auf der anderen Straßenseite Rekruten anwarb und jedem, der für Großherzog Orso kämpfen wollte, gutes Essen und viel Ruhm versprach, und Predo hatte sich gedacht: *Das probiere ich einmal aus, vielleicht ist es was für mich.* Und jetzt, drei Monate später, saß er an einem Lagerfeuer an einem Berghang ganz in der Nähe von Ospria. Ausgerechnet Ospria. Das war eine Geschichte, wie sie sich niemand hätte ausdenken können.

»Waffenröcke kriegen nur Altgediente«, sagte Franchi, der leicht über die Namenszüge der Schlachten strich, die seinen eigenen zierten, in Gold- und Silberfaden rund um das weiße Kreuz von Talins gestickt. Ein Leben voller Siege. Je mehr Stickereien ein Mann hatte, desto mehr Respekt schuldete man ihm. Predo wollte respektiert werden. Wollte Teil einer Familie sein. Eine Familie hatte er nie gehabt. Und respektiert hatte ihn bisher auch niemand.

Sculia schlug ihm so heftig auf die Schulter, dass Predo fast seine Suppe verschüttete. »Vielleicht kriegst du nach der Schlacht deinen Waffenrock.«

Predo überlief ein kurzer Schauer, als er das hörte. Soldat zu sein, das schien zwar der richtige Beruf für ihn, aber was die Sache mit den Schlachten anging, musste er zugeben, dass er sich auf diesen Teil nicht so richtig freute. »Also gibt's ganz bestimmt eine Schlacht … oder was meint ihr?«

»Ganz bestimmt.« Der Feuerschein ließ die Narbe, die durch Feldwebel Mazarines ergrauten Bart lief, noch etwas deutlicher hervortreten, als er sich vorbeugte. Wenn einer wusste, wann es zur Schlacht kam, dann Mazarine. Kein anderer hatte mehr Stickereien auf seinem wettergegerbten Waffenrock als er, außer vielleicht der alte Volfier, dessen Kittel überhaupt nur noch von den Namen vergessener Schlachten zusammengehalten wurde. »Der Große Zauderer kann sich nirgendwo mehr hin zurückziehen. Wir haben ihn bis vor seine eigenen Mauern zurückgetrieben.«

»Wird er dann nicht einfach hinter ihnen hocken bleiben?«, fragte Predo und versuchte, dabei nicht zu hoffnungsfroh zu klingen.

»Wenn er das tut, dann hungern wir ihn aus, und er weiß, dass er von niemandem Hilfe erwarten kann.« Mazarine hatte eine ganz eigene Art, die Worte so gewichtig und solide zu setzen wie Steine in einer Mauer, und daher konnte man gar nichts anders, als das zu glauben, was er sagte. Und als er ihm zuhörte, fühlte Predo plötzlich Mut in sich aufsteigen. »Nein. Für Rogont ist es an der Zeit zu kämpfen, und das weiß er. Er ist kein Narr.«

Franchi schnaubte, während er sich die Finger mit der Zunge befeuchtete, um die Feder auf seinem albernen Hut in Form zu bringen. »Ein Narr wohl nicht. Bloß ein Feigling.« Sculia grunzte grimmig zur Bestätigung.

Mazarine zuckte nur die Achseln. »Ich kämpfe lieber gegen einen tapferen Idioten als gegen einen schlauen Feigling. Viel, viel lieber.«

»Er hat aber Murcatto bei sich, oder?« Predo beugte sich leicht vor und senkte die Stimme, als hätte er Angst, die Schlächterin von Caprile würde ihren Namen hören und mit zwei Säbeln in jeder Hand aus der Dunkelheit herangestürmt kommen. »Sie ist tapfer *und* schlau.«

Franchi und Sculia tauschten einen besorgten Blick, aber Mazarine blieb unbeeindruckt wie ein Fels. »Und schnell und mitleidslos wie ein Skorpion, das stimmt wohl, aber Murcatto ist nur eine Einzelne, und Schlachten werden nicht von einzelnen gewonnen.« Er klang so sicher und überzeugt, dass auch Predo sich sicher und überzeugt fühlte. »Wir sind ihnen zahlenmäßig überlegen. Das ist eine Tatsache.«

»Und wir haben das Recht auf unserer Seite!«, rief Predo, mit dem jetzt ein wenig die Pferde durchgingen.

Mazarine zuckte die Achseln. »Keine Ahnung, was das bringen könnte, aber wir sind jedenfalls in der Überzahl.«

»Und Schlachten sind gar nicht so schlimm, Junge!« Sculia gab Predo wieder einen Schlag auf die Schulter, und dieses Mal verschüttete er tatsächlich seine Suppe, zumindest ein bisschen. »Jedenfalls, solange man auf der Seite der Sieger steht.«

»Und wir sind schon seit langer, langer Zeit auf der Siegerseite«, fuhr Mazarine fort, und die anderen nickten. »Das wird allmählich zur Gewohnheit. Jetzt müssen wir nur noch den Boden mit Rogont aufwischen, und unsere Aufgabe ist erfüllt. Der Achterbund ist erledigt, und Orso wird König von Styrien.«

»Gesegnet sei Seine Ewige Majestät«, sagte Franchi und

schickte ein Lächeln zum sternenübersäten Nachthimmel hinauf.

Aber Predo machte diese Ankündigung nur wieder nervös. Ihm gefiel die Vorstellung nicht, dass man ihn aus der Armee werfen würde wie zuvor aus dem Hurenhaus. »Aber … wird Orso dann nicht seine ganzen Soldaten entlassen, sobald er gewonnen hat?«

Mazarine verzog das Gesicht zu einem faltigen Grinsen. »Orso ist nicht dorthin gekommen, wo er jetzt ist, indem er seinen Degen in den Fluss geworfen hat. Nein, der wird uns schon schön an seiner Seite behalten, darüber musst du dir keine Sorgen machen.«

Sculia grunzte grimmig zur Bestätigung. »Wer sich auf den Frieden vorbereitet, bereitet seine Niederlage vor, hat Verturio gesagt.«

»Wer ist das denn?«, fragte Predo.

»Ein sehr kluger Mann«, antwortete Franchi.

»Für uns wird es auch weiterhin einen Platz geben, da bin ich mir sicher.« Mazarine beugte sich vor und tätschelte Predo mit der großen, vernarbten Hand das Knie. »Und wenn es einen Platz für mich gibt, dann gibt es auch einen Platz für euch. Die Pest hat mir meine Frau und meine Tochter genommen, aber die Schicksalsgöttinnen haben mir eine neue Familie geschickt, und ich werde nicht zulassen, dass ich auch die verliere.«

»Eine Familie.« Predo wurde ganz warm ums Herz, als er hörte, dass sich jemand um ihn sorgte. Jemand, der so hart und beständig war. Noch nie hatte sich jemand um ihn gesorgt. »Das Soldatenleben ist ein gutes, glaube ich.« Er sah nervös über die Feuer hinweg in die Dunkelheit, hinüber zu den schwachen Lichtern von Ospria. Zu den Furten der Sulva, wo sie morgen kämpfen würden. »Abgesehen von den Schlachten vielleicht.«

»Die Schlachten sind gar nicht so schlimm«, sagte Franchi.

Mazarine lehnte sich auf einen Ellenbogen zurück und grinste. »Solange man auf der Seite der Sieger ist.«

»Es tut so weh«, stieß Sculia durch die vom Blut roten Zähne hervor. »Scheiße, das tut so weh.«

»Was soll ich machen?« Überall war Blut. Blut auf Predos Händen. Blut, das rund um den Schaft des Bolzens herausblubberte und aus den Gelenken von Sculias Rüstung, Blut, das der schäumende Fluss hinwegwusch.

»Was zur Hölle soll ich machen?«, kreischte Predo nun, aber niemand achtete auf ihn, und das lag nicht allein daran, dass man seine Worte kaum hören konnte.

Der Lärm war ohrenbetäubend. Der Lärm der Hölle. Alle versuchten sich gegenseitig zu überschreien. Es gab nur Fragen, keine Antworten. Sie alle heulten, ganz und gar unmenschlich. Männer planschten durch den Fluss, bespritzten sich mit Wasser, stürzten, rappelten sich wieder auf, Verwundete schrien, als sie wieder zurück zu den eigenen Stellungen geschleppt wurden, und Pfeile und Bolzen prasselten ohne Vorwarnung vom heiteren Himmel. Oberhalb des Kampfgetümmels sah Predo Männer. Reiter. Metall schimmerte, als sie aus den Sätteln mit Säbeln und Äxten zuschlugen. Ob es Freunde oder Feinde waren, wusste er nicht genau. Es sah irgendwie alles nicht so aus, als ob die Dinge nach Plan verliefen. Oder als ob es überhaupt einen Plan gab.

Er blieb, wo er war, auf Knien, während das eisige Wasser um seine Beine schmatzte, und Tropfenschauer sprühten über ihn, wenn andere vorbeirannten. Er starrte vor sich hin. Sculia sagte nicht mehr, dass es so wehtat. Er sagte gar nichts mehr.

»Was soll ich machen?«, flüsterte Predo, als er fühlte, wie ihn jemand unter den Arm fasste.

»Er ist tot.« Feldwebel Mazarine, ruhig und beständig wie

immer, ein Fels in dieser sturmumtosten See von Menschen, deutete mit seinem Speer voraus. »Vorwärts!«, brüllte er über seine Schulter hinweg. »Vorwärts!« Dann zerrte er Predo mit sich in den kalten Fluss. Gut, dass Mazarine wusste, in welche Richtung vorwärts war, denn Predo hatte keine Ahnung. Sein Atem fuhr keuchend und rasselnd durch seine Kehle, als er weiterstolperte. Oberhalb der verschwommenen Masse kämpfender Männer und Reittiere zuckte und wackelte Ospria auf seinem Hügel.

Etwas klatschte in sein Gesicht, und er zog erschreckt die Luft ein. Berührte seine Wange, starrte auf die zitternde Hand. Blut, rotschwarz auf seinen vom Wasser ganz schrumpelig gewordenen Fingerspitzen. Ein Pferd bäumte sich auf, schlug aus und schleuderte einen Mann mit schlaffen Gliedern seitlich gegen Predo, sodass er beinahe das Gleichgewicht verlor.

Mazarine watete weiter voran, den Speer in der Faust. Predo stolperte rückwärts, als ganz in der Nähe ein Pferd stürzte und seinen Reiter in den Fluss warf. Eine Axt hob und senkte sich. Metall kreischte. Männer schrien. Er schob sich das nasse Haar aus den Augen und blinzelte. Vor ihm im Fluss hatte eine Frau eine geduckte Kampfhaltung eingenommen. Eine Frau in heller Rüstung, das nasse Haar an das blasse Gesicht geklatscht.

Das war sie bestimmt. Murcatto. Die Schlächterin von Caprile. Kleiner, als er sie sich vorgestellt hatte, aber wer hätte es sonst sein können?

Sie holte mit einem Streithammer nach jemandem aus, traf aber nicht, folgte ihrem Gegner stolpernd. Es war Franchi, und er schob sie mit seinem Schild beiseite, brachte sie aus dem Gleichgewicht, hob sein Schwert. Als er zuschlagen wollte, trat jemand hinter ihn. Ein riesiger Drecksack mit nacktem Oberkörper. Ein Nordmann vielleicht, von Kopf bis Fuß mit Blut bespritzt, wie eine blutberauschte, irrsinnige Sagengestalt. Er ließ seine Axt pfeifend runtersausen, bevor Franchi mit dem Schwert ausholen konnte, und schlug ihn in Stücke, wie ein Metzger eine Rinderhälfte zerteilen mochte.

Franchi stieß einen entsetzlichen Schrei aus, und sein Blut spritzte in dickem Schwall in das Gesicht der Frau. Sie fuhr zurück, spuckte, war kurz geblendet, und jetzt ging Mazarine knurrend vor Wut auf sie los. Er stach mit seinem Speer nach ihr, kratzte dabei über ihren Brustpanzer und warf sie mit einem Schrei rückwärts ins Wasser.

Predo wollte hinlaufen und helfen, doch sein Stiefel verfing sich an irgendetwas, und er stürzte, spuckte einen Mund voll Wasser aus und rappelte sich auf. Eine verlorene Standarte trieb im Fluss, mit weißem Kreuz auf schwarzem Grund.

Als er den Kopf wieder hob, sah er, dass Murcatto auf Knien durchs Wasser watete und Mazarine den Speer gegen sie erhob. Sie fuhr ruckartig herum, und Metall blitzte auf, als sie ihm ein Messer ins Bein stieß und er vornüber fiel, während ihm die Augen aus dem Kopf traten.

»Nein«, flüsterte Predo, der versuchte, seinen Knöchel von dem treibenden Tuch zu befreien, aber es war zu spät.

Er sah die zusammengebissenen Zähne der Frau durch das Gewirr ihres blutigen Haars, als sie aufsprang und den Streithammer in einer Fontäne schimmernden Wassers hochriss. Und dann gab es eine zweite Fontäne, nun aus Blut und Zähnen, als die Waffe in Mazarines Kiefer krachte und ihn rückwärts stolpern ließ.

Sie fauchte, hob den Streithammer erneut und schlug ihm damit gegen die Kehle. Jetzt stürzte er nach hinten in den Fluss, sie fiel auf ihn, und dann wälzten sich beide zischend und fauchend durchs Wasser.

Predo sah sich wie betäubt um, den Säbel schlaff in der Hand, und erwartete jeden Augenblick, dass ihn jemand voll Mordlust angreifen würde, aber ganz plötzlich schien es, als sei der Kampf vorbei. Männer standen da und glotzten vor sich hin, genau wie er. Sie ließen sich in den Fluss sinken, umklammerten ihre Wunden. Sie drehten sich verwirrt um die eigene Achse. Dann erhob sich ein Reiter ganz in ihrer Nähe in den Steigbügeln, riss sich den Helm vom Kopf und schrie: »Sieg!«

Feldwebel Mazarine lag auf einem Felsen, die Arme weit ausgestreckt. Er war tot. Sie waren alle tot. Schlachten sind gar nicht so schlimm. Solange man auf der Seite der Sieger steht.

Nun stimmten andere in sein Triumphgeheul ein, und es wurden mehr und mehr. Ganz klar Osprianer. Predo starrte die Frau an. Sie tat einen schwankenden Schritt und fiel dann in die Arme des halbnackten Ungeheuers, und der Kopf ihres Streithammers, an dem noch Feldwebel Mazarines Blut klebte, stieß hin- und herpendelnd gegen seinen nackten Rücken.

Die beiden standen keine drei Schritte von ihm entfernt und hielten sich erschöpft umklammert, und Predo war schnell. Er hätte angreifen und ihr den Kopf mit seinem Säbel zerschmettern können. Jetzt, in diesem Augenblick, lag es in seiner Hand, der Schlange von Talins ein Ende zu machen.

Aber gerade da hob der Nordmann den Kopf und sah ihn direkt an, und Predo fühlte, wie sich die schwere Last eisiger Angst auf ihn senkte. Über das blutbespritzte Gesicht des Mannes zog sich eine riesige Narbe, und mittendrin steckte eine helle Kugel aus totem Metall, die nass schimmerte, als die Sonne durch die Wolken brach.

In diesem Augenblick kam Predo zu dem Schluss, dass das Soldatenleben doch nichts für ihn war. Er schluckte, dann stieß er den Säbel hoch in die Luft.

»Sieg!«, schrie er zusammen mit allen anderen.

Schließlich herrschte hier völliges Durcheinander, und nichts gab Aufschluss darüber, ob er ursprünglich einmal für Talins oder für Ospria gekämpft hatte. Er war einfach nur ein

Junge in einem Lederwams. Einer von den Glücklichen, die überlebt hatten.

»Sieg!«, schrie er wieder mit brechender Stimme und versuchte so zu tun, als seien es Glückstränen, die ihm die Wangen hinunterliefen, während er auf Feldwebel Mazarines zerschlagenen Leichnam hinuntersah, der auf einem Felsen lag, um den die Strömung schäumte.

Aber so war nun einmal das Leben. Man musste aus dem, was es einem bot, das Beste machen.

Was hatte er für ein Glück, dass er keinen Waffenrock bekommen hatte.

VIEL RAUCH UM NICHTS

Naheland, Sommer 584

Scheu wollte ihr Pferd gerade mit einem Tritt in die Weichen antreiben, da knickten seine Vorderbeine ein. Und bevor ihr wirklich bewusst wurde, was geschah, hatten sie und ihr Sattel einander bedauerlicherweise Auf Wiedersehen gesagt.

Einen winzigen, flüchtig fliegenden Augenblick lang hatte sie Zeit, ihre Lage einzuschätzen. Diese war nicht besonders günstig, jedenfalls nicht auf den ersten Blick, und der sich schnell nähernde Boden ließ keine Zeit für einen zweiten. Scheu gab sich alle Mühe, sich vor dem Aufprall nicht zu versteifen, sondern eher zusammenzurollen – so, wie sie das immer machte, wenn sie in eine üble Lage geriet, was ziemlich häufig vorkam. Allerdings sorgte der harte Boden schnell dafür, dass sie sich wieder entrollte, ein paar ordentliche Knüffe abbekam und dann mit wild schlendernden Armen und Beinen in ein von der Sonne ausgedörrtes Gestrüpp flog.

Der Staub legte sich.

Sie gönnte sich einen kurzen Moment, um Luft zu holen. Stöhnend wartete sie kurz darauf, dass die Welt allmählich aufhörte, sich zu drehen, dann begann sie vorsichtig, ihre Glieder zu bewegen. Sie wartete auf einen Schmerz, bei dem einem übel wurde und der anzeigte, dass sie sich was gebrochen hatte und ihr elender Schatten von einem Leben schon bald im Zwielicht untergehen würde. Das wäre ihr sogar recht gewesen, zumindest, wenn es bedeutet hätte, dass sie sich einmal ausruhen konnte und nicht mehr dauernd auf der Flucht sein musste. Aber der Schmerz kam nicht. Jedenfalls tat es nirgendwo ungewöhnlich heftig weh. Was den elenden Schatten ihres Lebens anging, war offenbar das letzte Wort noch nicht gesprochen.

Scheu rappelte sich auf, zerkratzt und zerschlagen, staubbedeckt und mit einer Handvoll Dreck im Mund. Wie oft hatte sie das in den letzten Monaten schon erlebt, und sie hatte die traurige Vorahnung, dass es nicht das letzte Mal gewesen sein würde. Ihr Pferd lag ein paar Schritte entfernt, die schaumbedeckte Flanke hob und senkte sich, und die Vorderbeine waren schwarz vor Blut. Nearys Pfeil hatte es in die Schulter getroffen – zwar nicht tief genug, um es zu töten oder auch nur langsamer werden zu lassen, aber tief genug, dass es ordentlich blutete. Ihre harte Gangart hatte das Tier dann ebenso gründlich umgebracht wie ein Schuss ins Herz.

Es hatte einmal eine Zeit gegeben, da hatte Scheu es zugelassen, dass Pferde ihr wirklich ans Herz wuchsen. Eine Zeit, in der sie – obwohl sie mit Menschen hart ins Gericht ging und dabei meistens recht behielt – Tieren gegenüber ungewöhnlich sanft gewesen war. Aber das war schon lange vorbei. Inzwischen war gar nichts Sanftes mehr an Scheu, weder an ihrem Geist noch an ihrem Körper. Und so verließ sie ihr Reittier, das seine letzten rotschäumenden Atemzüge ohne ihre tröstende Hand aushauchen musste, und lief zu Fuß zu der Stadt, die sich nicht weit von ihr entfernt in der Ödnis erhob. Nach den ersten Schritten, die sie noch taumelnd und unsicher tat, merkte sie schnell, dass sie diese Anstrengung bald geradezu genoss. Im Laufen hatte sie jede Menge Übung.

Stadt war vielleicht ein etwas übertriebener Ausdruck für das, was sie jetzt vor sich sah. Der Ort bestand aus sechs Gebäuden, wobei selbst das bei zweien oder dreien eine etwas großzügige Bezeichnung war. Es handelte sich um roh gezimmerte Blockhütten, von denen keine auch nur annähernd unter Berücksichtigung von baulichen Grundsätzen wie rechten Winkeln errichtet worden war. Vom Regen verwaschen und vom Staub zerfressen gruppierten sie sich um einen Platz aus festgestampfter Erde und einen verfallenen Brunnen.

Das größte Haus sah aus wie eine Taverne oder ein Bordell oder ein Handelsposten oder wie eine Mischung aus allen dreien. Ein wackliges Schild klammerte sich an die Bretter über dem Eingang, aber den Namen hatte der Wind so stark verwittern lassen, dass nur noch ein paar blasse Pinselstriche übrig geblieben waren. *Nichts, im Nirgendwo,* das war alles, was dem Schild jetzt abzulesen war. Die Dielenbretter knarrten unter Scheus nackten Füßen, als sie die Vortreppe hinaufsprang, immer zwei Stufen auf einmal, und ganz und gar von den Gedanken erfüllt war, welche Geschichte sie den Leuten auftischen würde, sobald sie eintrat, und welche Wahrheiten sie mit welchen Lügen verbrämen würde, damit ihnen das Gericht halbwegs schmackhaft erschien.

Da sind Leute, die mich jagen! Dazu würde sie nach Atem ringend in der Tür stehen bleiben und so verzweifelt dreinblicken wie nur möglich – was an ihr Schauspieltalent keine große Anforderung stellte, weder jetzt noch zu irgendeinem anderen Zeitpunkt in den letzten zwölf Monaten.

Diese verdammten Arschlöcher sind zu dritt! Dann – immer vorausgesetzt, dass sie bis dahin niemand von den Fahndungsplakaten erkannt hatte – *Sie haben versucht, mich auszurauben!* Was stimmte. Allerdings war es vielleicht besser, wenn sie dabei nicht erwähnte, dass sie das Geld, um das es ging, zunächst einmal selbst von der neuen Bank in Hommenaw geraubt hatte, noch dazu in Begleitung der drei ehrenwerten Herren sowie eines weiteren, der seitdem von den Behörden gefasst und gehängt worden war.

Sie haben meinen Bruder umgebracht! Sie sind trunken vor Mordlust! Ihr Bruder saß zu Hause und war in Sicherheit, wie sie es selbst auch gern gewesen wäre, und was die Trunkenheit ihrer Verfolger betraf, dann war wie üblich vor allem billiger Fusel der Grund für ihren Rausch, aber sie würde diese Geschichte mit diesem speziellen Zittern in der Kehle vorbringen. Sie konnte ein ganz hübsches Zittern zustande bringen, wenn sie wollte, und hatte es geübt, bis es wirklich beeindruckend klang. Sie stellte sich vor, wie die Stammgäste auf die Beine sprangen, um einer hilflosen Frau aus der Patsche zu helfen. *Sie haben mein Pferd erschossen*! Sie musste allerdings zugeben: Es war reichlich gewagt, von Menschen, die hartgesotten genug waren, um hier draußen zu leben, wahre Ritterlichkeit zu erwarten, aber vielleicht teilte das Schicksal ihr ja ausnahmsweise einen Satz Gewinnerkarten zu.

Das sollte es ja geben.

Mit einem Krachen stieß sie die Tavernentür auf, klappte schon den Mund auf, um ihre Geschichte abzuspulen, und erstarrte dann.

Der große Raum vor ihr war leer.

Und zwar nicht nur menschenleer, sondern gänzlich leer: Es befand sich gar nichts darin. Schon gar kein Satz Gewinnerkarten. In der Gaststube stand nicht einmal mehr das kleinste Möbelstück. Es gab eine schmale Treppe, hinauf zu einer Galerie, die im ersten Stock an der linken Seite verlief; dort gähnten einige offene Türen. Die aufgehende Sonne, die durch die vielen Lücken in den schlecht gezimmerten Wänden blinzelte, zeichnete Lichtflecken auf den Boden. Und ansonsten waren da vielleicht noch eine Eidechse, die in die Schatten huschte – dunkle Ecken gab es reichlich –, und eine prachtvolle Ernte aus Staub, die mit ihrem Grau jede Oberfläche erobert hatte und in alle Ecken wehte. Scheu stand einen Augenblick da und blinzelte, dann schoss sie wieder aus der Tür, die wacklige

Treppe hinunter und ins nächste Haus. Als sie sich dort gegen die Tür stemmte, fiel die gleich ganz und gar aus ihren rostigen Angeln.

Das Haus hatte nicht mal mehr ein Dach, nicht mal mehr einen Fußboden. Nur die nackten Dachsparren, über denen sich der gleichgültige, rosafarbene Himmel wölbte, während unten die nackten Balken freien Blick auf die Erde dazwischen gewährten, die genauso verödet war wie die vielen Meilen Staub, die sich draußen erstreckten.

Als sie wieder auf die Straße hinaustrat und die Siedlung nicht mehr mit grundsätzlich hoffnungsvollem Blick betrachtete, sah sie die Anzeichen überall. Keine Glasscheiben in den Fenstern, nicht einmal Wachspapier. Kein Seil an der Winde des verfallenen Brunnens. Keine Tiere – abgesehen von ihrem eigenen toten Pferd, was aber die triste Lage nur unterstrich.

Es war ein ausgedörrter Siedlungsleichnam, der schon lange tot war.

Scheu stand an diesem verlassenen Ort und erhob sich auf die Ballen ihrer nackten Füße, als ob sie gleich zu einem Rennspurt ansetzen wollte und nur noch nicht wusste, wohin. Einen Arm hatte sie sich um die Brust geschlungen, die Finger der anderen Hand zuckten und griffen nach nichts Bestimmtem, während sie auf ihrer Lippe kaute und die Luft in hastigen, rauen Stößen durch die kleine Lücke in ihren Vorderzähnen einzog.

Selbst gemessen an den letzten Erlebnissen war das hier ein echter Tiefpunkt. Aber eines hatte sie in den letzten Monaten gelernt: Es konnte immer noch schlimmer kommen. Als sie den Weg zurückblickte, den sie gekommen war, entdeckte sie eine Staubwolke. Drei kleine graue Spuren im flirrenden Licht über dem grauen Land.

»Ach, zur Hölle«, flüsterte sie und biss sich noch heftiger auf die Lippe. Dann zog sie sich das Tischmesser, das sie zum Essen verwendete, aus dem Gürtel und wischte es an ihrem dreckigen Hemd ab, als ob es ihre Chancen irgendwie verbesserte, dass die kleine Metallklinge jetzt sauber war. Scheu hatte oft zu hören bekommen, dass sie eine lebhafte Phantasie besaß, aber selbst sie konnte sich kaum eine Waffe vorstellen, die weniger bedrohlich gewirkt hätte. Sie hätte gelacht, wenn sie nicht eigentlich lieber in Tränen ausgebrochen wäre. In den letzten Monaten hatte sie ziemlich viel Zeit damit zugebracht, den Tränen nahe zu sein, wenn sie jetzt so darüber nachdachte.

Wie war es nur so weit gekommen?

Eine solche Frage mochte sich ein sitzengelassenes junges Mädchen wohl eher stellen als eine Geächtete, auf deren Kopf viertausend Mark ausgesetzt waren, aber dennoch fragte sie sich das ständig. Sie war vielleicht eine tolle Geächtete. Inzwischen wusste sie immerhin, dass Ächtung so ziemlich das Gegenteil von Achtung war. Und wie es dazu gekommen war, wusste sie leider nur zu genau – so wie immer eben. Eine Katastrophe war so dicht auf die nächste gefolgt, dass sie dazwischen richtungslos hin und her geirrt war wie eine Motte, die immer wieder gegen das Glas einer hellen Laterne fliegt. Aber es gab eine zweite Frage, die immer gleich auf die erste folgte:

Und was jetzt, verdammte Scheiße noch mal?

Sie zog den Bauch ein – nicht, dass es da in diesen Tagen allzu viel einzuziehen gab – und holte den kleinen Beutel an seinem Ziehband hervor. Dabei schlugen die Münzen darin mit diesem ganz speziellen Geräusch aneinander, wie es eben nur Geld hervorbringt. Zweitausend Mark in Silber, jedenfalls ungefähr. Dabei hätte man doch wohl erwarten können, dass es in einer Bank viel mehr zu holen gäbe – wenn man dort etwas einzahlte, hörte man jedenfalls immer, fünfzigtausend seien jederzeit auszahlungsbereit. Aber offenbar konnte man Banken genauso wenig trauen wie Banditen.

Sie schob die Hand in den Beutel, holte eine Handvoll Münzen hervor und schleuderte sie quer über die Straße, wo sie im Staub schimmernd liegen blieben. Sie tat das, wie sie in diesen Tagen so vieles tat – ohne recht zu wissen, warum. Vielleicht schätzte sie ihr Leben so viel höher als zweitausend Mark, selbst wenn das sonst niemand tat. Vielleicht hoffte sie, die anderen würden dann nur die Silbermünzen nehmen und sie in Ruhe lassen. Allerdings wusste sie auch nicht recht, was sie machen sollte, falls sie – ohne Pferd, ohne Vorräte, ohne Waffen – in dieser Totenstadt zurückblieb. Ganz offensichtlich hatte sie noch keinen ganzen Plan beisammen, oder jedenfalls keinen, der einigermaßen wasserdicht war. Löchrige Planung war stets eines ihrer größten Probleme gewesen.

Sie verstreute die Silbermünzen mit der gleichen Bewegung, mit der sie früher Saatgut auf dem Bauernhof ihrer Mutter ausgebracht hatte, viele Meilen und Jahre und ein paar hässliche gewaltsame Tode entfernt. Wer hätte je gedacht, dass sie diesen Ort einmal vermissen würde? Das armselige Haus und die zusammengesackte Scheune und die Zäune, die dauernd repariert werden mussten. Die eigensinnige Kuh, die nie Milch gab, und der eigensinnige Brunnen, in dem sich nie Wasser sammelte, und der eigensinnige Boden, auf dem nur Unkräuter sprießen wollten. Ihre eigensinnige kleine Schwester und ihren eigensinnigen kleinen Bruder. Sogar den großen, vernarbten, weichherzigen Lamm. Was hätte Scheu jetzt dafür gegeben, noch einmal die schrille Stimme ihrer Mutter zu hören, die sie fluchend verwünschte. Sie schniefte laut, ihre Nase schmerzte und ihre Augen brannten, und sie wischte sich mit ihrer ausgefransten Manschette über das Gesicht. Keine Zeit für tränenrührige Erinnerungen. Sie sah jetzt drei dunkle Flecken von Reitern unter den drei gnadenlosen Staubspuren. Also warf sie den leeren Beutel weg, rannte wieder zur Taverne …

»Ah!« Als sie über die Schwelle trat, riss sie sich die nackte

Fußsohle an einem hervorstehenden Nagelkopf auf. Die Welt ist wirklich ein fieser Ort, der einem dauernd übel mitspielt. Selbst wenn man schon reichlich große Probleme hat, die einem auf den Kopf krachen, kommen zusätzlich noch die kleinen und versuchen einen in die Zehen zu kneifen. Wie sehr wünschte sie sich, sie hätte bei ihrer Flucht die Zeit gehabt, schnell noch ihre Stiefel zu schnappen. Nur, um zumindest einen Hauch von Würde zu bewahren. Aber sie hatte eben das, was sie hatte, und weder Stiefel noch Würde standen dabei auf der Liste, und hundert große Wünsche waren weniger wert als eine kleine Tatsache. Das hatte Lamm ihr immer wieder vorgebetet, wenn sie ihn und ihre Mutter ebenso verflucht hatte wie ihr erbärmliches Schicksal, und wenn sie ihm wieder einmal drohte, dass sie am Morgen verschwunden sein würde.

Sie erinnerte sich, wie sie damals gewesen war, und hätte ihrem damaligen Ich gerne eins reingehauen. Aber das konnte sie schließlich immer noch machen, sobald sie aus dieser Klemme rausgekommen war.

Bis dahin gab es eine Reihe williger Fäuste, mit denen sie sich vorher würde herumschlagen müssen.

Sie rannte die Treppe hoch, humpelte dabei ein wenig und fluchte ausgiebig. Oben angekommen, musste sie feststellen, dass sie auf jeder zweiten Stufe einen blutigen Zehenabdruck hinterlassen hatte. Ihr wurde richtiggehend übel, als sie die feucht schimmernde Spur betrachtete, die direkt bis zum Ende ihres Beines führte, als sich der Hauch einer Idee in ihre Panik mischte.

Weiter ging's die Galerie entlang, wobei sie darauf achtete, ihren blutigen Fuß fest gegen die Dielen zu pressen. Am Ende angekommen, bog sie in einen verlassenen Raum. Dort umklammerte sie den Fuß fest mit einer Hand, um die Blutung zu stoppen, hüpfte denselben Weg zurück, nahm nun die erste Tür gleich neben der Treppe und verbarg sich dort in den Schatten.

Es war ein lächerlicher Trick, keine Frage. So lächerlich wie ihre nackten Füße und ihr Tischmesser, die verstreuten zweitausend Mark und ihr großer Traum davon, eines Tages wieder in das Dreckloch zurückzukehren, aus dem sie zuvor so unbedingt hatte entfliehen wollen. Es war kaum zu erwarten, dass diese drei Arschlöcher darauf hereinfallen würden, auch wenn sie nicht unbedingt die Schlausten waren. Aber was blieb ihr übrig?

Wenn man nur noch kleine Hoffnungen hat, muss man große Risiken eingehen.

Ihr Atem war das Einzige, was ihr Gesellschaft leistete. Er hallte durch die Leere, fuhr hart aus ihrem Mund und zitternd wieder hinein, schmerzte beinahe in ihrer Kehle. Es war der Atem eines Menschen, der so viel Angst hatte, dass er sich beinahe unwillkürlich in die Hosen machte und überhaupt keine Ideen mehr hatte. Sie konnte sich nicht vorstellen, wie sie hier je herauskommen sollte. Wenn sie es je wieder auf den heimischen Bauernhof schaffte, wollte sie jeden Morgen, an dem sie lebendig aufwachte, aus dem Bett springen und einen kleinen Tanz aufführen, ihrer Mutter für jeden Klaps einen Kuss geben, nie wieder gemein zu ihrer Schwester sein oder sich über Lamm lustig machen, weil sie ihn für einen Feigling hielt. Das versprach sie, und dann wünschte sie sich, zu den Menschen zu gehören, die Versprechen einhielten.

Von draußen hörte sie Pferde. Sie kroch zu dem einen Fenster, das einen halben Blick auf die Straße gewährte und sah so zögerlich nach unten, als ob sie in einen Eimer mit Skorpionen guckte.

Sie waren hier.

Neary trug die dreckige alte Decke, die er sich mit einem Bindfaden um den Bauch gebunden hatte, und sein fettiges Haar stand in alle Richtungen vom Kopf ab. Er hielt die Zügel mit einer Hand, in der anderen den Bogen, mit dem er Scheus

Pferd erschossen hatte, und das Blatt der Axt, die an seinem Gürtel hing, war so sorgfältig gesäubert wie der Rest seiner abstoßenden Gestalt verdreckt. Dodd hatte sich den abgewetzten Hut tief ins Gesicht gezogen und hockte mit rundem Rücken auf dem Pferd, in dieser angespannten Haltung, die er immer zeigte, wenn sein Bruder in der Nähe war – wie ein junger Hund, der jeden Augenblick einen Tritt erwartet. Genau den hätte Scheu dem treulosen Blödmann sehr gerne verpasst. Für den Anfang. Dann war da noch Jeg, der hoch aufgerichtet wie ein großer Herr in seinem langen roten Mantel im Sattel saß, die dreckbespritzten Schöße über den Flanken seines großen Pferdes ausgebreitet, und der die Häuser mit einem hungrigen Blick absuchte. Der hohe Hut, den er trug, weil er glaubte, dass er damit besonders großartig aussah, hatte sich ein bisschen geneigt und sah jetzt aus wie ein Ofenrohr, das aus einem abgebrannten Gehöft herausschaute.

Dodd deutete auf die Münzen, die um den Brunnen herum verstreut lagen; einige blinkten in der Sonne. »Sie hat das Geld hier gelassen.«

»Sieht so aus«, sagte Jeg, dessen Stimme so hart war die seines Bruders weich.

Sie beobachtete, wie die Männer abstiegen und ihre Pferde anbanden. Ganz ohne Eile. Als ob sie sich nach einem kleinen Ausritt ein bisschen den Staub abklopften und auf einen schönen Abend in zivilisierter Gesellschaft vorbereiteten. Sie mussten sich auch nicht beeilen. Schließlich wussten sie, dass sie hier war und dass sie nirgendwo hinkonnte, und sie wussten, dass ihr niemand zu Hilfe kommen würde. Und Scheu wusste das auch.

»Arschlöcher«, flüsterte Scheu und verfluchte den Tag, an dem sie sich überhaupt mit diesen Kerlen eingelassen hatte. Aber mit irgendwem muss man sich ja einlassen, oder? Und man kann nur aus dem wählen, was im Angebot ist.

Jeg streckte seinen Rücken, schniefte langanhaltend und spuckte dann zufrieden aus, dann zog er seinen Säbel. Den gebogenen Kavalleriesäbel, auf den er so stolz war, mit dem aufwändig verschlungen gearbeiteten Korb. Angeblich hatte er ihn in einem Duell einem Unionsoffizier abgenommen, aber Scheu wusste, dass er geklaut war, genau wie das meiste andere, was Jeg besaß. Wie hatte sie ihn wegen diesem blöden Säbel verarscht. Jetzt allerdings hätte sie nichts dagegen gehabt, den Griff selbst in der Hand zu fühlen, während er nur ein Tischmesser zu seiner Verteidigung hätte.

»Rauch!«, brüllte Jeg, und Scheu fuhr zusammen. Sie hatte keine Ahnung, wie sie zu diesem Namen gekommen war. Irgendein Idiot hatte ihn auf die Fahndungsplakate geschmiert, und jetzt nannte sie jeder so. Vielleicht, weil sie dazu neigte, sich wie Rauch in Luft aufzulösen. Oder vielleicht auch, weil sie genauso stank, den Leuten im Hals brannte und sich mit dem Wind treiben ließ.

»Komm raus da, Rauch!« Jegs Stimme schallte von den ausgestorbenen Häuserfronten zurück, und Scheu verkroch sich noch etwas weiter in die Dunkelheit. »Komm raus da, dann tun wir dir nicht so sehr weh!«

Also würden sie sich nicht mit dem Geld zufrieden geben und dann verschwinden. O nein, sie wollten auch noch den Preis, der auf ihren Kopf ausgesetzt war. Sie drückte die Zunge gegen ihre Zahnlücke und murmelte: »Schwanzlutscher.« Es gibt eben Typen, die den Hals nicht vollkriegen, egal, wie viel sie zusammenraffen.

»Wir müssen rein und sie da rausholen«, hörte sie Neary in der Grabesstille draußen sagen.

»Joh«, sagte Jeg.

»Ich hab dir gesagt, wir müssen da rein und sie rausholen.«

»Du pisst dir wahrscheinlich vor Freude in die Hosen, weil alles so gekommen ist, oder?«

»Hab ja nur gesagt, wir müssen sie holen.«

»Dann hör auf, das zu erzählen, sondern mach mal.«

Jetzt ertönte Dodds flehende Stimme. »Hört mal, das Geld liegt hier doch, das können wir einfach einsammeln und abhauen, wir müssen doch nicht auch noch …«

»Sind du und ich wirklich zwischen denselben Beinen in diese Welt gerutscht?«, fragte Jeg in gehässigem Ton. »Du bist echt der blödeste Arsch überhaupt.«

»Echt der blödeste«, echote Neary.

»Du glaubst also, dass ich viertausend Mark für die Krähen hier liegen lasse?«, fuhr Jeg fort. »Du sammelst den Scheiß hier ein, wir schlachten derweil die Stute.«

»Was meinst du, wo sie steckt?«, fragte Neary.

»Ich dachte, du wärst der große Fährtensucher?«

»In der Wildnis, ja, aber wir sind ja nicht in der Wildnis.«

Jeg hob eine Augenbraue und betrachtete die leeren Blockhütten. »Für dich ist das hier wohl die höchste Form von Zivilisation, oder was?«

Sie sahen einander kurz an, Staub wirbelte um ihre Beine, dann legte er sich wieder.

»Sie ist hier irgendwo«, sagte Neary.

»Meinst du? Hab ich ein Glück, dass ich die nach eigener Auskunft schärfsten Augen westlich der Berge bei mir habe, damit ich das tote Pferd auch nicht übersehe, das hier zehn verdammte Schritte entfernt liegt. Ja, sie ist hier irgendwo.«

»Wo denn wohl, was meinst du?«, fragte Neary.

»Wo würdest du denn sein?«

Neary guckte sich zwischen den Häusern um, und Scheu drückte sich gegen die Wand, als seine zusammengekniffenen Augen über die Taverne glitten.

»In dem da, würde ich sagen, aber ich bin ja nicht sie.«

»Natürlich bist du nicht sie, verdammte Scheiße. Und weißt du, woran ich das erkenne? Du hast mehr Titten und weniger

Verstand. Wenn du sie wärst, dann müsste ich ja nicht nach ihr suchen, oder?«

Wieder Schweigen, wieder ein staubiger Windstoß.

»Nee, wohl nicht«, sagte Neary.

Jeg nahm den hohen Hut ab, kratzte sich mit den Fingernägeln im verschwitzten Haar und setzte die Kopfbedeckung dann wieder schief auf. »Du guckst da drin, ich versuch's hier nebenan, aber bring mir die Schlampe nicht um, klar? Für Tote gibt's nur die halbe Belohnung.«

Scheu drückte sich wieder in die Schatten und spürte, wie der Schweiß kitzelnd unter ihrem Hemd herunterrann. Ausgerechnet hier erwischt zu werden, an einem Ort, der absolut der Arsch der Welt war. Von diesen Arschlöchern. Und dann noch barfuß. Das hatte sie nicht verdient. Sie hatte nichts weiter gewollt, als jemand von Bedeutung zu sein. Jemand, von dem man sprach, und der nicht am Tage seines Todes vergessen sein würde. Jetzt erkannte sie, dass es ein empfindliches Gleichgewicht gibt zwischen zu wenig Aufsehen und einer großen Portion zu viel. Aber wie die meisten ihrer lahmen Erkenntnisse dämmerte ihr auch diese ein Jahr zu spät.

Sie zog die Luft durch die kleine Zahnlücke ein, als sie hörte, wie Neary über die knarrenden Dielen des großen Raumes im Erdgeschoss ging, vielleicht klapperte auch noch seine große Axt. Sie zitterte am ganzen Körper. Fühlte sich plötzlich so schwach, dass sie das armselige Messer kaum festhalten konnte, und schwingen schon gar nicht. Vielleicht war es an der Zeit aufzugeben. Zeit, um die kleine Klinge zur Tür rauszuwerfen und zu rufen: »Ich komm raus! Ich mache auch keinen Ärger! Ihr habt gewonnen!« Und dann zu lächeln und sich bei ihnen für ihre linken Touren zu bedanken und für ihre nette Aufmerksamkeit, während sie die Scheiße aus ihr rausprügelten, sie mit der Pferdepeitsche traktierten oder ihr die Beine brachen. Oder was für andere Späße ihnen auf dem Weg zum Galgen noch einfallen würden.

Sie hatte schon oft genug gesehen, wie jemand gehängt wurde, aber das Spektakel nie genossen. Und nun diese Vorstellung – gefesselt dazustehen, während der eigene Name und das Verbrechen vorgelesen wurden, und auf eine Begnadigung in letzter Minute zu hoffen, die nicht kam, und dann, wenn die Schlinge zugezogen wurde, um Gnade zu winseln oder eine Flut wilder Flüche auszustoßen, wobei weder das eine noch das andere etwas am Fortgang des Geschehens änderte. Und dann wild um sich zu treten, bis einem die Zunge aus dem Mund hing und man sich in die Hosen schiss, während Leute, die keinen Deut besser waren als man selbst, sich johlend darüber amüsierten. Sie stellte sich vor, wie Jeg und Neary ganz vorn in der grinsenden Menge standen und zusahen, wenn sie ihr Diebestänzchen am Ende des Seils aufführte. Wahrscheinlich hätten sie sogar noch albernere Klamotten an, nachdem sie die Belohnung kassiert und sich neu eingekleidet hatten.

»Scheiß auf die«, flüsterte sie tonlos in die Dunkelheit, die Lippen zu einem verächtlichen Grinsen verzogen, als sie Nearys Schritt auf der untersten Stufe hörte.

Scheu besaß einen ganz enormen Widerspruchsgeist. Das war schon immer so gewesen. Schon als ganz kleines Kind hatte sie, wenn ihr jemand sagte, dass etwas so oder so kommen würde, als Erstes darüber nachgedacht, was sie tun müsste, damit es anders lief. Ihre Mutter hatte gesagt, sie sei stur wie ein Maultier, und das läge an ihrem Geisterblut. »Das ist dein verdammtes Geisterblut«, als hätte Scheu es sich ausgesucht, zu einem Viertel eine Wilde zu sein. Dabei war es doch wohl ihre Mutter gewesen, die sich ein umherziehendes Halbblut ins Bett genommen hatte, das sich dann – was keine große Überraschung war – als trunksüchtiger Taugenichts erwies.

Scheu würde kämpfen. Natürlich würde sie verlieren, keine Frage, aber sie würde kämpfen. Sie würde dafür sorgen, dass diese Arschlöcher sie umbringen mussten, schon allein, damit sie nur die Hälfte des Geldes bekamen. Vielleicht war es ungewöhnlich, dass solche Gedanken für eine ruhigere Hand sorgten, aber bei ihr war es so. Das kleine Messer zitterte zwar noch, aber jetzt nur noch deswegen, weil sie es so fest entschlossen umklammerte.

Angesichts der Tatsache, dass Neary sich selbst als großen Fährtensucher bezeichnete, war es verwunderlich, dass es ihm so schwer fiel, sich geräuschlos zu bewegen. Sie hörte den Atem durch seine Nase pfeifen, als er oben auf der Treppe innehielt. Er stand so nahe, dass sie ihn hätte berühren können, wäre nicht die Wand zwischen ihnen gewesen.

Ein Dielenbrett knarrte, als er sein Gewicht verlagerte, und Scheus ganzer Körper versteifte sich, jedes Härchen stellte sich auf. Dann sah sie ihn: Er kam nicht etwa durch die Türöffnung mit geschwungener Axt und mordlustigem Blick auf sie zugerannt, sondern schlich über die Galerie, der falschen Spur blutiger Fußabdrücke folgend, und sein ausgezogener Bogen zeigte genau in die falsche Richtung.

Wenn sie ein Geschenk bekam, war Scheu immer dafür, mit beiden Händen zuzugreifen, als erst groß darüber nachzudenken, wie sie sich dafür bedanken konnte. Und so sprang sie Neary von hinten an, die Zähne gebleckt und mit einem tiefen Knurren, das in ihrer Kehle kratzte. Sein Kopf fuhr herum, sie konnte das Weiße seiner Augen erkennen, und der Bogen beschrieb dieselbe Bewegung, was Scheu vor allem an der Pfeilspitze sah, die in dem wenigen Licht, das sich in dieses verlassene Haus geschlichen hatte, ein wenig schimmerte.

Sie duckte sich und packte ihn an den Beinen, rammte ihm die Schulter heftig gegen den Oberschenkel und entlockte ihm ein Stöhnen. Dabei schob sie den Arm unter Nearys Arsch und packte mit einer Hand das Gelenk der anderen, und augenblicklich war ihre Nase erfüllt von dem Gestank nach Pferd und saurem Schweiß, der ihn umgab. Die Bogensehne schnarrte, aber Scheu kam jetzt mit einem Ruck wieder in die Höhe, fauchte, schrie und spannte jeden Muskel an. Und so groß Neary auch war, es gelang ihr, ihn über das Geländer zu hieven, als sei er nichts weiter als ein Sack Getreide auf dem Hof ihrer Mutter.

Einen Augenblick hing er in der Luft, Mund und Augen vor Schreck weit aufgerissen, dann stürzte er mit einem erstickten Ruf abwärts und krachte durch die Dielenbretter.

Scheu blinzelte und konnte kaum glauben, was ihr da gerade gelungen war. Ihre Kopfhaut brannte, und als sie mit dem Finger die Stelle befühlte, erwartete sie beinahe, den Pfeil direkt in ihrem Hirn stecken zu fühlen, aber als sie sich umdrehte, ragte er harmlos hinter ihr aus der Wand, was von ihrem Standpunkt aus betrachtet die weitaus glücklichere Fügung war. Trotzdem klebte ihr Haar vor Blut, das ihr auch kitzelnd über die Stirn lief. Vielleicht hatte sie einen Schlag mit dem Bogen abbekommen. Wenn sie den in die Hände bekommen konnte, hatte sie eine Chance. Sie machte einen Schritt auf die Treppe zu und blieb dann wie angewurzelt stehen. Unten in der Tür erschien Jeg, und sein Säbel hob sich lang, schwarz und krumm vor dem grellen Sonnenlicht draußen auf der Straße ab.

»Rauch!«, brüllte er, und sie verschwand von der Galerie wie ein Karnickel in seinem Loch, folgte der eigenen Spur blutiger Fußabdrücke ins Nichts und hörte Jegs schwere Stiefel über die Treppe trampeln. Mit voller Wucht stieß sie ihre Schulter gegen die Tür am Ende der Galerie und stürmte ins Licht hinaus, auf einen Balkon, der sich auf der Rückseite des Gebäudes befand. Schnell setzte sie einen nackten Fuß auf die niedrige Brüstung – besser, einfach weiter ihrem Widerspruchsgeist zu folgen und darauf zu hoffen, dass es schon irgendwie klappen würde, als innezuhalten und nachzudenken. Sie sprang. Flog mit wedelnden Armen auf einen weiteren wackligen Balkon zu, der sich am Gebäude auf der anderen Seite des kleinen Gässchens befand, als ob wilde Bewegungen irgendwie dazu beitragen konnten, ihr mehr Schwung zu verleihen.

Sie bekam das Geländer zu fassen, Holz prallte gegen ihre Rippen, dann rutschte sie hinunter, stöhnte, tastete verzweifelt nach mehr Halt, versuchte sich mit aller Kraft hochzuziehen und über die Brüstung zu klettern, und dann spürte sie, dass etwas nachgab …

Und mit einem gequälten, hölzernen Knarren brach die ganze verwitterte Konstruktion von der Fassade.

Wieder hatte Scheu für einen kurzen Augenblick Gelegenheit, ihre Lage zu begutachten – die bei dieser kurzen Einschätzung wieder nicht besonders gut war. Sie stieß ein lautes Geheul aus, da erwischte sie auch schon ihr alter Erzfeind, der Boden – wie er das letztlich immer tat. Er knickte ihr das linke Bein um, sorgte dafür, dass sie sich ein paar Mal überschlug und verpasste ihr dann einen heftigen Hieb in die Seite, der ihr die Luft aus den Lungen presste.

Scheu hustete, dann keuchte sie, dann spuckte sie einen Mund voll Dreck aus. Dass sie damit recht behalten hatte, als sie bei ihrem Sturz vom Pferd vermutete, der eine Mund voll Sand würde nicht ihr letzter gewesen sein, war dabei ein schwacher Trost. Sie sah Jeg oben auf dem Balkon, von dem sie gesprungen war. Er schob den Hut nach hinten und lachte leise, dann verschwand er wieder im Haus.

Sie hatte noch immer ein Stück Geländer in der Hand, das allerdings schon ziemlich verrottet war. Ein bisschen so wie ihre Hoffnungen. Sie warf es beiseite, während sie sich auf die Knie rollte, und wartete dabei wieder auf den elenden Schmerz, an dem sie erkennen würde, dass sie erledigt war. Wieder blieb er aus. Sie konnte sich bewegen. Nachdem sie kurz die Füße hin und her gedreht hatte, kam sie zu dem Schluss, dass sie wahrscheinlich stehen konnte. Aber nach kurzer Überlegung verzichtete sie darauf. So, wie die Dinge lagen, würde sie nur noch ein einziges Mal die Möglichkeit bekommen, um sich aufzurappeln.

Sie befreite sich von den Trümmern des kaputten Geländers und sorgte dafür, dass ihr Schatten vor der Tür gut zu sehen war, während sie vor Schmerz stöhnte und auf Jegs schwere Schritte drinnen lauschte. Dann schleppte sie sich rücklings auf dem Hintern und den Ellenbogen weg, wobei sie ein Bein nachzog und das kleine Messer gut versteckt hinter ihrem Handgelenk hielt, während sich ihre andere Faust in die Erde krallte.

»Wo willst du denn hin?« Jeg duckte sich unter dem niedrigen Türsturz und trat auf die Straße. Er war ein großer Kerl, sah aber jetzt wahrlich wie ein Riese aus. Selbst wenn sie aufrecht gestanden hätte, wäre er einen halben Kopf größer gewesen als Scheu, und selbst wenn sie an diesem Tag etwas gegessen hätte, war er vermutlich fast doppelt so schwer wie sie. Er kam zu ihr rübergeschlendert, schob dabei die Unterlippe mit der Zunge vor und hielt den schweren Säbel locker in der Hand. Ganz offensichtlich genoss er seinen großen Augenblick.

»Neary hast du ganz schön reingelegt, was?« Er schob die Krempe seines Huts ein wenig höher, sodass ein heller Streifen ungebräunter Haut sichtbar wurde. »Du bist kräftiger, als du aussiehst. Der Typ ist allerdings so blöd, der wäre wahrscheinlich auch von ganz allein da runtergefallen. Bei mir wirst du mit deinen Tricks nicht weit kommen.«

Das würde sich noch zeigen, aber dann würde sie ihr Messer sprechen lassen. Selbst eine kleine Klinge kann sehr ausdrucksvoll sein, wenn man sie an die richtige Stelle bohrt. Sie kroch zurück, wirbelte reichlich Staub auf und vermittelte erfolgreich den Eindruck, als ob sie versuchte, sich aufzurichten, bevor sie dann mit einem Wimmern wieder zu Boden sank, sobald sie ihr linkes Bein belastete. Es war nicht weiter schwierig, schwer verletzt zu wirken. Immerhin fühlte sie, wie

Blut aus ihrem Haar rann und kitzelnd über ihre Stirn lief. Jeg trat aus den Schatten, und die niedrig stehende Sonne schien ihm ins Gesicht, sodass er die Augen zusammenkneifen musste. Genau, wie sie gehofft hatte.

»Ich erinnere mich noch gut an den Tag, als ich dich zum ersten Mal sah«, fuhr er derweil fort, ganz und gar in den Klang seines eigenen Geblökes verliebt. »Dodd kam ganz aufgeregt zu mir und sagte, er hätte Rauch getroffen, deren Mördergesicht auf allen Plakaten in der Nähe von Rostod hängt, und auf ihren Kopf stünden viertausend Mark. Die Geschichten, die man von dir erzählt!« Er stieß einen triumphierenden Ruf aus, und sie kroch weiter zurück, wobei sie vorsichtig das linke Bein bewegte, um sicherzustellen, dass es sie im entscheidenden Augenblick nicht im Stich lassen würde. »Man hätte glauben können, du seiest ein Dämon mit zwei Säbeln in jeder Hand, so ehrfürchtig haben alle deinen Namen gehaucht. Da kannst du dir wohl meine beschissene *Enttäuschung* vorstellen, als ich dann feststellen musste, dass du bloß ein verängstigtes Gör mit Zahnlücke bist, das heftig nach Pisse stinkt.« Als ob Jeg selbst nach Sommerwiese roch. Er machte einen weiteren Schritt nach vorn und streckte eine große Hand nach ihr aus. »Jetzt sei brav und kratz mich nicht, du bist mir lebend mehr wert. Ich will nicht …«

Sie schleuderte ihm mit der Linken eine große Handvoll Sand ins Gesicht, während sie sich mit der Rechten hochstemmte und auf die Beine kam. Instinktiv drehte er den Kopf beiseite und fauchte, als ihm der Dreck ins Gesicht prasselte. Blindlings schlug er nach ihr, aber sie duckte sich, und der Säbel fuhr über ihren Kopf hinweg, so nahe, dass der Luftzug ihr Haar erfasste. Das Gewicht der Waffe riss Jeg zur Seite. Mit der linken Hand bekam sie seinen flatternden Rockschoß zu fassen, und mit der rechten stieß sie ihm das Tischmesser in die Schwertschulter.

Er stieß ein ersticktes Keuchen aus, als sie es wieder herausriss und erneut nach ihm stach. Die Klinge schlitzte den Ärmel seines Mantels ebenso auf wie den Arm darunter, und ihr Hieb hatte so viel Wucht, dass sie sich fast noch selbst am Bein verletzte. Sie hatte das Messer schon wieder erhoben, als seine Faust seitlich gegen ihren Mund prallte und sie ins Stolpern brachte; ihre nackten Füße kämpften mit dem unebenen Boden. Dann stieß sie gegen die Hausecke und hielt sich kurz daran fest, während sie versuchte, das blendende Licht aus ihrem Schädel zu schütteln. Sie sah, dass Jeg ein oder zwei Schritte entfernt stand, schäumende Spucke vor den gebleckten Zähnen, während er versuchte, den Säbel von der herunterhängenden Rechten in die Linke zu nehmen, wobei sich seine Finger immer wieder in dem schmuckvoll gearbeiteten Korb verfingen.

Immer dann, wenn sich die Ereignisse überschlugen, war Scheu in ihrem Element und handelte einfach, ohne allzu viel nachzudenken – weder über die Möglichkeit, Gnade walten zu lassen, noch über zu erwartende Folgen oder sonst irgendetwas. Deswegen hatte sie in dieser ganzen beschissenen Zeit überhaupt so lange überlebt. Die meisten derartigen Talente haben allerdings ihre Nachteile, wie man unweigerlich herausfindet, wenn man mit ihnen leben muss: Scheu neigte beispielsweise dazu, zu viel über die Geschehnisse nachzudenken, wenn alles vorbei war, aber das war eine andere Geschichte. Wenn es Jeg gelang, das Schwert mit der anderen Hand zu fassen zu bekommen, dann war sie tot, so einfach war das, und daher griff sie ihn an, obwohl sich die Straße noch vor ihren Augen drehte. Er versuchte den linken Arm frei zu bekommen, aber den packte sie mit ihrer herumfuchtelnden linken Hand, dann drängte sie sich dicht an ihn heran, krallte sich an seinem Mantel fest und stach wild mit dem Messer zu – in seinen Bauch, in seine Rippen, und wieder in seine Rippen, und mit jedem Stich fauchte sie und er keuchte laut, und der Messergriff wurde immer glitschiger in ihrer schmerzenden Hand.

Er packte ihr Hemd, und die Naht gab krachend nach, als er ihr halb den Ärmel abriss, dann versuchte er sie wegzustoßen, als sie wieder zustach. Doch in seiner Bewegung lag kaum noch Kraft, und so stolperte sie nur einen kleinen Schritt beiseite. Allmählich wurde ihr Kopf wieder klar, und es gelang ihr, die Balance zu finden, aber Jeg taumelte jetzt und stürzte auf ein Knie. Und nun hob sie das Messer mit beiden Händen hoch in die Luft und rammte es mitten in den blöden Hut, sodass die Klinge bis ans Heft in Jegs Schädel drang.

Hastig machte sie ein paar Schritte zurück und erwartete eigentlich, dass er einfach vornüber kippen würde. Stattdessen ging ein Ruck durch seinen Körper wie bei einem der Kamele, die sie einmal auf einem Jahrmarkt gesehen hatte. Die Krempe seines Huts war ihm bis zur Nasenwurzel über die Augen gerutscht; der Messergriff ragte aus dem Filz heraus.

»Wo bissu?« Die Worte waren undeutlich, als ob er den Mund voller Kiesel hätte. »Rauch?« Er machte einen Satz in die eine Richtung, dann in die andere. »Rauch?« Langsam schlurfte er auf sie zu, wirbelte Staub mit seinen schlurfenden Schritten auf, während der Säbel schlaff in seiner blutigen rechten Hand hing und kleine Rillen in die Erde rund um seine Füße kratzte. Er hob die Linke, die Finger alle steif ausgestreckt, aber das Handgelenk blieb schlaff, und dann fummelte er an seinem Hut herum, als hätte er etwas im Auge und wollte es herausreiben.

»Rrraufff?« Über eine Seite seines Gesichts ging ein höchst unnatürliches Zucken und Flattern. Oder vielleicht war es auch völlig normal bei einem Mann, in dessen Hirn ein Messer steckte. »Hauffff?« Jetzt lief Blut von der gebogenen Krempe und hinterließ rote Streifen auf seiner Wange, durchweichte sein Hemd, aber er lief weiter herum, wedelte ruckartig mit dem blutenden Arm und stieß sich den Säbel rasselnd gegen das Bein. »Haaauuu?« Ihn unverwandt anstarrend, wich sie weiter zurück, mit reglosen Händen und prickelnder Haut, bis sie gegen die Wand hinter sich stieß. »Auuuu?«

»Halt die Klappe!« Mit beiden ausgestreckten Händen versetzte sie ihm einen Stoß, dass er nach hinten kippte. Der Säbel fiel ihm aus der Hand. Nur der Hut blieb an Ort und Stelle, durch das Messer an seinen Kopf genagelt. Langsam rollte Jeg auf den Bauch, zog den Arm schlaff nach. Dann schob er sich die andere Hand unter die Schulter, als wollte er sich wieder aufrichten.

»Oh«, murmelte er in den Staub hinein. Dann war er still.

Scheu wandte langsam den Kopf und spuckte Blut aus. Was sie in den letzten Monaten viel zu oft getan hatte. Ihre Augen waren feucht, und sie wischte sie mit dem bebenden Handrücken ab. Sie konnte gar nicht glauben, was da geschehen war. Beinahe fühlte es sich gar nicht so an, als hätte sie etwas damit zu tun gehabt. Wie ein Albtraum, aus dem sie jeden Augenblick erwachen würde. Probeweise kniff sie die Augen zusammen und öffnete sie wieder, aber Jeg lag immer noch da.

Nun tat sie einen harten Atemzug und stieß die Luft ebenso heftig wieder aus, wischte sich Spucke von der Lippe und das Blut von der Stirn, holte noch einmal Luft und atmete gepresst aus. Dann hob sie Jegs Säbel und versuchte mit zusammengebissenen Zähnen dem Drang zu widerstehen, sich jetzt und hier zu übergeben, ein Drang, der sie ebenso in Wellen überfiel wie der pochende Schmerz am Kopf. Scheiße, sie wollte sich einfach nur hinsetzen. Nur aufhören. Stattdessen zwang sie sich dazu, sich umzudrehen. Zur Hintertür der Taverne zu gehen. Durch die Jeg eben noch gekommen war, ganz und gar lebendig, vor nur wenigen Augenblicken. Ein ganzes Leben voller Mühe braucht ein Mensch, um zu wachsen. Ein paar Momente reichen, um ihn auszulöschen.

Neary hatte sich aus dem Loch in den Dielenbrettern befreit, das er bei seinem Fall gerissen hatte, hielt sich das blutige Hosenbein und sah ziemlich erledigt aus. »Hast du die verdammte Schlampe erwischt?«, fragte er und drehte sich mit zusammengekniffenen Augen zur Tür um.

»Ja, keine Frage.«

Seine Augen wurden groß, und er versuchte hastig, zu seinem Bogen hinüberzukriechen, der ein kleines Stück außerhalb seiner Reichweite lag, wimmerte aber dabei. Als sie näher trat, hob sie Jegs großen Säbel, und Neary rollte sich herum, die Augen vor Angst weit aufgerissen, und streckte verzweifelt abwehrend einen Arm aus. Scheu schlug hart mit der Breitseite dagegen, und Neary stöhnte, presste sich den Arm an die Brust. Dann zog sie ihm die Klinge über den Kopf, dass er blutend auf die Bretter krachte. Mit leisen Schritten ging sie dann an ihm vorüber, schob sich den Säbel in den Gürtel, hob den Bogen auf und zog ein paar Pfeile aus dem Köcher. An der Tür angekommen, legte sie einen Pfeil auf die Sehne und blickte hinaus auf die Straße.

Dodd fischte immer noch die Münzen aus dem Dreck und schob sie in den Beutel, dabei arbeitete er sich langsam zum Brunnen vor. Völlig ahnungslos, was das Schicksal seiner beiden Kumpane betraf. Was allerdings nicht so überraschend war, wie man hätte glauben mögen. Wenn es ein Wort gab, das Dodd gründlich charakterisierte, dann war es ahnungslos.

Sie schlich leise die Stufen in dem großen Haus runter und hielt sich dabei vorsichtig am äußersten Rand der Treppe, weil das Holz dort vielleicht weniger warnend knarren würde, zog den Bogen halb aus und zielte in aller Ruhe auf Dodd, der auf der Erde kniete, ihr den Rücken zuwandte und ihr damit den dunklen Schweißfleck darbot, der sein Hemd in der Mitte zierte. Nach reiflicher Überlegung entschloss sie sich, den Fleck als Zielmarkierung anzupeilen und Dodd direkt von hinten zu erschießen. Aber es ist nicht leicht, einen Menschen zu töten, schon gar nicht, wenn man erst einmal bewusst darüber nachgedacht hat. Sie sah, wie er die letzte Münze aufhob und in den Beutel fallen ließ, wie er aufstand, die Bänder zuzog und sich dann lächelnd umdrehte. »Ich hab die …«

Eine Weile standen sie da. Er mit dem Beutel Silbermünzen in der Hand, das unsichere Lächeln von der Sonne erhellt, während seine Augen im Schatten des billigen Hutes ziemlich verängstigt wirkten. Sie auf der untersten Treppenstufe zum Taverneneingang – blutige, nackte Füße, blutiger Mund mit aufgeplatzter Lippe, blutiges Haar und blutige Stirn – aber mit einem guten Bogen in ruhigen Händen.

Er fuhr sich mit der Zunge über die Lippen, schluckte, leckte erneut die Lippen. »Wo ist Neary?«

»Den hat's böse erwischt.« Sie war selbst von dem Stahl in ihrer Stimme überrascht. Es klang nach jemandem, den sie gar nicht kannte. Vielleicht war es Rauchs Stimme.

»Wo ist mein Bruder?«

»Den hat's noch schlimmer erwischt.«

Dodd schluckte, sein schweißnasser Hals bewegte sich, dann wich er langsam zurück. »Hast du ihn umgebracht?«

»Vergiss die beiden und bleib stehen.«

»Hör mal, Scheu, du willst mich doch wohl nicht erschießen, oder? Nicht nach allem, was wir zusammen durchgemacht haben. Du schießt doch nicht. Auf mich doch nicht. Oder?« Seine Stimme schraubte sich höher und höher, und gleichzeitig bewegte er sich immer weiter auf den Brunnen zu. »Das habe ich nicht gewollt. Das war alles auch nicht meine Idee!«

»Natürlich nicht. Um eine Idee zu haben, müsste man ja nachdenken, und dazu reicht es bei dir nicht. Du hast nur mitgemacht. Auch wenn das zufällig dazu geführt hätte, dass man mich hängt.«

»Jetzt hör mal, Scheu …«

»Bleib stehen, hab ich gesagt.« Langsam spannte sie den Bogen, und die Sehne schnitt tief in ihre blutigen Finger. »Bist du verdammt noch mal taub, oder was?«

»Hör mal, Scheu, lass uns doch einfach darüber reden, ja? Einfach nur reden.« Er streckte die zitternde Handfläche aus, als ob die einen Pfeil aufhalten konnte, die blassblauen Augen unverwandt auf sie gerichtet, und plötzlich musste sie daran denken, wie sie sich das erste Mal begegnet waren und er an der Wand des Mietstalls lehnte und ganz locker und entspannt grinste; vielleicht nicht der Schlaueste, aber jemand, mit dem man viel Spaß haben konnte. Und sie hatte, seit sie ihr Zuhause verlassen hatte, ziemlich wenig Spaß gehabt. Dabei war doch genau das der Grund gewesen, weswegen sie überhaupt abgehauen war.

»Ich weiß, ich habe da was verkehrt gemacht, aber ... ich bin ein Idiot.« Jetzt versuchte er es mit einem Lächeln, das genauso zittrig war wie seine Hände. Er war tatsächlich gelegentlich ein Lächeln wert gewesen, dieser Dodd, zumindest am Anfang, und auch wenn er im Bett vielleicht nicht durch Einfallsreichtum bestach, so hatte er sie doch schön warm gehalten, und das war auch schon was. Außerdem hatte er ihr das Gefühl gegeben, dass sie nicht ganz allein dastand, mit der ganzen Welt gegen sich, und das war noch ein bisschen mehr.

»Bleib stehen«, sagte sie, allerdings mit etwas weicherer Stimme.

»Du wirst mich nicht erschießen.« Er ging noch immer rückwärts auf den Brunnen zu. »Ich bin's doch, nicht wahr? Dodd. Bitte erschieß mich nicht, ja? Pass auf, ich werde jetzt ...«

Sie schoss.

Es ist komisch mit einem Bogen. Die Sehne aufzuziehen, den Pfeil einzunocken, zu spannen und zu zielen – all das erfordert Mühe, Geschick und Entschlossenheit. Die Sehne loszulassen hingegen geht ganz einfach. Man hört auf, sie festzuhalten. Tatsächlich ist das Loslassen sogar leichter, als den ausgezogenen Bogen weiter gespannt zu halten.

Dodd stand nicht mehr als ein Dutzend Schritte entfernt, und der Pfeil überwand die Entfernung blitzschnell, verfehlte um Haaresbreite seine Hand und bohrte sich dann geräuschlos in seine Brust. Es überraschte sie, dass überhaupt kein Laut zu hören war. Aber Fleisch ist nun einmal weich. Vor allem im Vergleich mit einer Pfeilspitze. Dodd machte einen wackligen Schritt, als habe er noch nicht begriffen, dass er getroffen worden war, dann weiteten sich seine Augen. Blinzelnd sah er auf den Schaft hinunter.

»Du hast auf mich geschossen«, flüsterte er, dann sank er auf die Knie, während das Blut bereits einen dunklen, ovalen Fleck auf sein Hemd zeichnete.

»Ich hab dich doch wohl gewarnt, oder nicht?!« Scheu schleuderte den Bogen zu Boden und war plötzlich wütend auf Dodd, aber auch auf die Waffe.

Er starrte sie an. »Aber ich hab gedacht, du machst das nicht.«

Sie erwiderte seinen Blick. »Hab ich auch gedacht.« Kurz schwiegen sie, und der Wind frischte wieder kurz auf und wirbelte den Staub hoch. »Tut mir leid.«

»Tut mir leid?«, krächzte er.

Es war vielleicht das Blödeste, was sie je gesagt hatte, und das wollte etwas heißen, aber was hätte sie sonst sagen sollen? Es gab keine Worte, die den Pfeil nun wieder herausholen würden. Also zuckte sie andeutungsweise die Achseln. »Denk ich mal.«

Dodd verzog das Gesicht, wog das Silber in einer Hand und wandte sich zum Brunnen. Scheu blieb der Mund offen stehen, und sie rannte los, als er zur Seite kippte und den kleinen Sack mit den Münzen emporschleuderte. Der Beutel drehte sich in der Luft, beschrieb eine Kurve und segelte dann mit flatterndem Zugband wieder zur Erde. Scheu streckte verzweifelt die Hand danach aus, während sie noch rannte, sprang, stürzte …

Sie keuchte, als ihre lädierten Rippen gegen die gemauerte Brunnenwand krachten und ihr rechter Arm in die Dunkelheit schoss. Ganz kurz glaubte sie, hinter dem Beutel selbst in den Brunnen zu stürzen, was irgendwie auch ein passendes Ende für die ganze Geschichte gewesen wäre, aber dann schrammten ihre Knie über die Erde vor dem Brunnenrand.

Sie hielt den Beutel an der einen unteren Ecke gepackt, und das Zugband baumelte herab, als Dreck und kleine Steinchen herunterrieselten.

Scheu lächelte. Das erste Mal an diesem Tag. Vielleicht sogar das erste Mal im ganzen Monat.

Dann öffnete sich das Zugband.

Ein funkelnder Regen aus Münzen rieselte in die Dunkelheit, Silber prallte hell klingend gegen die irdenen Wände, verschwand in dem tintenschwarzen Nichts, dann war alles still.

Sie richtete sich auf, wie taub.

Langsam rückte sie dann von dem Brunnen ab, hielt einen Arm um die Brust geschlungen, während die andere den leeren Beutel fest umklammerte.

Dann blickte sie zu Dodd, der auf dem Rücken lag, sodass der Pfeil senkrecht in die Luft ragte. Seine feuchten Augen waren auf sie gerichtet, seine Rippen hoben und senkten sich schnell. Sie hörte, wie seine flachen Atemzüge langsamer wurden und schließlich aufhörten.

Einen Augenblick stand Scheu da, dann krümmte sie sich zusammen und würgte Kotze hervor. Nicht viel zwar, da sie an diesem Tag noch nichts gegessen hatte, aber ihre Eingeweide krampften sich heftig zusammen und sorgten dafür, dass sie das Wenige, was da war, ausspuckte. Sie zitterte so sehr, dass sie fürchtete, sie würde einfach umfallen, und sie stützte die Hände auf die Knie, schniefte Galle aus der Nase und spuckte sie aus.

Verdammt, ihre Rippen taten so weh. Ihr Arm. Ihr Bein. Ihr Gesicht. So viele Kratzer, Püffe und blaue Flecke, dass sie kaum unterscheiden konnte, was wie brannte, puckerte oder pochte. Ihr ganzer Körper war ein einziger, überwältigender, pulsierender Schmerz.

Ihre Augen krochen zu Dodds Leiche. Wieder spürte sie eine Welle von Übelkeit, kämpfte aber dagegen an und zwang sich, woanders hinzusehen, zum Horizont, zu der schimmernden Linie von Nichts.

In der Ferne erhob sich eine Staubwolke. Sie wischte sich das Gesicht noch einmal mit dem zerfetzten Ärmel ab, der jetzt so verschmutzt war, dass sie davon vermutlich eher dreckiger als sauberer wurde. Sie richtete sich auf, sah mit zusammengekniffenen Augen in den Dunst und konnte es beinahe nicht fassen. Reiter. Ohne Zweifel. Zwar noch ein gutes Stück entfernt, aber mindestens ein Dutzend.

»Oh, verdammte Hölle«, flüsterte sie und biss sich auf die Lippe. Wenn das so weiterging, würde sie die irgendwann durchgekaut haben. »Oh, verdammte Hölle!« Und Scheu legte sich die Hände über die Augen, kniff die Lider zusammen und verbarg sich in der selbstgemachten Dunkelheit, in der verzweifelten Hoffnung, sie könnte sich irgendwie geirrt haben. Wäre ja nicht ihr erster Fehler gewesen, oder?

Aber als sie die Hände wegnahm, war der Staub noch da. Die Welt ist wirklich ein fieser Ort, der einem dauernd übel mitspielt, und je tiefer man am Boden liegt, desto mehr Tritte bekommt man ab. Scheu stemmte die Hände in die Hüften, streckte den Rücken durch und schickte einen lauten Schrei in den Himmel, zog das Wort dabei so sehr in die Länge, wie ihre wunden Lungen es erlaubten.

»Scheeeei-ßeeee!«

Das Echo schallte von den Blockhäusern zurück und erstarb schnell. Es kam keine Antwort. Vielleicht das leise Summen einer Fliege, die bereits begann, sich für Dodd zu interessieren. Nearys Pferd betrachtete sie kurz, sah dann aber weg und war offenbar völlig unbeeindruckt. Jetzt hatte Scheu zu allem anderen auch noch eine wunde Kehle. Und musste sich wieder die übliche Frage stellen:

»Verdammte Scheiße, was jetzt?«

Sie hielt die Zähne fest zusammengebissen, als sie Dodd die Stiefel von den Füßen zerrte und sich neben ihm auf den Boden setzte, um sie anzuziehen. War ja nicht das erste Mal, dass sie sich nebeneinander auf dem Boden ausstreckten, sie und er. Allerdings war er jetzt zum ersten Mal dabei tot. Seine Stiefel waren ihr zwar reichlich groß, aber trotzdem um einiges besser als gar keine Stiefel. Mit nun besser geschützten Füßen schlurfte sie wieder in die Taverne.

Neary gab ein bedauernswertes Stöhnen von sich, als er versuchte, sich aufzurappeln. Sie trat ihm ins Gesicht, bis er wieder auf den Rücken fiel, zog die restlichen Pfeile aus seinem Köcher und nahm ihm auch das schwere Gürtelmesser ab. Draußen in der Sonne hob sie den Bogen wieder auf und schob sich Dodds Hut auf den Kopf, der für sie auch ein bisschen zu großzügig geraten war, aber jetzt, da die Sonne langsam höher stieg, zumindest etwas Schatten bot. Dann band sie die drei Pferde mit einem Seil aneinander, was sich als ziemlich kitzliges Unterfangen erwies, da Jegs großer Hengst ein richtiges Dreckstück war und so aussah, als wollte er ihr am liebsten einen Tritt gegen den Kopf verpassen.

Als sie es geschafft hatte, sah sie mit gerunzelter Stirn wieder zu den Staubwolken. Sie bewegten sich direkt auf die Ansiedlung zu, und sie waren schnell. Bei genauerem Hinsehen korrigierte sie die Zahl der Reiter auf neun oder zehn, was immerhin zwei oder drei besser war als zwölf, aber immer noch ziemlich ungünstig.

Bankbeauftragte, die das gestohlene Geld zurückholen wollten. Kopfgeldjäger, die scharf auf den Preis waren, der auf ihre Ergreifung ausgesetzt war. Andere Gesetzlose, die davon Wind bekommen hatten, dass es hier etwas zu holen gab. Nämlich etwas, das im Augenblick am Grund eines Brunnens lag. Alle möglichen Leute hätten es sein können. Scheu hatte ein unglaubliches Talent dafür, sich Feinde zu machen. Sie merkte, dass sie wieder zu Dodd hinübersah, der mit dem Gesicht nach unten im Staub lag, die nackten Füße schlaff ausgestreckt. Das Einzige, womit sie noch mehr Pech hatte, war mit Freunden.

Wie war es nur so weit gekommen?

Scheu schüttelte den Kopf, spuckte durch die kleine Lücke zwischen ihren Vorderzähnen und schwang sich auf Dodds Pferd. Dann lenkte sie es in die andere Richtung, weg von den drohenden Staubwolken, ohne zu wissen, wohin ihre innere Kompassnadel jetzt eigentlich zeigte.

Mit einem Tritt in die Weichen trieb sie die Pferde an.

GESTERN, BEI EINEM DORF NAMENS BARDEN …

Bei Barden, Herbst 584

Zunder stand in der Tür und sah der Union dabei zu, wie sie seine Ernte ruinierte.

Es war kein Vergnügen, nur dazustehen und zu beobachten, wie die harte Arbeit von Stunden, Tagen und Monaten, in denen er sich von morgens bis abends abgemüht hatte, in den Dreck getreten wurde. Aber was hatte er für eine Wahl? Mit geschwungener Mistgabel rausrennen und die Unionisten ganz allein verjagen wollen? Zunder schnaubte bitter. Der Schwarze Dow und seine Kriegshäuptlinge und jeder Carl und jeder Namhafte Mann im weiten und öden Norden gaben ihr Bestes, um genau das zu tun, und sie hatten dabei kaum Erfolg. Zunder war nicht mehr der Krieger, der er früher einmal gewesen war, und schon damals hatte er sicherlich nicht zu den härtesten von allen gezählt.

Und so stand er in seiner Tür und sah der Union zu, wie sie seine Ernte ruinierte.

Zuerst waren unter dem lauten Klappern von Pferdehufen die Kundschafter gekommen. Dann die Soldaten, eine Reihe nach der anderen, mit ihren trampelnden Stiefeln. Dann die Wagen, die knarrten und stöhnten wie die Toten in der Hölle, und deren Räder Zunders Land aufrissen. Dutzende. Hunderte. Erst hatten sie den Weg in eine knietiefe Schlammspur verwandelt, dann wichen sie auf die Böschung daneben aus, und als die auch zu matschig wurde, fuhren sie über seinen Acker und machten aus ihm einen sich stets verbreiternden Dreckstreifen.

So ist das mit dem Krieg. Man fängt an mit etwas, das tatsächlich etwas wert ist, und am Ende hat man nichts als Schlamm.

Am Morgen, nachdem die ersten Kundschafter wieder verschwunden waren, hatten sie seine Hühner geholt, ein Dutzend nervöse Unionssoldaten und ein Nordmann, der für sie dolmetschte. Zunder verstand auch ohne Worte, was sie wollten. Er merkte es, wenn man ihn ausplünderte. Der Nordmann hatte so ausgesehen, als ob ihm die ganze Sache leid tat, aber dafür konnte er sich auch nichts kaufen. Doch was konnte man tun? Zunder war kein Held. Er war im Krieg gewesen, und auch dort hatte er keine Helden erlebt.

Er stieß einen langen, rauen Seufzer aus. Vielleicht verdiente er das alles wegen der Missetaten, die er in seiner Jugend begangen hatte, aber das machte den Gedanken an einen Hungerwinter nicht leichter. Mit gesenktem Kopf spuckte er in den Hof. Scheiß-Union. Zwar war es auch nicht schlimmer als damals, als Eisenkopf und Golding ihre letzte kleine Auseinandersetzung gehabt hatten und beide hier durchgezogen waren, um alles zu rauben, worauf sie ihre fetten Pranken legen konnten. Wenn man ein paar Leute mit Schwertern zusammenbringt, sogar solche, die normalerweise gute Manieren haben, dauert es nie lange, bis sich alle wie Tiere gebärden. Es war schon so, wie der alte Dreibaum immer gesagt hatte: Ein Schwert ist ein Scheißding, das man einem Menschen am besten gar nicht in die Hand gibt. Weil es für ihn und für alle in seiner Umgebung Scheißfolgen hat.

»Sind sie endlich weg?«, fragte Riam und schlich sich neben Zunder, um nach draußen zu spähen. Das Sonnenlicht tauchte ihr Gesicht zur Hälfte in Weiß, während die andere Hälfte im Schatten blieb. Sie sah ihrer Mutter mit jedem Tag ähnlicher.

»Ich sag dir schon Bescheid, wenn sie weg sind!«, knurrte er sie an und verstellte ihr den Weg zur Tür. Er war auf diesem Marsch dabei gewesen, als Bethod durch Angland gezogen war. Dabei hatte er selbst einiges getan, und er hatte einiges mitangesehen. Zunder wusste, wie schmal der Grat war zwischen Leuten, die sich in ihrem Haus um ihren eigenen Kram kümmerten, und schwarzen Knochen in einer verkohlten Ruine. Und er war sich bewusst, dass er und seine Kinder, solange diese Unionisten auf seinen Feldern unterwegs waren, Glück hatten, auf der richtigen Seite dieses Grats zu stehen, aber nichts garantierte, dass dieser Zustand von Dauer war. »Bleib hier drin!«, rief er ihr nach, als sie schmollend ins hintere Zimmer zurückging. »Und lass die Fensterläden zu!«

Als er wieder nach draußen sah, kam Cowan mit dem Melkeimer in der Hand um die Hausecke geschlendert, in hellem Tageslicht, als sei es ein ganz normaler Morgen.

»Bist du weich in der Birne, Junge?«, fuhr Zunder seinen Sohn an, als er durch die Tür trat. »Hab ich dir nicht gesagt, du sollst dich nicht sehen lassen?«

»Du hast aber nicht gesagt, wie ich das anstellen soll. Die kriechen doch überall herum. Wenn sie sehen, dass ich mich zu verstecken versuche, denken die doch bloß, wir hätten was zu verbergen.«

»Haben wir ja auch! Oder willst du, dass sie auch noch die Ziege mitnehmen?«

Cowan ließ den Kopf hängen. »Sie gibt ja eh nicht viel Milch.«

Jetzt empfand Zunder nicht nur Angst, sondern auch Schuld. Er fuhr seinem Sohn durchs Haar. »Niemand gibt gerade richtig viel. Wir haben Krieg. Da müssen wir uns möglichst bedeckt halten und schnell sein, verstehst du?«

»Joh.«

Zunder nahm Cowan den Eimer ab und stellte ihn neben die Tür. »Geh zu deiner Schwester, ja?« Dann warf er einen schnellen Blick aus der Tür und fluchte unterdrückt.

Ein Unionist kam auf das Haus zu, und zwar einer, der Zunder noch weniger gefiel als die meisten anderen. Groß, mit zu wenig Hals und zu viel Rüstung, einem langen Degen an einer Seite und einem kürzeren an der anderen. Zunder mochte nie der härteste Kämpfer gewesen sein, aber er hatte genug gesehen, um einen Mann zu erkennen, für den das Töten ein Leichtes war, und dieser breit gebaute Kerl hatte etwas an sich, das ihm eine Gänsehaut verursachte.

»Was ist denn?«, fragte Cowan.

»Geh rein, wie ich dir gesagt habe!« Zunder zog das Hackebeil vom Tisch und hielt es so, dass es hinter seinem Bein verborgen blieb, ließ die Hand über den kühlen, glatten Griff wandern, bis er es richtig zu fassen bekam, und merkte, dass sein Mund plötzlich ganz trocken war.

Zunder mochte nicht mehr der Krieger sein, der er früher einmal gewesen war, aber ein Mann, der nicht bereit ist, für seine Kinder zu sterben, ist kein Mann.

Beinahe hatte Zunder erwartet, dass der halslose Drecksack einen dieser beiden Degen ziehen, die Tür eintreten und ihn dabei gleich mit erledigen würde. Aber der Unionist kam nur mit zwei langsamen Schritten die Vortreppe herauf, die so wuchtig waren, dass Zunders armselige Zimmermannsarbeit unter seinen großen Stiefeln knarrte, und lächelte. Es war ein nicht gerade überzeugendes, beinahe bedauernd wirkendes Lächeln, das sich langsam einen Platz auf seinem Gesicht erkämpfte, als ob es ihm viel Mühe bereitete. Als ob er lächelte, obwohl ihn eine schwärende Wunde quälte.

»Hallo«, sagte er auf Nordisch. Zunder spürte, dass sich unwillkürlich seine Augenbrauen hoben. So eine seltsame, hohe Stimme hatte er noch nie bei einem Mann gehört, schon gar nicht bei einem von solchen Körpermaßen. Aus der Nähe betrachtet waren seine Augen traurig und nicht wild. Er trug einen Ranzen über der Schulter, auf den eine goldene Sonne geprägt war.

»Hallo.« Zunder bemühte sich um ein möglichst ausdrucksloses Gesicht. Nicht wütend. Nicht ängstlich. Er war nichts und niemand. Ganz sicher niemand, den man würde töten müssen.

»Ich heiße Gorst.« Zunder sah keinen Anlass, darauf zu antworten. Wie alles andere ist ein Name eben etwas, das man teilt, wenn man das Bedürfnis dazu fühlt. Schweigen dehnte sich aus. Ein hässliches, gefährliches Schweigen, das die leisen, schlecht gelaunten Rufe der Männer und Tiere von der anderen Seite des Feldes überlagerte. »Als dein Sohn gerade hereinkam, hatte er da ein bisschen Milch?«

Zunder kniff die Augen zusammen. Jetzt kam es darauf an. Wenn er leugnete, was dieser Gorst ohnehin schon gesehen hatte, verärgerte er ihn vielleicht und brachte sich und seine Kinder noch mehr in Gefahr. Aber wenn er es zugab, dann verlor er vielleicht nach allem anderen auch noch die Ziege. Der Unionist rührte sich leicht, als er so vor der Tür stand, und das Licht erfasste einen der Degengriffe, der daraufhin stählern schimmerte.

»Joh«, krächzte Zunder schließlich. »Ein bisschen.«

Gorst griff in seinen Ranzen, und Zunders Augen folgten der großen Hand aufmerksam, bis sie mit einem hölzernen Becher wieder zum Vorschein kam. »Dürfte ich dich um ein wenig davon bitten?«

Zunder musste die Axt beiseitelegen, damit er den Eimer hochheben konnte, aber er sah keine andere Möglichkeit. Irgendwie gab es in diesen Tagen nie andere Möglichkeiten, da ging es einem wie den Blättern, die der Wind vor sich hertrieb. So ist es, wenn man zu den ganz normalen Leuten gehört, die mit dem Krieg auf ihrer Türschwelle leben müssen, überlegte er.

Der Unionist neigte seinen Becher, hielt ihn so, dass einige Tropfen hineinrannen, dann blickte er auf. Eine Weile sahen sie einander an. In den Augen des großen Mannes war kein Zorn oder Gehässigkeit oder überhaupt besonders viel zu lesen. Müde Augen, langsam, und Zunder schluckte, weil er sich sicher war, dass er seinem Tod ins Gesicht sah, und es war kein schönes Gesicht. Aber dann nickte Gorst mit seinem kahl werdenden Kopf zu den Bäumen hinüber, wo sich etwas Rauch von der Schmiede in den eisengrauen Himmel ringelte. »Kannst du mir sagen, wie das Dorf dort heißt?«

»Das ist Barden.« Zunder räusperte sich und wünschte sich nichts sehnlicher, als die Axt wieder in die Hand zu bekommen, aber er wusste nicht, wie er das bewerkstelligen sollte, ohne dass der große Kerl es merkte. »Da gibt's allerdings nicht viel.«

»Ich dachte auch nicht an einen Besuch. Aber ich danke dir.« Der große Kerl sah ihn an, und er hatte den Mund halb geöffnet, als wollte er noch etwas hinzufügen. Dann wandte er sich um und schlurfte davon, mit hängenden Schultern, als ob ein schweres Gewicht darauf lastete. Noch schwerer als das Gewicht des ganzen Stahls, den er mit sich herumtrug. Er setzte sich auf den Stumpf der alten Kiefer, mit der Zunder so eine verdammte Mühe gehabt hatte, als er sie im Frühjahr hatte fällen wollen. Die beinahe auf ihn heruntergekracht war, als er den Stamm endlich durchschlagen hatte.

»Was wollte er denn?«, ertönte Riams Stimme an seinem Ohr.

»Bei den Toten, kannst du nicht außer Sichtweite bleiben?« Zunder kotzte die Worte beinahe heraus, so eng war ihm seine Kehle, als er versuchte, seine Tochter mit einem Arm von der Tür wegzuschieben.

Aber der große Mann machte keine Anstalten, Zunders Ziege beschlagnahmen zu lassen, ebenso wenig wie seine Kinder. Er zog ein paar Papiere aus seinem Ranzen, legte sie auf das Holz zwischen seinen Beinen, zog den Stopfen aus einem kleinen Tintenfässchen, tauchte seine Feder ein und schrieb etwas. Dann trank er einen Schluck seiner Milch – Zunders Milch, genauer gesagt –, sah grimmig zu den Bäumen, dann zum Himmel, dann zu den Kolonnen von Pferden und Wagen, die kaum vorankamen, tauchte seine Feder wieder ein und schrieb noch mehr.

»Was macht er?«, flüsterte Riam.

»Er schreibt.« Zunder bewegte die Muskeln seines Mundes und spuckte aus. Auch wenn er nicht wusste, warum – es ärgerte ihn, dass so ein großer, piepsstimmiger Unionsarsch da auf seinem Baumstumpf hockte und schrieb. Was zur Hölle nützte diese Schreiberei, wenn die Welt überall voller Probleme war, die einer Lösung harrten? Aber zweifelsohne gab es Schlimmeres, was er hätte tun können. Und überhaupt, was konnte Zunder dagegen ausrichten?

Also stand er da, hielt noch immer den beinahe leeren Milcheimer verkrampft fest, und sah der Union zu, wie sie seine Ernte ruinierte.

»Oberst Gorst?«

»Ja?«

Es war absolut unmöglich, sich an diese Stimme zu gewöhnen, so sehr man den Mann auch bewundern mochte. Er klang wie ein kleines Mädchen, das sich verlaufen hat.

»Ich bin Leutnant Kerns. Ich bin mit demselben Schiff hier angekommen wie Sie, mit der … *Unbezwingbar*? Der *Unbesiegbar*? Egal, irgendwas mit Un- jedenfalls.« Gorst saß schweigend da. Er hatte einige Papierbögen auf dem Baumstumpf ausgebreitet, ein Tintenfass stand offen daneben. In einer

Hand hielt er eine Feder, die sich in seiner Riesenpranke seltsam ausnahm, in der anderen einen kleinen Becher. »Ich habe Sie morgens öfters an Deck bei Kampfübungen gesehen.« Viele Männer hatten sich dort versammelt, um ihn zu beobachten. Keiner von ihnen hatte so etwas schon einmal gesehen. »Ein höchst beeindruckendes Spektakel. Wir haben einmal auch … ein wenig geredet.« Zumindest wörtlich genommen entsprach das der Wahrheit, dachte Kerns, obwohl es im Grunde er gewesen war, der fast die ganze Unterhaltung allein bestritten hatte.

Jetzt war es schon wieder so ähnlich. Gorst sah in bleiernem Schweigen zu ihm hoch, die tiefliegenden Augen abschätzend zusammengekniffen, und das brachte Kerns dazu, nervös zu schwafeln. Die Worte strömten immer schneller aus seinem Mund, dabei sagte er immer weniger. »Wir haben über die Gründe für die kriegerische Auseinandersetzung gesprochen und so weiter, und darüber, wer daran beteiligt ist und wer im Recht und wer im Unrecht ist, das Weshalb und Warum, Sie wissen schon.« Bei den Schicksalsgöttinnen, warum konnte er nicht einfach die Klappe halten? »Und wie Marschall Kroy den Kriegszug führen wird, und welche Division wo kämpft und so weiter und so fort. Ich denke, wir haben auch über die Vorteile styrischen Stahls gegenüber den in der Union entwickelten Legierungen gesprochen, für Klingen und Waffen und so. Dann fing es an zu regnen, und ich bin wieder unter Deck gegangen.«

»Ja.«

Wie sehr wünschte sich Kerns, jetzt auch einfach unter Deck verschwinden zu können. Er räusperte sich. »Ich bin verantwortlich für die Bewachung dieses Abschnitts unseres Versorgungszugs.« Gorst ließ seinen starren Blick über die Kolonne gleiten, was Kerns dazu brachte, beschämt zu husten. So hart er auch daran gearbeitet hatte, es war ihm nicht gelungen, den Zug in eine Ordnung zu bringen, auf die ein vernünftiger Mensch hätte stolz sein können. »Na ja, ich bin zusammen mit Leutnant Pendel verantwortlich, und jetzt sah ich Sie hier sitzen und schreiben, da dachte ich, ich könnte mich Ihnen noch einmal in Erinnerung bringen … Oh, sagen Sie, ist das etwa ein Brief an den König?«

Gorst runzelte die Stirn. Oder vielmehr, er runzelte die Stirn noch mehr als vorher, und er rührte seinen massigen, rundum gerüsteten Körper, als wollte er die Papiere vor neugierigen Blicken schützen. »Ja.«

»Das ist so aufregend, wenn ich mir das jetzt so überlege, mit Seiner Majestät und so, dass er genau diese Zeilen lesen wird, vielleicht beim Frühstück oder auch beim Mittagessen. Ich kann mir gar nicht vorstellen, was Seine Majestät normalerweise zu Mittag isst …«

»Das ist unterschiedlich.«

Kerns räusperte sich. »Natürlich. Natürlich ist es das. Ich habe mich gefragt, wenn es nicht zu aufdringlich wäre, ob ich mir wohl einen Bogen Papier von Ihnen erbitten dürfte? Heute Morgen erhielt ich gerade einen Brief von meiner Frau, und ich möchte ihr unbedingt antworten. Unser erstes Kind kam zur Welt, kurz bevor wir loszogen, müssen Sie wissen.«

»Meinen Glückwunsch.«

»Ja, er ist wirklich ein wunderschönes Kind.« Soweit Kerns sich erinnerte, hatte er seinen Sohn für bemerkenswert hässlich, dick und schreiwütig befunden, aber Väter sagten ja immer, dass ihre Kinder schön seien, und daher tat er das auch; das entrückte Lächeln, das offenbar dazugehörte, hatte er sogar geübt. Jetzt zeigte er es in voller Schönheit. »Ein wunderschöner, wunderschöner Junge. Aber wie gesagt, vielleicht könnte ich …«

Gorst drückte ihm ein Stück Papier in die Hand.

»Ja. Genau. Ich bedanke mich vielmals. Natürlich werde ich

es Ihnen baldmöglichst ersetzen. Würde mir nicht einfallen lassen, Ihnen …«

»Vergessen Sie's«, versuchte Gorst zu grunzen und ließ die schweren Schultern hängen, als er sich seinem eigenen Schreiben zuwandte.

»Ja.« Kerns räusperte sich wieder. »Ja, natürlich.«

»Jetzt reicht's mir mit diesem Quatsch.« Pendel zog die Schaufel hervor, die seitlich am Wagen klemmte, und machte sich auf den Weg über den niedergetrampelten Acker, während der nasse Boden unter jedem seiner Schritte schmatzte.

»Was machen Sie denn?«, ertönte Kerns' nörgeliges Quäken. Die Stimme rieb an Pendels Nerven allmählich ähnlich unangenehm wie ein stumpfes Rasiermesser an einem wunden Hals. Zumal sie immer wieder einzigartig blöde Fragen stellte.

»Was glauben Sie, was ich mache?« Pendel schwenkte die Schaufel in seine Richtung. »Ich grabe mir einen Tunnel bis zurück nach Adua!« Er wandte sich wieder den Bäumen zu und brummte unterdrückt: »Sie Volltrottel.«

»Sind Sie sicher, dass Sie dort hinüber gehen sollten?«, rief Kerns ihm nach und wedelte aus irgendeinem Grund mit einem Stück Papier. »Was wäre, wenn …«

»Sie kommen ohne Zweifel eine Minute lang ohne mich aus, davon bin ich überzeugt!« Auch hier setzte Pendel ein unterdrücktes »Sie Volltrottel« hinzu. Wahrscheinlich hätte er sich für den ganzen Tag abmelden können, um bei seiner Rückkehr festzustellen, dass die Kolonne kaum mehr als ein paar Schritte vorangekommen war, und wenn Kerns sich auch noch so sehr bemüht hätte. Es war doch immer dasselbe mit neuen Offizieren. Vorschriften, Pflichten, Ehre, Vorschriften. Wenn Pendel Wert darauf gelegt hätte, dass ihm jemand eine Vorschrift nach der anderen um die Ohren schlug, dann hätte er im Hauptquartier bleiben und sich anhören können, wie der verdammte Oberst Felnigg seinen unschuldigen Kopf jeden Morgen damit traktierte. Na ja, er hätte ja auch dort bleiben können, wenn ihm nicht diese kleine Panne passiert wäre, die dann zu einem Disziplinarverfahren geführt hatte, aber darum ging es ja nicht. Es war schlicht und einfach so, dass er kacken musste, und das beabsichtigte er nicht vor den Augen von einem Dutzend Männer und Tieren zu tun. Wer wollte schon ein Publikum beim Kacken?

»Was, wenn Nordmänner dort im Wäldchen …«

»Dann scheiße ich ihnen verdammt noch mal auf den Kopf!« Damit ließ er Kerns zurück, um weiter Gorsts großen, dicken, nutzlosen, quietschenden, königlichen Berichterstatter-Arsch zu küssen, und marschierte über das Feld zur lockenden Dunkelheit unter den Bäumen, wobei er sein Tempo merklich verlangsamte, als er merkte, dass er leicht außer Atem geriet.

»Da sind sie.«

»Joh, ist wohl so«, brummte Schneebleich rund um den Klumpen Tschagga in seinem Mund. »Kein Zweifel.«

Man konnte die Ärsche kaum übersehen. Dutzende von Karren und Planwagen, die über den niedergetrampelten Acker rumpelten, von dem sich ein paar arme Schweine wohl mal eine gute Ernte erwartet hatten. Ein Teil der Ladung war mit Planen abgedeckt, der Rest hatte allerdings nicht einmal diesen notdürftigen Schutz erhalten. Offene Heuballen warteten einladend auf eine zielgenau geschleuderte Fackel. Ganze Bündel von Flachbogenbolzen bettelten förmlich darum, weggeschleppt und später zu ihren Besitzern zurückgeschossen zu werden. Es gab alles Mögliche zu klauen und kaputt zu machen. Viel Bewegung war dort unten nicht. Viel zu viel Ausrüstung und nicht annähernd genug gute Straßen, das war das Problem des Unions-Einmarsches in den Norden, soweit

Schneebleich das erkennen konnte. Pferde tänzelten und trotteten voran. Kutscher saßen gelangweilt zusammengesunken auf ihren Böcken. Allzu viele Wachen jedoch gab es nicht, und die, die es gab, sahen so aus, als ob sie es eher auf ein Nickerchen als auf einen Kampf anlegten.

»Sieht gut aus, Häuptling«, flüsterte Reißer.

Schneebleich warf einen schmaläugigen Blick auf seinen Stellvertreter. »Beschrei's nicht, ja?« Oft genug hatte er schon erlebt, dass es in einer Lage, die eigentlich gut aussah, richtigen Ärger gegeben hatte. Man konnte gar nicht vorsichtig genug sein, jedenfalls nicht, wenn man versuchte, sich an die Union anzuschleichen.

Schneebleich zählte schon lange nicht mehr, wie viele Angriffe er angeführt hatte. Ein Leben lang hatte er das getan, und er wartete immer noch auf die Aktion, bei der alles genau so verlief, wie er sich das vorstellte. Egal, wie vorsichtig er plante, immer machte ihm ein kleiner Hauch von Pech einen Strich durch die Rechnung. Irgendein übereifriger Narr in seinem eigenen Lager oder ein übertrieben wachsamer Pedant auf der Gegenseite, ein lockerer Riemen, ein nervöses Pferd, irgendeine Tücke des Wetters oder des Lichts, oder auch nur ein blöder, trockener Zweig zur falschen Zeit am falschen Ort. Aber so war das im Krieg, vermutete Schneebleich. Man hat Glück, man hat Pech, und am Ende gewinnt der, der das Beste aus seinem Los gemacht hat.

Aber wer wusste schon, wer das sein würde? Während er das Feld mit der zerstörten Ernte und dem einen kleinen Haus und dem einen kleinen Stall betrachtete, und die riesige Menge von unvorbereiteten, schlecht zu lenkenden Männern und Versorgungsgütern, die darüber hinwegzogen, spürte er das angespannte, erwartungsfrohe Kitzeln auf den Handrücken, als ob heute tatsächlich einmal alles so sein würde, wie er es sich dachte, und seine Mundwinkel hoben sich langsam.

Dann könnte er bei seiner Rückkehr Scale erzählen, dass es eine wirklich herrliche Plünderung gewesen war. Pflückreif wie ein Pfirsich. Seine Männer würden lachen und stolz ihre Beute präsentieren und immer unglaublichere Lügen von ihren großen Taten erzählen. Und Scale würde ihm vielleicht einmal anerkennend auf die Schulter klopfen, anstatt wieder einen Wutanfall zu bekommen, den Schneebleich mit eingezogenem Kopf über sich ergehen lassen musste. Ehrlich gesagt, allmählich hatte er dieses Gebrüll ein bisschen satt. Scale war aber trotzdem ein Anführer, den man respektieren konnte. Jedenfalls, solange er den Mund nicht aufmachte.

Schneebleich kaute selbstvergessen auf seinem Tschaggaklumpen, während er das Feld noch einmal gründlich in Augenschein nahm, dann nickte er. Ein guter Kämpfer muss vorsichtig sein, aber früher oder später muss er zuschlagen. Wenn der Augenblick einem lächelnd die Hand hinstreckt, muss man einschlagen.

»In Ordnung. Die Männer sollen sich bereit machen.« Er wandte sich um und gab den anderen die vereinbarten Signale, deutete mit der offenen Hand links und rechts zwischen die Bäume, um anzuzeigen, wo er seine Leute haben wollte; er war mit seinen Händen beredter als mit dem Mund. Die Bogenschützen nahe an den Waldsaum, die Carls in zwei Keilformationen aufgestellt, um die Wachleute anzugehen, die Hörigen in der Mitte, um sich auf die Kolonne zu stürzen und so viel Schaden anzurichten, wie irgend möglich war, bevor noch mehr Unionisten nachrücken konnten. Es war immer wieder überraschend, wie viel man in kurzer Zeit klauen und kaputtmachen konnte, wenn man es wirklich darauf anlegte. Nur ein bisschen mehr Glück, und das hier würde ein Überfall werden, an dem sich alle anderen in Zukunft messen lassen müssten. Ein kinderleichter Überfall. Ein ganz wunderbarer …

»Häuptling«, zischte Reißer.

»Hä?«

Der Namhafte Mann legte den Finger an die Lippen, damit Schneebleich still war, dann deutete er mit dem Finger durch das Unterholz.

Schneebleich fühlte seine Zuversicht davongleiten. Quer über das Feld kam jemand auf sie zu. Ein Unionist mit glänzend poliertem Helm, der eine Schaufel über der Schulter trug, offenbar bester Laune. Hastig fuhr Schneebleich herum, machte seine Leute mit einem lauten Zischen auf sich aufmerksam und bedeutete ihnen dann mit hektischem Winken, sich in Deckung zu begeben. Wie ein Mann ließen sie sich ins Unterholz fallen, verbargen sich hinter Bäumen oder Felsen, und wie durch Zauberhand wirkte das Wäldchen einen Augenblick später friedlich, ruhig und völlig leer.

Der Südländer blieb jedoch nicht stehen. Er duckte sich unter den Ästen hindurch, brach durchs Unterholz und kam dabei genau auf sie zu, während er schief vor sich hinpfiff, als sei er auf dem Weg zum Markt und nicht im Krieg. Das waren echte Vollidioten, diese Unionisten. Verdammte Vollidioten, aber wenn der da so weiterlief, dann würde er sie sehen, und zwar schon bald, egal, ob er ein Idiot war oder nicht.

»Irgendwas ist doch immer«, zischte Schneebleich und fasste nach seinem Schwert, während er die andere Hand mit der Fläche voran nach hinten streckte, um den Männern anzuzeigen, dass sie Ruhe bewahren sollten. Neben ihm ließ Reißer ganz langsam sein Messer aus der Scheide gleiten, bis die Klinge mörderisch im Schatten glänzte. Schneebleich sah den Südländer näher und näher kommen, ein kleines Kribbeln ließ sein Augenlid zucken, seine Muskeln spannten sich, und er war bereit, sein Schwert zu ziehen und …

Keine vier Schritte von ihm entfernt blieb der Helmfritze abrupt stehen, stieß das Schaufelblatt in die Erde, nahm den Helm ab und warf ihn neben sich auf den Boden, wischte sich mit dem Unterarm über die Stirn, wandte sich um und zog dann seinen Gürtel auf.

Schneebleich spürte, wie sich ein Grinsen über sein Gesicht legte. Er sah Reißer an, löste die Hand leise vom Schwertgriff, legte den Zeigefinger an die Lippen, deutete dann auf den Südländer, der sich mit heruntergelassenen Hosen hinhockte, und fuhr sich mit dem Finger langsam über die Kehle.

Reißer runzelte die Stirn und tippte sich gegen die Brust.

Schneebleich grinste noch breiter und nickte.

Reißer sah noch etwas bedenklicher drein, dann aber bewegte er sich ganz vorsichtig durchs Unterholz, tastete sich zwischen den Pflanzen voran und ließ die Augen unablässig über den Boden gleiten, um nichts zu übersehen, was ihn vielleicht verraten mochte. Schneebleich lehnte sich zurück und beobachtete ihn. Sie würden dieses kleine Problem aus der Welt schaffen, anschließend die Männer in Stellung bringen und den Überfall vorbereiten, und dann gäbe es einen Raubzug, über den man noch in hundert Jahren Lieder singen würde. Jedenfalls würden sie es mal probieren.

Im Krieg hat man mal Glück und mal Pech. Am Ende gewinnt der, der das Beste aus seinem Los gemacht hat.

Pendel versuchte in der Hocke eine halbwegs bequeme Haltung zu finden, indem er sich mit einer Hand an der Schaufel festhielt und mit der anderen auf dem Knie abstützte. Er stöhnte und biss die Zähne zusammen. So war das mit dem Scheißleben in der Armee, alles war immer entweder zu hart oder zu weich, aber nie so richtig angenehmes Mittelmaß. Im Krieg gab es kein angenehmes Mittelmaß. Er seufzte und verlagerte sein Gewicht ein wenig, um einen neuen Versuch zu starten, als er einen scharfen Schmerz an seinem Hintern fühlte.

»Aua!« Fluchend fuhr er herum. Eine dieser riesenhaften Brennnesseln, die es hier gab, hatte sich wie mit Absicht zur

Seite geneigt und seine linke Hinterbacke versengt, verflucht noch eins.

»Verdammter Norden«, zischte er und rieb sich die betroffene Hautpartie, die daraufhin aber nur noch mehr brannte. »Dieses Scheißland soll verdammt sein.« Jetzt waren sie schon seit Monaten auf dem Marsch, jedenfalls fühlte es sich so an, und er hatte noch nicht ein Stück Land gesehen, das auch nur den Rotz eines Soldaten wert gewesen wäre, schon gar nicht viele Hundert Leben, und er bezweifelte sehr …

Hinter den Nesseln, nur ein paar Schritte entfernt, kniete ein Mann im Unterholz und starrte ihn an.

Ein Nordmann.

Ein Nordmann, der mit einem Messer bewaffnet war.

Kein großes Messer. Eher so Durchschnitt.

Aber bestimmt groß genug.

Sie starrten einander eine gefühlte Ewigkeit lang an – Pendel in der Hocke und mit heruntergelassenen Hosen und der ebenfalls hockende Nordmann, der zwar seine Hosen vorschriftsmäßig hochgezogen hatte, dafür aber die Kinnlade weit herunterhängen ließ.

Im gleichen Augenblick, als hätten sie sich abgesprochen und lange darauf vorbereitet, kamen beide in Bewegung. Der Nordmann machte einen Satz nach vorn und riss das Messer hoch. Ohne bewusst darüber nachzudenken wirbelte Pendel herum, schwang die Schaufel, und das flache Blatt traf den Nordmann mit einem metallischen *Dong* so kraftvoll am Kopf, dass Blut hervorspritzte und Nordmann und Schaufel durch die Luft flogen.

Mit einem hellen Aufschrei schwankte Pendel wieder in die Richtung, aus der er gekommen war, kam ins Stolpern, hörte etwas neben sich durch die Luft pfeifen, das sehr nach einem Pfeil klang, rollte sich durch ein dichtes Nesselgebüsch und kam dann ruckartig auf die Beine, um gleichzeitig loszulaufen, zu schreien und sich die Hosen hochzuziehen, während ihm der kalte Atem des Todes direkt auf den nackten Hintern blies.

Meine geliebte Silyne,
Ich war überglücklich, als mich dein Brief und die Nachrichten von meinem, unserem Sohn erreichten, auch wenn das drei Wochen gedauert hat. Die verdammte Heerespost, du weißt ja, wie es ist. Wie schön, dass es deiner Mutter besser geht. Ich wollte dir erzählen …

Kerns lehnte sich zurück und blickte sinnend über das Feld. Was wollte er ihr erzählen? So war es immer. Da wollte er unbedingt schreiben, aber wenn er sich dann hinsetzte, kamen die Worte nicht. Jedenfalls keine, die was getaugt hätten. Er war sich noch nicht einmal wirklich sicher, dass er überhaupt schreiben *wollte*, er hatte nur das Gefühl, er *sollte* das tun. Wenn er je im Feld starb, würde seine Frau das nichtssagendste und langweiligste Altpapier aller Zeiten geschickt bekommen, so viel stand mal fest. Keine poetischen Bekenntnisse seiner tiefen Liebe, keine weisen Ratschläge an seinen kleinen Sohn für dessen Mannesalter, keine geheimen Enthüllungen seines innersten Ichs. Ganz sicher war er niemand, der tiefgründige Erkenntnisse gewonnen hatte, die er anderen mitteilen konnte.

Nun war es allerdings auch nicht so, dass hier irgendetwas geschah, das auch nur im Geringsten von Interesse gewesen wäre. Sie kamen kaum voran, und mit Kämpfen tat sich gar nichts. Kerns wollte kein Held sein, er wollte nur seine Pflicht erfüllen. Und sich lieber gegen einen Feind beweisen, als sich jeden Tag aufs Neue gegen Schlamm, Pferde und Pendels Unfähigkeit durchzusetzen. Lieber Ehre auf dem Schlachtfeld gewinnen. Gefeiert, belohnt, gepriesen, bewundert werden. Na gut, vielleicht wollte er doch ein Held sein. Und dann hockte er hier, zwischen dem ganzen Gepäck, wo die mutigste Tat im Schmieren der Wagenachsen bestand.

Er seufzte laut und müde, betrachtete lustlos das fast leere Blatt und sah dann wohl in der Hoffnung auf Inspiration zu Oberst Gorst hinüber. Aber der Oberst hatte die Feder beiseitegelegt und blickte mit gerunzelter Stirn zu den Bäumen. Kerns glaubte einen leisen, hohen Schrei zu hören, in dem ein Hauch von Panik mitschwang. Jetzt ertönte er wieder, und zwar lauter. Gorst sprang auf, ließ den Becher fallen und verschüttete die Milch. Kerns folgte seinem Blick, und ihm blieb der Mund offenstehen. Dort war Pendel, der sich den Weg durch das Getreide bahnte und versuchte, gleichzeitig zu rennen, seine Hosen festzuhalten und zu schreien.

Ihm entrang sich dabei ein verständliches Wort, das er mit vor Entsetzen schriller Stimme hervorschleuderte:

»Nordmänner!«

Wie um seinem Ausruf zusätzliche Dramatik zu verleihen, flog in diesem Augenblick ein Pfeil über ihn hinweg, verfehlte seine Schulter knapp und landete irgendwo zwischen den Getreidehalmen. Kerns fühlte, wie ihm die Röte ins Gesicht stieg. Die Zeit schien sich plötzlich zu verlangsamen. Er stand auf, als träumte er, mit schweren Gliedern und noch mühsamer arbeitendem Verstand, der nur schwer die Realität erfasste. Kerns glotzte zu Pendel hinüber, dann zu der Kolonne, dann glotzte er Gorst an, der schon voranstürmte und dabei seine schweren Eisen zog. Er glotzte zum Waldsaum, wo nun Männer erschienen waren, die ebenfalls rannten und deren Schreie über das stille Feld hallten.

»Verdammte Scheiße«, flüsterte Kerns, warf die Feder beiseite und riss am Griff seines Degens. Die verdammte Waffe wollte einfach nicht aus der Scheide. Dann wurde ihm klar, dass der Befestigungsriemen noch über den Griff geschlungen war, und er fummelte daran herum, schaffte es nicht, ihn zu lösen, riss sich wütend die Handschuhe herunter, versuchte es erneut und bekam die Sicherung endlich los. Dann sah er auf. Nordmänner, eindeutig Nordmänner, ein paar davon mit bemalten Schilden vor der Brust und schimmernden Waffen in den Fäusten, kamen grölend und schreiend auf die kaum nennenswert gesicherten Wagen zugerannt.

Er suchte hektisch nach seinem Helm, warf dabei das Tintenfass um und spritzte einen schwarzen Tropfenregen über sein banales Brieffragment. Den Helm hätte er wahrscheinlich die ganze Zeit über tragen sollen, aber seine Leute hatten sich fürchterlich darüber lustig gemacht, und als er heute Morgen feststellte, dass man ihm Dung hineingefüllt hatte, war das der Tropfen gewesen, der das Fass zum Überlaufen gebracht hatte. Wenn er jemals herausbekam, wer ...

Nun, da es ihm endlich gelungen war, seinen Degen zu ziehen, musste er feststellen, dass das kaum noch Sinn hatte. Da bewegte sich etwas in der Luft. Pfeile. Pfeile von knienden Nordmännern, vor den Bäumen, die Bögen erhoben. Seine weit aufgerissenen Augen glitten über den dunklen Wald, vor dem kleine Bewegungen die Aufmerksamkeit auf sich lenkten. Instinktiv duckte er sich, obwohl das sinnlos war; die Pfeile pfiffen an ihm vorbei und bohrten sich in die Wagen. Er sah, wie einer ins Holz schlug und dort zitternd stecken blieb. Ein anderer traf die Flanke eines Pferdes, das laut wiehernd vorn aufstieg.

»Zu mir!«, brüllte er, ohne zu wissen, wen er da anbrüllte, und ohne zu überprüfen, ob überhaupt jemand bei ihm war. Voller Energie versuchte er, die Füße hoch genug zu nehmen, um über die Gerste hinwegzustolpern. Mit einem Mal waren alle dummen Ressentiments darüber, dass man ihm nichts weiter als diesen blöden Versorgungszug anvertraut hatte, vergessen. Feindberührung! Es gab endlich Feindberührung!

Gorst lieferte sich bereits einen Kampf mit zwei Nordmännern. Sein langes Eisen schlug mit lautem Krachen gegen einen Schild und ließ einen der Gegner zurücktaumeln. Gorst wich dem Schlag einer beidhändig geführten Axt aus, deren schwere Klinge ihn nur um die buchstäbliche Haaresbreite verfehlte. Noch während sie sich in den Boden grub, wirbelte Gorst schon herum, blitzschnell trotz seines massigen Körpers, und strich mit dem langen Eisen über die Gerstenhalme. Vor allem aber durchtrennte die Klinge sauber das rechte Bein des Axtkämpfers auf Kniehöhe und riss ihm das zweite weg, sodass der Unglückliche in einer Blutfontäne zu Boden stürzte. Sein Kamerad versuchte gerade wieder, sich aufzurappeln, als Gorsts langes Eisen eine tiefe Beule in die Vorderseite seines Helms schlug und ihn nach hinten warf, mit tonlos aufgerissenem Mund, weit ausgebreiteten Armen und fühllosen Händen, aus denen das Schwert zu Boden glitt.

Kerns packte ein Gefühl von Erschütterung, als ihm klar wurde, dass er gerade Zeuge geworden war, wie zwei Männer vor seinen Augen getötet worden waren. Erschütterung, Fassungslosigkeit und atemlose Erregung. Das war tatsächlich und wahrhaftig Feindberührung! Und dabei neben Oberst Gorst zu stehen, einem Mann, der zur Leibwache des Königs gehört hatte! Der ihm nach dieser Auseinandersetzung lächelnd seine Anerkennung zeigen, ihm auf die Schulter klopfen und ihn einen Bruder nennen würde! Von all dem hatte Kerns geträumt, als er zum ersten Mal eine Uniform angezogen hatte. Drei weitere Nordmänner kamen jetzt über den Acker auf Gorst zugerannt, und Kerns beeilte sich, mit erhobenen Schwert zu ihm aufzuschließen.

»Oberst Gorst!«

Gorst fühlte, dass er am Ende der weit ausholenden Bewegung, mit der er dem Nordmann vor sich die Kehle aufschlitzte, mit dem langen Eisen etwas traf und ein Ruck durch die

Waffe ging, sodass er etwas nachfassen musste. Aber er hatte keine Zeit, darüber nachzudenken. *Ich muss mich um andere Dinge kümmern.*

Beispielsweise um einen kurz gewachsenen Kerl in angelaufenem Kettenhemd, schon älter und etwas in die Breite gehend, der so lauthals brüllte, wie er nach dem Sprint übers Feld noch konnte. Die geröteten Wangen waren von lauter kleinen, geplatzten Äderchen durchzogen. *Diese Wangen.* Ganz überraschend fühlte sich Gorst vage an seinen Vater erinnert, an die Zeit kurz vor dessen Tod, als er ans Bett gefesselt war, nicht mehr richtig sprechen konnte und selbst immer wieder verblüfft von den Tierlauten war, die aus seinem verzerrten Mund drangen. Wie er mit den Quasten an seinem Nachthemd spielte, zu einer geisterhaften Trockenpflaume seines einstigen Ichs geschrumpft. *Eine geisterhafte Trockenpflaume mit pflaumenfarbenen Wangen.*

Wie viele Jahre habe ich die Enttäuschung des alten Narren erduldet, seine Zurückweisung und seine Witze über Frauenstimmen, und dazu gelächelt und genickt, wie es sich für einen pflichtbewussten Sohn gehört? Gorsts Lippen verzogen sich zu einer animalischen Fratze. Das trieb ihn nur noch weiter an. *Denn schließlich, lieber Vater, konnte ich dich im wahren Leben ja nie zum Schweigen bringen …*

Der Nordmann schwang sein Schwert hoch über den Kopf, als Gorst sich näherte. Eine wenig elegante und sehr vorhersehbare Bewegung. *Man konnte meinen, diese Narren hätten nie zuvor mit dem Schwert gekämpft. Nun ist es ja eigentlich nicht an mir, ihnen zu zeigen, wie man es richtig macht, aber …* Gorst wehrte den Schlag leicht mit dem langen Eisen ab, sodass die beiden Klingen aneinanderschabten, sprang nahe an seinen Gegner heran und stach einmal mit dem kurzen Eisen zu, das dabei mit dem Rand des bemalten Schildes kollidierte. Es war dennoch genug Kraft in diesem Stoß, dass der pflaumengesichtige Kerl zur Seite fiel. Gorst stach wieder zu und spürte, wie die Klinge durch den Kettenpanzer ins Fleisch glitt. Der Mann riss den Mund auf, um zu schreien. *Jetzt bist du still, Vater.* Wieder stach Gorst zu, und der Schrei verebbte zu einem letzten, blubbernden Gurgeln. Mit der Schulter schubste er den Nordmann aus dem Weg, riss ihm noch eine der roten Wangen mit der langen Klinge auf, dass das Blut in hohem Bogen hervorspritzte und einen weiteren Angreifer erschrocken zurückweichen ließ – ganz kurz nur, aber es genügte, damit Gorst auch ihm mit der Rückhand den Kopf spalten konnte und ihn von den Beinen riss, bevor er die Gelegenheit bekam, Gorst noch an andere tote Verwandte zu erinnern.

Jetzt, da keine weiteren Feinde mehr in Reichweite waren, wirbelte er herum. Nahe der Kolonne wurde gekämpft. Einer der Wachleute rannte davon, warf seinen Speer weg, während ihm ein wildhaariger Nordmann nachsetzte. Dunkle Schatten huschten zwischen den Wagen hin und her. Jemand hatte eine brennende Fackel in einen Karren voller Heu geworfen und die Ladung in einen flackernden Feuerball verwandelt. Dicker, rußiger Rauch quoll in den grauen Himmel, Pferde wieherten und schlugen aus, zerrten an ihren Geschirren und rissen die Wagen in ihrer Panik um.

»Die Pferde!«, quiekte Gorst, ohne auch nur den Versuch zu unternehmen, sich wie sonst um eine tiefere Stimmlage zu bemühen. »Die Pferde!« *Nicht, dass die mir im Grunde nicht völlig egal wären. Genau wie alles andere.* Damit sprang er mit einem langen Satz über einen der Toten, den er gerade niedergemetzelt hatte, und schickte sich an, für noch mehr Leichen zu sorgen.

Pechseit hatte noch nie so richtig jemanden getötet. Vielleicht war es komisch für einen Hörigen, der schon seit sechs Jahren in diesem schwarzen Geschäft war, und er ging damit auch nicht unbedingt hausieren, aber er war tatsächlich stolz darauf. Mehr als einmal hatte er einen Pfeil auf die Sehne gelegt und auf einen Feind gezielt, auf eine Seite oder einen Rücken, der sich ihm während eines Kampfes bot, aber jedes Mal war ihm in diesem Augenblick eingefallen, wie seine Mutter ihn ansehen würde, wenn er ihr das beichtete. Sie war schon lange tot, natürlich, die Pest hatte sie schon vor einem Dutzend Winter geholt, aber trotzdem. Es war derselbe Blick, mit dem sie ihn immer angesehen hatte, wenn er irgendetwas angestellt hatte, so verletzt. Pechseit wollte seine Mutter nicht enttäuschen. Und deswegen war er stolz darauf, sagen zu können, dass er noch nie jemanden getötet hatte, auch wenn er es nur sich selbst zuflüsterte. Allerdings hatte Schneebleich gesagt, dass die Pferde getötet werden sollten, und wenn sein Häuptling etwas sagte, dann versuchte Pechseit auch, das zu tun.

Also zog er ein bedauerndes Gesicht und bohrte seinen Speer in die Flanke des nächsten Tieres, wobei er darauf achtete, nicht in die Reichweite der ausschlagenden Hufe zu geraten. Das arme Pferd konnte nichts dagegen tun, da es mit drei anderen zusammengespannt war. Als es zusammenbrach, zerrte er seinen Speer wieder aus dem Fleisch und wandte sich dem nächsten zu. Eine Scheißaufgabe, Pferde abzuschlachten. Aber im Krieg gibt es jede Menge Scheißaufgaben, und Pechseit hatte meist Pech mit den Aufträgen, die man ihm zuwies. Immer landete er am Schluss auf der falschen Seite, daher auch sein Name. Erst vor einer Woche war er an einem von Schneebleichs Überfällen beteiligt gewesen, als die Sonne gerade unterging und es wie aus Eimern goss, und wie immer war es ein übles, blutiges Durcheinander geworden. Er hatte sich völlig verlaufen, war durch einen Bach geplanscht und buchstäblich auf der falschen Seite gelandet, wo überall Unionskundschafter herumkrochen und nach ihm suchten.

Erst gestern hatte er zu den anderen Männern in Scales Lager zurückgefunden und ihnen mit viel Mühe klar gemacht, dass er nicht etwa absichtlich abgehauen war, sondern nach Kräften versucht hatte, zum Trupp zurückzukehren, damit man ihn nicht etwa aufhängte und verbrannte, wie das der Schwarze Dow mit Fahnenflüchtigen gerne tat. Dann gleich am nächsten Tag wieder ein Überfall. Was war das nur für ein Scheißpech? Er hatte das Gefühl, Schneebleich sei gerade erst mit seiner letzten großartigen Überfallsansprache fertig, da hörte er schon die nächste. Pechseit hasste Kämpfen. Soweit er das beurteilen konnte, war das der eine große Nachteil am Soldatenleben. Neben dem Hunger. Und der Kälte. Und der ständigen Angst, aufgehängt und verbrannt zu werden. Eigentlich hatte das Soldatenleben jede Menge Nachteile, wenn er jetzt so drüber nachdachte. Aber jetzt war nicht die Zeit, über solche Dinge nachzudenken.

Er bleckte die Zähne und stieß dem nächsten Pferd seinen Speer in den Bauch. Seine Ohren waren erfüllt vom Schreien, Brüllen, Wiehern der sterbenden Tiere. Hörte sich an wie Kinderschreie. Es waren keine Kinder. Nein, das nicht, aber trotzdem war es eine verdammte Schande. So große, starke, herrliche Tiere wie diese hatte er noch nie zuvor gesehen. Es schmerzte ihn, wenn er darüber nachdachte, welchen Preis diese schönen Pferde auf dem Markt in seinem Dorf eingebracht hätten. Den Bauern wären die Kinnladen heruntergeklappt, wenn sie nur einmal einen Blick in den roh zusammengezimmerten Pferch geworfen hätten. Und das Leben seiner alten Eltern hätte es von Grund auf verändert, wenn sie ein solches Pferd gehabt hätten, um den Pflug zu ziehen, es vor den Heuwagen zu spannen und an Feiertagen stolz vorzuführen. Wie stolz sie gewesen wären, nur ein solches Tier zu besitzen. Und hier stach er gleich ein Dutzend einfach so ab. Es brach ihm schier das Herz.

Aber der Krieg sorgte für viele gebrochene Herzen, auf die eine oder andere Weise.

Er zerrte seinen blutbeschmierten Speer aus einem weiteren Pferd, das den Hals krumm machte und in seinem Geschirr zur Seite fiel. Dann wollte er sich dem nächsten Wagen zuwenden – und blickte auf ziemlich kurze Distanz direkt ins Gesicht eines Unionisten. Der noch dazu ziemlich seltsam aussah, keine Waffen trug und sich die Hosen mit einer Hand festhielt, während die kaputte Schnalle seines Gürtels auf Kniehöhe baumelte.

Pechseit erkannte schon beim ersten Blick in die Augen seines Gegners, dass der ebenso wenig Lust aufs Kämpfen hatte wie er selbst. Es fiel kein Wort, sie wurden sich schweigend einig. Jeder von ihnen trat einen Schritt zurück. Dann noch einen. Dann gingen sie sich endgültig aus dem Weg, und wahrscheinlich würden sie sich beide nie mit diesem Vorfall brüsten oder ihn auch nur erwähnen, aber immerhin hatte keiner von ihnen bei ihrem Zusammentreffen Schaden genommen, und mehr, dachte Pechseit, konnte man sich von der Begegnung zweier Feinde auf dem Schlachtfeld nicht erhoffen.

Jetzt aber wollte er zusehen, dass er nicht noch in weitere kitzlige Situationen geriet, und daher huschte er zwischen zwei Wagen. Die Luft war stickig, und in seiner Nase kribbelte der Brandgeruch. Vor ihm schlug ein Pferd aus, und er duckte sich weg, dann sah er den alten Rabbatz die Axt heben, die Augen weit aufgerissen, und er hörte ein lautes Kreischen, als ein Säbel herunterfuhr und Rabbatz' grauhaarigen Kopf spaltete. Dem Alten brachen die Knie ein, als sei er aus losen Blättern gemacht.

Pechseit sah nicht, wer die Klinge geführt hatte, und er wartete auch nicht darauf, das herauszufinden. Stattdessen drehte er sich um und rannte los. Erst rutschte er in glitschigem Pferdeblut aus, schlug mit dem Knie gegen einen umgekippten

Karren und presste die Hand auf das Bein, stolperte zur Seite, unterdrückte einen Schmerzensschrei. »Scheiße, scheiße, scheiße.« Er rieb sich die Kniescheibe, dann humpelte er so schnell er konnte weiter. Irgendwie musste er wieder über das Feld zurück, aber rechts von ihm erhob sich ein brennender Wagen, ein Turm aus Rauch und Feuer, an den noch tote Pferde gekettet waren. Aber auch ein lebendes war dabei, die Flanken dunkel vor Blut, das panisch mit den Augen rollte, ausschlug und bei dem Versuch, dem Brand zu entkommen, den Feuerball nur noch weiter in die Kolonne hineinmanövrierte. Pechseit hielt sich daher nach links, hörte einen Schrei und Waffengeklirr, entschied sich schnell noch einmal anders, holte tief Luft und sprang vom schlammigen Weg direkt ins Unterholz, glitt hinter einen Baum und spähte durch das Farnkraut und die Brombeeren, während sein Herz wild gegen seine Rippen trommelte.

»Oh, verdammt«, flüsterte er. Da hockte er schon wieder im Wald, schon wieder vom Feind umzingelt, von Kopf bis Fuß mit Pferdeblut beschmiert … Nun, das zumindest war neu. Aber der ganze Rest schien sich zu einem unangenehmen Muster zu entwickeln, so viel stand mal fest. Er fragte sich, ob der alte Schneebleich ihm noch einmal Glauben schenken würde, wenn er nach fünf Tagen Hunger und Kälte im Wald endlich wieder ins Lager zurückkehrte. Wenn ihm das denn überhaupt gelang.

»Oh, verdammt.« Bei den Toten, das Knie tat fürchterlich weh. Der Krieg sorgte für viele kaputte Knie, auf die eine oder andere Weise.

So viel zum gelungenen, kinderleichten Überfall.

Schneebleich seufzte, leckte sich den Tschaggasaft von den Vorderzähnen, fuhr sich mit der Zunge durch den Mund und spuckte dann bitter ins Unterholz. Früher war er doch einmal ein großer Mann gewesen, oder nicht? Einer von Bethods fünf Anführern. Bei Uffrith hatte er den Angriff an vorderster Front geleitet. Im Nebel an der Cumnur hatte er die Linien der Unionisten aufgebrochen. Er war ein Mann gewesen, den jeder respektieren musste, oder dem zumindest jeder Respekt erweisen musste, auch wenn er seine anderslautende Meinung für sich behielt. Das konnte man sich heute kaum noch vorstellen. Also wieder zurück zum Lager, um sich aufs Neue von Scale anbrüllen zu lassen.

Aber gut, es ließ sich nicht ändern; hier weiter herumzulungern hatte keinen Zweck. War ja nicht so, als ob sich plötzlich noch alles zum Guten wenden würde. Mit der Überraschung ist es wie mit der Jungfräulichkeit. Man hat genau eine Gelegenheit, sie zu nutzen, die sich dann in der Regel als große Enttäuschung erweist. Schneebleich sah zu dem Durcheinander, das auf dem Feld herrschte, dann zu Reißer, der im Gebüsch hockte und sich, nach seinem Gesichtsausdruck zu urteilen, fürchterlich leid tat, während er sich einen blutigen Lappen gegen den verletzten Kopf drückte. Die wichtigste Lehre für einen Kämpfer lautet: Man muss wissen, wann man aufhören muss.

»Lass das Horn blasen. Wir werden hier nichts mehr erreichen.«

Reißer nickte, gab dann mit einer Handbewegung das Signal, und der Hörnerklang schallte über Wald und Feld, während Schneebleich sich von dem Scharmützel abwandte und durchs Gehölz davonschlich, vornübergebeugt und leise den Kopf schüttelnd.

Eines Tages. Eines Tages würde ihm der perfekte Überfall gelingen.

Pendel hörte aus der Ferne ein Signalhorn. Als er zwischen den Speichen des Wagenrads hindurchspähte, sah er, dass die

Männer zum Wald zurückliefen. Die Nordmänner, auf dem Rückzug. Die Welle der Erleichterung, die über ihn hinwegschwappte, war so stark, dass er unwillkürlich beinahe das Geschäft vollendet hätte, wegen dem er ursprünglich in den Wald gelaufen war. Aber jetzt war keine Zeit, weder für Erleichterung noch für andere Dinge. Hauptmann Bronkenhorm würde zweifelsohne jeden Augenblick mit neuen Wachleuten hier aufkreuzen, und dann ging es nicht an, dass er Pendel in seinem Versteck hinter dem Wagenrad entdeckte. Schließlich war er schon aus dem Hauptquartier des Marschalls rausgeflogen. Er war sich nicht sicher, wo man endete, wenn man auch aus dem Begleitschutz für den Versorgungszug rausflog, aber was das auch immer sein mochte, er wollte es auf keinen Fall herausfinden.

Vorsichtig sah er nach links und rechts, ob ihn auch niemand beobachtete, zog sich die Hosen wieder einmal hoch, fluchte über die kaputte Schnalle und kroch unter dem Wagen hervor. Entsetzt zog er die Luft ein, als er beinahe über den Leichnam eines Unionssoldaten gefallen wäre, neben dessen Hand direkt sein blutbefleckter Säbel lag. Dann lächelte er. Ein glücklicher Zufall. Schnell packte er die Klinge und richtete sich hoch auf, nahm eine kriegerische Haltung ein, schritt kühn über das niedergetretene Getreide und schwenkte die gestohlene Waffe in Richtung Wald.

»Kommt zurück, ihr Arschlöcher! Ich werde es euch zeigen! Kommt zurück, verdammt noch eins!«

Als er sich sicher war, dass ihn genug Leute ansahen, schleuderte er den Säbel wütend zu Boden.

»Feiglinge!«, brüllte er, zu den Bäumen gewandt.

Jemand brüllte, aber Gorst achtete nicht darauf. Einer der Toten hatte seine Aufmerksamkeit geweckt. Ein junger Unionsoffizier mit gespaltenem Schädel, dessen eine Gesichtshälfte bis zur Unkenntlichkeit zertrümmert war, während die blutbespritzte andere durch die heraushängende Zunge die anzügliche Miene eines Mannes angenommen hatte, der gerade einen ekelhaft anstößigen Vorschlag gemacht hat.

Was hat er noch gesagt, wie er hieß? Gorst legte sein Gesicht in Falten, als ob er die Antwort damit aus sich herausquetschen könnte, aber er wusste es nicht mehr. *Seien wir ehrlich, ich habe auch nicht richtig zugehört.* Er war verheiratet gewesen, das hatte er erzählt; daran erinnerte sich Gorst. Und an irgendwas von einem Kind. *Berns, oder? Ferns?* Jetzt fiel ihm der kurze Aufprall ein, als er gespürt hatte, dass er mit dem langen Eisen beim Ausholen etwas traf. *Für mich eine Empfindung, die sich kaum eingeprägt hat. Für ihn das Ende von allem.* Nicht, dass Gorst sich absolut sicher war. Vielleicht war es seine Klinge gewesen, die den Mann getötet hatte. Vielleicht auch eine andere. *Schließlich herrschte hier bis eben kein Mangel an wild geschwungenen Säbeln, und ganz sicher kann man sich bei Kämpfen leider niemals sein.*

Gorst seufzte. *Was spielte es überhaupt für eine Rolle? Wäre der Offizier vielleicht weniger tot, wenn ihm ein Nordmann den Kopf gespalten hätte?* Unwillkürlich fasste er dem Toten ins Gesicht und versuchte, ihm einen etwas würdevolleren Ausdruck zu geben, aber so sehr er auch daran herumdrückte, das rotbespritzte, anzügliche Grinsen wollte nicht von seinen Zügen weichen.

Sollte ich nicht von Schuldgefühlen überwältigt werden? Der kleine, vaterlose Junge? Die mittellose Witwe? Die ganze Familie, die sich zusammenfindet, um gute Nachrichten von der Front zu lesen, und die dann weinend diesen Brief herumreichen muss? Das Heulen und Händeringen, das dann folgt! Verns, Perns, Smerns wird nicht zum Winterfest zurückkehren! Gorst blies die Backen auf. Statt Schuld spürte er nur leichte Verärgerung, das stets latent im Hintergrund lauernde Gefühl von Enttäuschung und die leicht unangenehme Schweißfeuchte unter seiner Rüstung. *Was bin ich nur für ein Ungeheuer, dass mich ein bisschen Schweiß mehr aus der Fassung bringt als ein Toter?*

Gorst sah grimmig den letzten Nordmännern nach, die im Wald verschwanden. Ebenso grimmig betrachtete er die Männer, die verzweifelt versuchten, die Flammen zu ersticken, die jetzt aus einigen der Wagen züngelten. Ein weiterer grimmiger Blick traf den Unionsoffizier, der mit offenem Gürtel und rutschenden Hosen die blutige Faust in die Luft stieß. Noch grimmiger blickte er drein, als er wieder zu dem kleinen Haus am Ende des Feldes hinübersah, dessen Tür leicht offen stand. Er erhob sich, umfasste fest den Griff seines langen Eisens und machte sich dorthin auf.

Offenbar war der Kampf vorbei, jedenfalls, soweit Zunder das erkennen konnte, als er am Türrahmen vorbei nach draußen spähte. Wer gewonnen hatte, war schwer zu sagen. Seiner Erfahrung nach, und er hatte reichlich davon, gab es wenig Kämpfe, bei denen das eindeutig und klar feststand. Und es war auch ziemlich selten, dass es Kämpfe gab, aus denen ein eindeutiger Sieger hervorging. Jedenfalls lagen ein paar Tote da, so viel sah er, und noch eine Menge Verwundete, denn die hörte er. Auch sterbende Pferde. Mehr als einer der Wagen brannte, und überall schwebte brennendes Heu durch die Luft. Die Nordmänner waren zurückgetrieben worden; der letzte, der im Wald verschwand, schickte noch ein oder zwei ziellose Pfeile über das Feld. Aber offenbar hatte Zunder die Geschichte überstanden, ohne dass ihm jemand sein Haus angezündet hatte …

»Scheiße«, zischte er durch die zusammengebissenen Zähne. Der große Unionist kam wieder auf das Haus zu. Der mit der albernen Stimme, dieser Gorst. Er marschierte mit gesenktem Kopf, die schwere Klinge noch in einer Hand, auf sie zu, und er streckte das Kinn vor wie jemand, der wirklich finstere Absichten hat. »Scheiße.«

So eine Geschichte konnte Männer zu üblen Taten verleiten. Selbst Männer, die vielleicht unter anständigen Voraussetzungen anständig handelten. So eine Geschichte ließ manche Männer nach einem Sündenbock suchen, und Zunder wusste, dass sich niemand so gut dafür eignete wie er. Er und seine Kinder.

»Was ist los?«

Zunder packte seine Tochter am Arm und schob sie wieder zum hinteren Zimmer; die Worte musste er sich aus der Kehle zwingen, die vor Angst wie zugeschnürt war. »Hör mir zu, Riam. Du gehst zur Hintertür und bleibst dort stehen. Wenn du mich rufen hörst, reißt du sie auf und rennst davon. Du rennst, verstanden? So, wie wir besprochen haben. Du rennst rüber zu Alt-Nairn, und ich komme dann später nach.«

Die Augen seiner Tochter standen weit aufgerissen in ihrem blassen Gesicht. »Kommst du?« Bei den Toten, wie sehr sie jetzt ihrer Mutter ähnelte.

»Natürlich!«, versicherte er und strich ihr über die Wange. »Habe ich doch gesagt, oder nicht? Weine nicht, Cowan wird auf dich aufpassen.«

Sie hielt ihn fest, und nun fühlte er selbst die Tränen aufsteigen, als er sie wegschob, zur Hintertür, aber sie klammerte sich an ihn und wollte nicht loslassen. Er wusste, dass er jetzt anfangen sollte, ihre Finger von sich zu lösen, aber er brachte es einfach nicht über sich.

»Du musst weg«, flüsterte er ihr ins Ohr, »du musst sofort los ...«

Die Tür schwang auf und krachte laut gegen die Wand. Staub rieselte von den Dachbalken. Der Unionist stand da, ein riesiger Schatten, eingefasst vom hellen Viereck des Türrahmens. Mit einem schnellen Schritt war er im Haus, und Zunder stand ihm gegenüber, die Zähne zusammengebissen und die Axt in einer Hand, während er Riam mit der anderen hinter sich schob, um sie mit seinem Körper zu schützen. Gorst blieb stehen, das Gesicht weitgehend in den Schatten, während die Sonne alles unterhalb seines kantigen Kinns erhellte, seine Rüstung und seine Waffen und die Blutspritzer, die seine ganze Erscheinung zierten.

Es folgte eine lange, schwere Stille. Zunder hörte Riams schnelle, angstvolle Atemzüge, auch die von Cowan, in denen ein ganz leichtes Wimmern mitschwang, und seine eigenen, die knurrend aus seiner Kehle drangen, während er sich bei jedem fragte, ob es sein letzter sein würde.

Es war, als ob sie eine Ewigkeit lang so dastanden, aber dann sagte der Unionist endlich etwas, mit dieser komischen, hohen Stimme, die in der Stille furchtbar schrill klang. »Ist bei euch … alles in Ordnung?«

Eine Pause. Dann endlich nickte Zunder ganz leicht. »Alles gut«, sagte er und war selbst überrascht, wie ruhig seine Stimme klang, obwohl sein Herz wie eine gut beschäftigte Schmiede hämmerte.

»Es … es tut mir sehr leid.« Gorst sah zu Boden, schien zu erkennen, dass er einen Säbel in der Hand hielt, wollte ihn offenbar in die Scheide stecken und hielt dann doch wieder inne, weil er vielleicht merkte, dass die Klinge so blutig war wie ein Schlachtermesser. »Wegen … dem, was passiert ist.«

Zunder schluckte. Der Axtgriff fühlte sich durch den Schweiß glitschig an. »Wegen was?«

Gorst zuckte die Achseln. »Wegen allem.« Er trat einen Schritt zurück, und als Zunder sich gerade vorsichtig entspannen wollte, blieb er noch einmal auf der Schwelle stehen, streckte die Hand aus und legte etwas ganz am Rand auf den Tisch. »Für die Milch.« Dann duckte er sich unter dem niedrigen Türsturz und eilte die knarrenden Stufen hinunter.

Zunder schloss die Augen und holte einige Male tief Luft, und er gab sich ganz und gar der Erleichterung darüber hin, keine tödlichen Wunden davongetragen zu haben. Dann schlich er sich zur Tür und schob sie mit den Fingerspitzen fast ganz zu. Er nahm die Münze, die der Südländer zurückgelassen hatte. Eine Silberscheibe, deren Rand im Schatten schimmerte, und die schwer in seiner Hand lag. Sie war hundert Mal so viel wert wie der Becher Milch, den der Mann bekommen hatte. Tausend Mal so viel. Genug, um Zunders beschlagnahmte Hühner zu ersetzen, vielleicht sogar einen Teil der Ernte. Langsam schloss er die Finger um die Münze. Fast konnte er das Zittern nicht mehr unterdrücken, aber dann wischte er sich die Augen mit dem Ärmel ab.

Er wandte sich um zu seinen Kindern, die ihn aus den Schatten anstarrten. »Besser, ihr geht jetzt nach hinten«, sagte er sanft. »Und lasst euch nicht sehen.«

Vorsichtig blickte er wieder aus der Tür, die Augen gegen das helle Licht zusammengekniffen. Der große Unionist marschierte davon, den Kopf gesenkt, und versuchte, seinen Säbel mit einem Lappen abzuwischen, der dazu viel zu klein war. Dahinter schienen bereits Gräber ausgehoben zu werden. Natürlich mitten in Zunders Feld, wobei auch noch der Rest der Gerste vernichtet wurde, der bisher noch stand. Zunder legte ruhig die Axt auf den Tisch, schüttelte den Kopf und spuckte aus.

Dann stand er wieder in seiner Tür und sah zu, wie die Unionisten auch weiterhin seine Ernte ruinierten.

DREI SIND EINER ZU VIEL

Talins, Herbst 587

Schev stützte ihre Ellenbogen auf die Zinnen, schob die Schultern bis zu den Ohren hoch und ließ die Hände lose hängen, dann stieß sie einen leisen Pfiff aus. »Jedenfalls habt ihr ein ordentliches Publikum beisammen.«

Für eine Frau war sie im Weltenrund schon ziemlich weit herumgekommen. So weit, wie das wohl nur möglich war, wenn man sein halbes Leben auf der Flucht verbracht hatte. Aber selbst sie hatte kaum jemals zuvor eine so riesige Menschenmenge gesehen. Vielleicht einmal in Adua, als der erstgeborene Sohn und Thronerbe des Königs der Union dem Volk gezeigt worden war, obwohl sie sich damals mehr auf ihren leeren Bauch als auf die vollen Straßen konzentriert hatte. Vielleicht bei der Hinrichtung Cabrians, als sie durch Darmium gekommen war, obwohl sie damals viel zu große Schmerzen und auch zu viel Eile hatte, um das wirklich beurteilen zu können. Ganz sicher vor dem Großen Tempel von Schaffa, als der Prophet Khalul selbst von den Bergen herabgestiegen war, um die Gebete zur Neujahrs-Pilgerreise zu sprechen, und sogar Schev hatte sich damals ein ganz kleines bisschen fromm gefühlt, wenn auch nur für einen kurzen Augenblick.

Aber in Styrien hatte sie so etwas noch nicht erlebt.

Ganz Talins war dort unten versammelt, und wahrscheinlich noch reichlich Leute von außerhalb – eine so riesige und so eng zusammengedrängte Menge, dass es aussah, als ob sie gar nicht recht aus einzelnen Menschen bestand, sondern zu einer einzigen formlosen, seelenlosen Heimsuchung geworden war. Auf den Stufen des alten Senatsbaus herrschte ein ebenso großes Gewimmel wie auf dem großen Platz und den angrenzenden Straßen, an jedem Fenster drängten sich Gesichter, und jedes Dach war mit Zuschauern gesäumt. Es hätte sich kein einziger Mensch mehr auf die Schwingungsbrücke, die Möwenbrücke, die Brücke der Küsse und die Brücke der Sechs Versprechen schieben können, ohne dabei einen anderen ins Wasser zu stoßen. Ein paar waren auch so schon hineingefallen, hatten sich dann aber etwas weiter flussabwärts wieder ans Ufer gezogen und klatschnass einen neuen Platz gesucht, um der Zeremonie beiwohnen zu können.

Schließlich erlebte man einen solchen Festakt ja nicht alle Tage.

»Wollen wir hoffen, dass es besser läuft als das letzte Mal, als wir in Styrien einen König krönten«, sagte Schev.

Vitari duckte sich ein wenig unter dem Türsturz hindurch, als sie auf den Balkon hinaustrat, ein Glas Wein in der Hand. »Oh, ich denke, das ist aber doch sehr gut gelaufen.«

»Obwohl bei diesem Schauspiel irgendwann fünf der mächtigsten Edelleute des ganzen Landes tot auf der Bühne lagen?«

»Etwas Besseres hätte doch gar nicht passieren können. Jedenfalls nicht, wenn man zufällig die Sechste unterstützte, die dann übrig blieb.« Vitari sah grinsend zu ihrer Auftraggeberin hinunter, der Großherzogin Monzcarro Murcatto. Die mächtigste Frau der Welt stand hoch aufgerichtet in der Mitte der großen Plattform, die sich unter ihnen ausbreitete, bewegungslos wie die vielen Statuen ihrer Person, die überall in Styrien wie Pilze aus dem Boden schossen, während ihre beiden Kanzler – Scavier und Grulo – sich darin zu übertreffen suchten, dem Publikum die Geschichte ihrer Statthalterschaft in den grellsten und übertriebensten Farben zu schildern.

Murcattos Tuch- und Blechschneider hatten auf diesen Augenblick wahrscheinlich genauso ehrgeizig hingearbeitet wie ihre Soldaten und Spione. Sie trug etwas, das einen gelungenen Kompromiss zwischen dem Gewand einer Königin und der Rüstung eines Generals darstellte, mit einem Brustpanzer, der im Sonnenlicht funkelte, einer langen Schleppe, die mit vergoldeten Schlangen bestickt worden war, und einem glänzenden Säbel am Gürtel. Ohne einen Säbel ging Murcatto nirgendwo hin. Nicht einmal ins Bett, wie Schev gehört hatte. Manche erzählten sogar, sie hätte einmal mit so einem Ding Liebe gemacht. In ihrer Gegenwart wagte es allerdings niemand, dergleichen zu behaupten.

Ohnehin achteten weise Menschen sehr darauf, was sie im Angesicht der Schlange von Talins von sich gaben.

Schev seufzte. »Es ist ein dunkler Gezeitenstrom, der keine Boote trägt.«

»Ich habe mir meinen Lebensunterhalt damit verdient, das Treibgut zu plündern, das die dunklen Gezeitenströme anderer zurücklassen«, sagte Vitari. »Aber ich bin mir sicher, dass diese Krönung reibungslos verlaufen wird.«

»Dafür hast du mit Sicherheit gesorgt.« Es waren Soldaten dort unten, mit polierter Rüstung und Zierwaffen, aber nur wenige und nur zum Schein. Ein naiver Zuschauer hätte glauben mögen, dass die Großherzogin Monzcarro und ihr Sohn keinen anderen Schild brauchten als die Liebe ihres Volkes. Schev war nicht naiv.

Jedenfalls nicht in dieser Hinsicht.

Von ihrem Ausguck aus konnte sie rund um die Plattform überall in der Menge Leibwächter sehen, in den Fenstern mit der besten Aussicht, an engen Durchgängen und Ecken. Ein Junge mit scharfen Augen, der eine kleine Flagge von Talins schwenkte. Eine Frau, die Gebäck anbot, und zwar mit weniger Begeisterung, als man hätte erwarten mögen. Ein Mann, dem sein Mantel nicht richtig passte. Und andere, die schlicht durch ihre Wachsamkeit auffielen. Durch ihre Haltung.

Zweifelsohne waren da noch ein paar, die selbst Schevs Augen, durch die Jahre ständiger Bedrohung scharf wie Rasiermesser, niemals entdeckt hätten.

Ja, tatsächlich: Schev hatte noch nie einen Menschen getroffen, der noch weniger dem Zufall überließ als Schylo Vitari.

»Du solltest auch da unten stehen.« Sie deutete mit dem Kinn zu der Dreierreihe aus Soldaten und Seefahrern, Bankiers und Bürokraten, führenden Bürgern und überlegen lächelnden Adligen, die im hinteren Bereich der Plattform Aufstellung genommen hatten und sich im Glanz der großherzoglichen Macht sonnten. »Niemand hat mehr getan als du, damit all das hier wahr wird.«

»Wer den Ruhm beansprucht, bekommt auch die Schuld.« Vitari warf Schev einen schrägen Blick zu – und sie war eine Meisterin in schrägen Blicken, das stand mal fest. »Wir, die in den Schatten arbeiten, bleiben auch besser dort. Windbeutel wie die da können gerne im Licht herumstolzieren.«

Scavier und Grulo waren endlich am Ende ihrer Ausführungen angelangt, und die anstrengende Rede hatte sie unter dem goldgewirkten Tuch ihrer Prunkgewänder deutlich ins Schwitzen gebracht. Ein ziemlich ermüdender Doppelvortrag, wie Schev fand: ein neu gemischtes Blatt aus den üblichen Viertelwahrheiten über Treue, Gerechtigkeit, Führungsqualitäten und Zusammenhalt. Die Leute hielten stets genauso lange zusammen, wie sie davon profitierten, und keinen Augenblick länger.

Die unruhige Menge wurde still, als die beiden zurücktraten. Nun erhob sich der Junge von seinem vergoldeten Thron, von Kopf bis Fuß in reines, schlichtes Weiß gekleidet, und schritt äußerst selbstbewusst zum vorderen Rand der Plattform. Seine Mutter folgte ihm so dicht auf den Fersen wie ein langer Schatten, eine Krone aus goldenen Blättern in der behandschuhten Rechten.

Während ihr Sohn wohlmeinend auf das Volk hinunterlächelte, ließ sie einen eisigen Blick über die versammelten Menschen schweifen, als wollte sie den einen unter Tausenden herauspicken, der es wagen würde, ihr in die Augen zu sehen. Der es wagen würde, sich ihr in den Weg zu stellen. Der es wagen würde, auch nur den kleinsten Widerspruch zu dem zu äußern, was nun geschehen sollte.

Großherzog Orso hätte dem auf alle Fälle widersprochen, wenn er anwesend gewesen wäre, aber Murcatto hatte ihn umgebracht, wie auch seine beiden Söhne, seine beiden Generäle, seinen Leibwächter und seinen Bankier, und dann hatte sie die ganze Stadt unter ihre Herrschaft gebracht.

Die großen Edelleute von Etrisani und Sipani, Nicante und Affoia, Visserine und Westport hatten widersprochen, bis sie einen nach dem anderen bestochen, eingeschüchtert oder unter ihrem gepanzerten Stiefel zermalmt hatte.

Verschiedene führende Bürger Osprias hatten Zweifel daran geäußert, dass Murcattos Kind tatsächlich der Sohn ihres geliebten, verblichenen Königs Rogont war, und ihre fliegenumsummten Köpfe waren schließlich über den Stadttoren aufgespießt worden, wo sie nun andere Wahrheiten kundtaten – in Form von Verwesungsgeruch.

Seine Erhabene Majestät, der König der Union, hatte wohl am lautesten protestiert, aber den hatte Murcatto politisch wie militärisch matt gesetzt, seine Verbündeten einen nach dem anderen neutralisiert und ihn dreimal im Feld geschlagen, was sie zur größten Generalin ihrer Zeit erhob.

Von daher war es wenig überraschend, dass heute niemand anwesend war, der Einspruch erheben wollte.

Zufrieden mit einem so tiefen Schweigen, wie nur große Angst es zustande bringt, hob die Großherzogin die Krone hoch über den Kopf ihres Sohnes. »Hiermit kröne ich dich als Jappo mon Rogont Murcatto!«, rief sie aus, als sie die Hände langsam senkte. Ihre Stimme hallte von den Fassaden der Gebäude wider, die den Platz säumten, und ihre Worte wurden von den Ausrufern, die überall in der Menge standen, weitergegeben. »Großherzog von Ospria und Visserine, Protektor von Puranti, Nicante, Borletta und Affoia, und König von Styrien!« Damit setzte sie die Krone auf die braunen Locken ihres Sohnes.

»König von Styrien!«, schallte es dröhnend aus der Menge zurück, und ein mächtiges Rauschen und Rascheln erhob sich, als Männer und Frauen auf die Knie fielen. Murcatto selbst trat zurück und ließ sich ebenfalls auf den Boden sinken, allerdings recht steif. Offenbar waren diese Kleider nicht zum Niederknien gemacht.

Schevs Augen fanden den Einzigen, der nicht kniete. Ein unauffälliger Mann in unauffälliger Kleidung, der mit verschränkten Armen neben einer Säule vor dem Senatsbau stand. Es sah aus, als ob er zu Vitari heraufsah und nickte, und sie nickte kaum merklich zurück.

König Jappo selbst stand da und lächelte. Sieben Jahre alt, und bereits so ruhig und beherrscht vor diesem riesigen Publikum, wie Juvens selbst vielleicht einmal gewesen war.

»Oh, aber erhebt euch doch!«, rief er mit heller Stimme.

Gelächter schwappte über die Menge und verwandelte sich schnell zu donnerndem Applaus. Erschreckte Vögel flogen in großen Scharen von den Dächern auf, als alle Glocken in der Stadt zur Feier der frohen Kunde zu läuten begannen. Vitari hob ihr Glas in schweigender Anerkennung, und Schev stieß mit ihr an. Unten auf der Plattform umarmte die Großherzogin ihren Sohn, und sie lächelte. Ein Anblick, der noch ein kleines bisschen seltener war als die Krönung eines styrischen Königs. Und dennoch, man konnte ihr die zufriedene Miene nicht verdenken.

»Sie hat getan, was als unmöglich galt!« Schev musste sich näher zu Vitari beugen, um den Lärm zu überschreien.

»Sie hat Styrien geeint!« Vitari leerte ihr Glas mit einem tiefen Zug.

»Jedenfalls größtenteils.«

»Und für den Augenblick.«

Schev schüttelte leise den Kopf, als sie beobachtete, wie die führenden Bürger Styriens an König Jappo vorbeischritten, um ihm unter dem Raubvogelblick seiner Mutter ihre unterwürfigen Gratulationen darzubringen. »Wie viele Menschen mussten sterben, damit dieser Junge seinen goldenen Hut bekam?«

»Genau so viele wie nötig. Tröste dich mit dem Gedanken, dass der Krieg ohne deine Arbeit noch wesentlich blutiger hätte ausfallen können.«

Schev verzog das Gesicht. »Für meinen Geschmack war es mehr als blutig genug. Ich bin froh, dass es vollbracht ist.«

»Die Degen mögen einstweilen wieder in ihren Scheiden stecken, aber der Krieg geht weiter. Wir verlegen uns jetzt nur auf dunklere Schlachtfelder und subtilere Waffen, und der General der Union wird uns wesentlich weniger Gnade erweisen.«

»Der Krüppel?«, raunte Schev.

Vitaris Kinnmuskeln bewegten sich, als sie grimmig zum frischgebackenen König Styriens hinuntersah. »Seine verborgenen Legionen sind schon auf dem Weg.«

Schev räusperte sich, als sie das hörte. »Bevor sie hier erscheinen – dürfte ich wohl fragen, ob Ihro Gnaden etwas für mich vorbereitet hat?«

»Oh, Ihro Gnaden hat ein gutes Gedächtnis für Schulden, wie Herzog Orso und seine Söhne sicherlich bestätigen würden, wenn sie es denn noch könnten.« Vitari zog ein aufgerolltes Dokument hervor. »Murcatto zahlt stets prompt und ohne Abzüge.«

Jetzt, da es tatsächlich so weit war, spürte Schev plötzlich eine geradezu alberne Nervosität. Sie nahm die Schriftrolle mit gespieltem Selbstvertrauen aus Vitaris Händen, trat aus dem Sonnenlicht in die vergoldeten Schatten der Kammer und strich das Papier auf dem Tisch glatt. Mehrere Absätze eng gesetzter Schrift offenbarten sich ihr.

»*An diesem dritten Tage des bla, bla, bla … bezeugt von bla, bla, bla … Ich, Horald Gasta, auch bekannt als Finger-Horald, ansässig in Westport, erkläre hiermit, der Diebin Schevedieh ul Kanan mut Mayr vollständig zu vergeben …*« Sie hob den Kopf. »Diebin?«

Vitari hob eine orangefarbene Augenbraue, als sie vom Balkon wieder in die Wohnung trat. »Wäre Spionin dir lieber gewesen?«

»Lieber wäre mir gewesen …« Ja, was. Gute Frage. »Beschaffungsspezialistin vielleicht?«

Vitari schnaubte. »Mir wäre es lieber, wenn mein Hintern heute noch so straff wäre wie vor zwanzig Jahren. Wir müssen die Welt so nehmen, wie sie ist.«

»Dein Hintern sieht hervorragend aus, falls du das … äh … wissen wolltest …« Schev räusperte sich, als Vitari die Augen leicht zusammenkniff. »Diebin ist schon in Ordnung, denke ich.« Sie las weiter. »*Hiermit vergebe ich ihr jegliche und sämtliche mir gegenüber verübte Taten, darunter auch, aber nicht allein, den feigen Mord an meinem Sohn Crandall …* »Feige? Das einzig Feige an der ganzen Geschichte war, dass er mit vier Kerlen erschien, um mich umzubringen! Ich habe ihm den Axthieb von vorn verpasst, was wesentlich mehr war, als er verdammt noch mal verdient hätte, das kann ich …«

»So drückt er sich nun mal aus, Schevedieh, lass ihn doch.« Vitari wischte Schevs Einwände mit einer Handbewegung beiseite. »Es lohnt sich doch nicht, sich wegen solcher Kleinigkeiten aufzuregen.«

»Da hast du recht.« Schev holte tief Luft und widmete sich

wieder dem Dokument. »*Daher gebe ich jegliches Recht auf Rache oder weitere Beschuldigungen auf und schwöre feierlich, sofern es nicht zu weiteren schweren Verfehlungen kommt, weder der oben genannten Schevedieh noch anderen, mit ihr in Verbindung stehenden Menschen Schaden zuzufügen.*« Ihre Augen glitten zum unteren Ende des Dokuments; sie sah noch einmal genau hin und schnaubte dann. »Der Ehrfurcht gebietende Finger-Horald bestätigt das mit einem Zeichen?«

»Ehrfurcht gebietend oder nicht, der Drecksack kann ebenso wenig schreiben, wie ich singen kann.«

»Du kannst nicht singen?«

»Ich habe mir früher mein Geld damit verdient, andere zu foltern, aber ich war nie so herzlos, ihnen was vorzusingen.«

»Und das hier ist bindend?«

»Das hier ist reiner Unsinn. Aber Horald hat der Großherzogin sein Wort gegeben. Das ist bindend, sonst wird aus ihm eine weitere Schuld, die von Murcatto beglichen werden muss. Er ist nicht blöd. Das kapiert er.«

Schev schloss die Augen, holte tief Luft und spürte, wie ein Lächeln über ihr Gesicht huschte. »Ich bin frei«, flüsterte sie. Konnte das wahr sein? Nach all den Jahren? »Ich bin frei«, sagte sie und blinzelte ein paar Tränen weg. Dann merkte sie, dass ihre Knie weich wurden, und sie ließ sich auf den nächsten Stuhl fallen. Eine Weile saß sie einfach nur da, mit geschlossenen Augen, und dachte darüber nach, dass sie jetzt einfach so dasitzen konnte, mit geschlossenen Augen, ohne sich dauernd nervös umzudrehen, bei jedem Geräusch aufzuschrecken, sich vorab alle Fluchtwege einzuprägen und sich zu überlegen, wo sie als Nächstes untertauchen wollte.

Gott, sie war frei.

»Also …« Sie öffnete die Augen. »Das war's?«

Vitari schenkte sich noch ein Glas Wein ein. »Es sei denn, du hättest Lust, noch ein bisschen weiterzumachen? Für die beste … *Beschaffungsspezialistin* in Styrien finde ich immer etwas zu tun.«

»Oh nein«, sagte Schev, die das Dokument wieder einrollte und sich zur Tür wandte. »Ab sofort werde ich ein ruhiges Leben führen.«

»Das habe ich auch mal versucht.« Vitari hob ihr Weinglas ins Licht, und ein blutroter Tupfer erschien über ihrer gerunzelten Stirn, als die Sonne hindurchschien. »Etwa eine Woche lang. Es war höllisch langweilig.«

»Gott, sich mal zu langweilen!« Schev musste die nächste dröhnende Welle von Applaus für den jungen König Jappo überschreien. »Ich kann es kaum erwarten!«

Sie nahm zwei Stufen auf einmal, als sie mit hallenden Schritten die Treppe zwischen den abblätternden, schimmelbesetzten Wänden hinaufstürmte. Das mit Horalds Zeichen besiegelte Papier hielt sie so fest umklammert, als sei es die Eintrittskarte für ein anständiges, neues Leben – was es ja auch war –, und sie grinste so breit, dass ihr das Gesicht wehtat, während sie sich den angenehmsten Phantasien hingab, die sie sich ausdenken konnte, angefangen mit all den schönen Dingen, die geschehen würden, sobald sie durch die Tür trat und Carcolf den Kopf hob.

»Ich habe es hinter mir«, wollte Schev dann rufen, atemlos und mit attraktiv zerstrubbeltem Haar.

Worauf sich eine der goldenen Augenbrauen hob, nur ein ganz kleines Stück. »Was meinst du – diesen Auftrag?«

»Alle Aufträge. Finger-Horald hat sein Wort gegeben. Ich bin raus. Ich bin frei.« Damit würde sie, während sie sich gegenseitig keinen Augenblick aus den Augen ließen, an Carcolfs Seite treten. »*Wir* sind frei.«

Sie dachte an die kleinen, hübschen Fältchen rund um Carcolfs Augen, wenn sie lachte, an die kleinen Linien an ihren

Mundwinkeln. Das Muster, das sie bildeten. Jede einzelne war in ihr Gedächtnis eingegraben wie ein auswendig gelerntes Gedicht.

»Wir sind frei.«

Carcolf würde die Hände in die Hüften stemmen, mit der Zunge von innen die Wange ausbeulen und Schev mit einer kurzen Kopfbewegung zu sich locken. Und wenn sie sich dann in die Arme fielen, wäre Schev von diesem Geruch umgeben – fast eine Spur zu bitter, aber irgendwie gerade deswegen so richtig gut. Bei Gott, Schev konnte ihn fast wahrnehmen, wie er in ihrer Nase kribbelte. Vielleicht würden sie beide noch eine Prise Perlenstaub schniefen, damit es noch ein bisschen mehr kribbelte, und miteinander tanzen, wobei Schev führte, obwohl sie einen halben Kopf kleiner war, und sie beide würden über das traurige Gesäge des Geigers lachen, der auf dem Platz draußen für ein paar Kupfermünzen aufspielte.

Vielleicht würde es auch einen ernsten Augenblick geben, wenn sie sich in die Augen sahen. So, wie man eine scheue Katze durch eine Lücke im Zaun zu sich lockte, würde Schev Carcolf mit den richtigen sanften Worten dazu bringen, dass sie ihr erzählte, wer sie wirklich war und was sie wirklich fühlte. Ein einziges Mal würde sie die Maske mit dem überlegenen Grinsen ablegen und Schev etwas von der schönen, verletzlichen, geheimen Persönlichkeit zeigen, die sich, wie Schev genau wusste, dahinter verbarg. Vielleicht würde sie ihr sogar ihren Vornamen zuflüstern. Einen ganz besonderen Namen, den nur Schev benutzen durfte. Es war nicht besonders wahrscheinlich, aber welcher Reiz lag darin, sich etwas ganz und gar Wahrscheinliches auszudenken?

Dann würden sie sich natürlich küssen, erst einmal nur zart anstupsend, knabbernd, zupfend, sich gegenseitig abschätzend wie zwei Meisterfechter vor dem Kampf. Dann würde es hungrig und unanständig weitergehen, mit Zungen und

Zähnen, und Schev würde ihre Finger in Carcolfs Haar krallen und ihr Gesicht zu sich heranziehen. In ihrer Hose wurde es angenehm warm, wenn sie daran dachte. Das Küssen würde zum Fummeln führen, das Fummeln zu einer Spur hastig ausgezogener Kleidungsstücke, die vom Wohnzimmer bis zum Bett verlief, und dort würden sie bleiben, bis der ganze Raum nach Sex roch und sie all die verlorenen Jahre aufgeholt hatten, und sie würden nur aufstehen, um vielleicht noch eine Nase Staub zu nehmen, oder um nackt mit Schevs schönem Teeservice einen Tee zu bereiten, und am nächsten Morgen …

Ihre suchende Hand verharrte auf halbem Weg zum Türknauf. Ihr Lächeln verblasste langsam, und die Wärme in ihren Hosen verflüchtigte sich ebenfalls.

Am Morgen, am grauen, frühen Morgen, wenn Schev noch schlummernd ausgestreckt auf den klebrigen Laken ruhte, würde Carcolf aus dem Bett schlüpfen, sich die Kapuze über ihr Lächeln ziehen, und vermutlich mit Schevs schönem Teegeschirr und anderen leicht zu transportierenden Wertgegenständen in ihrem Beutel in den Nebel verschwinden und nichts mehr von sich hören lassen. Bis sie wieder irgendetwas brauchte.

Schev war nicht gern ehrlich zu sich selbst. Wer war das schon? Aber wenn sie diesen schmerzvollen Gedanken einmal kurz zuließ, dann war es zwischen ihnen beiden über die Jahre immer genau so verlaufen. Carcolf war ihr ebenso oft in die Arme gefallen, wie sie ihr durch die Finger geglitten war. Wobei sie meistens noch einen Haufen Probleme hinter sich zurückließ, vor denen Schev dann entweder selbst schnellstens wegrennen, oder, bei einer besonders denkwürdigen Gelegenheit, wegschwimmen musste, während hinter ihr ein mittelgroßes Handelsschiff kenterte.

Sie schluckte, als sie den Türknauf betrachtete.

Das waren keine Fantasien, das war das Leben. Und das Leben hatte die Angewohnheit, ihr kräftig zwischen die Beine zu treten.

Aber welche Wahl blieb ihr schon? Wenn man ein toller neuer Mensch mit einem tollen neuen Leben sein wollte, dann musste man das, was man zuvor gewesen war, hinter sich lassen, wie eine Schlange, die sich häutet. Man musste damit aufhören, immer wieder die gesammelten Verletzungen und Kränkungen zu befingern, wie ein Geizhals seinen Schatz aus Münzen, sie loslassen und sich davon befreien. Man musste vergeben und man musste vertrauen, und zwar nicht, weil die anderen das verdienten, sondern weil man selbst es verdiente.

Und so holte Schev tief Luft, zwang sich bei aller Nervosität zu einem Lächeln und schob die Tür weit auf.

»Ich bin ...«

Ihre Wohnung lag in Trümmern.

Die Möbel lagen umgestürzt da, mit Äxten zerhackt, die Vorhänge heruntergerissen und mit Messern zerfetzt. Die Regale waren umgeworfen worden, und die schönen Bücher, die Schev zwar nicht gelesen hatte, die sie aber belesen wirken lassen sollten, lagen überall verstreut. Mit einem Hammer waren große Stücke aus dem marmornen Kamin geschlagen worden. Carcolf hatte stets behauptet, das Gemälde der überlegen lächelnden Frau mit dem üppigen Busen, das sie über der Feuerstelle aufgehängt hatte, sei ein echter Aropella. Schev hatte das immer bezweifelt. Jetzt spielte das allerdings sowieso keine Rolle mehr, denn irgendjemand hatte das Bild zerschnitten, den Busen wie auch alles andere.

Das Teegeschirr war nicht nur auf den Boden geschleudert worden, sondern man hatte dafür gesorgt, dass wirklich jede Tasse zerbrochen und jeder Löffel verbogen war. Die Tülle und der Henkel der Kanne waren abgeschlagen, und zu guter Letzt hatte offenbar auch noch jemand hineingepisst.

Schevs Haut prickelte vor Entsetzen, als sie über knirschende Splitter durchs Zimmer ging und die aufgehebelte Schlafzimmertür aufschob.

Carcolf lag zusammengesunken auf dem Boden.

Schev keuchte laut auf, rannte zu ihr, fiel auf die Knie …

Nur ihre Kleider. Nur ihre Kleider, die aus der aufgebrochenen Truhe herausgerissen worden waren, die nun auf der Seite lag, sodass der Inhalt herausquoll wie Eingeweide aus einem aufgeschlitzten Leichnam. Offenbar hatte man auch den doppelten Boden entdeckt, denn die Dielen waren übersät mit gefälschten Papieren und gefälschten Juwelen, die in den Schatten glänzten.

Das Zimmer stank, aber nicht nach Sex. Carcolfs Duftfläschchen war gegen die Wand geschleudert worden, und jetzt roch es beinahe erstickend nach ihr, was Schevs Sehnsucht und Angst um die Geliebte nur noch verstärkte. Die schöne Matratze, von der Schev, wenn sie sich nachts darauf ausstreckte, immer gesagt hatte, dass sie jedes gestohlene Kupferstück wert war, das sie dafür bezahlt hatte, war aufgeschlitzt, die Federn aus der Füllung überall verteilt. Einige der leichten Daunen schwebten noch durch den Raum, als der Wind an den ruinierten Gardinen zupfte.

Auf den zerfetzten Kissen lag ein Stück Papier. Ein Brief.

Schev lief hinüber und riss ihn mit zitternden Fingern an sich. Er war in einer stark geneigten Handschrift verfasst:

Schev!
Hat lange gedauert.
Carcolf ist bei mir, in der Burroia-Festung auf der Karpfeninsel. Am besten kommst du schnell, bevor mich ihre Unterhaltung langweilt. Und du kommst am besten allein, weil ich immer so schüchtern bin, wenn viele Leute da sind.
Will nur mal mit dir reden.
Zu Anfang jedenfalls.
Horald

Und dann dieses Zeichen. Dasselbe blöde Idiotenzeichen, von dem sie sich irgendwie eingebildet hatte, dass es sie vor all dem hier beschützen würde.

Lange stand sie unbeweglich da. Sie sagte nichts, sie rührte sich nicht, sie atmete kaum. Der Verlust bohrte sich wie eine Klinge in ihren Bauch. Der Verlust ihrer Geliebten, ihrer Wohnung, der Verlust ihres Lebens in Freiheit und Glück, das sie immer noch so nahe fühlte, dass sie es beinahe schmecken konnte.

Schev hatte stets die meiste Angst davor gehabt, dass Carcolf sie eines Tages einfach nicht mehr wollte. Dass Carcolf glaubte, in eine Falle geraten zu sein und nicht sah, dass sich in Wirklichkeit endlich die Falle geöffnet hatte, in der sie beide steckten, und dass sie frei waren. Dass Carcolf wieder weglief. Sie hätte es besser wissen sollen.

Es gibt immer etwas Schlimmeres als die schlimmste Vorstellung, und oft genug trifft das Schlimmste auch ein.

Sie merkte, dass sie die Fäuste ballte und dabei das nutzlose Dokument zerknitterte, für das sie ihr Leben riskiert hatte.

War jetzt alles verloren? Sie hatte zwar alles gestohlen, aber Finger-Horald hätte wissen sollen, dass man andererseits der besten Diebin von ganz Styrien besser nichts stahl.

Sie trat zur Wand neben dem Kaminabzug, nahm die zertrümmerte Bayaz-Büste, schwang sie in die Höhe und schmetterte den kahlen Kopf mit einem Aufschrei gegen den Putz.

Die Wand brach krachend ein, als sei sie aus billigen Brettern genagelt – was sie auch war –, und dahinter tat sich ein zerklüftetes Loch auf. Schev schlug ein paar Splitter mit Bayaz' Nase beiseite, dann griff sie hinein, packte das Seil und zog daran. Am anderen Ende hing ihr schwarzer Beutel, tröstlich schwer, und er klapperte metallisch, als sie ihn auf den Boden warf.

Alles, was sie wirklich brauchte, war in diesem Beutel. Falls sie einmal abhauen musste. Aber Schev war ihr halbes Leben lang auf der Flucht gewesen, und jetzt war sie damit durch.

Manche Dinge enden immer auf dieselbe Weise.

Es war an der Zeit zu kämpfen.

Oh ja, Schevedieh hatte sich schon oft zwischen den Heruntergekommenen und Verlorenen bewegt.

Sie hatte Freier um ihre Geldbörsen erleichtert, in den billigsten Bordellen Sipanis, diesen Ameisenhaufen des Lasters, in denen der Sumpf, auf dem die Stadt erbaut war, unaufhörlich wieder in die Keller sickerte. Orte, an denen man kein Wort für Unschuld kannte und es schon gar nicht in den Mund nahm. Sie hatte sich ihren Lebensunterhalt erkämpft unter den Bettlern von Ul-Khatif, unter Bettlern, die andere Bettler bestahlen, und sie hatte Bettler gelinkt, sogar jene, die Bettler anbettelten, welche mehr Glück hatten als sie selber. Sie hatte sich Unterschlüpfe in Diebeshöhlen angelegt, in den Spielhöllen und Leichenhäusern von Nicante, Puranti, Affoia, Musselia, und war stets mit einem schwereren Beutel davongegangen, als sie gekommen war. Am verkommenen Hafen von Visserine hatte sie korrupte Drecksäcke bestochen, im Auftrag noch korrupterer Drecksäcke, damals, als Nicomo Cosca sich die Großherzogwürde der Stadt unter den Nagel gerissen hatte und es dort gar kein Gesetz mehr gab, wenn nicht sogar noch weniger als das. Mit den Knochenpickern hatte sie die Taschen der Toten geleert, im kriegsgeschüttelten Darmium, im pestverseuchten Calcis, im vom Hunger heimgesuchten Daleppa und im feuerversengten Dagoska. Sie hatte sich sehr zu Hause gefühlt in den billigen Rauchhäusern von Westport, wo die Schwachen versuchten, ihre Schwäche zu vergessen, und ihr größter Wunsch war es gewesen, selbst eine solche Lasterhöhle aufzumachen.

O ja, Schevedieh hatte sich zwischen den Heruntergekommenen und Verlorenen bewegt, aber sie war nicht sicher, ob sie schon einmal einen so ekelhaften Ort gesehen hatte wie jetzt, da sie durch das verfallene Portal des »Herzogenruh« in Talins trat.

»Wovon hat sich dieser Herzog denn hier wohl ausgeruht, von den Pocken?«, krächzte sie und hielt sich unwillkürlich die Hand vor den Mund.

Es war der Gestank von Körpern, die sich seit Hunderten von Jahren nicht gewaschen hatten, oder falls doch, dann mit Kacke und Essig. Als sich Schevs Augen allmählich an die höllische Düsternis gewöhnt hatten, sah sie verfluchte Gestalten unbestimmbarer Rasse oder Geschlechts, stockbesoffen, blutberauscht, sorgentrunken oder sonstwie weggetreten. Leute folterten sich gegenseitig. Oder auch sich selbst. Sie schleppten sich der Erlösung durch den Tod mit beiden Händen entgegen. Jemand lag in seiner eigenen Kotze und ließ beim Schnarchen kleine Blasen aufsteigen, während ein kleiner Hund oder vielleicht auch eine große Ratte am anderen Rand der Pfütze kauerte und die Flüssigkeit gierig aufschlabberte. Das Geräusch, das Schev zunächst auf den Gedanken gebracht hatte, dass gerade ein ziemlich großes Getränk eingeschenkt wurde, stammte tatsächlich von einem Mann mit heruntergelassenen Hosen, der offenbar endlos in einen dreckigen Zinneimer pisste, während er sich mit einem krummen Finger in der krummen Nase bohrte. In einer dunklen Ecke keuchten zwei oder vielleicht auch drei Leute unter einem Mantel, der sich rhythmisch bewegte. Schev hoffte, dass dort nur gefickt wurde und nicht etwa etwas Schlimmeres vor sich ging, aber sie hätte nicht darauf wetten mögen.

Es war lange her, dass sie große Hoffnungen auf die Menschheit gesetzt hatte, aber wenn sie noch welche gehabt hätte, sie hätte sie in diesem Augenblick begraben.

»Gott hat uns verlassen«, flüsterte sie und verengte ihre Augen in der vergeblichen Hoffnung, dass sich der gottlose Anblick dann nicht so dauerhaft in ihr Sichtfeld einbrennen würde.

Das Paradestück in diesem Museum von Dreck und Abschaum, die Haupttrauernde bei dieser Bestattung alles Anständigen, die Hohepriesterin des letzten Schreins auf der lebenslangen Pilgerfahrt zu Selbstmitleid und Selbstzerstörung war niemand anders als Schevs langjährige beste Freundin und schlimmste Feindin: Javre, die Löwin von Hoskopp.

Sie saß an einem wackligen Tisch, der mit leeren Krügen, halbvollen Flaschen, klebrigen Bechern und schmierigen Gläsern übersät war, mit Münzen und Spielsteinen und überquellenden Aschenbechern, mit mehreren Tschagga- und mindestens einer Spreupfeife, zerknickten und verdreckten Spielkarten, die wie wahnwitziges Konfetti verstreut lagen. Ihr gegenüber fläzten sich drei Unionssoldaten – einer mit Bart und Narbe, einer mit einem Gesicht, das ungefähr so vertrauenerweckend war wie das der kotzeschleckenden Ratte – nein, Hund war das keiner! –, und einer, der den Kopf mit weit geöffnetem Mund über die Lehne seines Stuhls nach hinten hängen ließ, sodass sich der Knubbel an seinem mageren Hals unangenehm deutlich abzeichnete und beim Schnarchen leicht bewegte.

Javres rotes Haar war wie gehabt verfilzt, durchsetzt mit Asche, Schleim, Essensresten und irgendwelchen anderen Dingen, die sich nicht näher bestimmen ließen. Was sicher auch besser war, damit sie Gott nicht so sehr beleidigten, dass er sich womöglich genötigt fühlte, die gesamte Schöpfung auszulöschen. So, wie sie aussah, war sie wieder in der Kampfgrube angetreten. Um ihre Fingerknöchel schlangen sich schlampig gewickelte, blutige Verbände, ihre nackte Schulter – das unbeschreiblich fleckige Hemd, das sie trug, hatte irgendwie einen Ärmel eingebüßt – war abgeschürft und schorfig, und ihr Gesicht zeigte an einer Seite blaue Flecken.

Schev konnte kaum sagen, was sie bei dem Anblick empfand. Erleichterung darüber, dass Javre nicht etwa die Stadt verlassen hatte. Schuld angesichts des Zustands, in den sie sich gebracht hatte. Scham darüber, dass sie um ihre Hilfe bitten musste. Zorn wegen irgendwas, das sie selbst nicht mehr richtig wusste. Über die Jahre hatten sich jede Menge Verletzungen und Ärger aufgestaut, und aus Kleinigkeiten war eine Last erwachsen, die Schev nicht mehr tragen wollte oder konnte. Aber wie immer hatte sie keine Wahl. Sie nahm die Hand vor dem Mund weg und ging zu ihrer alten Freundin hinüber.

Javre stank. Sogar noch schlimmer als bei ihrer ersten Begegnung, damals, als sie im Eingang von Schevs Rauchhaus gelegen hatte. Kurz bevor es abgebrannt war, zusammen mit ihrem früheren Leben. Schev wollte sich nicht wieder ein Leben niederbrennen lassen. Das ging einfach nicht.

»Du stinkst, Javre«, sagte sie.

Javre sah sich nicht einmal um. Egal, wie leise man sich an sie anschlich, sie wusste sowieso immer, wer hinter ihr stand. »Hab mich in letzter Zeit nicht gewaschen.«

Sie lallte leicht, und Schev verließ der Mut. Javre musste tagelang trinken, um überhaupt nur ein kleines bisschen betrunken zu wirken. Und wenn man ihr das anmerkte, dann war sie kolossal, unglaublich, heldenhaft besoffen. Javre machte keine halben Sachen.

»Ich war ziemlich beschäftigt, mit Saufen, Ficken und Kämpfen.« Sie räusperte sich, wandte den Kopf und spuckte Schev dann geräuschvoll und blutig vor die Füße, wobei die Hälfte der Portion noch an ihrer aufgeplatzten Lippe hängen blieb und auf ihr Hemd tropfte, als sie sich wieder dem Spiel zuwandte. »Ich bin besoffen seit …« Sie hob ihre verbundene Hand und kniff die Augen zusammen, während sie schwankend einen Finger nach dem anderen in die Höhe streckte. Als sie den Daumen mit dazunahm, fielen ihr die Spielkarten aus der Hand. Javre betrachtete sie mit gerunzelter Stirn. »Ich kann nicht mal mehr zählen.« Ungeschickt klaubte sie ihr Blatt mit den schorfigen Fingern wieder auf, eine Karte nach der anderen. »Saufen, ficken und kämpfen und beim Kartenspiel verlieren. Ist jetzt schon Tage her, dass ich mal ein Spiel gewonnen hab.« Sie rülpste. Sogar auf die Entfernung ließ der Fuseldunst Schev zurückweichen. »Wochen. Ich weiß kaum noch, wie rum diese Karten gehören.«

»Javre, ich muss mit dir reden …«

»Lass euch alle ersma vorstellen!« Javre machte eine weit ausholende Armbewegung in Richtung der Unionisten und hätte dem Schlafenden dabei beinahe mit dem Handrücken den Kopf von den Schultern abgetrennt. »Diese kleine Hübsche ist meine gute alte Freundin Schevedieh! War früher mal 'ne Gefolgsfrau von mir.«

»Javre.«

»Na gut, eine … Kumpelin. Oder was auch immer. Wir sind zusammen halb ums Weltenrund gereist. Ham alle möglichen Abenteuer erlebt.«

»Javre.«

»Na gut, Katastrophen. Was auch immer. Diese Wichser hier sind die besten Soldaten Seiner Erhabenen Majestät, des Hochkönigs der Union. Der Arsch da mit dem Bart ist Leutnant Forest.« Der Genannte nickte Schev mit gutwilligem Grinsen zu. »Der sehnige Typ hier ist Obergefreiter Dotter.« Der Schlafende rührte sich ein wenig; seine Zunge fuhr über die gesprungenen Lippen und gab dabei leise Schmatzlaute von sich. »Und dieser vom Glück so verwöhnte Drecksack …«

»Dieser geschickte Drecksack«, korrigierte der rattengesichtige Mann zwischen dem Mundwinkel und der Tschaggapfeife, die er mit gelblichen Zähnen an Ort und Stelle festhielt.

»Ist Feldwebel Tunny.«

»Korporal«, verbesserte der Genannte und betrachtete durch den Tschaggarauch seine Karten.

»Hat sich schon wieder degradieren lassen«, erklärte Forest. »Wegen einer Gans und einer Hure, man sollte es nicht glauben.«

»Sie war es wert«, behauptete Tunny. »Und die Hure war auch nicht übel. Feuer, will ich nur mal sagen.« Damit blätterte er seine Karten mit einem schnalzenden Geräusch auf den Tisch.

»Bei den Titten der Mutter!«, fauchte Javre. »Schon wieder?«

»Es gibt so einen ganz bestimmten Zustand«, sagte Tunny, der seine Pfeife zwischen den Zähnen hin und her schob, »zwischen zu besoffen und nicht besoffen genug ...« Damit strich er seine Gewinne ein, die aus überall auf dem Tisch verstreuten Münzen in einem Dutzend verschiedener Währungen bestanden. »Ein Zustand, in dem ich ein verdammt guter Kartenspieler bin. Der Trick ist, wie bei so vielen Dingen im Leben, dass man das richtige Gleichgewicht hält.«

»Das Eine, was in meinem Leben immer gefehlt hat«, sinnierte Javre, die aus zusammengekniffenen, rotgeränderten, abartig blutunterlaufenen Augen zusah, wie er die Einsätze kassierte, »war Glück.«

»Javre ...«

»Lass mich raten!« Ein Verband ringelte sich durch eine Bierpfütze auf dem Tisch, als sie mit einem Ruck die Hand hob. »Du steckst bis zu deinem dürren Hals in irgendeiner Art von Scheiße und kommst jetzt direkt zu mir gerannt, damit ich eine Schaufel hole.«

Schevedieh hatte schon den Mund geöffnet und wollte zu einer ausgeklügelten Antwort ansetzen, überlegte sich das aber. »So ähnlich, ja. Horald hat Carcolf entführt. Jetzt will er, dass ich ihn auf der Karpfeninsel treffe.« Die nächsten Worte zwang sie mühsam durch die zusammengebissenen Zähne. »Ich könnte wirklich deine Hilfe brauchen ...«

Javre schnaubte so laut, dass ihr der Rotz über die aufgeplatzte Oberlippe lief, was ihr jedoch überhaupt nicht aufzufallen schien. »Seht ihr, Jungs? Da gibt man ihnen alles!« Sie schlug sich die Faust so heftig gegen die Brust, dass ein rosa

Fleck an der Stelle zurückblieb. »Man schenkt ihnen sein Herz, und sie spucken es einem ins Gesicht!«

»Wie kann man denn ein Herz ausspucken?«, fragte Schev, aber Javre hatte kein Interesse daran, ihre Metaphern auf Stimmigkeit zu überprüfen.

»Und wenn sie dann in Schwierigkeiten geraten, wenn die Kacke richtig dampft? Richtig, dann kommen sie wieder zu Mutti gerannt!« Sie starrte schwankend in Schevs Richtung. »Tja, Mutti ist aber leider ganz furchtbar beschäftigt!«

»Mutti macht sich gerade furchtbar lächerlich.«

»Dazu hat Mutti auch jedes *verfickte* Recht der Welt. Misch noch mal, Tunny, du alter Schlauberger.« Der Korporal verzog keine Miene, als er den Kartenstapel zur Hand nahm. »Ich dachte, du wärst mit mir fertig und hättest ganz tolle neue Freunde. Was ist denn mit der Großherzogin, der Schlange von Talins, der Schlächterin von Caprile? Und Mutter eines Königs, hab ich gehört.«

»Gesegnet sei Seine Majestät«, grunzte Tunny aus dem Mundwinkel und warf den vier Spielern, ob bei Bewusstsein oder nicht, neue Karten hin.

»Ich habe die Frau nur zweimal getroffen«, sagte Schev. »Ich glaube kaum, dass sie meinen Namen kennt.«

»Aber ihre allmächtige Ministerin der Einflüsterungen, Schylo Vitari, die kennt ihn doch bestimmt. Kann sie nicht aus den Schatten heraus zufassen und deine Geliebte retten?«

»Sie ist auf dem Weg nach Süden, nach Sipani.«

»Was ist mit diesem grinsenden Kaufmann, Majud? Der ist doch auch dein Freund, und der hat tiefe Taschen.«

»Das Problem besteht darin, dass er sich nur schwer dazu bringen lässt, dort hineinzufassen.«

»Und dieser Nordmann, mit dem du gearbeitet hast? Der mit dem einen Auge? Oder … der ohne Auge.« Javre wedelte mit den Karten vor ihrem Gesicht herum und stach sich dabei selber in ein Auge, das nichts Besseres zu tun hatte, als sofort seinen gespeicherten Tränen freien Lauf zu lassen. Als Javre sich daraufhin mit der Hand übers Gesicht fuhr, erwischte sie unabsichtlich auch den Rotz auf ihrer Lippe. »Zitterpappel, oder wie hieß der?«

»Espe.« Schev erschauerte selbst ein wenig bei der Erinnerung an das vernarbte Gesicht und an dessen Ausdruck, als er die drei Sipanier umbrachte, die sie gejagt hatten. Oder vielmehr an dessen Ausdruckslosigkeit. »Auf manche Hilfe sollte man besser verzichten«, murmelte sie.

»Dann kannst du es wohl auch auf meine.« Javre hob mühsam konzentriert mit zitternder Hand das Glas zum Mund. Schev schlug es ihr aus den Fingern, es flog in eine Ecke und zerbrach.

»Ich brauche dich nüchtern.«

Javre schnaubte. »Das kannst du vergessen, Schevedieh. Wenn es nach mir geht, tritt dieser Zustand nie wieder ein.«

»Hier«, sagte Tunny und streckte Javre sein Glas hin, »nehmense meins …«

Schev schlug es ihm ebenfalls aus der Hand, und es zersplitterte an fast derselben Stelle wie das letzte. Tunny runzelte die Stirn und nahm zum ersten Mal die Pfeife aus dem Mund. »Verdammte Scheiße, Mädchen, jetzt pass mal auf …«

Javre hielt ihm ihre Faust unter die Nase, die Karten darin zusammengeknüllt, und ihre roten Augen traten aus den Höhlen; sie bleckte die Zähne und schickte Tunny einen Schauer Spucke entgegen. »Wenn du noch mal so mit meiner Freundin redest, du Scheiß-Schwanzlutscher, dann kannst du dir deine Zähne von meinen Knöcheln pflücken!«

Tunny blickte auf die große, vernarbte Hand, und ganz langsam hob sich eine seiner Augenbrauen. »Meine Verehrteste, ich bin Soldat. Das Letzte, was ich möchte, ist ein Kampf.«

Forest räusperte sich geräuschvoll und stand etwas unsicher auf. »Meine Damen, bei allem Respekt, ich denke, damit ist Schluss für heute Abend. Wir müssen morgen früh raus. Nach unserer Niederlage geht es zurück nach Midderland, wie Sie ja wissen.« Er stieß Dotter mit dem Ellenbogen an, und der kleine Mann wurde mit einem Ruck wach.

»Ich erhöhe!«, brüllte er und sah sich wild um. »Ich erhöhe!« Dann kippte er aus seinem Stuhl auf alle viere und übergab sich.

Tunny fegte bereits seinen Gewinn in einen abgewetzten Hut. Forest packte Dotter an seinem Gürtel und zog den Obergefreiten, der immer noch unbedingt seinen Einsatz erhöhen wollte, mit sich.

»Es war mir eine Ehre«, sagte Tunny, während er rückwärts durch die Pfütze Erbrochenes zur Tür tappte und beinahe über die schnarchende Gestalt gefallen wäre. »Eine absolute, verdammte *Ehre*.«

»Wir sehen uns auf dem Schlachtfeld!«, brüllte Javre.

Tunny verzog das Gesicht und wackelte mit dem Zeigefinger. »Sagen wir, in der Nähe!« Damit war er in der rauchverhangenen Düsternis verschwunden.

»Du hast mir den ganzen Spaß verdorben, Schevedieh, wie immer.« Javre öffnete ihre Faust. Einige zerknickte Karten fielen heraus. Einige andere klebten noch an ihrer Handfläche, und sie schüttelte sie angestrengt ab. »Du bist jetzt wahrscheinlich sehr zufrieden mit dir.«

»Du hast dir selbst den ganzen Spaß verdorben, wie immer, und ich bin so unzufrieden, wie man nur sein kann, wenn du mich schon fragst.« Schev rutschte auf Dotters Stuhl. »Mir wird sonst niemand helfen, Javre. Die Leute vertrauen Carcolf nicht, und niemand will sich von Horald umbringen lassen.«

Javre schnaubte wieder und musste sich mit den abgeschürften Knöcheln noch mehr Rotz unter der lädierten Nase wegwischen. »Zum Großen Gleichmacher habe ich ein zwiespältiges Verhältnis, wie du ja weißt, aber wenn du glaubst, dass ich dieser glitschigen Schlange auch nur so viel traue wie der Pest …«

»Ich denke, wir werden wohl nie Auge in Auge sehen, was sie angeht, oder?«

»Es ist schwer, jemandem rein körperlich auf Augenhöhe zu begegnen, wenn der einen Kopf kleiner ist. Sie sieht aus wie eine Schlange, sie bewegt sich wie eine Schlange und sie denkt wie eine Schlange. Sie hat dich kommen sehen, Schevedieh, so wie immer, und hat sich gedacht: *Futterzeit*. Obwohl sie dich über die Jahre immer wieder so mies behandelt hat, musste sie nur einmal mit ihrem runden Arsch wackeln, damit sie dich wieder ganz in der Hand hatte. Sie hat ein Schiff versenkt, auf dem du noch drauf warst, schon vergessen?«

»Dieses Mal ist es anders«, murmelte Schev und fragte sich, ob die Worte deswegen so schmerzten, weil sie eine Lüge waren, oder weil sie tatsächlich einmal der Wahrheit entsprachen.

»Es ist nie anders. Nichts ändert sich jemals. Wie kommt es nur, dass eine so kluge Frau wie du das einfach nicht kapiert?«

»Ich kapiere es doch!«, kreischte Schev und schlug auf den Tisch, dass die Flaschen klirrten. »Aber mir ist es scheißegal! Ich muss tun, was in meiner Macht steht. Ich muss … *irgendetwas* tun, bevor es zu spät ist!« Zwar merkte sie, wie die Tränen in ihren Augen brannten und ihre Stimme hoch und unsicher wurde, aber sie konnte nichts dagegen tun. »Ich kann nicht mehr weglaufen, Javre! Ich kann nicht mehr fliehen. Ich bin so müde, und ich brauche deine Hilfe. Bitte. Hilf mir.«

Javre sah sie eine ganze Weile an. Dann stand sie mit einem solchen Ruck auf, dass der Tisch umkippte und seine ganze Last aus Gläsern, Schälchen, Flaschen und Pfeifen klappernd, rasselnd und klirrend auf dem Boden landete.

»Bei der Fotze der Göttin, Schevedieh, du weißt doch, dass

du nichts weiter tun musst, als mich zu fragen!« Sie piekte Schev mit ihrem herumfuchtelnden Finger schmerzhaft in den Busen. »Mein Schwert gehört dir, jederzeit!« Sie runzelte überlegend die Stirn und sah sich dann mit wildem Blick um. »Wo *ist* mein Schwert?«

Schev seufzte und schob es mit der Stiefelspitze unter Javres Stuhl hervor.

Hier, am entlegensten Ende des Hafens, war es dunkel. Das Meer klatschte und schmatzte gegen die moosigen Steine der Kaimauer, gegen die schiefen Pfosten der Anleger und die schleimigen Flanken der vertäuten Boote. Die Spiegelungen der wenigen Lampen, Fackeln und Kerzen, die jetzt noch brannten, tanzten und brachen sich auf dem unruhigen Wasser.

Ein Windstoß zerrte an den zerrissenen Plakaten, die an der Mauer des Lagerhauses hingen. Unter den Bekanntmachungen, die König Jappos Krönung feierten, klebten noch jene, auf denen der Sieg bei Föhrengrund bejubelt wurde, und darunter jene, die den Angriff der Union verdammten, wieder darunter jene, die von Monzcarro Murcattos Aufstieg kündeten, darunter jene, auf denen von ihrem Tod zu lesen war, und ganz unten eine dicke Schicht von Berichten über Siege und Verluste gegen Feinde und für Regenten, die längst vergessen waren. Vielleicht war es nur noch diese uralte Plakatkruste, die das Lagerhaus überhaupt noch zusammenhielt.

Schev blickte grimmig über die Bucht. In einiger Entfernung konnte sie gerade eben noch ein paar Lichtpunkte ausmachen, die geisterhaft flackerten.

»Die Karpfeninsel«, murmelte Javre, die eine Hand in die Seite stemmte und dabei fast danebenfasste, weil sie so betrunken war.

Schev blies die Wangen auf. »Und auf der Karpfeninsel die Burroia-Festung.«

»Und in der Burroia-Festung Finger-Horald.«

»Und bei Finger-Horald …« Schev verstummte. Bei Gott, sie hoffte, dass Carcolf noch am Leben war.

»Wenn wir erst einmal dort sind«, raunte Javre und beugte sich nahe genug zu ihr herüber, dass Schev von ihrem schnapsgeschwängertem Atem beinahe übel wurde, »was hast du dann vor?«

Sie wünschte, sie hätte Zeit genug gehabt, um Javre erst einmal auszunüchtern. Oder zumindest einigermaßen sauberzukriegen. Aber die hatte sie nicht. »Carcolf retten. Horald umbringen. Selbst nicht getötet werden.«

Eine Pause folgte, in der Javre sich das fettige Haar aus dem Gesicht schob und dann irgendetwas wegschnippte, was dabei an ihren Fingern kleben geblieben war. »Du würdest mir wahrscheinlich zustimmen, wenn ich sagte, dass das nicht besonders detailliert ist.«

Schev sah am Kai entlang. Mit dem Blick einer Diebin, die alles sieht, ohne dass man es ihr ansieht. »Du hast dich doch vorher auch noch nie beklagt, wenn es darum ging, dem Tod direkt in die Arme zu springen. Ohne Plan, ohne Waffen … sogar ohne Kleider, und zwar mehr als einmal.«

»Zu Kleidern habe ich ein etwas zwiespältiges Verhältnis, wie du weißt, aber Pläne habe ich *immer* gehasst.«

»Wieso machst du dir dann jetzt Sorgen?«

»Weil ich immer wusste, dass *du* einen haben würdest.«

»Herzlich willkommen in meinem Leben voller ständiger Zweifel, Anspannung und schlagartig auftretendem, unvorhersehbarem Entsetzen, Javre. Ich wünsche dir viel Spaß bei deinem *verfickten* Besuch!« Damit marschierte Schev über den verlassenen Kai und ging dann die Stufen zum nächsten Anleger hinunter. Mit dem Gang einer Diebin, weder munter ausschreitend noch wuselnd gebückt. Es war der Gang eines völlig unauffälligen Menschen, der seinem langweiligen Tagewerk nachgeht. Ein Gang, der keine Aufmerksamkeit auf sich zieht und niemanden misstrauisch macht.

Eine gute Diebin wird nicht gesehen. Eine wirklich großartige wird lediglich nicht bemerkt.

Sie blieb bei einem passenden Boot stehen, kontrollierte, ob die Riemen drinlagen, und zuckte dann zusammen, als sie ein lautes Klappern hörte. Als sie sich umdrehte, stellte sie fest, dass Javre in ein Gestell geraten war, auf dem Fischernetze aufgehängt worden waren, in denen sie sich nun, während sie versuchte, die ganze Konstruktion am Umfallen zu hindern, völlig verwickelte. Dann endlich hatte sie sich befreit, sah Schev an, zuckte die Achseln und folgte ihr über den Anleger – die wohl auffälligste Frau, die jemals atmete.

»Könntest du vielleicht noch ein bisschen lauter sein?«, zischte Schev.

»Ganz bestimmt«, sagte Javre und wandte sich wieder zu den Netzen um. »Soll ich's dir zeigen?«

»Nein, nein, alles gut!« Mühsam dirigierte Schev sie zum Boot, zog ihr die Tasche von der Schulter und warf sie hinein.

»Du willst das Boot einfach klauen?«

»Der eine große Vorteil des Diebeshandwerks«, raunte Schev schmallippig, »ist der, dass man sich bei allem Möglichen bedienen kann, was einem nicht gehört. Das ist praktisch eine Grundvoraussetzung in dem Beruf.«

»Das verstehe ich vom Prinzip her, aber das hier ist doch die Lebensgrundlage für irgendeine arme Sau. Vielleicht sogar für eine ganze Familie von rechtschaffenen, ehrbaren, hart arbeitenden armen Säuen. Vielleicht ist ein ganzes Dutzend kleiner, heulender Bälger von diesem Boot abhängig.«

»Es ist immer besser, die Rechtschaffenen zu beklauen«, sagte Schev, während sie die Riemen geräuschlos in die Dollen schob. »Böse Menschen neigen dazu, misstrauisch und rachsüchtig zu sein.«

Javre piepste jetzt mit hoher Stimme: »Oh, Papi, was sollen wir zwölf nun essen, wo wir doch kein Boot mehr haben?«

»Bei Gott, Javre, erzähle ich dir vielleicht dauernd, wie man Kämpfe anfängt, Schwänze lutscht, mein Eigentum zerstört oder mein Leben ruiniert? Nein! In dieser Hinsicht vertraue ich deiner unvergleichlichen Scheiß-Erfahrung! Und jetzt lass mich gefälligst das Boot klauen, das ich für geeignet halte! Wir können es ja zurückbringen, wenn wir fertig sind!«

»Wann hätten wir denn so was schon jemals gemacht? Es ist wahrscheinlich mindestens kaputt, wenn wir es wiederbringen.«

»*Du* bringst immer alles kaputt zurück!«

Javre schnaubte. »Erinnerst du dich noch an den Karren, den wir uns geliehen haben, damals in …«

»Dürfte ich dich wohl daran erinnern, dass wir ein bisschen unter Zeitdruck stehen?« Schev presste sich die Finger an die Schläfen und stieß ein genervtes Knurren aus. »Diese ganzen blöden Streitereien über jede blöde Kleinigkeit sind so was von anstrengend!« Sie deutete mit dem ausgestreckten Finger auf die Ruderbank. »Steig einfach in das verdammte Boot!«

»Könntest du vielleicht noch lauter schreien?«, knurrte Javre, die das Tau ins Boot warf, an dem es festgemacht gewesen war, dann das Lumpenbündel mit ihrem Schwert hinterherschleuderte und sich dann daranmachte, selbst ins Boot zu klettern, das unter ihren ungelenken Bewegungen und ihrem beträchtlichen Gewicht beängstigend schwankte. »Du sagst doch immer, ich sollte mehr über die Folgen nachdenken.«

»Die Folge, über die ich gerade nachdenke, wäre zum Beispiel, dass der Liebe meines Lebens die verfluchte Kehle durchgeschnitten wird!«

Javre blinzelte, während sie sich schwerfällig zwischen den Riemen auf die Bank fallen ließ. »Der Liebe deines Lebens?«

»Nun ja, ich meine …« Das hatte Schev eigentlich gar nicht

sagen wollen. Das hatte sie auch nie zugeben wollen, nicht einmal sich selbst gegenüber. »Du weißt, was ich meine! Das ist doch nur eine Übertreibung, um die Wirkung zu erhöhen.«

»Ich habe dich schon hundert Millionen Mal übertreiben hören, Schevedieh, und ich weiß, wie sich das anhört. Das da eben war eher der ausgesprochen seltene Augenblick, in dem dir eine Wahrheit herausrutscht.«

»Halt die Klappe und rudere«, knurrte Schev, die das Boot von dem glitschigen Anleger abstieß.

Javre zog an den Riemen, und die starken Muskeln ihrer nackten Arme traten mit jedem Schlag dick hervor. Das Boot glitt über die ruhigen, dunklen Wasser des Hafens. Schev löste die Schnallen ihrer Tasche und rollte sie unter metallischem Klappern aus.

Javre stieß einen leisen Pfiff aus, als sie die schimmernden Werkzeuge zu sehen bekam. »Ziehst du in den Krieg?«

»Wenn es sein muss.« Schev schnallte sich den Klingenbrecher an den Oberschenkel. »Ein weiser Mann hat mir mal gesagt, dass man nie zu viele Messer haben kann.«

»Meinst du, dass du mit dem Gewicht von dem ganzen Eisen noch klettern kannst?«

»Glücklicherweise sind wir ja nicht alle wie ein Stier gebaut.« Schev schob die Wurfmesser eins nach dem anderen in die dafür vorgesehenen Laschen ihres Mantels. »Manche von uns brauchen ein paar scharfe Kanten.«

»Sei bloß vorsichtig, dass du dir mit so einer Kante nicht selbst den Kopf abschneidest, Schevedieh.« Javre sah zu, wie Schev mit größter Vorsicht eine kleine Phiole mit grüner Flüssigkeit aus ihrer Tasche nahm und in die gepolsterte Schlaufe ihres Gürtels schob. »Ist es das, wofür ich es halte?«

»Kommt darauf an, wofür du es hältst.«

»Ich vermute mal, es wird wohl die Werferin ebenso leicht

in die Hölle befördern, wie es die Beworfenen in den Himmel schickt.«

»Stell dir mal vor, du bist nicht die Einzige, die in einem Feuerball untergehen kann.«

»Du bist mehr oder weniger die einzige Freundin, die ich nicht töten musste. Da mache ich mir doch Sorgen um dein Wohlergehen.«

»Wenn du so eine gute Freundin bist, könntest du auch mal versuchen, dich über mein Glück zu freuen.«

»Meinst du mit Glück, dass dich diese goldhaarige Sirene schon wieder in ihren Bann gezogen hat?«

»Ich meine mit Glück, dass ich eine kleine Auszeit von der endlosen Flut aus Scheiße gefunden habe, die mein Leben bisher gewesen ist!« Schev verzog das Gesicht und versuchte eine Haltung einzunehmen, in der ihr Blasrohr sie nicht in die Achselhöhle piekte. »Habe ich mich vielleicht beschwert, wenn du lautstark deine verschiedenen Liebschaften ausgelebt hast?«

»Ob du dich beschwert hast?« Javre schnaubte. »Du, die Baronin der bissigen Bemerkungen? Die Gräfin der gehässigen Garstigkeiten? Die Prinzessin der platten Pulverschüsse? Die … äh … Großherzogin der … der …«

»Ich hab's verstanden«, fauchte Schev und prüfte den Abzug ihrer Armbrust, bevor sie die Waffe in die Halterung unter ihrem Mantel gleiten ließ.

»Gut, denn offenbar ist dein Gedächtnis ebenso kurz wie deine Körperlänge. Du und dich beschweren, Schevedieh? Du hast mir das Leben tagein, tagaus zur Hölle gemacht in den vergangenen …« Javre sah zum sternenübersäten Himmel hinauf, und ihre mondbeschienen Lippen bewegten sich, als sie zählte. »Dreizehn … nein, vierzehn!« Sie machte eine lange Pause, bevor ihre trüben Augen wieder zu Schev wanderten und sie mit müder Stimme langsam sagte: »*Vierzehn verdammte Jahre.*«

»Vierzehn Jahre«, murmelte Schev. »Mein halbes Leben, jedenfalls so ungefähr.« Sie spürte hinten in der Nase dieses Brennen, als ob sie am liebsten losgeheult hätte. Wegen all der verschwendeten Jahre. Wegen ihrer stark angeschlagenen Freundschaft, die so lange Zeit alles gewesen war, was sie überhaupt gehabt hatte. Wegen der Tatsache, dass diese Freundschaft aber doch noch immer existierte, als sie darauf zurückgreifen musste. Und wegen der Tatsache, dass dies alles war, was sie hatte.

Javre blies die narbigen Wangen auf. »Kein Wunder, dass wir ein bisschen … müde sind.«

Die Blätter der Riemen strichen sanft über das Wasser, funkelnde Tropfen fielen von ihrem Ende, dann durchschnitten sie leise wieder die glatte Oberfläche. Die Dollen knarrten. Der Wind frischte auf und fuhr in Javres verklebtes Haar.

»Ich freue mich über dein Glück«, sagte sie leise. »Jedenfalls versuche ich das.«

»Nun, ich bin froh, dass du dich freust.«

»Gut.«

»Gut.«

Wieder diese langsame Stille. »Ich bin nur traurig für mich.«

Schev sah auf und fing Javres Blick. Ein feuchter Schimmer in der Dunkelheit. »Tut mir leid, dass du traurig bist«, sagte sie.

»Gut.«

»Gut.«

»Scheiße«, hauchte Schev, als sie im Dunkeln an der abbröckelnden Mauer herumtastete, um irgendwo einen festen Halt für ihre Zehen zu finden. Die blöde Burroia-Festung fiel schlicht auseinander. Allerdings war sie auch schon lange eine Ruine. So ein bisschen wie Schevs Hoffnungen. »Verdammte, verdammte *Scheiße*.«

Javre hatte vielleicht recht gehabt, was ihr Eisenwarenlager anging. Es war verdammt viel Gewicht für eine Frau, die sich einen guten Ruf als Leisetreterin aufgebaut hatte. Zudem hatte sie einige Schnallen ein bisschen zu fest gezogen, und die drohten nun, die Blutzufuhr an ihren Beinen abzuschnüren, und ein paar andere waren nicht fest genug und ließen zu, dass loses Metall aneinanderschlug und die Garrotte jedes Mal nervtötend gegen ihren Hintern baumelte, wenn sie sich ein Stückchen höher zog.

Was wollte sie überhaupt mit dieser blöden Garrotte? Bisher hatte sie so ein Ding noch nie benutzt, außer einmal zum Käseschneiden, und das hatte eigentlich nur ein Witz sein sollen, der dann gar nicht so lustig gewesen war. Ein Messer kann man rechtfertigen. Manche Leute verdienen einfach ein paar Messerstiche. So wie Crandall. Dem weinte sie keine Träne nach. Aber wenn man anfängt, Leute mit einer Garrotte zu erdrosseln, dann kann man nicht mehr behaupten, noch einen Platz unter den Rechtschaffenen zu verdienen.

Garrotten benutzte man einfach nicht, wenn man den Pfad beschritt, der Gott gefällig war, und auch wenn Schev zugeben musste, dass sie aufgrund eines Zusammentreffens aus persönlicher Schwäche, schlechtem Umgang und schlicht und einfach Pech öfter einmal den gottgefälligen Pfad verlassen hatte, so wollte sie sich doch zumindest weiter vorstellen können, dass sie ihn trotz allem immer noch im Blick hatte, zumindest in der Ferne und wenn sie die Augen zusammenkniff.

Sie erstarrte, als sie von oben ein Geräusch hörte, und der letzte Schwung von Flüchen blieb ihr im Hals stecken.

Schlurfende Schritte. Das unmelodische Summen eines Menschen, der schwer gelangweilt und stockunmusikalisch war. Schev bekam große Augen. Ein Wachmann auf Patrouille. Sie fragte sich, wie gut die Chancen standen, dass er den Wurfanker übersah, den sie über die Zinnen geworfen hatte. Nicht besonders gut, vermutete sie. Vorsichtshalber klammerte sie sich mit der einen Hand an das Seil, zog mit der anderen einen kleinen Pfeil hervor und schob ihn sich zwischen die Zähne.

Es wäre das perfekte Ende der langen Reihe von Missgeschicken gewesen, die ihr Leben ausmachten, wenn sie sich selbst damit in die Wange geritzt und das Bewusstsein verloren hätte, um dann vom Seil ins Meer zu stürzen. Aber Schev hatte nun einmal eine sehr geschickte Zunge. Wahrscheinlich war es auch das, was Carcolf so an ihr schätzte. Bei Gott, irgendwas musste sie ja wohl an sich haben.

Das Summen hörte auf. Schritte kamen näher. Sie riss ihr Blasrohr heraus und setzte es an die Lippen. Leider waren ihre Finger in diesem Augenblick nicht ganz so flink wie ihre Zunge. Das Rohr stieß gegen einen hervorstehenden Stein, sie versuchte noch, es festzuhalten, jonglierte kurz damit, ließ in ihrer Verwirrung beinahe das Seil los und stieß dann mit dem Pfeil im Mund ein entsetztes »Fffeifffe!« hervor, als sie zusehen musste, wie es hinunterfiel.

Javre fing es auf und sah dann verblüfft nach oben. »Was ist denn das?«, zischte sie.

Schev sah wieder zur Brustwehr empor, und hilflose Panik legte sich über sie wie eine Schneedecke auf einen schlafenden Obdachlosen. Plötzlich erschien dort oben ein Gesicht. Das Gesicht eines dicken Mannes mit Locken. Seine dichten Augenbrauen ruckten in die Höhe, als er sie an dem Seil hängen sah, die Füße gegen die Mauer gestemmt und nahe genug, dass er sie hätte anfassen können.

Ihre erste bizarre Reaktion war es, ihn hoffnungsvoll anzulächeln, aber mit dem Pfeil zwischen den Zähnen ging das leider nicht.

»Verdammte Scheiße«, sagte er, lehnte sich vor und hob einen Speer.

Glücklicherweise war Schev gerade dann, wenn sie in einer Klemme steckte, eine Frau schneller Entscheidungen. Lag wahrscheinlich an der jahrelangen Übung. Sie zog sich ruckartig hoch, als wäre sie von dem dringenden Wunsch besessen, ihn zu küssen, und stach ihn mit dem Pfeil in den Hals.

»Verdammte Scheiße«, sagte er wieder, klang dabei aber viel weniger zornig, eher überrascht. Er versuchte, nach ihr zu stechen, aber sie war zu nahe, und so blieb er mit dem Ellenbogen an den Zinnen hängen, der Speer glitt aus seinem schlaffen Griff und rutschte über Schevs Schulter nach unten.

Es wirkte wirklich schnell, dieses Gift. Mit einem Seufzer sackte der Mann schlaff auf der Brustwehr zusammen, und Schev packte seinen Gürtel, zog sich daran hoch, rollte sich geräuschlos über seinen Rücken und sprang auf den Wehrgang.

Wenn sie, was selten war, ein bisschen Glück hatte, würde er leer sein. Es war ein gemauerter Gang von vielleicht zwei Schritt Breite, beidseitig von Zinnen eingefasst, an dessen Ende ein Türmchen lauerte, das von Efeu erstickt zu werden drohte. Schwacher Fackelschein drang aus dieser Richtung. Weitere Lichter funkelten weiter entfernt in den Fenstern der alten Festung. Sie mochte ja eine Ruine sein, aber verlassen war sie deswegen noch lange nicht.

Schev beugte sich über den schlummernden Wachmann und zischte zu Javre hinunter: »Kommst du auch noch mal oder was?«

Die Löwin von Hoskopp fummelte immer noch betrunken mit dem Seil herum, und ihre Stiefel schabten höchstens einen Schritt über dem Boot an der Wand entlang. »Ja, ich komm schon noch, verdammt noch eins!«

Schev schüttelte den Kopf und schlich zur Tür hinüber, wobei sie sich ein leises Lächeln gönnte. Wenn man die Pleite mit dem Blasrohr mal beiseiteließ, hätte die ganze Sache nicht weniger glatt …

Sie runzelte die Stirn, als sie entferntes Gelächter hörte, dann flog die Tür auf, und ein Mann kam heraus, der eine Lampe hoch erhoben hielt und über seine Schulter leise mit jemandem lachte. Hinter ihm waren noch mehr Leute. Mindestens zwei. »Wir beenden die Runde, wenn der Große Lom wiederkommt und ich …« Er wandte den Kopf und sah sie, wie sie erstarrt mit einem entschuldigenden, überraschten O auf den Lippen dastand. Er hatte eine krumme Nase und eine alberne Frisur mit einem schnurgerade geschnittenen, kurzen Pony.

»Horald hat gesagt, wir sollten dich erwarten.« Grinsend zog er seinen Säbel.

Schev hatte Kämpfe schon immer gehasst. Sie hatte sich davor versteckt, sich herausgeredet oder sich freigekauft. Sie hatte sich gedrückt, war ausgewichen und hatte peinlich oft zugesehen, wie Javre für sie einsprang.

Aber Finger-Horald hatte sie zu sehr gereizt, und sie wollte sich nicht weiter provozieren lassen.

Also zog sie die kleine Armbrust hervor und richtete sie gerade aus. Die Augen von Horalds Krummnasen-Gefolgsmann weiteten sich.

»Hat er dir auch gesagt, dass du das hier erwarten solltest?«, fragte sie und drückte den Abzug.

Die Sehne schnellte mit einem Ping nach vorn, und der Bolzen flog trudelnd zur Seite, bis er über dem Wasser in der Dunkelheit verschwand. Nun starrten sie einander an, beide ein wenig überrascht.

»Hm.« Krummnase räusperte sich. »Ich denke …«

Wenn es eines gab, was sie von Javre gelernt hatte, dann das: Wenn es ums Kämpfen ging, dann war weniger Nachdenken mehr. Mit einem Ruck schleuderte sie ihm die Armbrust an den Kopf und traf ihn direkt über dem Auge. Er keuchte, taumelte einen Schritt zurück und stieß mit dem Mann hinter sich zusammen, der seine Lampe auf die Steine fallen ließ, aus der sich brennendes Öl über den ganzen Wehrgang ergoss.

»Scheiße!«, brüllte ein weiterer und schlug nach den Flammen, die plötzlich an seiner Hose emporleckten.

Schev griff an. Sie löste den Riemen vom Griff ihres Klingenbrechers, während Krummnase sich aufrichtete, zog ihn aus der Scheide, als seine harten Augen sich wieder auf sie konzentrierten, und riss ihn empor, als er gerade seinen Säbel nach unten schwang. Es gab ein stählernes Kreischen, als die Klinge in die gezahnten Backen fasste, und mit einem Fauchen drehte Schev das Handgelenk. Krummnases Wutgebrüll verwandelte sich in ein entsetztes Kreischen, als sein Säbel kurz unter dem Griff abbrach und er nach vorn stolperte. Weit kam er dabei allerdings nicht, bevor Schevs Faust in seinen Bauch fuhr und er keuchend zusammenklappte. Sie schlug ihm mit dem Griff des Klingenbrechers so hart auf den Hinterkopf, dass die Waffe aus ihrer Hand flog und über den Wehrgang schlitterte.

Sie sah einen schweren Streithammer in ihre Richtung fliegen, duckte sich instinktiv weg, spürte den Luftzug in ihrem Haar, wirbelte zur Seite, als er vorübersauste und gegen die Zinnen krachte, wirbelte weiter, kreischte laut und hob ihr Bein zu einem weit ausholenden Tritt. Ihr Hacken hätte den Kopf des dicken Mannes nicht besser erwischen können, wenn sie das Ganze vorher geübt hätten. Der Aufprall riss ihn von den Beinen, Blut und Zähne flogen spektakulär durch die Gegend, dann machte er eine Drehung in der Luft und flog taumelnd über die Brustwehr, und eine befriedigende Reihe von Aufschlägen legte recht nahe, dass er erst auf und dann durch das wacklige Dach eines Anbaus im Innenhof gekracht war.

Das Blitzen von Metall ließ Schev zurückweichen. Ein dürrer Mann mit einem Muttermal rund um ein Auge stach nach ihr, und wieder wich sie aus. Er trug einen höchst albernen, angeberischen Dreispitz und hielt sich offenbar für einen Meisterfechter; zumindest war es ihm gelungen, die Flammen an seinem Hosenbein auszuklopfen. Schev hielt es immer für eine gute Idee, die Überschätzung ihres Gegners zu unterstützen, und daher sank sie kauernd zusammen, als er pfeifend seinen Säbel schwang, gab ganz das hilflose Opfer, schob aber die Hand in einen Beutel, der an ihrem Gürtel hing, während sie gleichzeitig den anderen Arm hob, als wollte sie verzweifelt seinen Schlag abwehren. Sie sah seine vergammelten Zähne, als er lächelte, so sicher war er sich, dass seine Klinge ihr die Hand abtrennen würde. Der Blick in sein vor Schreck verzerrtes Gesicht war höchst befriedigend, als seine Waffe stattdessen gegen die Stahlröhren schabte, die sie verborgen im Ärmel trug, und keinen Schaden anrichtete. Während er aus dem Gleichgewicht geriet, trat sie neben ihn, riss ihre Faust empor, öffnete die Handfläche und blies ihm den Staub ins Gesicht.

Er kreischte, fuhr herum, schlug blindlings mit Säbel und Messer um sich, trampelte durch das noch immer brennende Öl und setzte seine Hosen erneut in Brand. Sie duckte sich unter seinen pfeifenden Klingen, glitt leise hinter ihn, packte ihn am Mantel und schob ihn dann sanft, aber bestimmt zu den Zinnen. Einen Augenblick später hörte Schev das befriedigende Geräusch eines Körpers, der im Wasser aufschlug.

Allerdings blieb ihr keine Zeit, diesen kleinen Sieg zu feiern, denn nun rückte der letzte der vier Kerle heran. Zwar war er eher klein, aber glitschig wie ein Aal, und sie war jetzt müde und langsam. Ein Ellenbogenstoß in den Bauch ließ ihr den Mageninhalt bis in den Rachen hochsteigen, und dann traf sie ein Fausthieb über dem Auge, bei dem ihr die Ohren klingelten. Er schubste sie gegen die Brustwehr, während ihre tastenden Finger erfolglos versuchten, eine Gasbombe hervorzuziehen. Dann wollte sie nach der vergifteten Nadel greifen, aber er packte ihr Handgelenk, bevor ihr das gelang. Sie knurrte durch die zusammengebissenen Zähne, als er sie gegen die bröckelnden Steine drängte, die sich in ihre Schulterblätter drückten.

»Ganz ruhig jetzt«, zischte er und zwang sie, die Hand zu drehen. Wie es der Zufall wollte, berührte er dabei wohl mit dem Daumen den dort befindlichen Mechanismus. Die Feder löste sich, das Messer schoss aus ihrem Ärmel und drang in seinen Hals. Er hustete würgend, sie versetzte ihm eine Kopfnuss, und als sein Kopf nach hinten klappte, drehte sie sich ein wenig und rammte ihm das Knie in die Nüsse.

Er stieß ein rasselndes Keuchen aus, versuchte sie noch immer zu packen, aber sie umrundete ihn, krallte sich in sein Haar und schlug ihm das Gesicht auf die Zinnen, wobei sich eine kleine Lawine Mörtel löste und er so schlaff liegen blieb wie ein nasser Sack. Und dann griff sie nach dem Erstbesten, was sie mit der freien Hand zu fassen bekam.

Die Garrotte.

Bei Gott, wahrscheinlich hatte sich noch nie jemand in einer so idealen Lage befunden, um so ein Ding einzusetzen. Es wäre die leichteste Übung gewesen, ihm den Draht um den Hals zu legen, das Knie in den Rücken zu pressen und ihn nach Herzenslust zu garrottieren. Vermutlich verdiente er das auch. War ja nicht so, dass er ihr gegenüber besonders viel Milde hatte walten lassen, bevor er von dem Messer getroffen worden war.

Aber wenn man anständig bleiben will, dann geht es dabei ja nicht um andere, sondern um einen selbst. Schev war einfach nicht zum Garrottieren geschaffen.

»Gottverdammt noch eins«, knurrte sie, zog ihm die Griffe der Garrotte über den Hinterkopf und schlug ihn damit bewusstlos, dann warf sie das Ding über die Brustwehr ins Meer.

»Was zum …«

Eine grollende, langsame, mahlende Stimme ließ Schev herumwirbeln. Ein Mann hatte sich aus der Tür am anderen Ende auf den Wehrgang geschoben, und er hatte den Kopf dabei gewaltig einziehen müssen, weil er den Durchgang deutlich überragte. Der Große Lom, von dem zuvor die Rede gewesen war, vermutete sie, und offensichtlich hatte man ihm seinen Beinamen ohne jegliche Ironie verpasst – wobei sie bisher ohnehin nicht gerade den Eindruck gewonnen hatte, dass diese Truppe zu besonders viel Ironie fähig war. Sein Kopf war riesig, und in der teigigen Weite seines Gesichts verloren sich ein kleiner, leicht geschürzter Mund, winzige, harte Augen und eine Nase von der Größe eines Pickels. Über einen baumstammdicken Arm hing ein Schild von der Größe einer Tischplatte, und nachdem erst Verblüffung und dann Zorn über seine Miniatur-Gesichtszüge gezogen waren, riss er einen enormen Hammer aus dem Gürtel, als sei er ein Kinderspielzeug.

»Ha!« Schev schlug ihren Mantel auf, in dem in schimmernder Linie ihre Wurfmesser hingen. Schnell wie ein klopfender Specht schleuderte sie die kleinen Waffen über den Wehrgang, so schnell, dass ihre Hand fast nur noch verschwommen zu erkennen war.

Allerdings war ihre Treffsicherheit weniger beeindruckend als ihre Geschwindigkeit. Einige Messer gingen ganz und gar daneben, prallten gegen die Mauern oder verloren sich kreiselnd in der Nacht. Drei bohrten sich immerhin in den Schild des Großen Lom, ein viertes schlug mit dem Griff voran gegen seine Schulter und fiel dann zu Boden.

»Ha«, grunzte er und spähte mit wütenden kleinen Augen über den Schildrand. »Mehr hast du nicht drauf?«

»Nein«, sagte Schev. »Das da habe ich drauf.« Damit deutete sie auf das eine Messer, das tatsächlich sein Ziel gefunden hatte und unterhalb des Saumes seiner nietenbeschlagenen Jacke in seinem Schenkel steckte.

Er schnaubte, als er die kleine Waffe herauszog und wegwarf; ein paar Spritzer Blut flogen hinterher. »Wenn du glaubst, dass mich das aufhält, dann bist du sogar noch blöder, als Horald gesagt hat.«

»Das Messer? Nein, *das* wird dich *nicht* aufhalten ...«

Lom brüllte und griff an, den Schild vor sich herschiebend wie einen Rammbock. Schev stemmte lediglich die Hände in die Hüften und hob die Augenbrauen. Als er die Hälfte des Wehrgangs zurückgelegt hatte, wurden seine langen Schritte etwas unsicher. Die kleinen Augen, die über den Schildrand glotzten, schielten erst ein wenig, dann ein bisschen mehr, und sein wütendes Gebrüll verwandelte sich erst in ein verletztes Aufheulen und dann in ein hirnloses Gurgeln.

Er stolperte ihr jetzt entgegen wie ein Betrunkener, der sich nur noch durch den eigenen Schwung aufrecht hielt; sein Schild rutschte wackelnd zur Seite, der große Hammer fiel aus seiner schlaffen Hand und krachte unten in den Hof.

Schev stieß die Tür zur Wachstube auf und trat höflich beiseite, stellte ihm allerdings noch kurz einen Fuß in den Weg.

Als er an ihr vorbeiwankte, hatten sich seine Augen bereits so verdreht, dass man das Weiße sah. Sie hakte ihren Fuß um seinen großen Stiefel, und er geriet sabbernd ins Stolpern. Während ihm der Speichel von den tauben Lippen tropfte, stieß er gegen den Türrahmen, drehte sich, die Knie schlugen aneinander und er warf die Arme hoch, dann verhedderte er sich mit einem Fuß hinter dem anderen, und er krachte mitten in das Arrangement aus Stühlen und Tischen, sodass Teller, Töpfe und die Reste des Abendessens durch die ganze Stube flogen. Inmitten der Trümmer blieb er liegen, das Gesicht in einer Pfütze aus verschüttetem Eintopf, atmete schlabbernd und war dann so bewusstlos, wie man es nur sein konnte.

»... das Gift aber schon«, beendete Schev ihren Satz und war ausgesprochen zufrieden mit sich selbst. Hannakar hatte ihr gesagt, der Wirkstoff würde sogar einen Elefanten umhauen, und offenbar hatte er ausnahmsweise einmal nicht übertrieben.

»Ha!«, ertönte es hinter Schev, und sie fuhr herum, rollte

sich zur Seite und hielt den Klingenbrecher bereit, als sie in Angriffshaltung wieder auf die Beine kam.

Es war Javre, die über den noch immer schlafenden Wachmann auf den Wehrgang kletterte, mit ihrem Fuß an seinem Kopf hängen blieb, stolperte, und dann mit glasigen Augen und keuchendem Atem zu ihr wankte, das in Lumpen gewickelte Schwert fest in einer Hand.

»Hm.« Sie starrte die schlaff daliegenden Männer an und richtete sich langsam auf. »Wozu brauchst du mich überhaupt?«

»Irgendjemand musste mich doch hierher rudern.« Schev schob den Klingenbrecher wieder in seine Scheide, trat über den schlafenden Großen Lom hinweg und hielt auf die Treppe zu. »Los, gehen wir.«

»Hier!«, zischte Schev, die sich nahe zur Tür hin beugte und Javre zu sich heranwinkte.

Stimmengewirr waberte auf der anderen Seite und wurde plötzlich deutlich, als sie ihr Ohr ans Schlüsselloch hielt.

»Sie wird nicht wegen mir kommen. Du verschwendest deine Zeit!«

»Oh, ich habe Zeit.«

Die Stimme mochte sanft und sogar gut gelaunt klingen, aber dennoch lief Schev ein kalter Schauer über den verschwitzten Rücken. Es war die Stimme eines Mannes, der ebenso ungerührt, wie er sich auch den Hintern abwischte, die Ermordung einer ganzen Familie befehlen mochte. Ein Mann, so ruchlos wie die Pest, mit einem Gewissen, nicht größer als ein Körnchen Salz. Die Stimme von Finger-Horald!

»Jetzt unterschätze deine Anziehungskraft mal nicht, Carcolf. Schev wird schon kommen, da bin ich mir sicher, und ihre Freundin auch. In der Zwischenzeit, nimm das!«

»Nein!«

Harsches, hässliches Gelächter und ein Klappern, das nach Ketten klang. »Wenn ich sage, du nimmst noch was, dann kriegst du auch noch was!«

»Nein!« Carcolfs Stimme klang jetzt schrill und gequält. »Mehr nicht, du gemeiner Drecksack! Mehr nicht, bitte!«

Mit einem harten Stiefeltritt und einem Schrei warf sich Schev gegen die Tür. Sie flog auf, als sei sie gar nicht abgeschlossen gewesen, prallte krachend von der Wand zurück und versetzte ihr dabei einen heftigen Schlag gegen die Schulter, als sie ins Zimmer stürmte, und fast wäre sie gestürzt und hätte den Klingenbrecher fallen lassen. Mühsam gewann sie das Gleichgewicht zurück, während sie ein Kriegsgeheul ausstieß, das sich halb in einen Schmerzensruf verwandelte, und dann ...

Sie kam unsicher mitten in einem verfallenen Innenhof zum Stehen, umgeben von bröckligen Mauern, die mit abgestorbenen Kletterpflanzen überwachsen waren.

Carcolf saß auf einem Stuhl. Finger-Horald hatte sich über sie gebeugt.

Aber die Furcht erregende Geißel der styrischen Unterwelt hielt kein schreckliches Folterinstrument in den Händen. Nur eine Flasche Wein, zum Einschenken bereits halb geneigt. Sein Lächeln war nicht die hässliche Fratze eines Mörders, sondern wohlmeinend und väterlich. Carcolf hingegen saß offenbar unverletzt und ungefesselt da, so glatt und schön wie immer, die Beine bequem übergeschlagen und lässig mit einem spitzen Stiefel wippend, während sie eine Hand über ihr Glas hielt.

Als wollte sie sagen: *mehr nicht!*

»Siehst du?« Horald strahlte geradezu und machte eine freudige Bewegung mit der freien Hand. »Sie *ist* gekommen!«

Carcolf sprang auf. Sie ging zu Schev, und ihre Blicke trafen sich und versenkten sich ineinander. Sie hatte diesen Gang, von dem Schev niemals die Augen lösen konnte, und das war jetzt nicht anders. Schock, Zorn, Angst, all das wurde beiseite gespült von einer überwältigenden Welle der Erleichterung, so stark, dass ihr beinahe die Knie nachgaben.

»Du bist verletzt.« Carcolf runzelte besorgt die Stirn und legte ihren Daumen auf die Platzwunde an Schevs Augenbraue. »Geht es dir gut?«

»Aua! So gut, wie es einem nur gehen kann, wenn man gerade gegen fünf Schläger gekämpft hat!«

»Mach dir keine Sorgen deswegen.« Horald setzte sich, dann schenkte er sich selbst nach. Seit Schev ihn zuletzt gesehen hatte, war er deutlich älter geworden, machte aber auch einen wesentlich wohlhabenderen Eindruck. Man hätte ihn für einen vermögenden Kaufmann halten können, wären da nicht die Tätowierungen am Hals, die Narben auf den Knöcheln und eine gewisse steinerne Härte in den Augen gewesen. »Wenn es eins gibt, was ich im Laufe meiner Karriere gelernt habe, dann das: Schläger wachsen immer wieder nach.«

»Du bist gekommen, um mich zu retten.« Hätte Schev es nicht besser gewusst, hätte sie glauben mögen, dass der Fackelschein etwas Feuchtes in Carcolfs Augenwinkeln aufscheinen ließ.

Schev riss den zerknitterten Wisch aus ihrem Mantel und warf ihn Horald zu; das Papier fiel zwischen ihnen auf die Fliesen. »Nun, ich hatte ein wenig den Eindruck, dass man *dich ermorden würde, wenn ich das nicht täte.*«

Carcolf räusperte sich nervös und rückte etwas näher an Schev. »Javre.«

Javre verengte die Augen ein wenig. »Carcolf. Horald.«

»Javre!« Er hob breit lächelnd sein Glas. »Die Löwin von Hoskopp, die geht, wohin sie will! Jetzt haben wir eine hübsche Runde zum Feiern zusammen.«

»Zum Feiern?«, fauchte Schev und fuchtelte mit dem Klingenbrecher in seine Richtung. »Ich sollte dich verdammt noch mal umbringen!« Es fiel ihr schwer, wütend zu bleiben, während Carcolf unverletzt neben ihr stand und dabei immer noch so wundervoll bitter und süß roch wie eh und je, aber sie gab ihr Bestes. »Du hattest dein Wort gegeben, Horald!«

»Das stelle man sich nur mal vor«, sagte Javre, die den Innenhof vorsichtig umrundete und dabei lose Steine aus ihrem Weg kickte, »Styriens berüchtigtster Meisterverbrecher erweist sich als nicht vertrauenswürdig.«

»Jetzt halt aber mal kurz die Luft an«, erwiderte Horald im Ton beleidigter Unschuld. »In den letzten dreißig Jahren habe ich mein Wort nicht einmal gebrochen, und damit will ich jetzt auch nicht anfangen. Ich hatte gesagt, dass weder du noch jemand, der mit dir in Verbindung steht, zu Schaden kommen würde, und daran habe ich mich gehalten. Wie du sehen kannst, ist Carcolf in gutem, um nicht zu sagen superbem Zustand. Ich hätte ihr niemals wehgetan. Immerhin hat sie mir damals in Affoia das Leben gerettet.«

»Das Leben ...« Schev starrte Carcolf an. »Das hast du mir nie erzählt.«

»Was wäre ich wohl für eine geheimnisvolle Schönheit, wenn ich keine Geheimnisse hätte?« Carcolf zog Schevs Kopf leicht nach hinten und tupfte das Blut an ihrer Braue mit einem Taschentuch ab. »Es war keine Heldentat. Ich musste nur die richtigen Worte ins richtige Ohr flüstern.«

»Die richtigen Worte im richtigen Ohr verändern die ganze Welt! Das ist mit nichts anderem zu erreichen!« Horald hielt die Flasche hoch. »Bist du sicher, dass du nichts mehr willst?«

Carcolf seufzte. »Na gut, dann mach schon, du gemeiner Drecksack.«

»Ihr habt meine Wohnung verwüstet!«, fauchte Schev.

»Deine Wohnung?« Horald goss Carcolf ein Glas ein und schüttelte den Kopf. »Komm schon, Schevedieh, das sind doch nur tote Gegenstände. Die kannst du immer wieder neu besorgen. Ich musste es doch echt aussehen lassen, oder nicht? Ich meine, wenn ich einfach nur so gefragt hätte, wärst du doch nie gekommen. Und in diesem Schrieb stand nichts von der garantierten Unversehrtheit eines Teegeschirrs.« Er drehte die Flasche ein wenig, damit die Tropfen sauber vom Rand fielen, ganz wie ein osprianischer Kellermeister. »Darauf habe ich geachtet. Hab den Wortlaut noch einmal genau überprüft.«

»Du und dein Scheiß-Wortlaut«, brummte Schev.

»Es schmerzt mich, das zu sagen«, fuhr Horald fort, »aber mein Sohn Crandall war ein widerlicher, verdammter Idiot. Wenn ich ehrlich bin, hatte ich mich schon gefragt, ob es mit der Vaterschaft wirklich seine Richtigkeit hatte. Willst du auch ein Glas Wein, Schev? Das ist richtig guter Stoff. Aus Ospria. Älter als du.«

Schev fühlte sich jetzt schon leicht unsicher auf den Beinen. Sie winkte ab.

»Ich nehme gerne einen Schluck«, sagte Javre, die auf Horald hinuntersah, ihm mit der bandagierten Hand die Flasche abnahm, an den Mund setzte und kurzerhand über Kopf hielt. Die Sehnen an ihrem dicken Hals bewegten sich, während sie schluckte und ein wenig Flüssigkeit in ihren speckigen Kragen rann.

»Bedien dich«, sagte Horald, der in friedlicher Geste die Hände hob. »Seht mal, ich habe keine Zweifel daran, dass alles so passiert ist, wie Carcolf immer gesagt hat. Ihr habt euch, was Crandall angeht, nur gegen unverdiente Gemeinheiten gewehrt.«

»So, wie du immer gesagt hast?«, raunte Schev und sah Carcolf von der Seite an.

»Ich habe schon vor Jahren ein gutes Wort für dich eingelegt.« Carcolf hatte Schev jetzt offenbar zu ihrer Zufriedenheit verarztet, schob das kleine Tuch in Schevs Tasche und klopfte tätschelnd darauf.

»Ich bin ja kein Narr«, sagte Horald. »Ich wusste schon immer, dass Crandall mir Schwierigkeiten machen würde, früher oder später. Höchstwahrscheinlich hast du mir den Ärger erspart, ihn irgendwann selbst um die Ecke zu bringen.«

Schev starrte ihn an. »Was?«

»Immerhin habe ich noch elf andere Kinder. Hast du je meine Älteste kennengelernt, Leanda?«

»Das Vergnügen hatte ich bisher noch nicht, glaube ich.«

»Oh, sie würde dir gefallen. Sie regelt jetzt unsere Angelegenheiten in Westport, und sie ist zehnmal mehr ein Kerl, als Crandall es je gewesen ist. Ein Mann in meiner Position muss einen untadeligen Leumund vorweisen können.« Sein Blick wurde kurz so brennend, dass Schev unwillkürlich einen Schritt zurückging. »Aber jetzt einmal zwischen uns beiden Hübschen: Ich habe dir verziehen, dass du ihn vor Jahren umgebracht hast.«

»Das hättest du mir gerne irgendwann sagen können, verfickt noch mal!«

»Na, ich musste doch irgendwas für mich aus der Sache rausholen, oder nicht? Und vor allem musste die ganze Welt sehen, dass ich dafür etwas bekam. In unserem Metier ist der Ruf von größter Bedeutung. Wer wüsste das wohl besser als die beste Diebin von ganz Styrien?«

»Dann …« Sie sah von Horald zu Carcolf und wieder zurück, und ihr zäh arbeitender Verstand tat sich schwer damit, über den tatsächlichen Augenblick hinauszugreifen. »Worum zur Hölle geht es also jetzt?«

»Oh. Ja. Tut mir leid. Es geht überhaupt nicht um dich, Schev. Und auch nicht um Carcolf, obwohl es mir eine Freude war, dich einmal wiederzusehen, meine Liebe.« Er und Carcolf nickten einander zu wie zwei renommierte Vierseitsspieler, die bei einer Übungspartie gerade ein Unentschieden erreicht haben. »Ihr zwei seid eigentlich nur Randfiguren. Genau wie ich, wenn man es genau nimmt.« Horald grinste Javre an, über deren zerschlagenes Gesicht jetzt ein kleines, trauriges Lächeln zog.

Sie warf die leere Weinflasche beiseite, die über den Innenhof bis in eine Ecke rollte. »Es geht um mich.«

Horald breitete die Hände aus. »Ein Mann wird es in seinem Geschäft nie zu etwas bringen, wenn er nicht bei jemandem Schulden macht.«

Schev merkte, wie ihre Erleichterung einer beklommenen Unruhe wich. »Wem schuldest du denn was?«

»Abgesehen von einigen anderen Leuten …« Horald fuhr sich mit der Zunge über die Lippen, als sei er alles andere als glücklich über das, was er jetzt sagen musste. »Der Hohepriesterin des Großen Tempels von Thond.«

Schevs Augen weiteten sich. »Javre, sieh zu …« Sie fuhr zur Tür herum, durch die sie gekommen waren, aber dort stand eine Frau. Eine hochgewachsene, sehnige Frau mit hartem Gesicht und rasiertem Kopf und einem langen Schwert in ihrer tätowierten Faust. Eine weitere Frau, riesig wie ein Haus, duckte sich bereits unter dem Eingang hindurch und folgte ihr. Schev fasste nach Carcolfs Ärmel und machte einen Schritt zu einer Tür hinüber, die sich auf der anderen Seite des Innenhofs befand. Allerdings schwang die jetzt ebenfalls sanft auf, und eine muskulöse Frau schritt hindurch, die Daumen in einen breiten Gürtel geschoben, an dem zwei Krummsäbel hingen. Eine weitere, deren weißes Haar in viele hundert kleine Zöpfchen geflochten war, folgte ihr mit breitem Grinsen, die Arme vor der Brust verschränkt.

Ein schriller Pfiff ertönte von oben, und eine Gestalt sprang herunter von der Mauer, drehte sich einmal in der Luft und landete fast geräuschlos in geduckter, kampfbereiter Haltung. Als sie sich aufrichtete, war sie größer noch als Javre, und die leichte Brise blies ihr das schöne, blonde Haar ein wenig ins

Gesicht, sodass Schev nicht viel mehr sehen konnte als das Schimmern eines Auges und das Blitzen ihrer makellosen Zähne, als sie lächelte. Den Speer, der ihr zugeworfen wurde, fing sie aus der Luft, ohne auch nur hinzusehen. Eine gewaltige Waffe mit langer Klinge, leuchtend, blendend, spiegelblank.

Schev schluckte, als sie sich umsah, und versuchte, das nach Diebesart zu tun – ein Blick, der keiner war –, aber wahrscheinlich gelang ihr das nicht. Das war bei ihr meistens so, wenn es darauf ankam, so sehr sie sich auch gern mit ihren Fähigkeiten brüstete. Die beste Diebin von ganz Styrien, die gerade die Heldin hatte spielen wollen und dabei in eine Falle getappt war, in die sie noch dazu die einzige Freundin mit hineingezogen hatte, die ihr geblieben war.

Oben auf den Mauern standen zwei weitere Frauen, Zwillinge, die sich ihre langen Bögen quer über die Schultern gelegt hatten und die Hände darüberbaumeln ließen, während sie mit ausdrucksloser Miene nach unten blickten. Insgesamt waren es sieben Kämpferinnen, und jede von ihnen, daran hatte Schev keinen Zweifel, war eine Tempelritterin des Goldenen Ordens und ihren eigenen Kampfkünsten weit überlegen, wobei sie ohnehin schon die Hälfte ihrer Tricks an die Narren auf dem Wehrgang verschwendet hatte.

»Scheiße«, sagte sie schlicht. Manchmal bringt es eben kein anderes Wort so schön auf den Punkt.

Horald trat etwas nervös von einem Bein aufs andere, als er die vernarbten, sehnigen, tätowierten, schwer bewaffneten Frauen betrachtete, die ihn jetzt von allen Seiten einkreisten. Sie sahen tödlich aus, und Schev wusste, dass sie noch tödlicher waren, als sie aussahen. »Ich muss sagen, ich fühle mich ein bisschen in der Unterzahl«, raunte er.

Javre nickte resigniert, fuhr sich mit der Zunge durch den Mund und spuckte aus. »Ich auch.«

»Javre«, erscholl eine tiefe Stimme.

Als ob es ein Befehl gewesen sei, neigten alle Tempelritterinnen gleichzeitig den Kopf. Eine weitere Frau trat durch die Tür. Eine große, breitschultrige Frau in einem ärmellosen weißen Gewand, die sich so wunderbar elegant bewegte, dass sie mehr zu schweben als zu gehen schien. »Wir haben uns viel zu lange schon nicht mehr gesehen.«

Eine dicke Kette aus Perlen war so viele Male um ihren dicken Hals geschlungen, dass sie halb ihre Brust bedeckte. Zwischen den orangeroten Stoppeln auf ihrem rasierten Kopf schimmerte es grau, und ihr knochiges Gesicht war auf den Wangen und um die Augen von tiefen Falten durchzogen. Und was waren das für Augen. Ruhig und blau wie tiefes Wasser. Sternenhell. Hart wie gehämmertes Eisen. Und gnadenlos wie ein Messerkampf in einer dunklen Seitenstraße.

Javre sah zu, wie sie Horald gegenüber am Tisch Platz nahm. »Nie wäre noch zu früh für mich gewesen, Mutter.«

Schev räusperte sich. »Ich nehme an, ›Mutter‹ ist in diesem Fall eine Respektbekundung vor der Hohepriesterin des …«

»Javre ist meine Tochter.« Die Frau hob eine Augenbraue. »Und mit Respektbekundungen hat sie sich nie wirklich aufgehalten.«

Schev starrte verblüfft vor sich hin. Das machte sie in letzter Zeit ziemlich oft, dachte sie. Tatsächlich bestand zwischen Mutter und Tochter eine große Ähnlichkeit, wenn auch vor allem hinsichtlich der Muskeln, die sichtbar wurden, als die Frau nun die Arme vor den klappernden Perlen verschränkte. »Dann wurden wir jetzt also vierzehn Jahre lang durch das ganze Weltenrund gejagt … von deiner Mutter?«

»Sie kann extrem stur sein«, erklärte Javre.

»Da hast du das also her«, murmelte Schev. »Allmählich erkenne ich die Vorzüge des Waisendaseins.«

Eine angespannte Stille breitete sich aus. Ein paar vertrocknete Blätter jagten auf den gesprungenen Fliesen umeinander, als der Wind über den Innenhof pfiff. Die Hohepriesterin schürzte die Lippen, während sie ihre missratene Tochter von Kopf bis Fuß betrachtete. Vierzehn Jahre waren Schev und Javre auf der Flucht gewesen, und nun standen sie tatsächlich vor den beiden Menschen, vor denen sie die ganze Zeit über abgehauen waren. Nach all der langen Zeit fühlte es sich irgendwie enttäuschend an.

»Du siehst …«

»Scheiße aus?«, vervollständigte Javre fragend.

»Ich hätte versucht, es etwas diplomatischer auszudrücken.«

»Ich fürchte, die Zeit für Diplomatie ist zwischen uns lange vorbei, Mutter.«

»Dann eben *Scheiße*. Nie gab es eine Frau, die so von der Göttin gesegnet war wie du. Es grämt mich zu sehen, dass du ihre Gaben so wenig in Ehren hältst. Bist du wirklich vor mir weggelaufen … um *so* zu leben?«

»Ich ging fort, um meinen eigenen Weg zu wählen.«

Javres Mutter schüttelte langsam den Kopf. »Und du hast dich entschlossen, dich in deinem eigenen Dreck zu suhlen?«

»Wenn man jede Stunde seines Lebens von Mördern gejagt wird, sind die Gestaltungsmöglichkeiten eher begrenzt«, fauchte Schev.

Sie spürte Carcolfs Hand auf ihrer Schulter, die sie sanft wieder in die Schatten zog, schüttelte sie aber ab und trat stattdessen neben Javre. Wenn sie sterben sollte, dann war das für sie der richtige Platz.

Die tiefblauen Augen der Hohepriesterin glitten zu ihr hinüber. »Wer ist diese … Person?«

Javre richtete sich zu voller Höhe auf, warf sich in die Brust und legte Schev die Hand auf die Schulter. »Das ist Schevedieh, die größte Diebin von ganz Styrien.«

Schev mochte einen Kopf kleiner sein und hatte wohl auch nur ein Viertel so viel Brust, um sich hineinzuwerfen, aber sie tat es trotzdem. »Und ich bin stolz darauf, Javres Gefolgsfrau zu sein.«

»Meine Partnerin«, verbesserte Javre und schob sie sanft wieder zurück. »Aber lass sie aus dem Spiel, Mutter.«

Die Augen der Hohepriesterin ruhten nun wieder auf ihrer Tochter. »Ob du es glaubst oder nicht, und trotz all dem sinnlosen Blutvergießen zwischen uns habe ich nie den Wunsch gehabt, jemandem etwas anzutun.«

Javre reckte den Hals erst in die eine, dann in die andere Richtung, dann legte sie ihre verbundene Hand auf den lumpenumwickelten Griff ihres Schwerts. »Ich werde dir nun dasselbe sagen wie zuvor Hanama und Birke und Weylen und Golyin und all deinen anderen kleinen Schoßtierchen. Ich werde niemandes Sklavin sein. Auch deine nicht.« Sie verengte die Augen. »Deine schon gar nicht. Lieber würde ich sterben, als mit dir zurückzukehren.«

»Das weiß ich.« Javres Mutter blies die Wangen auf genau dieselbe Art auf wie Javre selbst bei den endlosen theologischen Debatten, die sie mit Schev geführt hatte. »Wenn es etwas gibt, das die letzten vierzehn Jahre mir bewiesen haben, dann wohl das. Schon als Mädchen warst du unglaublich stur. All meine Versuche, dich zu beugen, ob mit Lächeln, Flehen, Drohungen, Schlägen oder schließlich Waffengewalt haben dich nur härter werden lassen. Es gibt ermüdende Muster im Leben, denen wir offenbar nicht entfliehen können, so sehr wir es auch versuchen mögen.«

Das konnte Schev kaum bestreiten. Schließlich stand sie gerade jetzt wieder einer bedrückenden Überzahl gegenüber und sah dem Tod ins Auge. Wie viele verdammte Male hatte sie das nun schon erlebt? Auffällig hob sie eine Hand, als wollte sie ihre Fingernägel betrachten, und ließ gleichzeitig die andere zu der Phiole in ihrem Gürtel wandern. Ein gelungener Wurf mochte zwei der Tempelritterinnen in die Nachwelt befördern, an der ihnen so viel gelegen war, und vielleicht auch noch zwei der alten Türme einstürzen lassen. Ein kleiner Donnerschlag zum Abschied, wenn schon sonst nichts …

»Die Göttin lehrt uns, all das freudig anzunehmen.« Die Hohepriesterin warf Schev einen Blick zu. »Du kannst die Finger von dieser Phiole nehmen, mein Kind. Ich will deiner Partnerin eine andere Wahl lassen. Es gibt da etwas, das ich brauche.«

Javre schnaubte. »Wenn du etwas wolltest, dann hast du doch nie gezögert, es dir einfach zu nehmen.«

»Dieses Ding ist nicht so einfach zu bekommen. Es ist in den Händen …« Javres Mutter verzog nun den Mund, als ob sie etwas Bitteres auf der Zunge schmeckte. »Eines Zauberers. Eines Magus aus der Alten Zeit.«

Schev beugte sich zu Javre hinüber. »Das hört sich nicht gut an, finde …«

»Schscht«, machte Javre.

»Wenn du mir dieses Ding bringst, Javre, bist du frei. Ich und die Wächterinnen meines Tempels werden dir nicht länger nachstellen.«

»Das ist alles?«, fragte Javre.

»Das ist alles.«

Schev packte ihren kräftigen, nackten Arm. »Javre! Wir wissen doch gar nicht, was das für ein Ding ist, oder wo es sich befindet, und ich finde, diese Sache mit dem Magus aus der Alten Zeit klingt nicht besonders …«

»Schevedieh.« Javre tätschelte ihr die Hand und löste sanft ihren Griff. »Wenn du nur eine Wahl hast, dann hat es keinen Zweck, die Entscheidung hinauszuzögern. Ich sage ja.«

»Nun gut.« Schev sah zu Carcolf hinüber und stieß einen langen, bebenden, schmerzvollen Seufzer aus, und von der stolzgeschwellten Brust, in die sie sich eben noch geworfen hatte, war nicht mehr viel zu sehen. »Dann werde ich demnächst wohl einen Zauberer beklauen.«

Javres Mundwinkel umspielte ein kleines Lächeln, als sie zu Schev hinuntersah. »Du und ich, Seite an Seite?«

»Da gehört eine Gefolgsfrau doch wohl hin, oder? Du kannst das Kämpfen übernehmen, ich übernehme das Gemecker.«

»So wie immer halt.«

»Wie auch sonst?«

Javres Lächeln vertiefte sich ein wenig. »Ich weiß dein Angebot zu schätzen, Schevedieh. Es bedeutet mir ... mehr, als du dir vorstellen kannst. Aber du hast es dir verdient, dass einmal etwas Besseres auf dich wartet. Manche Dinge muss man allein erledigen.«

»Javre ...«

»Wenn ich sterbe, in irgendeinem Sumpf ersaufe, von einem Wächter aufgespießt oder von den Hexenkünsten irgendeines Zauberers gegrillt werde, dann wird es mir ein Trost sein, dass meine Partnerin noch am Leben ist, uralt und verschrumpelt, und noch immer irgendwo die Geschichten von unseren großen Taten erzählt.«

Schev blinzelte. Seltsam, dass sie nur einen Tag zuvor ausschließlich an die Katastrophen gedacht hatte. An die tausend Verletzungen, die abertausend Streitereien, die Nächte, die sie auf steinigem Boden zugebracht hatten. Jetzt standen all die guten Zeiten vor ihr auf und erstickten sie. Das Lachen, die Lieder, das sichere Wissen, immer, wirklich immer jemanden im Rücken zu haben. »Es war aber eine ganz schön verrückte Zeit, was?«

»Das war es wohl«, sagte Javre und wandte sich an Carcolf: »Pass auf sie auf.«

Carcolf schluckte. »Ich werd's versuchen.«

»Wenn nicht, dann wird es keinen Ort im ganzen Weltenrund geben, wo du vor mir sicher bist.« Noch einmal legte Javre ihre große, schwere, beruhigende Hand auf Schevs Schulter. »Leb wohl, meine Freundin.« Damit wandte sie sich ab und ging zu ihrer Mutter.

»Leb wohl«, flüsterte Schev und wischte sich die Augen.

Carcolf umschlang sie sanft von hinten mit den Armen und zog sie an sich. »Komm, wir gehen nach Hause.«

»Du solltest dich mal bei mir melden!«, rief Horald ihr nach. »Ich finde immer Arbeit für die beste Diebin von ganz …«

»Fick dich doch, Horald«, knurrte Schev.

Bei ihrer Rückkehr war die Wohnung noch immer verwüstet.

»Da ist doch nichts beschädigt, was man nicht wieder reparieren könnte.« Carcolf richtete Schevs kaputten Tisch wieder auf und fegte ein wenig zerbröselten Putz mit dem Handrücken weg. »Das ist ruckzuck alles wieder in Ordnung gebracht. Ich kenne da ein paar Leute.«

»Du kennst offenbar jeden«, murmelte Schev wie betäubt und warf ihre Tasche auf den Boden.

»Wir machen eine Reise. Nur wir beide. Damit wir mal rauskommen.« Seit sie von der Karpfeninsel weggerudert waren, hatte Carcolf kaum aufgehört zu reden. Als ob sie Angst vor den Worten hatte, die vielleicht an die Oberfläche drängen würden, sobald einmal eine Pause entstand. »Jacra vielleicht. Oder die Tausendinseln? Da war ich noch nie. Du hast doch immer gesagt, dort sei es so schön.«

»Javre hat das erzählt«, murmelte Schev.

Carcolf verstummte kurz und redete dann weiter, als sei der Name nicht gefallen. »Wenn wir zurückkommen, wird alles viel besser sein. Du wirst schon sehen. Komm, ich zieh mich schnell um. Dann gehen wir aus und haben ein bisschen Spaß.«

»Spaß.« Schev ließ sich auf den einzigen Stuhl fallen, der noch heil war. Sie war es eigentlich, die sich hätte umziehen müssen, aber sie konnte sich nicht dazu aufraffen. Tatsächlich hatte sie kaum Kraft genug, um aufzustehen.

»Du weißt doch noch, was das ist?«

Schev zwang sich zu einem schwachen Grinsen. »Vielleicht kannst du mich ja daran erinnern.«

»Natürlich kann ich das.« Carcolf lächelte. »Spaß ist sozusagen mein zweiter Name.«

»Tatsächlich? Dann ist es also nur dein erster Name, den ich nicht kenne.«

»Was wäre ich für eine geheimnisvolle Schönheit, wenn ich keine Geheimnisse hätte?« Carcolf unterstrich ihre Worte mit einem langen Blick über die Schulter, bevor sie die Schlafzimmertür schloss.

Schev verzog das Gesicht, als sie sich aus ihrem Mantel herauswand, weil die lädierte Körperseite schmerzte. Ihre Gerätschaften fielen klappernd auf den Boden und eine unbefestigte Rauchbombe rollte aus dem ganzen Durcheinander aus Kleidung und Waffen. Sie sank in sich zusammen, stützte die Ellenbogen auf die Knie und das Kinn auf die Hände.

Javre war kein Teil ihres Lebens mehr. Dafür aber Carcolf. Sie und Finger-Horald waren quitt. Das war doch alles, was sie immer gewollt hatte, oder?

Wieso fühlte sie sich dann so verdammt elend?

Ein leises Klopfen ertönte von der Tür, und Schev sah mit gerunzelter Stirn auf. Wieder klopfte es. Sie zog ihren Klingenbrecher hervor, nahm ihn in die Rechte, als sie aufstand, und öffnete mit der Linken einen Spaltbreit die Tür.

Im Treppenhaus stand ein nervöser Junge mit großen Ohren und einem pickligen Ausschlag rund um den Mund.

»Bist du Carcolf?« Er schielte durch den Spalt. »Du bist kleiner, als ich dachte.«

»Ich bin kleiner, als ich zu werden hoffte«, fuhr Schev ihn an. »Wir sind wohl beide enttäuscht von meiner Körpergröße.«

Der Junge zuckte die Achseln. »Enttäuschungen gehören zum Leben dazu.« Er hielt ein gefaltetes Stück Papier mit zwei Fingern hoch.

»Heute ist wohl jeder ein Scheiß-Philosoph.« Schev öffnete die Tür jetzt gerade weit genug, um das Blatt in Empfang zu nehmen, schob sie mit der Schulter wieder zu und schloss ab. Ein Brief, auf dem vorn in geneigten Buchstaben *Carcolf* stand. Die Schrift kam Schev irgendwie bekannt vor. Da war etwas, woran sie sich erinnern sollte, das spürte sie.

Zunächst warf sie das Schreiben jedoch auf die zerkratzte Tischplatte und starrte es eine Weile an, während Carcolf im Schlafzimmer sang. Verdammte Scheiße, sie sang sogar noch gut.

Wenn man ein toller neuer Mensch mit einem tollen neuen Leben sein wollte, dann musste man das, was man zuvor gewesen war, hinter sich lassen, wie eine Schlange, die sich häutet. Man musste damit aufhören, immer wieder die gesammelten Verletzungen und Kränkungen zu befingern, wie ein Geizhals seinen Schatz aus Münzen, sie loslassen und sich davon befreien. Man musste vergeben und man musste vertrauen, und zwar nicht, weil die anderen das verdienten, sondern weil man selbst es verdiente.

Schev holte tief Luft und wandte den Blick von dem Brief ab.

Dann sah sie wieder hin, nahm ihn hoch und riss ihn mit dem Klingenbrecher grob auf.

Niemand ändert sich so grundlegend. Jedenfalls nicht so schnell.

Jetzt, wo sie mehr davon sah, erkannte sie die Handschrift. Es war dieselbe wie in dem Drohbrief, unter den Finger-Horald sein Zeichen gesetzt hatte. In dem Drohbrief, den man ihr hier in ihrer zerstörten Wohnung zurückgelassen hatte. Mit dem man sie und Javre zur Burroia-Festung gelockt hatte.

Carcolf, meine alte Freundin,
ich wollte mich nur noch einmal bei dir für deine Hilfe bedanken. Niemand erfindet so gute Geschichten wie du. Es war ein Vergnügen, dir bei der Arbeit zuzusehen, wie immer. Falls du wieder einmal nach Westport kommen solltest, habe ich sicher mehr für dich zu tun, und zwar gut bezahlt. Bei mir gibt es immer irgendetwas, das ein Kurier von einem Ort zum anderen bringen muss.
Hoffe, dass mit meinem Vater in Talins alles gut gelaufen ist. Du bist die einzige Frau, von der er mehr hält als von mir, das schwöre ich.
Bleib immer schön vorsichtig,
Leanda

Schevs Augen wurden groß und größer, als sie die Zeilen las, und die kleinen Rädchen in ihrem Kopf rotierten mit dreifacher Geschwindigkeit.

Leanda. Horalds ach-so-tatkräftige Tochter, die sich für ihn um die Geschäfte in Westport kümmerte.

Meine alte Freundin. Carcolf kannte vielleicht sowieso jeden, aber diese Verbindung hier war offenbar enger, als sie je hatte durchblicken lassen.

Hoffe, dass mit meinem Vater in Talins alles gut gelaufen ist. Schev hob den Kopf und sah Carcolf in Unterwäsche in der Tür stehen. Ein Anblick, für den sie früher einmal ganze Ozeane durchschwommen hätte. In diesem Augenblick, hier und jetzt, bereitete er ihr allerdings nur wenig Freude.

Carcolf sah von Schevs schockiertem Gesicht zu dem Brief und wieder zurück, dann hob sie langsam und beruhigend die Hand, als sei Schev ein nervöses Pony, das bei einer abrupten Bewegung scheuen würde. »Hör mir zu. Das ist ganz anders, als es aussieht.«

»Ach ja?« Schev drehte den Brief langsam um. »Sieht verdammt danach aus, als wärst du so dicke mit Horald und seiner

Familie, wie man überhaupt nur sein kann, und als wäre diese ganze Scheiß-Geschichte noch dazu deine Idee gewesen!«

Carcolf setzte ein schuldbewusstes kleines Lächeln auf. Wie ein Kleinkind, das mit marmeladeverschmiertem Mund erwischt wird. »Dann ... ist es vielleicht wirklich so, wie es aussieht.«

Schev stand da und starrte sie an. Schon wieder. Der alte Geiger draußen auf dem Platz beschloss ausgerechnet in diesem Moment, den Bogen wieder zur Hand zu nehmen und mit viel zu viel Gefühl ein herzzerreißendes Stück zu spielen. Schev war nicht nach Tanzen zumute, und nach Lachen schon gar nicht, von daher war es tatsächlich die passende Begleitung für diesen Augenblick, in dem ihre lächerlichen kleinen Selbstbetrügereien endgültig scheiterten. Bei Gott, wieso bestand sie immer wieder darauf, etwas von Menschen zu verlangen, von denen sie genau wusste, dass sie es ihr nie geben würden? Wieso bestand sie darauf, immer wieder dieselben Fehler zu machen? Wieso ließ sie sich so leicht zum Narren halten, immer und immer wieder?

Weil sie wollte, dass man sie zum Narren hielt.

Man muss realistisch sein, hatte der alte Nordmann auf dem Hof in der Nähe von Handelsguth immer gesagt. Realistisch. Und sie hatte sich gegen den Zaun gelehnt, einen Grashalm zwischen den Zähnen, und weise dazu genickt. Und trotz all dem, was sie inzwischen gesehen und erlitten hatte, war sie doch immer noch die unrealistischste Närrin der ganzen Welt.

»Sieh mal, Schevedieh ...« Carcolfs Stimme war glatt und ruhig und vernünftig, wie die eines Politikers, der seine großen Pläne für die Nation enthüllt. »Ich kann durchaus verstehen, dass du dich vielleicht ... ein *kleines* bisschen hintergangen fühlst.«

»Ein kleines bisschen?«, stieß Schev hervor, und ihre Stimme kippte vor Fassungslosigkeit in eine höhere Tonlage.

»Ich wollte ja nur …« Carcolf sah zu Boden, stupste mit einem spitzen Zeh einen verbogenen Löffel an, sah dann schüchtern unter ihren Wimpern wieder auf und versuchte es mit der Rolle der unschuldigen Braut. »Ich wollte ja nur wissen, ob dir wirklich etwas an mir liegt.«

Schevs Augen wurden noch größer. Sie glotzte geradezu. »Also … also war das nichts weiter als ein Scheiß-Test?«

»Nein! Na ja, schon. Ich wollte wissen, ob wir beide … nun, ob das etwas ist, das auf Dauer Bestand hat. Aber das ist wohl nicht richtig rübergekommen.«

»Wie konnte *das richtig* rüberkommen?«

»Du hast den Test bestanden! Und mehr noch!« Carcolf tappte ihr auf leisen Sohlen entgegen. Was hatte sie nur für einen Gang. Bei Gott, dieser Gang. »Du bist gekommen. Für mich. Das hatte ich nie erwartet. Mein Held. Meine Heldin. Wie auch immer.«

»Du hättest mich auch einfach fragen können!«

Carcolf verzog das Gesicht, als sie näher kam. »Aber … du weißt doch … im Bett sagen die Leute alles Mögliche, das man nachher besser nicht für bare Münze nimmt …«

»Das merke ich allmählich auch, verdammte Scheiße!«

Carcolfs Augenbrauen zogen sich ein wenig zusammen. Es war der Blick einer ungeduldigen Mutter, die sich darüber ärgert, dass ihre ungeratene Tochter einfach nicht aufhören will, Theater zu machen. »Sieh doch mal. Ich weiß, es war für alle ein harter Abend, aber es hat sich doch alles zum Besten gewendet. Du bist jetzt quitt mit Horald, ich bin quitt mit Horald, und wir können …«

Schev fühlte einen plötzlichen, kalten Stich im Bauch. »Was willst du damit sagen, du bist quitt mit Horald?«

»Na ja …« Für einen winzigen Augenblick huschte ein Funken Zorn über Carcolfs Gesicht, der erkennen ließ, wie sehr sie sich darüber ärgerte, dass ihr ein falsches Wort herausgerutscht war, aber dann begann sie mit den Händen zu fuchteln wie ein Zauberkünstler, der von einem Trick ablenken will. »Ich hatte selbst ein paar Schulden, das kommt ja vor, und er hatte diese Schulden bei der Hohepriesterin, und da dachte ich, na ja, eine Hand wäscht die andere, wir können uns doch gegenseitig helfen. So macht man das in Styrien, Schev, oder nicht? Aber darum geht es ja nicht …«

»Du hast also meine Freundin verkauft, um deine Schulden zu bezahlen?«

Falls Schev gehofft hatte, Carcolf würde unter der Last ihrer Schuld zusammensacken wie ein durchbohrter Weinschlauch, dann hatte sie sich getäuscht. »Javre ist ein verdammtes Risiko!« Sie trat näher und wedelte dabei anklagend mit dem Zeigefinger. »Solange sie hier blieb, hättest du dich ein ums andere Mal von ihren Verrücktheiten anstecken lassen, das war doch immer so! Du musstest endlich von ihr loskommen. *Wir* mussten von ihr loskommen. Das hast du mir selbst gesagt, hier in diesem Zimmer!«

Schev wand sich. »Das hatte ich nicht so gemeint! Gut, ich hatte das so gemeint, aber nicht auf diese Weise …«

»Auf welche denn?«, schnaubte Carcolf. »Du hättest doch nie etwas unternommen. Das weißt du jetzt. Das wusstest du damals auch. Deswegen hast du es auch gesagt. Ich musste es für dich tun.«

»Dann hast du mir also … einen Gefallen getan?«

»Ich denke schon.« Carcolf trat näher. Ganz fair, bescheiden, eine Kauffrau, die das beste Angebot unterbreitet, das man in seinem ganzen Leben bekommen wird. »Und ich denke auch … wenn du erst einmal Zeit hattest, darüber nachzudenken … dann wirst du es genauso sehen.«

Sie lächelte auf Schev hinunter, die sie selbst ohne Schuhe überragte. Es war ein gewinnendes Lächeln. Sie hatte bewiesen, dass sie recht hatte. Und den Streit gewonnen.

Das entsetzte Schweigen nahm sie als Zustimmung, und sie streckte die Hände aus und legte sie um Schevs Gesicht. Die empfindsame Geliebte, die einzig danach strebte, ihre Partnerin glücklich zu machen.

»Nur wir beide«, flüsterte sie und kam noch näher. »Besser denn je.«

Carcolf nuckelte an Schevs Oberlippe. Dann nahm sie die Unterlippe zwischen die Zähne, knabberte und zog leicht daran, bis es beinahe wehtat, dann ließ sie mit einem ganz leisen Schnalzen wieder los. Schevs Kopf war erfüllt von ihrem Geruch, aber es lag keine Süße mehr darin. Er war nur noch bitter. Zu stark aufgetragen. Ekelhaft.

»Komm, ich ziehe mich nur kurz an, und dann gehen wir raus und haben ein bisschen Spaß.«

»Spaß ist dein zweiter Name, ich weiß«, flüsterte Schev und hätte sie am liebsten weggestoßen. Weggestoßen und ihr noch richtig eine reingehauen.

Schev war nicht gern ehrlich mit sich selbst. Wer ist das schon? Aber wenn sie den Schmerz jetzt nur einmal ein bisschen zuließ, dann war es nicht Carcolfs Verrat, der wirklich wehtat. Man kann sich nicht zu einer Schlange ins Bett legen und sich dann beklagen, wenn man gebissen wird. Es war vielmehr so, dass Schev plötzlich erkannt hatte, dass es kein verborgenes Ich hinter Carcolfs selbstzufriedenem Lächeln gab. Dort lauerte nur wieder eine neue Maske, und darunter kam die nächste. Je nachdem, welche Rolle sie gerade spielen wollte. Je nach dem, womit sie glaubte, das bekommen zu können, was sie wollte. Und falls doch noch irgendetwas unter den Masken schlummerte, dann war es hart und schimmernd wie Feuerstein.

Es gab keinen Vornamen, den sie in Erfahrung bringen konnte.

Vor einigen Stunden noch war Schev bereit gewesen, für

diese Frau zu töten. Für sie zu sterben sogar. Jetzt empfand sie keine Liebe oder Lust, nicht einmal besonders viel Zorn. Sie war nur traurig. Traurig und verletzt und so, so sehr enttäuscht.

Sie zwang sich zu einem Lächeln. »Gut.« Mit etwas Überwindung legte sie Carcolf die Hand auf die Wange und schob ihr eine Strähne goldenen Haars hinter das Ohr. »Zieh dich an. Aber ich verspreche dir, du wirst nicht lange angezogen bleiben.«

»Oh, Versprechen machen mich ganz kribbelig.« Carcolf tippte mit ihrem Finger gegen Schevs Nasenspitze und ließ sie los. »Weil ich nie weiß, ob ich mich auf sie verlassen kann.«

»Du bist doch diejenige, die ihren Lebensunterhalt mit Lügen bestreitet. Ich stehle nur.«

Carcolf lächelte ihr von der Schlafzimmertür zu, ruhig und schön wie immer. »Das stimmt wohl.«

In dem Augenblick, da sie verschwand, riss Schev ihre Tasche an sich und ging.

Sie machte sich nicht einmal die Mühe, die Tür hinter sich ins Schloss zu ziehen.

FREIHEIT!

Anmerkung des Herausgebers

Dieses Fragment wurde im Nachlass des bekannten Biografen, Lebemanns und Dichters Spillion Sworbreck entdeckt, nachdem er im Alter von fünfundneunzig Jahren verstarb; es steckte zerknüllt, fleckig und beinahe durchgelaufen in der Sohle eines uralten Stiefels, um dort ein Loch abzudichten. Sworbreck hinterließ ein beeindruckend umfangreiches Gesamtwerk und war besonders bekannt für sein achtzehnbändiges Epos »Das Leben von Dab Süß«, »Geißel der Wilden Grenzlande« und für »Die Großherzogin des Schurkentums«, seine romantische Verbrämung der Karriere von Monzcarro Murcatto in klassischen Versen.

Fakten? Launen? Satire? Die Ursprünge des vorliegenden Traktats und desgleichen auch sein Zweck bleiben völlig im Dunkeln, aber es wird hiermit zum ersten Mal der Öffentlichkeit zugänglich gemacht, versehen mit einer besonderen Fußnote, die offenkundig nicht vom Autoren selbst stammt, sondern in einer verschlungenen, stark geneigten Handschrift verfasst wurde. Der Kommentar eines Lesers? Die Meinung eines Kritikers? Das Urteil eines Lektors? Das, lieber Leser, können nur Sie allein beurteilen …

Es folgt die durch und durch wahrheitsgemäße Schilderung der Befreiung der Stadt Averstock, besetzt und geschunden von fehlgeleiteten und gefährlichen Rebellen, durch die Kompanie der Gütigen Hand, angeführt vom Berüchtigten Nicomo Cosca, verfasst von Ihrem bescheidenen Diener Spillion Sworbreck.

Averstock, Sommer 590

Wie kann meine unwürdige Feder ihm je gerecht werden, jenem großen Herzen, jenem überwältigenden Charakter, dem furchtlosen Erforscher neuer Wege, stolzem Staatsmann, einzigartigem Degenfechter, einfühlsamem Liebhaber, gelegentlichem Schiffskapitän, anerkanntem Amateur-Bildhauer, berühmtem Connaisseur, siegreichem Kurzstreckenschwimmer und Kriegspoeten – dem berühmten Glücksritter Nicomo Cosca?

Ein Mann der hervorragendsten Eigenschaften, verfügte er doch über außergewöhnliche geistige und körperliche Fähigkeiten, war gesegnet mit dem scharfen Verstand und der schnellen Entschlusskraft eines Fuchses, aber verfeinert mit einer Empfindsamkeit und Gnade, um die ihn die sanfteste Taube beneidet hätte. Er war ein freigiebiger Freund, schnell zum Lachen zu bringen und übermäßig großzügig, aber ein unversöhnlicher Feind, geliebt und gefürchtet im ganzen Weltenrund, in dem es kein Land gab, das ihm unbekannt geblieben wäre. Und dennoch, obwohl er großartige Leistungen vorzuweisen hatte, die fünf Lebensalter hätten füllen können, war an ihm doch kein Hauch von Arroganz oder Eitelkeit, sondern nur das Bedürfnis, sich selbst ständig zu neuen Höchstleistungen herauszufordern. Stets strebte er danach, höher und weiter zu kommen, und wenngleich sein Verhalten im Laufe seiner vielen Dutzend erfolgreichen Kriegszüge grundsätzlich untadelig gewesen ist, so haderte er doch oft mit den Enttäuschungen und Verfehlungen der Vergangenheit. »Reue«, so erklärte er einmal dem unwürdigen Verfasser dieser Zeilen, während eine grenzenlose Traurigkeit über sein edles Antlitz zog, »ist der Preis, den man in diesem Geschäft eben zahlen muss.«

Zwar ging er, als ich das Glück hatte, seine Bekanntschaft zu machen, bereits auf die sechzig zu, ließ damals dennoch keinerlei Anzeichen von Schwäche oder Verfall erkennen. Dank eines Lebens im Sattel und an frischer Luft und aufgrund des Fehlens jeglicher niederer Angewohnheiten wirkte er keinen Tag älter als rüstige und athletische siebenunddreißig, und er war mit einem vollen, üppigen, rabenschwarzen Haarschopf gesegnet, wie ihn ein Sechzehnjähriger voll Stolz getragen hätte. Den Berichten der Damen zufolge, die – sanfte Geschöpfe, die sie sind – diese Dinge besser beurteilen können als Ihr bescheidener Diener, besaß er ausgesprochen wohlgestalte Züge und einen muskulösen Körper, der über die Jahre nichts an Energie und Spannkraft eingebüßt hatte. Zwar sprach er dem Alkohol zu, jedoch nur selten und mit größter Mäßigung, denn während seiner langen Laufbahn war er oft genug Zeuge der entsetzlichen Gräueltaten geworden, die betrunkene Soldaten an der unschuldigen Bevölkerung verübten, und er vertraute mir einst an: »Kein Teufel ist dem Soldaten so gefährlich wie jener, der aus der Flasche steigt.«

Als sich jene Ereignisse abspielten, welche ich im Folgenden schildern werde und die den Charakter des Genannten illustrieren, unterstanden Nicomo Cosca und seine Kompanie der Gütigen Hand, dem angesehenen Diener Seiner Erhabenen Majestät, Superior Pike, um die Anführer des abscheulichen Aufstands, der kurz zuvor in dem entsetzlichen Massaker von Rostod seinen Höhepunkt gefunden hatte, ein für alle Mal auszurotten. Dieser rechtschaffenen Aufgabe hatte sich die Kompanie, die um die fünfhundert tapfere Seelen zählte, per Eid verpflichtet und geschworen, sie entweder erfolgreich zu erledigen oder aber bei dem Versuch zu sterben. Nun hat der geneigte Leser vielleicht bereits allerlei reißerische Geschichten über die notorische Untreue des Söldners an sich gehört? Solche Gedanken verbanne er aus seinem Kopf, zumindest hinsichtlich der vom Glück begünstigten Bruderschaft, die der berühmte Nicomo Cosca befehligte! Denn diese Männer, geboren unter verschiedenen Himmeln, fern und nah, die unterschiedlichsten Sprachen sprechend, aus reichem oder armem Hause und von jeder Hautfarbe und Glaubensrichtung, die es im ganzen Weltenrund geben mag, waren einander und gegenüber ihren Auftraggebern so treu und loyal wie jede fest zusammengeschweißte Kompanie einer einzigen Nation. Sobald ihr Rechtskundiger einen Vertrag vorbereitet und Cosca seine verschnörkelte Unterschrift daruntergesetzt hatte, schoben sie alle Bedenken beiseite und waren ihrer neuen Mission so ergeben wie die Ritter der Wacht bei der Verteidigung Seiner Erhabenen Majestät persönlich, und nicht für Geld noch gute Worte, für diesseitige oder jenseitige Belohnungen waren sie bereit, von jener Aufgabe zu lassen, die zu erfüllen sie sich verpflichtet hatten.

Die Stadt Averstock zählte zu jenen Pioniersiedlungen, die damals wie Unkraut auf felsigem Boden überall in den gesetzlosen Breiten des Nahelands wucherten, unweit der Grenzen der zivilisierten Lande der Union. Averstocks Gebäude waren aus festem Holz gezimmert und wiesen zwar keinerlei Schmuck oder Verzierungen auf, doch war die Lage der Stadt mit viel Verstand gewählt, und sie war sauber, ordentlich und schön anzusehen, umgeben von einer kräftigen Palisade, die von den wackeren Einwohnern zum Schutz gegen die gefürchteten Geister errichtet worden war, die in früheren Jahren schrecklich unter den schutzlosen Siedlern gewütet hatten.

Auf diese schöne und zuvor so friedliche Siedlung richtete Cosca nun seinen durchdringenden Blick, die männliche Braue vor tiefer Besorgnis und rechtschaffenem Mut gefurcht.

»Die Rebellen haben sich in der Stadt verschanzt, mindestens hundert Mann stark«, rief Hauptmann Dimbik, dem die goldenen Locken auf die breiten Schultern fielen, als er von seinem Streitross sprang, dem der Schaum vom Maul troff. Einst war er Offizier der Königstreuen gewesen, doch so dem Abenteuer ergeben, dass er, als Frieden mit den finsteren Nordmännern geschlossen wurde, sein Patent zurückgab, um sich im noch unerforschten Westen neuen Gefahren zu stellen. »Sie haben durch schmählichen Verrat die Menschen der Stadt als Geiseln genommen, begehen stündlich neue Gräueltaten an diesen Unschuldigen und haben gedroht, die Frauen und die schutzlosen Kleinkinder zu töten, sollte auch nur einer der Männer versuchen, die Siedlung von ihrer Tyrannei zu befreien.«

»Sind diese Leute nun Menschen oder Ungeheuer?«, fragte Hauptmann Brachio, ein kultivierter styrischer Edelmann von bester Herkunft, schlank, wohlgestalt und gut aussehend, dem eine alte Wunde unter einem Auge etwas Verwegenes gab.

»Dann muss ich selbst dorthin – verdammt sollen sie sein!« Coscas glänzender Schnurrbart zitterte vor Empörung, während sein heller Blick das gefährliche Funkeln seiner Augen auf die belagerte Siedlung lenkte. »Die Freilassung der Geiseln muss erwirkt werden. Dabei darf ich mir kein Scheitern erlauben. Wenn auch nur ein unschuldiger Mann, eine unschuldige Frau oder ein unschuldiges Kind zu Schaden kommt …« Und hier, liebe Freunde, muss ich tatsächlich berichten, dass sich der General bei dem Gedanken an das Leid der Schwachen eine mannhafte Träne von der Wange wischen musste. »Mein zartes Gewissen könnte diese Last nicht ertragen. Ich werde die Rebellen mit größter Bestimmtheit davon in Kenntnis setzen …«

»Nein!«, sprach Inquisitor Lorsen, der Coscas Auftraggeber vertrat und die Mission überwachte, für die man die tapfere Kompanie gedungen hatte. »Ihr Bestreben, Blutvergießen zu vermeiden, gereicht Ihnen zwar zur Ehre, aber wir können uns nicht darauf verlassen, dass sich die gefürchteten Rebellen an das Kriegsrecht halten werden. Sie lassen genau jene Charakterfestigkeit vermissen, welche Sie gerade bewiesen haben, und ich werde nicht zulassen, dass Sie sich in ihre Hände begeben. Ich, die Union – nein, die ganze Welt kann es sich nicht leisten, einen so beflissenen Diener zu verlieren, wie Sie stets einer waren, und als welcher Sie sich täglich neu erweisen. Sie leiten eine Kompanie tapferer und rechtschaffener Männer, die alle darauf brennen, Ihre Befehle auszuführen, und von denen jeder, daran zweifle ich nicht, mehr als bereit wäre, sein Leben zu riskieren, wenn damit auch nur ein Schutzloser gerettet werden kann. Lassen Sie einen Ihrer Männer diese rühmliche Aufgabe übernehmen. Ich, mein Meister Superior Pike, sein Meister der Erzlektor und wiederum *dessen* Meister, Seine Erhabene Majestät, der Hochkönig der Union«, und hier neigten alle Männer, auch wenn sie aus anderen Ländern stammten, respektvoll ihre Häupter, »würden es, obgleich viele große Sorgen auf ihren Schultern lasten, dennoch zutiefst bedauern, wenn ein einziges Leben geopfert würde.«

Nach dieser aufrüttelnden Rede traten sofort Freiwillige vor, um ihre Kräfte in den Dienst dieses edlen Ansinnens zu stellen. Cosca wischte sich eine weitere Mannesträne von der Wange, streckte ihnen die Arme entgegen und sprach: »Meine Männer! Meine tapferen Männer!« Und er presste sich die starken Hände an die edle Brust, so dankbar war er ihnen und den Schicksalsgöttinnen, dass sie ihn mit solchen Gefolgsleuten gesegnet hatten.

Es war ein gewisser Sufeen, auf den nun das Auge des großen Heerführers fiel, ein Kundschafter von langjähriger Erfahrung und kantesischer Erscheinung, aber hochgewachsen und von edler Haltung, zweifelsohne einer von jenen, die lieber geflohen waren, als vor der Tyrannei des gurkhisischen Imperators das Knie zu beugen, und damit ein Mann, der Angst und Furcht beinahe ebenso laut ins Gesicht lachte wie der Generalhauptmann selbst.

»Bieten Sie den Rebellen eine faire Behandlung, unter der Bedingung, dass sie ihre feige Geiselnahme beenden und sich der Gerichtsbarkeit Seiner Majestät unterstellen«, sagte Inquisitor Lorsen.

»Und warnen Sie diese Hunde, dass sie meinen Zorn in seiner ganzer Stärke zu spüren bekommen werden, wenn einer Geisel auch nur ein Haar gekrümmt wird«, fügte Cosca hinzu. »Tun Sie das für mich, Sufeen, und Sie werden reich belohnt werden.«

»Herr Generalhauptmann, Ihre Anerkennung ist mir Lohn genug«, antwortete der Kundschafter, und die beiden Männer umarmten sich. Zusammen mit dem Rechtskundigen der Kompanie, der die Bedingungen der Kapitulation festhalten sollte, machte sich der tapfere Sufeen an den langen und einsamen Abstieg über den grasbewachsenen Berghang zur Feste des Feindes, und dort angekommen, sah man ihn sofort Einlass finden, wonach sich die hohen Tore der Siedlung wieder fest schlossen.

Eine unheimliche Stille breitete sich aus, während die Kompanie auf das Ergebnis von Sufeens Verhandlungen wartete, ein glückliches Ergebnis erhoffend und doch vorbereitet auf die blutige Alternative. Selten verging die Zeit für den bescheidenen Verfasser dieser Zeilen so langsam wie in jenen Augenblicken. Der Wind fuhr noch leise durch die Bäume und hauchte über das Gras, die sorglosen Vögel pfiffen noch ihr Morgenlied von den Zweigen, aber die vor der Stadt versammelten Männer waren alle von äußerster Anspannung ergriffen.

Alle – bis auf einen!

»Ah, dieser Augenblick, bevor die Schlacht beginnt!«, sprach Cosca, der sich im hohen Gras oberhalb der Stadt ausgestreckt hatte wie ein zum Sprung bereiter Löwe, mit glänzenden Augen, die großen Fäuste in Erwartung des kommenden Einsatzes bereits geballt. »Die herrliche Ruhe vor dem Sturm aus Stahl! Vielleicht sollte ein Mann einem so blutigen Geschäft wie dem unseren weniger froh entgegensehen, aber – diese herrliche Aufregung! Sie hat stets einen Kitzel durch meine Adern geschickt! Geht es Ihnen nicht ebenso, Sworbreck?«

Der bescheidene Verfasser musste an diesem Punkt eine gewisse, wohl verständliche Zurückhaltung einräumen und konnte Coscas Frage lediglich negativ bescheiden. Immerhin verfügte ich nicht über seine lange Erfahrung und seine hervorragenden kämpferischen Fähigkeiten, oder war von Natur aus so immun gegen die Angst wie der Generalhauptmann. Er war schließlich Nicomo Cosca! Er lachte im Angesicht der Furcht!

Aber jetzt entwich kein froher Laut den wohlgeformten Lippen. »Hier liegt etwas im Argen«, murmelte er nach einer Weile, als sich nichts tat, und die Männer strafften sich, den Angriff erwartend. Sie wussten aus langjähriger Erfahrung, dass Nicomo Cosca ein besonderes Gespür für Gefahr besaß, das an Zauberkraft grenzte, einen sechsten Sinn, wenn man so will, der über die Wahrnehmung eines gewöhnlichen Mannes weit hinausgeht. Ob er diese Fähigkeit durch leidvolle Prüfungen des Lebens erworben hatte oder ob es sich um ein angeborenes Talent handelte, vermag ich nicht zu sagen, aber als bescheidener Berichterstatter war es mir vergönnt, sein Gespür verschiedene Male im Einsatz zu erleben, und seine Unfehlbarkeit ließ sich nicht bestreiten. Er sprang gelenkig wie ein Akrobat wieder auf und saß einen Augenblick später in seinem vergoldeten Sattel – ein Geschenk, wie man mir zu verstehen gab, das ihm die Großherzogin Sefeline von Ospria nach der Schlacht der Inseln machte, die er siegreich für sie führte. Der Generalhauptmann brüllte: »Zu den Waffen!«

Binnen eines Wimpernschlages saßen mehrere Dutzend Männer auf ihren Pferden und sprengten den Abhang nach Averstock hinab, während ihre tiefen und leidenschaftlichen Schlachtrufe über das pittoreske Tal schallten. Ein zeitiges Spiegelsignal sorgte dafür, dass eine weitere Abteilung, die sich im Wäldchen auf der anderen Seite der Siedlung verborgen gehalten hatte, nun ebenfalls zum Angriff blies und dafür sorgte, dass kein Rebell dieser tödlichen Zange entgehen konnte. In der Schlacht ging die Kompanie mit der Laufruhe, Präzision und Genauigkeit einer unbezahlbaren Taschenuhr vor, und Meisteruhrmacher Cosca sorgte dafür, dass jeder der fünfhundert Männer sein Plätzchen in dieser großen Maschinerie fand und ausfüllte.

Wie viele Herzschläge vergingen, bis die heranpreschenden Pferde die Palisade erreichten, die die Stadt umschloss? Zwar vermag ich die Zahl nicht genau zu benennen, aber es waren unfassbar wenige! Wie viele mehr vergingen, bevor die unerschrockenen Männer der Kompanie die Befestigungen überwanden und den feigen Widerstand auf den Wehrgängen zermalmten? Höchstens eine Handvoll mehr! Ich will nicht zu viele erschreckende Einzelheiten des Kampfes schildern, der nun entbrannte – zum Teil, weil der bescheidene Verfasser dieser Zeilen aus Angst um sein eigenes Leben ein wenig Sicherheitsabstand zu den blutigsten Kämpfen hielt, zum Teil, um die zarten Empfindungen der weiblichen Leser zu schonen, und auch, weil eine genaue Schilderung derart animalischer Geschehnisse eines kultivierten Leserkreises unwürdig ist.

Daher will ich mich darauf beschränken, dass ich den Generalhauptmann höchstselbst beim Kampf beobachten konnte, und wenngleich er in der Gegenwart seiner Freunde sanft ist wie ein Kätzchen, so gebärdete er sich doch wie ein Tiger und schlimmer gegen seine Feinde! Nie traf ein Wurfmesser genauer sein Ziel, und nie gab es einen tödlicheren Einsatz des Degens!

Einmal wurde der Verfasser Zeuge, wie vor seinen eigenen Augen gleich zwei Männer von Coscas blitzender Klinge gefällt wurden! Durchbohrt. Nein! Gepfählt. Nein! Aufgespießt, sage ich, wie zwei zuckende Fleischstücke auf einem gurkhisischen Grillspieß. Das hervorsprudelnde Blut benetzte den ausgedörrten Kies der Straße, die zuckenden Eingeweide der Rebellen lagen offen da, Schreie ließen das Blut gefrieren und weibisches Flehen um Gnade blieb unerhört. Mit ausgebreiteten Gedärmen, durchbohrten Augen und an der Palisade aufgeschlagenen Hirnen blieben die Feinde liegen, von Fliegen umschwärmt. Fleischige Körper wurden vom gnadenlosen Stahl aufgeschlitzt und spien ihre zinnoberrote Ladung aus zuckendem Gekröse auf den gnadenlosen Staub. Oh, so zeigte sich die hässliche Fratze des Krieges, vor dessen vollständiger Beschreibung wir, die Zivilisierten, nicht zurückschrecken dürfen!

»Wir müssen die Stadtbewohner beschützen!«, bellte Hauptmann Jubair über den Kampfeslärm. Jubair, obwohl in Gurkhul geboren und zu dem typischen Aberglauben seiner Landsleute neigend, hatte von Cosca eine Menschlichkeit und Rücksichtnahme gegenüber Schwächeren gelernt, die seiner dunklen Rasse völlig fremd ist. Obwohl zumeist ein sanfter Riese, wurde der Zorn seines schlichten Gemüts doch entflammt, als er um die Hilflosen fürchten musste, und nun kämpfte er wie ein wütender Elefant.

Zwar kam es dem Verfasser wie eine Ewigkeit vor, doch war nun die Kompanie so rechtschaffen wild erzürnt, dass der Kampf nach wenigen hitzigen Augenblicken vorüber war. Die feigen Rebellen waren sämtlich ausfindig gemacht, vernichtet und dem Schwert überantwortet, ohne dass es – o glückliches Geschick und Kraft der gerechten Sache – auch nur eine einzige Verletzung auf Seiten der Kompanie gegeben hatte. Coscas Rache war so schrecklich schnell über diese elenden Köter gekommen, wie ein heraufziehender Sturm blendend helle Blitze auf die Erde niederfahren lässt, und so war ihnen keine Zeit geblieben, das angedrohte Massaker an den Stadtbewohnern zu verüben, und sämtliche kostbare Geiseln wurden lächelnd von ihren Fesseln befreit, um glücklich wieder mit ihren zu Tränen gerührten Familien vereint zu werden.

Hier jedoch lauerte Gefahr, denn das Blut der Männer war derart in Wallung gebracht, dass die Möglichkeit bestand, einige von ihnen, so sanfte und nachsichtige Lämmer sie unter anderen Umständen auch sein mochten, könnten sich vielleicht vergessen und sich zu Raub und Plünderung hinreißen lassen. Aber nun sprang Cosca auf einen Wagen, breitete die Arme aus und mahnte mit so volltönender Stimme und sanften Worten zur Ruhe, dass er die Kompanie sofort wieder im Griff hatte und eine Disziplin wiederherstellen konnte, wie sie sich für zivilisierte Menschen ziemt.

»Lieber würde ich uns hungern lassen«, rief der gute General seinen Leuten zu, »als dass hier Hab und Gut geschädigt werden sollte, von diesen guten Menschen, die sich in kommenden Jahren vielleicht Untertanen Seiner Erhabenen Majestät, des Hochkönigs der Union, nennen mögen!«

Und wie aus einem Mund brach die Kompanie in lauten Beifall aus. Ein beschämter Soldat gab peinlich berührt ein paar Eier zurück, die er einer Bürgerin aus dem Hühnerstall entwendet hatte, murmelte seine aufrichtigsten Entschuldigungen und vergoss Tränen größten Bedauerns, aber sie bat ihn, sie zu behalten; mehr noch, sie beschwor die dankbaren und hungrigen Männer der Kompanie, alle Eier zu nehmen, die sie hatte. In eine höhere Tonlage wechselnd und die schmalen Hände ringend, dankte sie dem König und seinem treuen und gewissenhaften Diener, seiner Eminenz, dem Erzlektor, dass er sie und ihre Nachbarn von der Tyrannei und sündhaften Plünderung durch die entsetzlichen Rebellen errettet hatte.

In diesem Augenblick, und der treue Verfasser dieser Zeilen

muss zugeben, dass er sich angesichts dieser Erinnerung eine Träne von der Wimper streichen muss, wurde der Leichnam des edlen Sufeen unter den Toten entdeckt. Seine Kameraden ergingen sich in vielfältigen Ausrufen mannhafter Trauer, gedachten seiner guten Eigenschaften und ließen den Tränen freien Lauf. Nicomo Cosca war dabei wie in allen Dingen einer der ersten.

»O guter Sufeen!« Der General schlug sich mit der Faust gegen den blutbespritzten Brustpanzer. »O großes Herz und würdiger Freund! Dieses Opfer wird mich bis zu meinem Todestag verfolgen!«

Der brave Kundschafter hatte wie ein Löwe gekämpft und lag inmitten einiger feiger Feinde, die ihn trotz der Parlamentärsflagge angegriffen hatten; mehr als ein Dutzend dreckiger Rebellen hatte er noch niedermetzeln können, bevor er selbst fiel. Ein Beutel voller alter Münzen wurde bei seinem gemarterten Körper gefunden und sofort dem Generalhauptmann übergeben.

»Erfassen Sie den Wert dieses Geldes, Feldwebel Freundlich«, sprach Cosca.

»Ich werde es zählen«, erklärte Coscas treuer Gefolgsmann und nickte zustimmend.

»Es soll nach unserer üblichen Viertelregelung aufgeteilt werden! Ein Viertel soll an die Männer gehen, um sie für ihren tapferen Einsatz zu belohnen. Ein weiteres soll einem fähigen Steinmetz ausgehändigt werden, um einen Gedenkstein für den tapferen Sufeen zu schneiden, der die Zeit überdauert! Ein drittes soll genutzt werden, um Vorräte von den Stadtbewohnern zu erwerben, und ein viertes sollen diese braven Bürger erhalten, um die Schäden zu beseitigen, die durch die Rebellen verursacht wurden, und um ein Krankenhaus für die verwaisten Kinder jener zu gründen, die als Märtyrer der guten Sache zum Opfer fielen!«

Wieder schallte ihm Beifall aus den Kehlen der Söldner entgegen, denn obwohl viele niederer Herkunft waren, so waren sie doch alle von hoher Moral. Schlichte Gier war ihren großzügigen Naturen fremd, und das Streben nach Gewinn war stets die kleinste Antriebsfeder bei all ihren edlen Taten. Sie machten sich sofort daran, die Siedlung wieder in den hervorragenden Zustand zu versetzen, in dem sie sich zuvor befunden hatte, löschten einige Feuer, die von den Rebellen in ihrem Hass angezündet worden waren, und behoben die groben Schäden, die an Gebäuden und öffentlichen Plätzen während der Besetzung entstanden waren.

Zuvor erwähnte ich bereits, dass man keinen besseren Freund haben konnte als Cosca, aber auch keinen schlimmeren Feind: In der Bestrafung von Übeltätern war er gnadenlos. Es erfüllt mich nicht mit Stolz, aber auch nicht mit Scham, wenn ich nun berichten muss, dass die abgeschlagenen Köpfe einiger Rebellenanführer aufgespießt über den Toren der Stadt zur Schau gestellt wurden, um als Abschreckung zu dienen. Niemand genoss diese schreckliche Arbeit, aber wir befanden uns im Naheland, weit entfernt von den Grenzen der Zivilisation und außerhalb der Rechtsprechung der Union; nicht einmal die Gesetze des Kaiserreiches, falls diese umnachtete Nation überhaupt über dergleichen verfügt, reichten bis hierher. Cosca kam eingedenk seiner großen Erfahrung zu dem Schluss, dass eine strenge Lektion dazu beitragen mochte, späteres Blutvergießen zu vermeiden. So sind nun einmal die schrecklichen Überlegungen der Kriegsstrategen.

»Wir müssen Gnade walten lassen, wo immer es möglich ist«, sprach der aufrichtige General. »Das müssen wir! Aber so traurig es auch ist, man kann es sich nicht leisten, zu viel Gnade walten zu lassen.« Damit sah er zu den grausigen, aufgepflanzten Warnungen auf der Palisade der Stadt mit ihren schrecklich leeren Gesichtszügen hinüber, die bereits Aufmerksamkeit auf sich zogen. »Köpfe auf Piken«, sagte er und schüttelte sein eigenes Haupt. »Eine äußerst schreckliche und bedauerliche Notwendigkeit.«

Die Stadtbewohner beschworen Cosca, er möge bleiben, und sie boten ihm Blumen und sogar Gold, damit er die Siedlung nicht verließ, aber er blieb standhaft. »Andere Städte des Nahelandes stöhnen noch unter dem Joch der Rebellen«, sagte er. »Ich werde nicht ruhen, bevor Superior Pikes Mission erfüllt ist und der verräterische Rebellenführer, der finstere Conthus, in Ketten der Inquisition überantwortet wurde und der königlichen Rechtsprechung entgegensieht.«

»Aber wollen Sie und Ihre Männer nicht einmal für eine Nacht Ihr Haupt bei uns zur Ruhe betten, General Cosca?«, wollte der Stadtvorsteher wissen. »Für eine glückliche Stunde? Mit der triumphalen Befreiung unserer bescheidenden Feste haben Ihre Mühen doch zumindest für den Augenblick ihr Ende erreicht?«

»Ich danke Ihnen«, antwortete der große Anführer und legte dem Mann schwer die Hand auf die Schulter, »aber ich habe mich schon zu lange ausgeruht.« Der berühmte Glücksritter, Nicomo Cosca, zwirbelte nun die gewachsten Spitzen seines stolzen, schwarzen Schnurrbarts mit Daumen und Zeigefinger zu tödlichen Spitzen und wandte seinen durchdringenden Blick dem westlichen Horizont zu. »Eines habe ich in vierzig Jahren Kriegshandwerk gelernt: Wer das Rechte tun will … der kommt nie zur Ruhe.«

* * *

Alles schön und gut, würde ich sagen, aber ich hatte mir mehr erhofft. Es ist altbacken. Es ist farblos. Natürlich bin ich sehr für eine realistische Darstellung, wo sie angebracht ist, und dafür, dass man sich an die Tatsachen hält und so weiter, aber wenn Sie die Ereignisse derart herunterspielen, können Sie kaum erwarten, dass die Leser vor Spannung die Luft anhalten. Hatte ich Ihnen nicht gesagt, es sei nicht langweilig gewesen?

Um Himmels willen, Sworbreck, bringen Sie etwas mehr Schwung hinein! Mehr Heldentaten, mehr große Gesten, mehr Blut in der Schilderung der Kampfhandlungen, malen Sie ein überlebensgroßes Bild! Die teuflischen Rebellen müssen viel schurkischer dargestellt werden! Vielleicht auch die eine oder andere gerettete Jungfrau? Geben Sie sich noch einmal richtig Mühe! Sorgen Sie für mehr Biss!

Und bitte streichen Sie die Erwähnung dieses verdammten Rechtskundigen. Löschen Sie den verräterischen Dreckskerl aus den Annalen!

Und schreiben Sie General-Hauptmann mit Bindestrich.

ALLZEIT HARTE ZEITEN

Sipani, Frühjahr 592

Verdammt, sie hasste Sipani.

Die verdammten, alles verhüllenden Nebel und das verdammte, schmatzende Wasser und den verdammten, allgegenwärtigen Fäulnisgestank. Die verdammten Feiern und Maskenbälle und Feste. Spaß, alle hatten so verdammt viel Spaß, oder zumindest taten sie so. Die verdammten Leute waren das Allerschlimmste. Schurken allesamt, Männer, Frauen und Kinder. Verlogen und dumm, so wie sie da waren.

Carcolf hasste Sipani. Und trotzdem war sie wieder da. Wer also, musste sie sich fragen, war hier wirklich dumm?

Wieherndes Gelächter schallte vor ihr aus dem Nebel, und sie glitt in den Schatten eines Hauseingangs, während ihre Hand den Griff ihres Degens kitzelte. Ein guter Kurier vertraut niemandem, und Carcolf war die beste in diesem Geschäft, aber in Sipani ... traute sie nicht einmal niemandem.

Ein weiteres Grüppchen Vergnügungssüchtiger stolperte aus der Düsternis, ein Mann mit einer mondähnlichen Maske deutete auf eine Frau, die so betrunken war, dass sie immer wieder von ihren hohen Absätzen kippte. Sie alle lachten; einer schlenkerte so sehr mit seinen Spitzenmanschetten, als gäbe es nichts Lustigeres auf der Welt als so viel zu trinken, dass man nicht mehr aufstehen konnte. Carcolf schlug die Augen zum Himmel und tröstete sich mit dem Gedanken, dass diese Leute diesen ganzen Zirkus hinter ihren Masken ebenso sehr hassten wie sie, wenn sie so tat, als ob sie sich amüsierte.

Wie sie so allein in diesem Hauseingang stand, verzog Carcolf entnervt das Gesicht. Verdammt, sie brauchte Urlaub. Früher einmal war Spaß ihr zweiter Name gewesen. Und jetzt? Jetzt wurde sie allmählich eine vergrämte alte Meckerziege. Oder vielleicht war sie es sogar schon lange und verwandelte sich gerade in etwas noch Schlimmeres. In jemanden, der die ganze Welt verachtete. Verwandelte sie sich etwa in ihren verdammten Vater?

»Alles, nur das nicht«, murmelte sie.

Die Feiernden waren kaum in der Nacht verschwunden, da huschte sie geduckt wieder aus dem Eingang und lief weiter, nicht zu schnell und nicht zu langsam, eilte auf leisen Sohlen geräuschlos über das nebelfeuchte Pflaster, die unauffällige Kapuze in einem unauffälligen Winkel ins Gesicht gezogen, ganz wie jemand, der nicht mehr zu verbergen hatte als alle anderen auch. Was in Sipani gewöhnlich eine ganze Menge war.

Weiter drüben im Westen raste jetzt irgendwo ihre gepanzerte Kutsche über die breiten Straßen, Funken stoben von den Rädern, wenn sie über die Brücken ratterten, verblüffte Passanten sprangen hastig aus dem Weg, wenn die Peitsche des Kutschers über die schaumbedeckten Flanken der Pferde zuckte, und ein Dutzend gedungener Wachmänner donnerte hinter ihr her, mit nebelfeuchten Rüstungen, auf denen sich das Licht der Straßenlaternen spiegelte. Es sei denn natürlich, dass die Leute des Steinbrechers schon reagiert hatten und Pfeile flogen, Tiere und Menschen schrien, während der Wagen mit einem Krachen von der Straße abkam, Stahl klappernd aufeinanderprallte und schließlich das große Vorhängeschloss von der Panzerkiste abgesprengt wurde. Und wenn sie dann mit flinken Händen den beißenden Rauch beiseitewedelten und den Deckel zurückschlugen, dann würden sie feststellen, dass darunter … nichts lag. Gar nichts.

Carcolf gönnte sich ein ganz winziges Lächeln und tätschelte die kleine Erhebung über ihren Rippen. Das fragliche Ding, sicher ins Futter ihres Mantels eingenäht.

Sie riss sich zusammen, nahm ein paar Stufen und sprang dann vom Ufer des Kanals drei Schritt weit über öliges Wasser aufs Deck eines fauligen Kahns, dessen Planken stöhnten, als sie sich abrollte und geschmeidig gleich wieder aufrichtete. Es war ein Umweg, wenn man die Fintiner Brücke nahm, und außerdem war die Strecke sehr belebt und gut bewacht, und dieses Schiff, das stets hier unten in den Schatten lag, bot eine ideale Abkürzung. Dafür hatte sie gesorgt. Carcolf überließ ungern Dinge dem Zufall. Der Zufall, das hatte sie auf die harte Tour erfahren, konnte ein richtiger Drecksack sein.

Ein runzliges Gesicht blickte ihr aus der dunklen Kajüte entgegen, und Dampf stieg aus einem zerbeulten Kessel auf. »Wer zur Hölle bist du denn?«

»Niemand.« Carcolf grüßte die Gestalt gut gelaunt. »Bin nur auf der Durchreise!« Damit sprang sie von den nachgebenden Brettern auf das gemauerte Kanalufer der anderen Seite und war schon wieder im dumpfigen Nebel verschwunden. Nur auf der Durchreise, tatsächlich. Direkt auf dem Weg zum Hafen, um mit der Ebbe auszulaufen und fröhlich ihrer Wege zu gehen. Fröhlich, oder eben auch verbittert, wenn es denn so sein sollte. Wo auch immer Carcolf hinkam, war sie niemand. Und überall nur auf der Durchreise.

Weiter im Osten ritt jetzt dieser Idiot Pombrine wie der Wind in Begleitung von vier Gefolgsmännern dahin. Er sah zwar überhaupt nicht so aus wie sie, dafür sorgte schon der Schnurrbart, aber in ihren ausgesprochen auffällig bestickten Mantel gehüllt ging er trotzdem als Doppelgänger durch. Er war ein mittelloser Lude, der glaubte, ganz schlau erraten zu haben, dass er sich deswegen für sie ausgeben sollte, damit sie heimlich zu einer Geliebten gehen konnte, einer wohlhabenden Lady, die vermeiden wollte, dass ihre Beziehung ans Licht der Öffentlichkeit geriet. Carcolf seufzte. Wenn es doch nur so gewesen wäre. Sie tröstete sich mit dem Gedanken an Pombrines entsetztes Gesicht, wenn die beiden Drecksäcke Gründig und Hohl ihn aus dem Sattel schießen würden, sich erst ziemlich über den Schnurrbart wundern, dann mit wachsendem Ärger seine Kleider durchsuchen und wahrscheinlich sogar seinen Leichnam ausweiden würden, um am Ende ... auch nichts zu finden. Gar nichts.

Wieder tätschelte Carcolf die kleine Ausbuchtung und lief mit federnden Schritten weiter. Sie war hier, auf halber Strecke zwischen beiden Täuschungsmanövern, allein und zu Fuß, und folgte einem sorgfältig vorbereiteten Weg durch schmale Gässchen, unbewachte Abkürzungen und vergessene Treppen, durch verfallende Paläste und verrottende Mietshäuser, durch Tore, die ihr aufgrund gründlicher Planung offen stehen würden, bis sie über eine kurze Strecke durch die Abwasserkanäle direkt zum Hafen gelangen würde, und das sogar ein bis zwei Stunden vor der verabredeten Zeit.

Nach diesem Auftrag war wirklich ein Urlaub fällig. Ihre Zunge spielte an der Innenseite ihrer Unterlippe, wo sich kürzlich ein kleines, aber unverhältnismäßig schmerzhaftes Geschwür gebildet hatte. Sie lebte ja nur noch für die Arbeit. Vielleicht eine Reise nach Adua? Ihren Bruder besuchen und ihre Nichten einmal wiedersehen? Wie alt waren sie jetzt überhaupt? Uh. Nein. Nach kurzem Überlegen fiel ihr wieder ein, was für eine gehässige Kuh ihre Schwägerin war. Eine von denen, die auf alles mit verächtlichem Gesicht herabsahen. Sie erinnerte Carcolf an ihren Vater. Wahrscheinlich war das der Grund, weswegen ihr Bruder diese blöde Ziege geheiratet hatte.

Musik schwebte von irgendwoher zu ihr heran, als sie sich

unter einen Torbogen duckte, von dem der Putz abbröckelte. Entweder stimmte ein Geiger sein Instrument, oder aber er spielte einfach grottenschlecht. Beides hätte sie nicht überrascht. An einer moosbewachsenen Mauer klebten flatternde und raschelnde Plakate, schlecht gedruckte Aufrufe an die ehrenwerten Bürger, sich gegen die Tyrannei der Schlange von Talins zu erheben. Carcolf schnaubte. Die meisten Einwohner Sipanis interessierten sich mehr dafür, besoffen umzufallen, als sich zu erheben, und ehrenwert waren sowieso die wenigsten.

Sie wand sich etwas hin und her, um am Stoff ihres Hosenbodens zu zupfen, aber es brachte nichts. Wie viel musste man wohl für eine neue Ausstattung hinblättern, damit man später nirgendwo eine Naht hatte, die an der fiesesten Stelle kniff und rieb? Federnden Schrittes folgte sie einem schmalen Weg neben einem Abschnitt des Kanals, der schon lange nicht mehr benutzt wurde und dessen stehendes Wasser von glitschigen Algen erstickt wurde, zwischen denen treibender Müll hervorragte, und noch einmal zerrte sie erfolglos an dem störenden Kleidungsstück. Diese verdammte neue Mode mit den engen Hosen! Vielleicht war es eine kosmische Art der Vergeltung dafür, dass sie den Schneider mit falschen Münzen bezahlt hatte. Aber schließlich war Carcolf irdischer Profit wichtiger als kosmische Vergeltung, und daher bemühte sie sich stets, wenn möglich für gar nichts zu bezahlen. Für sie war das praktisch ein Prinzip, und ihr Vater hatte immer gesagt, dass man seinen Prinzipien treu bleiben sollte …

Verdammte Scheiße, sie wurde langsam wirklich wie ihr Vater.

»Ha!«

Eine zerlumpte Gestalt sprang aus einem Durchgang und ließ dabei ein ganz leises Schimmern von Stahl aufblitzen. Carcolf stieß unwillkürlich einen erschreckten Laut aus und stolperte einen Schritt zurück, schob ungelenk den Mantel beiseite und zog die eigene Klinge, in der festen Überzeugung, dass ihr letztes Stündlein geschlagen hatte. War ihr der Steinbrecher vielleicht doch einen Schritt voraus? Oder waren es Hohl und Gründig, oder die Schergen Kurrikans …? Aber sonst trat weiter niemand auf sie zu. Nur dieser eine Mann, in einen fleckigen Mantel gehüllt, das ungekämmte Haar von der feuchten Luft an die blasse Haut geklatscht, der sich einen schimmligen Schal um die untere Gesichtshälfte geschlungen hatte, über den nun zwei blutunterlaufene Augen rund und angstgeweitet hinwegsahen.

»Hände hoch und Geld her!«, drang es etwas gedämpft unter diesem Wickel hervor.

Carcolf hob die Augenbrauen. »Es gibt jemanden, der das wirklich so sagt?«

Eine kleine Pause entstand, während die fauligen Wasser schmatzend gegen die steinerne Kanalmauer schwappten. »Sie sind eine Frau?« Die Stimme des Möchtegern-Räubers hatte einen beinahe entschuldigenden Tonfall.

»Und wenn ich eine wäre, würden Sie mich dann nicht ausrauben?«

»Na ja, äh …« Der Beutelschneider hatte ein wenig Haltung verloren, richtete sich aber wieder auf. »Trotzdem, Hände hoch und Geld her!«

»Wieso?«, fragte Carcolf.

Die Spitze des Räuberdegens schwankte unentschlossen. »Weil ich ziemlich hohe Schulden bei … das geht Sie gar nichts an!«

»Nein, ich meine, wieso erstechen Sie mich nicht einfach und plündern dann meine Leiche aus, anstatt es mit einer derart läppischen Aufforderung zu versuchen?«

Wieder folgte eine Pause. »Wahrscheinlich … um Gewalt zu vermeiden? Aber ich warne Sie, ich bin ganz und gar zum Zuschlagen bereit!«

Er war ein verdammter Zivilist. Ein pöbelnder Idiot, der zufällig auf sie gestoßen war. Reines Pech. Keine Frage, der Zufall war wirklich ein Drecksack. Jedenfalls für diesen Unglücklichen. »Sie, mein Herr«, sagte Carcolf, »sind ein beschissen schlechter Dieb.«

»Meine Dame, ich bin ein Edelmann.«

»Sie, mein Herr, sind ein toter Edelmann.« Carcolf trat vor, wog ihre Klinge in der Hand und sah, dass der Lampenschein, der aus einem der Fenster über ihr drang, ihrem etwa einen Schritt langen, rasiermesserscharfen Eisen einen gnadenlosen Schimmer verlieh. Zwar machte sie sich nie die Mühe zu üben, aber sie war trotzdem eine mehr als passable Fechterin. Da brauchte es mehr als einen spindeldürren Gossenjungen, um sie zu überwinden. »Ich werde Sie aufschneiden wie ...«

Der Mann schoss mit überraschender Geschwindigkeit nach vorn, ein stählernes Kratzen ertönte, und bevor Carcolf überhaupt an eine Bewegung denken konnte, war ihr der Degen aus den Fingern geschlagen worden, klapperte über das speckige Pflaster und fiel mit einem Platschen in den Kanal.

»Ah«, stieß sie hervor. Das veränderte die Lage. Ganz offensichtlich war ihr Angreifer nicht der Tölpel, für den sie ihn gehalten hatte, jedenfalls nicht im Degenfechten. Das hätte sie wissen sollen. In Sipani ist eben nichts so, wie es auf den ersten Blick erscheint.

»Her mit dem Geld«, sagte er.

»Mit Vergnügen.« Carcolf zog ihre Börse, warf sie in Richtung der Mauer und hoffte darauf, sich an ihm vorbeidrücken zu können, während er abgelenkt war. Leider fing er den kleinen Beutel mit beeindruckender Sicherheit und ließ die Degenspitze sofort wieder zu ihr zurückschnellen, um ihre Flucht zu vereiteln. Und dann tippte er mit der Waffe auf die Ausbuchtung in ihrem Mantel.

»Was haben Sie denn ... genau hier?«

Es war nicht nur schlimm, es kam sogar noch schlimmer. »Nichts, gar nichts.« Carcolf wollte die Sache mit einem falschen Auflachen abtun, aber wie hieß es so schön: Das Schiff für diese Finte hatte bereits abgelegt, und leider war sie nicht an Bord, ebenso wenig wie auf dem echten Schiff, das am Kai schaukelte und demnächst nach Thond auslaufen würde. Sie schob die schimmernde Degenspitze mit dem Finger weg. »Jetzt habe ich aber wirklich eine dringende Verabredung, wenn Sie also ...« Ein leises Zischen ertönte, als das Eisen ihren Mantel aufschlitzte.

Carcolf blinzelte. »Aua.« Ein brennender Schmerz schoss über ihre Rippen. Ihr Gegner hatte nicht nur den Stoff erwischt. »Aua!« Sie fiel auf die Knie, tief bestürzt, und das Blut quoll durch ihre Finger, als sie sich die Seite hielt.

»Oh ... oh nein. Es tut mir leid. Ich wollte ... ich wollte Sie wirklich nicht verletzen. Ich wollte nur, wissen Sie ...«

»Aua.« Das kleine Ding, jetzt leicht mit Carcolfs Blut beschmiert, fiel aus der aufgeschlitzten Tasche und rollte übers Pflaster. Ein schmales Päckchen, wohl einen Fuß lang und in fleckiges Leder eingeschlagen.

»Ich brauche einen Arzt«, keuchte Carcolf in ihrer überzeugendsten Kleinmädchen-Stimme. Die Großherzogin hatte immer gesagt, sie sei übertrieben dramatisch, aber wenn man aus einer solchen Lage kein Drama machen konnte, wann denn dann? Immerhin war es wahrscheinlich, dass sie wirklich einen Arzt brauchte, und es bestand die Möglichkeit, dass der Räuber sich zu ihr hinunterbeugen würde, um ihr zu helfen, und dann konnte sie dem Drecksack ihr Messer ins Gesicht rammen. »Bitte, ich flehe Sie an!«

Er hielt inne, die Augen weit aufgerissen. So weit hatte er es offensichtlich nicht kommen lassen wollen. Aber dennoch kam er näher und streckte die Hand nach dem Päckchen aus, die Degenspitze unverwandt auf sie gerichtet.

Also musste sie es mit einer anderen, noch verzweifelteren Strategie versuchen. Sie gab sich alle Mühe, die Panik aus ihrer Stimme zu verbannen. »Hören Sie, nehmen Sie das Geld. Ich wünsche Ihnen viel Spaß damit.« Zwar wünschte Carcolf ihm zwar alles andere als das: Ihretwegen sollte er in seinem Grab verrotten. »Aber uns beiden wird es viel besser ergehen, wenn Sie dieses Päckchen in Ruhe lassen.«

Seine Hand verharrte zögernd. »Wieso, was ist denn drin?«

»Ich weiß es nicht. Ich habe Order, es nicht zu öffnen!«

»Order von wem?«

Carcolf verzog das Gesicht. »Das weiß ich auch nicht, aber ...«

Kurtis nahm das Päckchen. Er war zwar blöd, aber *so* blöd nun auch wieder nicht. Also riss er es an sich und rannte los. Natürlich rannte er. Wann tat er das einmal nicht?

Das Herz schlug ihm bis zum Hals, als er wie der Blitz die kleine Gasse hinunterschoss, über ein geborstenes Fass sprang, mit dem Fuß hängen blieb und sich beinahe selbst mit seinem Degen aufgespießt hätte. Mit dem Gesicht voran rutschte er durch glitschigen Abfall, und bevor er sich wieder aufrappeln konnte, bekam er etwas süßlich Schmeckendes in den Mund, spuckte und fluchte, warf einen kurzen Blick über die Schulter ...

Verfolger waren nicht zu sehen. Nur der Nebel, der endlose Nebel, der wie ein lebendes Wesen waberte und zuckte.

Er ließ das Päckchen, das inzwischen etwas schmierig war, in seinen zerlumpten Mantel gleiten und humpelte weiter, rieb sich die geprellte Hinterbacke und versuchte weiter, den faulig-süßen Geschmack aus seinem Mund zu bekommen. Dabei schmeckte es eigentlich auch nicht schlimmer als sein Frühstück. Im Grunde sogar besser. Man erkannte einen Mann an seinem Frühstück, jedenfalls hatte sein alter Fechtmeister das immer gesagt.

Kurtis zog sich die feuchte Kapuze, die leicht nach Zwiebeln und Verzweiflung roch, über den Kopf, pflückte den Beutel von der Spitze seines Degens und ließ die Klinge wieder in die Scheide gleiten, als er aus der kleinen Gasse trat und sich unter die Menge mischte. Das leise Klicken, mit dem der Griff auf den Rand der Scheide stieß, weckte viele alte Erinnerungen. An Fechtübungen und Turniere, an eine strahlende Zukunft und an die Bewunderung der Menge. Fechten, mein Junge, das ist der Weg nach vorn! In Styrien kennt sich das Publikum gut damit aus, da liebt man die Fechter, und du wirst ein Vermögen verdienen! Erinnerungen an bessere Zeiten, als er sich nicht in Lumpen hüllen musste und dankbar war für die Fleischabfälle, die ihm der Metzger gab. Als er sich seinen Lebensunterhalt nicht damit sicherte, dass er Menschen ausraubte. *Frauen*. Und konnte man überhaupt von einem Leben sprechen, das er damit unterhielt? Wieder warf er einen flüchtigen Blick über die Schulter. War es möglich, dass er sie umgebracht hatte? Seine Haut prickelte bei dem Gedanken vor Entsetzen. Es war nur ein Kratzer gewesen. Oder? Aber er hatte Blut gesehen. Bitte, es durfte nur ein Kratzer gewesen sein. Er massierte sich das Gesicht, als ob er die Erinnerung wegreiben könnte, aber sie hielt sich hartnäckig. Sie waren nach und nach sein tägliches Brot geworden: Dinge, die er sich zunächst nicht einmal hatte vorstellen können. Von denen er sich dann sagte, dass er sie niemals tun wollte. Und dann, dass er sie nie wieder tun würde.

Wieder prüfte er, ob er auch nicht verfolgt wurde, dann verließ er die breitere Straße und huschte über einen verfallenen Hof. Von den Nachrichtenplakaten blickten die verblassten Gesichter der Helden von gestern auf ihn herab. Er schlich die nach Pisse riechende Treppe hinauf, auf deren Absatz eine verdorrte Pflanze stand, die er großzügig umrundete. Zog den Schlüssel heraus und kämpfte mit dem hakeligen Schloss.

»Verdammte Scheiße, verfickte ... *gah!*« Die Tür schwang plötzlich auf, und er stolperte ins Zimmer, wäre beinahe erneut gestürzt, fuhr herum und schlug die Tür wieder zu, und dann stand er einen Augenblick in der übelriechenden Dunkelheit und atmete hart aus und ein.

Wer würde heute noch glauben, dass er einst gegen den König gefochten hatte? Er hatte verloren. Natürlich. Er hatte alles verloren, oder nicht? Er hatte verloren, zwei Treffer erhalten und selbst keinen gelandet, und während er im Staub lag, hatte man ihn noch beleidigt. Aber immerhin, er hatte einmal die Klingen mit Seiner Erhabenen Majestät gekreuzt. Es war tatsächlich diese Klinge gewesen, erinnerte er sich, als er das Eisen neben der Tür gegen die Wand lehnte. Inzwischen war das Teil schartig, angelaufen und an der Spitze sogar ein wenig krumm. Die letzten zwanzig Jahre hatten seinem Degen beinahe ebenso hart zugesetzt wie ihm selbst. Aber vielleicht würde sich sein Schicksal mit dem heutigen Tag ändern.

Er riss sich den Mantel von den Schultern und warf ihn in eine Ecke, dann zog er das Päckchen hervor, um es auszuwickeln und herauszufinden, was er da eigentlich erwischt hatte. Im Halbdunkel fummelte er mit der Lampe herum, bis er endlich ein wenig Licht gemacht hatte, und beinahe hätte er schmerzhaft das Gesicht verzogen, als sein elendes Quartier aus der Dunkelheit hervortrat. Die gesprungenen Fensterscheiben, der Blasen werfende, schimmlige Putz, die aufgeplatzte Matratze, aus der das faulige Stroh quoll, die wenigen, wackligen Möbelstücke ...

Auf dem einzigen Stuhl an dem einzigen Tisch saß ein Mann. Ein großer Mann in einem großen Mantel und mit grauem, stoppelkurz rasiertem Haar. Er atmete langsam durch die stumpfe Nase ein und ließ zwei Würfel aus seiner dicken Faust über die fleckige Tischplatte rollen.

»Sechs und zwei«, sagte er. »Acht.«

»Wer zur Hölle sind Sie?« Kurtis' Stimme zitterte vor Schreck.

»Mich hat der Steinbrecher geschickt.« Wieder rollten die Würfel über den Tisch. »Sechs und fünf.«

»Heißt das, ich verliere?« Kurtis sah zu seinem Degen hinüber, versuchte dabei vergebens, nonchalant zu wirken, fragte sich, wie schnell er die Waffe greifen, sie ziehen und zustechen könnte ...

»Du hast schon verloren«, sagte der große Mann, der sanft mit der Handkante über die Tischplatte strich und seine Würfel einsammelte. Seine Augen waren so ausdruckslos wie die eines toten Fisches. Wie die der Fische an den Marktständen. Tot und dunkel und traurig glitzernd. »Willst du wissen, was passiert, wenn du nach dem Degen da greifst?«

Kurtis war kein tapferer Mann. Das war er nie gewesen. Er hatte seinen ganzen Mut zusammennehmen müssen, um sich an jemanden heranzuschleichen und ihn zu überrumpeln, und dass er nun selbst überrumpelt wurde, saugte ihm das ganze Mark aus den Knochen. »Nein«, murmelte er und ließ die Schultern hängen.

»Wirf mir das Päckchen rüber«, sagte der große Mann, und Kurtis tat das. »Und die Börse.«

Es war, als sei seine ganze Widerstandskraft aus ihm herausgesickert. Kurtis hatte nicht die Kraft, es mit einer Finte zu versuchen. Er hatte kaum genug Energie, um aufrecht stehen zu bleiben. Also warf er die gestohlene Börse auf den Tisch, und der große Mann öffnete sie mit den Fingerspitzen und spähte hinein.

Kurtis machte eine hilflose, schlaffe Handbewegung. »Sonst habe ich nichts, was sich zu nehmen lohnt.«

»Weiß ich«, sagte der große Mann, als er aufstand. »Hab ich

schon überprüft.« Er umrundete den Tisch, und Kurtis wich zurück und lehnte sich gegen den Schrank. Einen Schrank im Übrigen, der nichts außer Spinnenweben enthielt.

»Ist die Schuld damit beglichen?«, fragte er mit bebender, kieksender Stimme.

»Glaubst du das?«

Sie standen da und sahen einander an. Kurtis schluckte. »Wann wird denn die Schuld beglichen sein?«

Der große Mann zuckte die Achseln, die fast auf derselben Höhe waren wie Kurtis' Kopf. »Was glaubst du denn, wann die Schuld beglichen ist?«

Kurtis schluckte wieder und merkte, dass seine Lippe zitterte. »Wenn der Steinbrecher es sagt?«

Der große Mann hob eine seiner breiten Brauen ein kleines Stück, mitsamt der haarlosen blassen Narbe, die sich hindurchschlängelte. »Hast du Fragen ... zu denen du noch keine Antworten weißt?«

Kurtis fiel auf die Knie, rang die Hände, und das Gesicht des großen Mannes verschwamm hinter den Tränen vor seinen schmerzenden Augen. Ihm war egal, ob er sich deswegen hätte schämen sollen. Der Steinbrecher hatte ihm schon bei den vielen Besuchen zuvor seinen letzten Stolz genommen. »Lass mir nur irgendetwas«, flüsterte er. »Einfach ... irgendwas ...«

Der Mann sah ihn an, und die Augen waren immer noch die eines toten Fisches. »Warum?«

Freundlich nahm auch den Degen an sich, aber sonst gab es nichts von Wert. »Ich komme nächste Woche wieder«, sagte er.

Es war nicht als Drohung gemeint, sondern lediglich eine Feststellung, noch dazu eine offensichtliche, da die Vereinbarung das so vorsah, aber Kurtis dan Broya ließ den Kopf langsam sinken, dann erbebten seine Schultern unter Schluchzen.

Freundlich überlegte, ob er ihn trösten sollte, entschied sich aber dagegen. Er wurde oft missverstanden.

»Vielleicht hätte man sich kein Geld leihen sollen.« Dann ging er.

Es überraschte ihn immer wieder, dass Menschen nicht nachrechneten, bevor sie sich etwas borgten. Die Quote, die Laufzeit, der Zinssatz, das war doch gar nicht so schwer. Aber vielleicht neigten sie dazu, ihr Einkommen zu überschätzen und sich damit selbst ein Bein zu stellen, indem sie stets positiv dachten. Es würde sich eine glückliche Wendung ergeben, die Lage würde sich verbessern, alles würde gut werden, weil sie ja so etwas Besonderes waren. Freundlich hatte keine Illusionen. Er wusste, dass er nichts weiter als ein stinknormales Rädchen im komplizierten Getriebe der Welt war. Für ihn waren Fakten eben Fakten.

Auf seinem Weg zum Hauptquartier des Steinbrechers zählte er die Schritte. Hundertfünf, hundertvier, hundertdrei …

Seltsam, wie klein die Stadt wurde, wenn man sie ausmaß. So viele Menschen, mit ihren Gelüsten und Gewinnen und Verlusten, zusammengepfercht auf dieser schmalen Fläche, die man dem Sumpf abgetrotzt hatte. Freundlich war überzeugt, dass der Sumpf drauf und dran war, große Teile der Stadt zurückzuerobern. Er fragte sich, ob die Welt eine bessere sein würde, wenn das geschah.

… sechsundsiebzig, fünfundsiebzig, vierundsiebzig …

Freundlich hatte einen zweiten Schatten. Vielleicht ein Langfinger. Bei einer kleinen Bude an der Straße sah er sich unauffällig um, und tatsächlich, im Augenwinkel nahm er eine Gestalt wahr. Ein Mädchen mit dunklem, unter einer Mütze zusammengedrehtem Haar und einer viel zu großen Jacke. Fast noch ein Kind. Freundlich bog in einen dunklen Gang und wandte sich nach nur wenigen Schritten um, sodass er den Weg blockierte, und er schob seinen Mantel weit genug beiseite, dass die Griffe von vieren seiner sechs Messer gut zu sehen waren. Einen Augenblick später bog auch sein Schatten um die Ecke, und er sah die Kleine an. Sonst nichts. Sie erstarrte, dann schluckte sie, dann wandte sie sich erst nach links und dann nach rechts, dann machte sie ein paar Schritte zurück und tauchte in der Menge unter. Damit hatte sich dieses Problem erledigt.

... einunddreißig, dreißig, neunundzwanzig ...

Sipani, vor allem die sumpfdurchfeuchtete und streng riechende Altstadt, war voller Diebe. Sie waren ein ständiges Ärgernis, wie Mücken im Sommer. Außer ihnen gab es Schnapphähne, Räuber, Einbrecher, Beutelschneider, Halsabschneider, Schläger, Mörder, Muskelmänner, Schwindler, Spieler, Hehler, Geldverleiher, Schurken, Bettler, Betrüger, Zuhälter, Pfandleiher und unehrliche Kaufleute, von den Buchhaltern und Anwälten ganz zu schweigen. Anwälte waren die Schlimmsten von allen, jedenfalls in Freundlichs Weltbild. Manchmal hatte er den Eindruck, dass niemand in Sipani irgendetwas herstellte. Vielmehr schienen sich alle die größte Mühe zu geben, das, was man so zu brauchen glaubte, anderen abzupressen.

Aber wahrscheinlich, dachte sich Freundlich, war er nicht besser.

... vier, drei, zwei, eins, dann die zwölf Stufen hinunter, an den drei Wachleuten vorbei und durch die Doppeltür ins Hauptquartier des Steinbrechers.

Drinnen zuckte das Licht bunter Lampen verwirrend durch die verräucherte Luft, die schwülwarm war von schweren Atemzügen und aneinanderreibender Haut. Der Raum war erfüllt vom Raunen leiser Gespräche, in denen Geheimnisse gehandelt, Reputationen vernichtet und Vertrauen enttäuscht wurden. Es war alles so, wie es an solchen Orten immer war.

Zwei Nordmänner hatten sich an einen Tisch in der Ecke gequetscht. Einer, mit scharfen Zähnen und langem, glattem

Haar, hatte seinen Stuhl weit nach hinten gekippt und war darin zusammengesunken; er rauchte. Der andere hielt in der einen Hand eine Flasche und in der anderen ein winziges Buch, das er mit gerunzelter Stirn anstarrte.

Die meisten Stammgäste kannte Freundlich vom Sehen. Einige kamen zum Trinken, andere zum Essen. Die meisten aber waren wegen des Glücksspiels hier: das Klappern der Würfel, das Schnalzen der Spielkarten, der Blick der Verzweifelten, der sich aufhellte, wenn sich das Glücksrad drehte.

Dabei gehörten Spiele dieser Art eigentlich nicht zum Geschäft des Steinbrechers, aber durch sie entstanden Schulden, und Schulden waren jedoch sehr wohl sein Geschäft. Freundlich erklomm die dreiundzwanzig Stufen zum erhöhten Bereich, und der Wachmann mit der Gesichtstätowierung winkte ihn vorbei.

Hier saßen drei andere Eintreiber und ließen eine Flasche kreisen. Der Kleinste grinste ihn an und nickte, vielleicht mit dem Hintergedanken, das Fundament für ein neues Bündnis zu gießen. Der Größte blies sich auf und sah ihn herausfordernd an, weil er offensichtlich Konkurrenz befürchtete. Freundlich ignorierte beide. Er hatte schon lange aufgegeben, die unlösbare Mathematik menschlicher Beziehungen auch nur ansatzweise begreifen zu wollen, und sich selbst damit abzugeben, das kam für ihn erst recht nicht infrage. Falls der Kerl ihn nicht nur mit Blicken herausfordern wollte, würde Freundlich sein Beil für sich sprechen lassen. Das hatte eine Stimme, die auch bei den zähesten Streitereien schnell für Ruhe sorgte.

Madame Borfero war eine üppige Frau mit dunklen Locken, die unter einer lila Mütze hervorsahen. Sie trug eine kleine Brille, die ihre Augen riesig wirken ließ, und verströmte einen Geruch, der an Lampenöl erinnerte. Von ihrem niedrigen Schreibtisch aus, auf dem sich die Kassenbücher stapelten, beherrschte sie das Vorzimmer im Kontor des Steinbrechers. An Freundlichs erstem Tag hatte sie auf die reich verzierte Tür hinter sich gedeutet und erklärt: »Ich bin die rechte Hand des Steinbrechers. Er darf niemals gestört werden. *Niemals*. Du sprichst mit mir.«

Als Freundlich jedoch beobachtete, mit welcher Expertise sie die Zahlen in ihre Bücher eintrug, wusste er sofort, dass dieses Kontor leer und Borfero selbst der Steinbrecher war, aber ihr schien so viel an dieser kleinen Maskerade zu liegen, dass er gern bereit war, mitzuspielen. Freundlich war der Ansicht, dass man am besten keine hohen Wellen machte, wenn es sich vermeiden ließ. Denn dabei ertranken die Leute. Davon abgesehen machte es die Sache irgendwie leichter, wenn man sich vorstellte, dass die Befehle von jemand anderem kamen, der unsichtbar und unüberwindlich war. Es war schön, einen Dachboden zu haben, auf dem man seine Schuldgefühle abladen konnte. Freundlich sah zur Tür des Steinbrecher-Kontors und fragte sich, ob dort wirklich ein Büro eingerichtet war, oder ob sich dort nur der nackte Steinboden erstreckte.

»Was hast du heute eingenommen?«, fragte sie, klappte einen Folianten auf und tunkte die Feder in die Tinte. Immer gleich zur Sache, ohne Vorgeplänkel oder Höflichkeitsfloskeln. Das war es, was er so an ihr mochte und bewunderte, auch wenn er das nie gesagt hätte. Meist kamen seine Komplimente nicht richtig an.

Freundlich formte die Münzen zu Stapeln und ließ einen nach dem anderen auf die Tischplatte klickern, in ordentlichen Türmchen, sortiert nach Schuldner und Nennwert. Meist waren sie aus weniger hochwertigen Metallen, nur hier und da funkelte einmal ein wenig Silber.

Borfero beugte sich vor, rümpfte die Nase und schob die Brille auf die Stirn. Ohne sie sahen ihre Augen plötzlich ausgesprochen klein aus.

»Und da ist auch noch ein Degen«, sagte Freundlich und lehnte die Waffe gegen den Schreibtisch.

»Eine enttäuschende Ernte«, brummte sie.

»Der Boden ist steinig hier in der Gegend.«

»Das ist wohl wahr.« Sie ließ die Brille wieder auf den Nasenrücken fallen und notierte mit kratzender Feder Zahlen in ihrem Buch. »Allzeit harte Zeiten.« Das sagte sie oft. Als sei es eine Erklärung und Entschuldigung für alles.

»Kurtis dan Broya hat mich gefragt, wann seine Schuld beglichen ist.«

Überrascht von der Frage sah sie auf. »Wenn der Steinbrecher sagt, dass sie beglichen ist.«

»Das habe ich ihm auch gesagt.«

»Gut.«

»Du hast mich gebeten, nach einem … Päckchen Ausschau zu halten.« Freundlich legte es vor ihr auf den Schreibtisch. »Broya hatte es.«

Besonders wichtig schien es nicht zu sein. Es war nicht einmal einen Fuß lang und in eine uralte, fleckige und an einigen Stellen kahl geriebene Tierhaut eingeschlagen, auf die mit einem Brandeisen ein Buchstabe oder vielleicht auch eine Zahl vermerkt worden war. Aber es war keine Zahl, die Freundlich erkannt hätte.

Madame Borfero griff hastig nach dem Päckchen und verfluchte sich noch im gleichen Augenblick für ihre viel zu offen gezeigte Begierde. Sie wusste, dass in diesem Geschäft niemandem zu trauen war. Damit begann sich in ihrem Kopf ein Karussell aus Fragen und Misstrauen zu drehen. Wie war dieses Ding ausgerechnet diesem nichtsnutzigen Broya in die Hände gefallen? War das eine Finte? War Freundlich ein Agent der Gurkhisen? Oder vielleicht ein Scherge Carcolfs? Gab es eine Doppelfinte? Diese aalglatte Hexe spann endlose Netze.

Eine Dreifachfinte? Aber welchem Ziel diente das? Wo lag der Vorteil?

Oder konnte es sogar eine Vierfachfinte sein?

Freundlichs Gesicht ließ keine Spur von Gier erkennen, keine Spur von Ehrgeiz, keine Spur von irgendwas. Zweifelsohne war er ein wirklich seltsamer Kerl, aber er war ihr wärmstens empfohlen worden. Ihm ging es immer nur ums Geschäft, und das gefiel ihr an einem Mann, obwohl sie das nie gesagt hätte. Als Geschäftsführerin muss man einen gewissen Abstand halten.

Manchmal sind die Dinge auch einfach so, wie sie zu sein scheinen. Und Borfero hatte in ihrem Leben schon genug seltsame Zufälle erlebt.

»Das könnte es sein«, sagte sie scheinbar überlegend, obwohl sie sich sofort völlig sicher gewesen war. Eine Frau wie sie verschwendete keine Zeit auf bloße Möglichkeiten.

Freundlich nickte.

»Das hast du gut gemacht«, sagte sie.

Er nickte wieder.

»Der Steinbrecher wird dir dafür einen Bonus zukommen lassen wollen.« Man muss den eigenen Leuten gegenüber immer großzügig sein, das hatte sie immer schon gesagt, denn sonst sind es andere.

Aber Großzügigkeit machte auf Freundlich keinen Eindruck.

»Eine Frau vielleicht?«

Dieser Vorschlag schien ihn fast ein wenig zu schmerzen. »Nein.«

»Ein Mann?«

Wieder dieser Gesichtsausdruck. »Nein.«

»Spreu? Oder eine Flasche ...«

»Nein.«

»Irgendetwas muss es doch geben.«

Er zuckte die Achseln.

Madame Borfero blies die Wangen auf. Sie war dahin gekommen, wo sie heute stand, indem sie die Leidenschaften der Menschen herauskitzelte und sich zunutze machte. Und dass sie nun einem Menschen gegenüberstand, der keine hatte, irritierte sie. »Nun, warum denkst du nicht darüber nach?«

Freundlich nickte langsam. »Ich werde nachdenken.«

»Hast du die zwei Nordmänner gesehen, als du hereinkamst, die vorn am Tisch trinken?«

»Ich habe zwei Nordmänner gesehen. Einer las ein Buch.«

»Tatsächlich? Ein Buch?«

Freundlich zuckte die Achseln. »Leute, die lesen, gibt es überall.«

Madame Borfero rauschte durch das Etablissement, bemerkte unzufrieden, dass nur wenige wohlhabende Kunden anwesend waren und kalkulierte dementsprechend, wie mickrig die Profite dieses Abends ausfallen würden. Falls einer der Nordmänner wirklich gelesen hatte, so hatte er jetzt damit aufgehört. Gründig trank ihren besten Wein direkt aus einer Flasche; drei andere rollten leer über den Boden. Hohl rauchte eine Tschagga-Pfeife, und dicker, stinkender Rauch verpestete die Luft. Normalerweise gestattete Borfero diese Qualmerei nicht, aber sie musste hier eine Ausnahme machen. Wieso die Bank ausgerechnet diese beiden widerwärtigen Exemplare mit dem Auftrag betraut hatte, war ihr ein Rätsel. Aber wahrscheinlich mussten reiche Leute ihre Entscheidungen nicht rechtfertigen.

»Edle Herren«, sagte sie und nahm sich einen Stuhl.

»Wo?« Hohl stieß ein krächzendes Lachen aus. Gründig neigte seine Flasche langsam und betrachtete seinen Bruder gleichzeitig mit bitterer Geringschätzung.

Borfero sprach in ihrem nüchternen Geschäftston weiter, sanft und vernünftig. »Ihr sagtet, eure ... *Auftraggeber* wären *höchst dankbar*, wenn mir ... *ein gewisser Gegenstand* in die Hände fiele.«

Die beiden Nordmänner merkten auf. Sie beugten sich nach

vorn, als würden sie von derselben Kette gezogen, und Hohls Fuß stieß dabei gegen eine leere Flasche, die daraufhin in einem Bogen über den Fußboden rollte.

»Höchst dankbar«, bestätigte Gründig.

»Und wieviel von meinen Schulden würden durch diese Dankbarkeit getilgt?«

»Der gesamte Betrag.«

Borfero fühlte, wie ihre Haut prickelte. Freiheit. Konnte das wirklich wahr sein? Hatte sie den Schlüssel dazu in der Tasche? Aber sie durfte angesichts dessen, was auf dem Spiel stand, nicht unvorsichtig werden. Je größer die Belohnung, umso mehr Vorsicht musste sie walten lassen. »Meine Schulden wären erledigt?«

Hohl beugte sich zu ihr und fuhr sich mit dem Pfeifenstiel über seine stoppelige Kehle. »Tot«, sagte er.

»Ausgemerzt«, knurrte sein Bruder, der ihr plötzlich von der anderen Seite sehr nahe kam.

Ihr gefiel es kein bisschen, die Züge dieser vernarbten und heruntergekommenen Meuchelmörder so direkt vor sich zu haben, zumal es sich wohl auch nur um Augenblicke handeln konnte, bevor sie vom Atem der beiden ohnmächtig wurde. »Hervorragend«, stieß sie erstickt hervor und legte das Päckchen auf den Tisch. »Dann werde ich die Zinszahlungen ab sofort einstellen. Bitte übermittelt euren … *Auftraggebern* meine Grüße.«

»Klar.« Hohl lächelte nicht direkt, obwohl er seine scharfen Zähne zeigte. »Denke allerdings, denen sind deine Grüße ziemlich egal.«

»Nimm's nicht persönlich, ja?« Gründig lächelte nicht. »Unsere Auftraggeber halten insgesamt nichts von Grüßen.«

Borfero holte tief Luft. »Allzeit harte Zeiten.«

»Ist so, oder?« Damit stand Gründig auf und schnappte sich mit seiner großen Pranke das Päckchen.

Die kühle Luft traf Gründig wie ein Schlag ins Gesicht, als sie in den Abend hinaustraten. Sipani, das schon dann, wenn es sich nicht bewegte, nicht besonders angenehm war, hatte beschlossen, sich plötzlich zu drehen.

»Ich muss zugeben«, sagte er, bevor er sich räusperte und ausspuckte, »dass ich wohl ein bisschen betrunkener als betrunken bin.«

»Joh«, sagte Hohl und rülpste, während er mit zusammengekniffenen Augen in den Nebel spähte. Wenigstens der verzog sich gerade ein wenig, und für die üblichen Verhältnisse dieses dämmrigen Drecklochs wurde die Luft sogar einigermaßen klar. »Allerdings würde ich mal sagen, dass Saufen während der Arbeitszeit insgesamt nicht die beste Idee ist.«

»Da hast du recht.« Gründig hielt das Päckchen in dem wenigen Licht, das sie umgab, etwas hoch. »Aber wer hätte erwartet, dass uns das hier geradezu in den Schoß fällt?«

»Ich nicht jedenfalls.« Hohl runzelte die Stirn. »Oder ... jedenfalls nicht ich?«

»Es sollte ja nur ein kleiner Schluck sein«, sagte Gründig.

»Ein kleiner Schluck hat die Angewohnheit, schnell Gesellschaft zu bekommen.« Hohl schob sich den dämlichen, blöden Hut auf den Kopf. »Dann schlendern wir jetzt mal zur Bank, oder?«

»Mit dem Hut siehst du wie ein verdammter Hirni aus.«

»Mein lieber Bruder, du bist besessen von Äußerlichkeiten.«

Gründig tat das mit einem langen Zischen ab.

»Was meinst du, werden sie die Schulden der Alten wirklich löschen?«

»Vielleicht für den Augenblick. Aber du weißt, wie die sind. Wenn du bei denen in der Kreide stehst, dann für immer und ewig.« Gründig spuckte noch einmal aus, und nachdem das Gässchen jetzt etwas weniger schwankte, schlurfte er los, das

Päckchen fest in der Hand. Auf keinen Fall würde er es in eine Tasche stecken, wo es irgendein kleiner Dreckskerl herausziehen konnte, ohne dass er es merkte. Sipani war voller diebischer Arschlöcher. Das letzte Mal, dass er hier gewesen war, hatte man ihm seine guten Socken geklaut, und auf der Rückreise hatte er sich prompt sehr unangenehme Blasen gelaufen. Wer klaut schon Socken? Styrische Arschlöcher. Nein, das hier würde er schön festhalten. Dann konnten die kleinen Ärsche ja mal versuchen, es ihm abzunehmen.

»Wer ist jetzt der Hirni?«, rief ihm Hohl nach. »Zur Bank geht es doch hier entlang!«

»Wir gehen doch nicht zur Bank, du *Hirni*«, fauchte Gründig ihn über die Schulter hinweg an. »Wir werden es in einen Brunnen in einem alten Hof werfen, hier gleich um die Ecke.«

Hohl beeilte sich, ihn einzuholen. »Echt?«

»Nein, das habe ich nur so aus Jux und Dollerei gesagt, du Idiot.«

»Wieso denn in einen Brunnen?«

»Weil er es eben so haben will.«

»Wer denn?«

»Der Boss.«

»Der kleine Boss oder der große Boss?«

So betrunken Gründig auch war, er hatte das Bedürfnis, die Stimme zu senken. »Der kahle Boss.«

»Scheiße«, hauchte Hohl. »Persönlich?«

»Persönlich.«

Eine kurze Pause. »Wie war das?«

»Es war noch Furcht einflößender als normalerweise. Vielen Dank, dass du mich daran erinnert hast.«

Es folgte eine lange Pause, in der nur die Tritte ihrer Stiefel auf dem nassen Pflaster zu hören waren. Dann sagte Hohl: »Wir sollten besser aufpassen, dass wir diese Tour nicht versauen.«

»Meinen herzlichsten Dank«, sagte Gründig, »für diese scharfsinnige Erkenntnis. Versauen sollte man immer vermeiden, egal, wann und wo, oder etwa nicht?«

»Man versucht es ja immer, klar, aber manchmal passiert es dann trotzdem. Ich wollte nur sagen, wir sollten es nicht drauf anlegen.« Hohl flüsterte jetzt nur noch. »Du weißt, was der kahle Boss das letzte Mal gesagt hat.«

»Du musst nicht flüstern. Er ist ja nicht hier, oder?«

Hohl sah sich mit wildem Blick um. »Weiß ich nicht. Ist er?«

»Nein, ist er nicht.« Gründig rieb sich die Schläfen. Eines Tages würde er seinen Bruder umbringen, das erschien allmählich unausweichlich. »Sag ich doch.«

»Aber wenn er es doch wäre? Am besten, man tut immer so, als wäre er da.«

»Kannst du mal für einen verdammten Moment die Klappe halten?« Gründig packte Hohl beim Arm und wedelte ihm mit dem Päckchen vor dem Gesicht herum. »Das ist, als ob man mit einem verdammten ...«

Zu seiner großen Überraschung drängte sich in diesem Augenblick eine dunkle Gestalt zwischen ihnen hindurch, und er stellte fest, dass seine Hand plötzlich leer war.

Kiam rannte, als hinge ihr Leben davon ab. Was es natürlich auch tat.

»Ihm nach, verdammt noch mal!«

Sie hörte, wie die beiden Nordmänner trampelnd und um sich schlagend hinter ihr durch die Gasse rannten, und ihr für ihren Geschmack noch viel zu dicht auf den Fersen waren.

»Das ist ein Mädchen, du Idiot!«

So groß und ungeschickt sie waren, sie folgten ihr doch ziemlich schnell, ihre Stiefel hämmerten auf den Boden, und wenn die ausgestreckten Hände sie erst einmal gepackt hatten ...

»Wen interessiert das? Hol das Scheißding zurück!«

Und ihr Atem fauchte und ihr Herz klopfte und ihre Muskeln brannten, als sie weiterrannte.

Sie schlitterte um eine Ecke, und ihre lumpenumwickelten Füße bremsten auf dem feuchten Pflaster. Hier war die Straße breiter, Lampen und Fackeln hinterließen wabernde Flecken im Nebel, und überall waren Leute unterwegs. Sie duckte sich und mischte sich unter die Menge, ging darin auf, Gesichter tauchten auf und verschwanden wieder. Der Nachtmarkt im Schwarzviertel war mit seinen Ständen und Käufern und den Rufen der Händler voller Lärm und Gerüche und großem Geschiebe und Gedränge. Kiam schlüpfte geschmeidig wie ein Frettchen unter einen Wagen und löste eine Lawine aus Früchten aus, als sie zwischen einem Verkäufer und Käufer darunter hervorsprang, dann schlitterte sie über einen Stand mit glitschigen Fischen, während der Händler ihr etwas hinterherbrüllte. Er versuchte, sie festzuhalten, bekam aber nur Luft zu fassen, und sie war auf und davon, trat schnell noch mit einem Fuß in einen Korb mit Muscheln und verteilte die Ware über den ganzen Weg. Trotzdem hörte sie hinter sich immer noch das Geschrei und Gebrüll der Nordmänner, die hinter ihr die Leute aus dem Weg stießen, und das Krachen, mit dem sie die Wagen aus dem Weg schleuderten, als ob ein rasender Sturm eine Schneise durch den Markt schlug. Sie tauchte zwischen den Beinen eines großen Mannes hindurch, rannte um die nächste Ecke und erklomm die schmierigen Stufen dahinter immer zwei auf einmal, rannte den schmalen Pfad am schmatzenden Wasser entlang, hörte die Ratten im Abfall quieken und die Nordmänner, die abwechselnd sie und sich selbst verfluchten, unbarmherzig näher kommen. Ihr Atem ging in harten Stößen und schmerzte in der Brust, aber sie rannte verzweifelt weiter, und bei jedem ihrer hallenden Schritte spritzte das Wasser zu allen Seiten.

»Wir haben sie!« Die Stimme erklang direkt hinter ihr. »Komm her!«

Sie schoss durch das kleine Loch in dem verrosteten Gitter und spürte einen brennenden Schnitt am Arm, als sie eine scharfe Metallkante streifte. Aber zur Abwechslung war sie einmal dankbar dafür, dass die Alte Grün ihr nie genug zu essen gab. Sie drängte sich so weit wie möglich in die Dunkelheit, duckte sich und lag da, das Päckchen an sich gedrückt, während sie versuchte, wieder zu Atem zu kommen. Und dann waren sie da, einer der Nordmänner zerrte mit so viel Gewalt an dem Gitter, dass sie seine weißen Knöchel sehen konnte, und Rostflocken regneten herab, als sich das alte Eisengeflecht leicht bewegte. Kiam starrte wie gebannt dorthin und fragte sich, was diese Hände mit ihr machen würden, wenn sie ihre dreckigen Nägel in ihre Haut schlagen konnten.

Jetzt schob sich der andere mit seinem bärtigen Gesicht vor die Lücke. In der Hand hielt er ein gemein aussehendes Messer, wobei wahrscheinlich niemand, den man gerade beklaut hatte, ein nett aussehendes Messer schwang. Er glubschte sie mit hervorquellenden Augen an, seine schorfigen Lippen verzogen sich, und er fauchte: »Gib uns das Päckchen, und dann vergessen wir das alles. Schmeiß es zu uns raus!«

Kiam stieß sich mit den Füßen weiter von dem Gitter weg, das sich inzwischen laut kreischend bog.

»Du bist tot, du kleine Pissnelke! Wir werden dich finden, darauf kannst du dich verlassen!«

Doch sie schlängelte sich schon davon, durch Dreck und Müll, und drängte sich durch eine Spalte zwischen zwei verfallenden Mauern.

»Wir kriegen dich!«, hallte es hinter ihr her.

Vielleicht würden sie das wirklich, aber eine Diebin konnte es sich nicht leisten, zu sehr ans Morgen zu denken. Das Heute war schon beschissen genug. Sie riss sich den Mantel herunter und zog ihn auf links, damit das verblasste, grüne Futter nach außen kam, dann stopfte sie sich die Mütze in die Tasche, schüttelte ihr langes Haar aus und glitt auf den Bürgersteig neben dem Fünften Kanal, wo sie schnell und mit gesenktem Kopf ausschritt.

Ein Vergnügungsboot fuhr vorbei, und Gerede und Gelächter und Gläserklirren trieben zu ihr empor. Große, lässige Menschen waren an Bord, die ihr durch den Nebel fremd wie Geister erschienen, und Kiam fragte sich, was sie getan hatte, um so ein Leben zu verdienen, wie sie es führte, aber auf diese Frage gab es nun einmal keine einfachen Antworten. Als die rosa Lichter des Schiffes im Nebel verblassten, hörte sie den Klang von Hoves Geige. Einen Augenblick blieb sie in den Schatten stehen, hörte zu und dachte sich, wie schön das klang. Sie betrachtete das Päckchen. Es sah gar nicht aus, als ob es so viel Ärger wert war. War noch nicht einmal schwer. Aber es war nicht an ihr zu bestimmen, was die Alte Grün für wertvoll befand. Sie wischte sich die Nase, dann ging sie nah an der Mauer weiter, die Musik wurde lauter, dann sah sie Hoves Rücken und seinen zuckenden Bogen, und sie glitt hinter ihn und ließ das Päckchen in seine aufklaffende Tasche fallen.

Hove merkte zwar nicht, dass etwas in seine Tasche glitt, aber er spürte, dass ihm jemand dreimal leicht auf die Schulter tippte, und als er sich ein wenig bewegte, war sein Mantel sichtlich schwerer geworden. Er hatte nicht gesehen, wer das war, der da gerade etwas bei ihm abgeliefert hatte, und er wandte auch nicht den Kopf. Stattdessen spielte er einfach weiter, den Unionsmarsch, mit dem er jeden Auftritt auf der großen Bühne in Adua eröffnet hatte, oder eher, unterhalb der Bühne, wenn er das Publikum auf das Erscheinen des großen Lestek einstimmte. Bevor seine Frau gestorben war und alles in die Grütze ging. Die fröhlichen Noten erinnerten ihn an vergangene Zeiten, und er spürte, wie ihm die Tränen in die Augen traten, und daher ging er zu einem melancholischen Menuett über, das seiner

Stimmung eher entsprach. Nicht, dass die meisten Leute in der Nähe das überhaupt gemerkt hätten. Sipani stellte sich zwar gern als Kulturstätte dar, aber die meisten Einwohner waren Besoffene und Betrüger und rüpelhafte Schläger oder aber all das zusammen.

Wie war es nur so weit gekommen? Die alte Leier. Er wanderte über die Straße, als ob er nichts anderes bezweckte, als mit seiner Musik ein paar Münzen zu verdienen, und ließ die Töne in die Dämmernis davonschweben. Er kam an dem Pastetenstand vorüber, und der Duft von billigem Fleisch ließ seinen Magen knurren, daher hielt er kurz im Spiel inne und ging mit ausgestreckter Mütze an den Kunden vorbei, die dort auf Bedienung warteten. Niemand würdigte ihn auch nur eines Blickes, was ihn nicht weiter überraschte, also schlenderte er die Straße hinunter zu Verscetti, tanzte um und über die Tische auf dem Bürgersteig und sägte dabei einen osprianischen Walzer, grinste die Gäste an, die dort mit einer Pfeife oder einer Flasche saßen oder mit behandschuhten Fingerspitzen dünne Gläserstiele umfassten und durch die Sehschlitze ihrer spiegelbesetzten Masken verächtliche Blicke in die Welt sickern ließen. Nahe der Mauer saß Jervi, wie immer, und am Tisch ihm gegenüber eine Frau mit hochgestecktem Haar.

»Etwas Musik, Schätzchen?«, krächzte Hove und beugte sich zu ihr hinunter, wobei er seinen Mantel fast auf Jervis Schoß hängen ließ.

Jervi zog etwas aus Hoves Tasche, rümpfte angesichts des Geruchs, den der alte Säufer verströmte, die Nase und sagte: »Verpiss dich, klar?« Hove ging weiter und nahm seine grässliche Musik mit; den Schicksalsgöttinnen sei Dank.

»Was ist denn da drüben los?« Riseld hob ganz kurz ihre Maske und zeigte ihr weiches, rundes Gesicht, ordentlich gepudert und so gelangweilt, wie es der aktuellen Mode entsprach.

Tatsächlich war etwas weiter entfernt auf der Straße ein Streit oder eine Schlägerei ausgebrochen, und Krachen, Klappern und lautes Gebrüll auf Nordisch drangen zu ihnen herüber.

»Verdammte Nordmänner«, brummte Jervi. »Die machen überall Ärger, die gehören angeleint wie Hunde.« Jervi nahm den Hut ab und warf ihn auf den Tisch, das übliche Signal, und lehnte sich dann auf dem Stuhl zurück, während er den Arm mit dem Päckchen möglichst weit nach unten hängen ließ. Es war ein erbärmliches Geschäft, aber von irgendetwas musste man ja leben. »Nichts, was dir Sorgen bereiten sollte, meine Liebe.«

Sie lächelte ihn auf diese unamüsierte, uninteressierte Weise an, die er aus irgendeinem Grund so unwiderstehlich fand.

»Sollten wir zu Bett gehen?«, fragte er und warf ein paar Münzen für den Wein auf die Tischplatte.

Sie seufzte. »Wenn es denn sein muss.«

Und Jervi fühlte, wie ihm das Päckchen sanft aus der Hand genommen wurde.

Sifkiss wuselte wieder unter den Tischen hervor, richtete sich auf und marschierte davon, ließ seinen Stock über die Zaunlatten knattern, an denen er vorüberkam, und hielt das Päckchen locker und für alle sichtbar in der anderen Hand. Na klar, die Alte Grün hatte gesagt, er sollte alles ganz heimlich machen, aber das war jetzt nicht mehr seine Art. Ein Mann musste seinen eigenen Stil entwickeln, und er war jetzt immerhin schon dreizehn, oder etwa nicht? Schon bald würde er sich größeren Dingen zuwenden. Vielleicht für Kurrikan arbeiten. Dass Sifkiss zu Höherem berufen war, sah ihm jeder gleich an – er hatte sich einen Zylinderhut geklaut, der ihn wie einen Edelmann beim Stadtspaziergang aussehen ließ. Und für den Fall, dass irgendwer blöd genug war, trotzdem daran zu zweifeln – und so waren manche Leute ja leider –, setzte er seine neue Kopfbedeckung immer in einem unbeschwert schiefen Winkel auf. So richtig höllisch unbeschwert.

Ja, die Augen aller ruhten auf Sifkiss.

Er überzeugte sich mit schnellem Blick, dass er nicht beobachtet wurde, dann glitt er durch die taubesetzten Büsche und durch die Spalte in der Mauer, die sich dahinter erhob. Allmählich wurde er zu groß für diesen Weg, aber noch ging es, und schnell stand er im Kellergewölbe des alten Tempels, in das von oben ein wenig Licht fiel.

Die meisten Kinder waren zur Arbeit. Nur ein paar der jüngeren würfelten miteinander, ein Mädchen kaute an einem Knochen, Pens rauchte und sah nicht mal zu ihm herüber, und die Neue hatte sich in der Ecke eingerollt und hustete. Der Husten hörte sich nicht gut an, fand Sifkiss. Höchstwahrscheinlich würde er sie in ein oder zwei Tagen in irgendeinen Kanal schmeißen, aber hey, das bedeutete ein bisschen mehr Leichengeld für ihn, oder nicht? Die meisten Leute wollten mit Leichen nichts zu tun haben, aber Sifkiss machten sie nichts aus. Wenn's heftig regnet, wäscht es irgendwem den Pelz, sagte die Alte Grün immer. Sie hockte im hinteren Teil des Kellers, beim Licht einer einzigen Lampe über ihren Schreibtisch gebeugt, das lange Haar fettig an den Kopf geklatscht, die Zunge an das leere Zahnfleisch gepresst, als sie Sifkiss auf sich zukommen sah. Ein geleckter Kerl stand neben ihr, der eine Weste mit einem gestickten Blattmuster aus Silberfaden trug, und Sifkiss verfiel in einen besonders aufmüpfig schlendernden Gang, um ein bisschen Eindruck zu schinden.

»Hastes gekriegt?«, fragte die Alte Grün.

»Klar«, antwortete Sifkiss mit einer neckischen Kopfbewegung, wobei sein Hut gegen einen niedrigen Balken stieß, sodass er ihn fluchend wieder geraderücken musste. Er warf das Päckchen schlecht gelaunt auf die Tischplatte.

»Dann hau schon ab«, fuhr die Alte Grün ihn an.

Sifkiss zog ein mürrisches Gesicht, als ob er Widerworte geben wollte. Allmählich wurde er wirklich zu aufsässig, dieser Junge, und die Alte musste drohend den Handrücken mit den knotigen Knöcheln erheben, bevor er davonschlurfte.

»Hier haben wir es also, wie versprochen.« Sie deutete auf das Lederbündel, das im Lichtschein auf ihrem uralten Schreibtisch ruhte. Die Platte war gesprungen und fleckig, und die Goldverzierungen blätterten überall ab, aber es war immer noch ein schönes Möbelstück, das noch eine Menge Jahre vor sich hatte. Wie die Alte Grün selbst, wenn sie sich ein wenig Mühe gab.

»Sieht ziemlich klein aus für den ganzen Aufstand«, sagte Fahl und rümpfte die Nase, während er einen Beutel auf den Tisch fallen ließ, der dieses herrliche Klimpern von Münzen von sich gab. Die Alte Grün krallte ihn sich, zog ihn auf und machte sich sofort ans Zählen.

»Wo ist denn deine Kiam?«, fragte Fahl. »Wo ist die Kleine?«

Die Schultern der Alten Grün versteiften sich, aber sie zählte weiter. Sie hätte auch während eines Sturms gezählt. »Arbeiten.«

»Wann kommt sie denn wieder? Ich mag sie.« Fahl rückte etwas näher und senkte seine Stimme. »Für sie könnte ich einen verdammt guten Preis erzielen.«

»Aber sie ist meine beste Arbeiterin!«, protestierte die Alte. »Es gäbe andere, die du mir abnehmen könntest. Wie wäre es mit dem Jungen, mit Sifkiss?«

»Was, mit dem Sauertopf, der das Paket brachte?«

»Er arbeitet gut. Er ist stark und hat Mumm. Der wäre ein guter Ruderer auf einem Schiff. Vielleicht sogar auch ein brauchbarer Kämpfer.«

Fahl schnaubte. »In einer Kampfgrube? Der kleine Scheißer? Glaub ich nicht. Und er bräuchte auch die Peitsche, bevor er an den Riemen was taugt, vermute ich.«

»Na und? Die haben da doch Peitschen, oder nicht?«

»Vermute ich mal. Na gut, wenn es nicht anders geht, nehme ich ihn. Ihn und drei andere. Morgen in einer Woche fahre ich zum Markt nach Westport. Du kannst sie aussuchen, aber gib mir ja nicht deinen ganzen Ausschuss.«

»Bei mir gibt es keinen Ausschuss«, knurrte die Alte Grün.

»Du hast überhaupt nichts anderes, du alte Schwindlerin. Und was sagst du dem Rest von deiner Brut, hä?« Fahl sprach mit einem albernen Lispeln weiter. »Dass sie bei reichen Leuten in Stellung gegangen sind, oder dass sie bei den Pferden auf einem Bauernhof leben, oder dass sie der Scheiß-Imperator von Gurkhul adoptiert hat? So was wohl, was?« Fahl lachte leise, und die Alte Grün spürte plötzlich das Bedürfnis, ihr Messer zu ziehen, aber dieser Tage war sie vernünftiger als früher. Das hatte sie auf die harte Tour gelernt.

»Ich erzähle ihnen, was ich muss«, knurrte sie, während sie immer noch die Münzen durch ihre Finger laufen ließ. Die verdammten Finger. Waren auch nicht mehr so schnell wie früher.

»Mach das mal, und ich komme wegen Kiam ein anderes Mal wieder, klar?« Fahl blinzelte ihr zu.

»Wie du willst«, brummte die Alte. »Wie du sagst.« Kiam würde sie verdammt noch mal behalten. Viele konnte sie nicht retten, und sie war auch nicht so dumm, das zu glauben, aber vielleicht eine Einzige, und auf ihrem Sterbebett würde sie dann zumindest das für sich in die Waagschale werfen können. Vielleicht würde niemand zuhören, aber sie würde es wissen. »Stimmt alles. Das Päckchen gehört dir.«

Fahl nahm das Päckchen an sich und verließ den stinkenden, verdammten Keller. Erinnerte ihn viel zu sehr ans Gefängnis. Schon allein der Geruch. Und dann die Augen der Kinder, groß und feucht. Sie zu kaufen und zu verkaufen, das machte ihm nichts aus, aber ihre Augen wollte er nicht sehen. Will der Metzger vielleicht einem Schaf in die Augen gucken? Vielleicht war es Metzgern egal. Vielleicht gewöhnte man sich daran. Fahl gingen die Dinge immer zu sehr zu Herzen, das war nun mal so. Er hatte zu viel Herz.

Seine Leibwächter lungerten an der Vordertür herum, und er winkte sie heran, damit sie ihn umringten und ihm etwas Platz in dem Gedränge verschafften, um zügig ausschreiten zu können.

»Erfolgreiche Begegnung?«, rief ihm Grenti über die Schulter zu.

»Nicht übel«, knurrte Fahl kurz angebunden, um ihn nicht weiter zu ermutigen. *Willst du einen Freund oder Geld?*, hatte er Kurrikan einmal sagen hören, und der Satz hatte sich ihm eingeprägt.

Leider blieb Grenti davon völlig unbeeindruckt. »Geht's jetzt direkt zu Kurrikan?«

»Ja«, sagte Fahl so knapp er konnte.

Aber Grenti hörte sich selbst gern reden. Das taten letztlich alle Muskelmänner. Wahrscheinlich, weil sie die meiste Zeit herumstanden. »Tolles Haus aber, oder nicht? Kurrikans, meine ich. Wie nennt man diese Säulen vorn am Eingang noch?«

»Pilaster«, brummte einer der anderen Leibwächter.

»Nein, nein, ich weiß doch, wie Pilaster aussehen. Ich meine, wie nennt man diesen architektonischen Stil, mit den Weinblättern oben am Kapitell?«

»Rustiziert?«

»Nein, nein, das bezieht sich auf das Mauerwerk, wenn es mit Meißeln bearbeitet wurde, ich meine den Gesamteindruck … Halt!«

Zunächst war Fahl glücklich über die Unterbrechung. Dann jedoch wurde er besorgt. Eine Gestalt erhob sich im Nebel vor ihnen. Nicht nur das, sie beherrschte ihn. Die Bettler und Gammler und das übrige Gesocks, das sich hier normalerweise zusammenrottete, war vor ihnen beiseitegewichen wie Erde vor dem Pflug. Diese Gestalt jedoch bewegte sich nicht. Sie war verdammt groß, so groß wie Fahls größter Leibwächter, und trug einen weißen Mantel, dessen Kapuze sie über den Kopf gezogen hatte. Na ja, so richtig weiß war das Kleidungsstück nicht mehr. In Sipani blieb nichts lange weiß. Der Mantel war eher grau und zeigte am Saum feuchte und dunkle Spritzflecke.

»Räumt den Kerl aus dem Weg«, fauchte er.

»Aus dem Weg, verdammt noch mal!«, donnerte Grenti.

»Bist du Fahl?« Ihr Gegenüber schlug die Kapuze zurück.

»Es ist eine Frau«, sagte Grenti. Und so war es tatsächlich, obwohl sie einen dicken, muskulösen Hals und einen kantigen Kiefer hatte und ihr rotes Haar stoppelkurz geschnitten war.

»Ich bin Javre«, sagte sie, hob das Kinn und lächelte sie an. »Die Löwin von Hoskopp.«

»Vielleicht ist sie bekloppt«, mutmaßte Grenti.

»Aus dem Irrenhaus da hinten ausgebrochen.«

»Ich bin tatsächlich mal aus einem Irrenhaus ausgebrochen«, sagte die Frau. Sie hatte einen komischen Akzent, den Fahl nicht gleich einordnen konnte. »Na ja … es war ein Gefängnis für Zauberer. Aber ein paar von ihnen waren verrückt geworden. Da muss man ganz genau hinsehen, denn die meisten Zauberer sind allgemein zumindest ein bisschen exzentrisch. Aber das tut ja im Augenblick nichts zur Sache. Ihr habt etwas, das ich brauche.«

»Ach ja?«, sagte Fahl und grinste. Seine Besorgnis wich. Zum einen war sie eine Frau, zum anderen war sie ganz offensichtlich wirklich bekloppt.

»Ich weiß nicht, wie ich euch davon überzeugen könnte,

weil ich mich mit schönen Worten immer ein wenig schwer tue – das war noch nie meine starke Seite. Aber es wäre für uns alle am besten, wenn ihr es mir freiwillig gebt.«

»Ich werde dir was freiwillig geben«, sagte Fahl, und die anderen lachten hämisch.

Die Frau lachte nicht. »Es ist ein kleines Paket, in Leder gewickelt, etwa …« Sie hielt die große Hand hoch, Daumen und Zeigefinger ausgestreckt. »Etwa fünfmal so lang wie dein Schwanz.«

Wenn sie wusste, was sie bei sich trugen, dann war das ein Problem. Davon abgesehen verstand Fahl keinen Spaß, wenn es um seinen Schwanz ging, nachdem keine von den Salben irgendetwas bewirkt hatte. Sein Grinsen verschwand. »Tötet sie.«

Sie schlug Grenti gegen die Brust, oder vielleicht auch woanders hin – es ging so schnell, dass alles verschwamm. Jedenfalls quollen ihm die Augen aus den Höhlen, er gab ein seltsames Keuchen von sich und stand dann wie erstarrt da, auf Zehenspitzen und zitternd, das Schwert halb gezogen.

Der zweite Leibwächter, ein Kerl aus der Union, der so breit war wie ein Haus, griff sie mit seinem Streithammer an, erwischte aber nur ihren flatternden Mantel. Im nächsten Augenblick ertönte ein überraschter Schrei, er flog quer über die Straße und krachte gegen eine Mauer, wo sein schlaffer Körper liegen blieb, während Staub und Putz von den geborstenen Steinen auf ihn herunterrieselten.

Der dritte Leibwächter, ein Osprianer mit flinken Fingern, zauberte ein Wurfmesser hervor, aber bevor er es zum Einsatz bringen konnte, pfiff der Streithammer durch die Luft und prallte gegen seinen Kopf. Er fiel stumm zu Boden, die Arme ausgestreckt.

»Das sind anthirische Säulen.« Die Frau legte ihren Zeigefinger auf Grentis Stirn und stupste ihn leicht an. Er fiel um, in den Dreck und auf die Seite, immer noch steif, immer noch zitternd, die Augen immer noch leicht hervorquellend auf nichts Bestimmtes gerichtet.

»Das war mit einer Hand.« Sie hielt die andere Pranke zur Faust geballt empor und hatte von irgendwoher ein Schwert hervorgezogen, dessen Klinge noch in der Scheide steckte und dessen Heft mit Gold verziert war. »Als Nächstes ziehe ich dieses Schwert, das in der Alten Zeit aus dem Metall eines gefallenen Sterns geschmiedet wurde. Nur sechs lebende Menschen haben die Klinge je gesehen. Ihr würdet sie extrem schön finden. Dann würde ich euch töten.«

Der letzte Leibwächter tauschte einen kurzen Blick mit Fahl, dann warf er seine Axt weg und spurtete davon.

»Na-na-na«, sagte die Frau, die nun beinahe ein wenig enttäuscht die Stirn runzelte. »Nur damit du es weißt, wenn du jetzt auch abhaust, dann erwische ich dich in etwa ...« Sie kniff die Augen leicht zusammen und schürzte die Lippen, während sie Fahl abschätzend von Kopf bis Fuß musterte. »... vier Schritten.«

Er rannte los.

Sie erwischte ihn in drei Schritten, und plötzlich lag er auf dem Bauch, den Mund auf dem dreckigen Pflaster, und spürte, wie ihm der Arm hart auf den Rücken gezerrt wurde.

»Du hast keine Ahnung, mit wem du dich da anlegst, du blöde Schlampe!« Zwar zappelte er ein wenig, aber ihr Griff war eisenhart, und er kreischte vor Schmerz, als ihm der Arm noch weiter verdreht wurde.

»Es ist wohl wahr, dass ich keine große Denkerin bin.« Ihre Stimme ließ nicht die kleinste Anstrengung erkennen. »Ich mag schlichte Dinge, die gut gemacht sind, und habe keine Zeit fürs Philosophieren. Sagst du mir, wo das Päckchen ist, oder soll ich dich windelweich prügeln, bis es irgendwo herausfällt?«

»Ich arbeite für Kurrikan!«, keuchte er.

»Ich bin neu in der Stadt. Da bedeutet mir ein Name nicht mehr als der andere.«

»Wir werden dich aufspüren!«

Sie lachte. »Na klar. Ich bin niemand, die sich versteckt. Ich bin Javre, Erste der Fünfzehn. Javre, Tempelritterin des Goldenen Ordens. Javre, Kettenbrecherin, Eidbrecherin, Knochenbrecherin.« Dabei gab sie ihm einen kernigen Klaps auf den Hinterkopf, und er war felsenfest davon überzeugt, dass ihm beim Aufprall auf dem Pflaster die Nase brach, denn sein Mund füllte sich mit dem salzig-kupferartigen Geschmack von Blut. »Um mich zu finden, musst du nur nach Javre fragen.« Sie beugte sich über ihn, und ihr Atem strich ihm übers Ohr. »Deine Probleme beginnen dann, wenn du mich gefunden hast. Also, wo ist jetzt dieses Päckchen?«

Fahl spürte ein leichtes Kneifen in seiner Hand. Erst tat es nur ein bisschen weh, dann aber steigerte es sich mehr und mehr, und schließlich schoss ein brennend heißer Schmerz den ganzen Arm hinauf, bis er wie ein Hund wimmerte. »Ah, *oh*, ah, Innentasche, Innentasche!«

»Sehr schön.« Er fühlte, wie Hände seine Kleider untersuchten, aber er konnte nichts weiter tun als schlaff dazuliegen und zu stöhnen, während seine überreizten Nerven sich allmählich wieder beruhigten. Er reckte den Hals, um seine Gegnerin anzusehen und zog die Lippen hoch. »Ich schwöre bei meinen Scheiß-Vorderzähnen …«

»Tatsächlich?« Ihre Finger fanden die verborgene Tasche und zogen das Paket heraus. »Das ist etwas voreilig.«

Javre drückte Finger und Daumen zusammen und riss Fahl mit einem Ruck zwei Vorderzähne heraus. Ein Trick, den sie von einem alten Mann in Suljuk gelernt hatte; wie bei so vielen Dingen im Leben kam es auf den richtigen Dreh mit dem

Handgelenk an. Sie ließ den Kerl auf der Straße zurück, während er vornübergebeugt versuchte, die abtrünnigen Beißer auszuspucken.

»Wenn wir uns das nächste Mal begegnen, werde ich dir wohl das Schwert zeigen müssen!«, rief sie, während sie davonschritt und sich das Päckchen in den Gürtel schob. Bei der Göttin, diese Sipanier waren Schwächlinge. Gab es denn niemanden mehr, der sie wirklich herausfordern konnte?

Sie schüttelte ihre etwas mitgenommene Hand. Der Fingernagel würde wahrscheinlich schwarz werden und abfallen, aber er würde ja nachwachsen. Im Gegensatz zu Fahls Zähnen. Und es war ja auch nicht der erste Fingernagel, den sie verlor. Da musste sie nur an die unvergesslichen Zeiten denken, als sie alle eingebüßt hatte, sämtliche Finger- und Zehennägel, bei einem kurzen Aufenthalt in der zärtlichen Obhut des Propheten Khalul. *Das* war wirklich eine Herausforderung gewesen. Ganz kurz dachte sie geradezu sentimental an die Peiniger, die sie damals befragt hatten. Zumindest die Erinnerung an den köstlichen Moment, als sie das Gesicht des obersten Folterknechts in seine eigene Kohlepfanne gedrückt hatte, als sie floh, hatte etwas angenehm Nostalgisches. Wie der gebrutzelt hatte!

Aber vielleicht würde dieser Kurrikan wütend genug werden, um ihr einen Assassinen von Format auf den Hals zu hetzen. Dann konnte sie sich mit dem messen. Das war zwar mit den großen Schlachten früherer Zeiten nicht zu vergleichen, aber vielleicht ein netter Zeitvertreib für lange Abende.

Bis dahin war Javre hoch aufgerichtet, schnell und stolz dahingeschritten. Sie ging gern zu Fuß. Bei jedem Schritt spürte sie ihre eigene Kraft. Jeder Muskel war völlig entspannt, und doch war sie stets bereit, sofort mit einem langen Satz davonzuspringen, sich abzurollen oder zum tödlichen Schlag auszuholen. Ohne sich umzusehen, konnte sie all die Menschen um sie herum fühlen, das Ausmaß ihrer Bedrohlichkeit abschätzen, einen Angriff erahnen, sich die eigene Reaktion vorstellen – die Luft flirrte vor den vielen durchgerechneten Möglichkeiten, bei denen sie genau erfasste, was sich in ihrer Umgebung befand, wie weit es entfernt war und ob es sich im Notfall vielleicht zu irgendwas verwenden ließ. Die größten Herausforderungen sind allerdings immer jene, die man nicht vorhersieht, und von daher war Javre eine allzeit geschärfte Waffe, die nie in der Scheide steckte, und die Antwort auf jede Frage.

Aber es kam keine Klinge aus der Dunkelheit. Kein Pfeil, kein Feuerblitz, kein in ihre Richtung gespritztes Gift. Kein Meuchelmördertrupp, der aus den Schatten sprang.

Bedauerlicherweise.

Vor Pombrines Etablissement stieß sie lediglich auf zwei besoffene Nordmänner, die miteinander rangelten, während einer etwas vom Kahlen Boss faselte. Sie beachtete die beiden nicht weiter, als sie die Stufen hinaufging, übersah auch die finster dreinblickenden Wächter, die sogar noch unfähiger wirkten als Fahls Leute, dann ging sie durch den Flur und betrat den Hauptsalon. Hier dominierte falscher Marmor, ein billiger Kronleuchter und ein völlig unerotisches Mosaik, das ein mopsiges Pärchen dabei zeigte, wie es nach Pferdeart fickte. Offenbar war um diese Tageszeit noch nicht viel Betrieb. Huren beiderlei Geschlechts und eine, die Javre keiner Seite eindeutig zuordnen konnte, fläzten sich gelangweilt auf den kitschig und überladen wirkenden Möbeln.

Pombrine stauchte gerade eines seiner Pferdchen zusammen, weil es ihm zu züchtig angezogen war, hob aber sofort alarmiert den Kopf, als sie eintrat. »Du bist schon zurück? Was ist schiefgelaufen?«

Javre lachte lauthals. »Alles.« Seine Augen weiteten sich, und sie lachte noch lauter. »Für die anderen.« Damit packte sie ihn am Arm und drückte ihm das Päckchen in die Hand.

Pombrine starrte auf den unauffälligen, in Tierhaut gewickelten Klumpen. »Du hast es geschafft?«

Die Frau legte ihm einen schweren Arm auf die Schultern und drückte ihn fest an sich. Seine Knochen knackten, und er schnaufte. Sie war zweifelsohne von außergewöhnlicher Größe, aber selbst, wenn man das bedachte, war die Kraft, die sie, wie eben, ganz nebenbei zur Schau stellte, kaum zu glauben. »Du kennst mich nicht. Noch nicht. Ich bin Javre, die Löwin von Hoskopp.« Damit sah sie zu ihm hinunter, und er spürte das unangenehme und unvertraute Gefühl, ein unartiges Kind zu sein, das gerade fest von seiner Mutter gepackt wurde. »Wenn ich eine Herausforderung annehme, dann mache ich keinen Rückzieher. Aber das wirst du schon noch herausfinden.«

»Ich harre erwartungsvoll meiner Belehrung.« Prombrine wand sich unter dem erdrückenden Gewicht ihres Armes heraus. »Du hast es aber nicht … aufgemacht?«

»Du hast doch gesagt, das sollte ich nicht.«

»Gut. Gut.« Er starrte zu Boden, und ein halbes Lächeln stahl sich über sein Gesicht. Kaum zu glauben, dass es so leicht gewesen sein sollte.

»Also dann meine Bezahlung.«

»Natürlich.« Er griff nach seiner Börse.

Sie hielt ihre schwielige Hand auf. »Eine Hälfte nehme ich in Lebendware.«

»Lebendware?«

»Damit handelst du doch hier, oder?«

Er hob die Brauen. »Für die Hälfte gibt es aber ziemlich viel Lebendware.«

»Das schaffe ich schon. Und ich gedenke ein Weilchen zu bleiben.«

»Da freuen wir uns aber«, brummte er.

»Ich nehme den da.«

»Eine sehr gute Wahl, ich …«

»Und den da. Und ihn. Und sie.« Javre rieb die rauen Handflächen aneinander. »Sie kann die Jungs schon mal warm machen, ich zahle ja nicht dafür, dass ich irgendwem selbst einen abwichse.«

»Natürlich nicht.«

»Ich bin eine Frau aus Thond und habe große Gelüste.«

»Das glaube ich allmählich auch.«

»Und um der Sonne willen, lass mir ein Bad bereiten. Ich rieche jetzt schon wie eine läufige Hündin, und ich will mir gar nicht vorstellen, wie das anschließend sein wird. Da verfolgt mich wahrscheinlich jeder Kater in der ganzen Stadt.« Wieder brach sie in dröhnendes Gelächter aus.

Der eine Mann, den sie ausgewählt hatte, schluckte. Der andere sah Pombrine mit leicht verzweifelter Miene an, während Javre ihre Belohnung ins Nebenzimmer scheuchte.

»... du da, zieh schon mal die Hosen aus. Und du wickelst die Bandagen von meinen Titten. Man sollte kaum glauben, wie straff ich mir die Dinger abbinden muss, damit ich überhaupt was geschafft kriege ...«

Die Tür fiel gnädigerweise ins Schloss.

Pombrine packte Scalacay, seinen vertrautesten Diener, an der Schulter und zog ihn zu sich heran.

»Geh, so schnell du kannst, zum gurkhisischen Tempel beim Dritten Kanal, zu dem mit den grünen Marmorsäulen. Weißt du, welchen ich meine?«

»Jawohl, Meister.«

»Sag dem Priester, der im Eingang sitzt und seine Gebete skandiert, dass du eine Nachricht für Ischri hast. Dass Meister Pombrine das Ding besitzt, nach dem sie gefragt hat. Eine Nachricht für Ischri, hast du das verstanden?«

»Für Ischri. Meister Pombrine hat das Ding.«

»Dann lauf schon!«

Scalacay rannte los, und Pombrine eilte beinahe ebenso

schnell in sein Kontor, das Päckchen fest umklammert in seiner schweißnassen Hand. Mit fahrigen Fingern zog er die Tür zu und schloss ab; die fünf Schlösser rasteten mit einem beruhigenden, metallischen Rasseln ein.

Dann erst gestattete er es sich, tief Luft zu holen. Feierlich setzte er das Päckchen auf seinen Schreibtisch. Jetzt, da er es hatte, spürte er das Bedürfnis, diesen triumphalen Moment richtig auszukosten. Und ihm die angemessene Gewichtung zu verleihen. Er ging zu dem kleinen Getränkekabinett, schloss auf und nahm die Flasche Schisnadse, die er von seinem Großvater geerbt hatte, von ihrem Ehrenplatz. Der hatte sein ganzes Leben lang auf den richtigen Augenblick gewartet, um diese Flasche zu öffnen. Pombrine lächelte, als er nach dem Korkenzieher griff und den Hals vom Bleiband befreite.

Wie lange hatte er daran gearbeitet, dieses verfluchte Päckchen endlich in die Hände zu bekommen? Erst hatte er Gerüchte gestreut, dass seine Geschäfte miserabel gingen, obwohl es für ihn niemals besser gelaufen war. Hatte sich wieder und wieder bemüht, Carcolf über den Weg zu laufen, bis sie sich tatsächlich zufällig begegnet waren. Hatte sich in eine Vertrauensstellung bugsiert und dafür gesorgt, dass die Kurierin ihn für einen hirnlosen Blödmann hielt. War dann in winzigen Schritten an die Stelle geklettert, wo er das Päckchen in seine gierigen Hände bekommen konnte, und dann ... so ein Pech! Carcolf, die verdammte Schlampe, entwischte ihm, und Pombrine blieb nichts außer seinen ruinierten Hoffnungen. Aber jetzt ... so ein Glück! Die grobe Kraftmeierei dieser ekelhaften Javre hatte wie durch ein tölpelhaftes Wunder das vollbracht, was seinem Genie so unfairerweise verwehrt geblieben war.

Was spielte es da noch für eine Rolle, wie er an dieses Ding herangekommen war? Sein Grinsen wurde noch breiter, als er den Korken endlich gelockert hatte. Er besaß das Päckchen.

Wieder drehte er den Kopf, um seine Beute in Augenschein zu nehmen.

Plopp! Ein Schwall Schaumwein schoss in hohem Bogen aus der Flasche, verfehlte sein Glas und spritzte über den kadirischen Teppich. Ihm klappte der Mund auf. Das Päckchen hing in der Luft an einem Haken. An diesem Haken war ein spinnwebendünner Faden. Der Faden verschwand durch ein Loch in dem gläsernen Dach hoch über ihm, wo er jetzt einen dunklen Schatten sah, der dort mit ausgestreckten Armen und Beinen lauerte.

Pombrine machte einen verzweifelten Satz. Flasche und Glas fielen zu Boden, Wein spritzte in alle Richtungen, aber das Päckchen glitt durch seine hilflos zuckenden Finger und trudelte gemütlich und unwiederbringlich außer Reichweite.

»Wachen!«, brüllte er. »Diebe!«

Einen Augenblick später wurde ihm klar, was das hieß, und seine Wut verwandelte sich in lähmendes Entsetzen.

Ischri würde schon bald zu ihm unterwegs sein.

Mit einer geübten Drehung des Handgelenks zog Schev das Päckchen nach oben und schnappte es sich mit dem Handschuh, den sie bereits wartend ausgestreckt hatte.

»Was bin ich doch für eine großartige Anglerin«, flüsterte sie, als sie es in ihre Tasche schob und gleich wieder über das steile Dach eilte, wobei ihr die Kniepolster, inzwischen klebrig vor Teer, gute Dienste leisteten. Sie kletterte über den First und huschte zum Schornstein, ließ das Seil zur Straße hinunterbaumeln, war in einem Wimpernschlag über die Traufe und hangelte sich nach unten. Nicht auf den Boden gucken, nie auf den Boden gucken. Ist ja ein schöner Aufenthaltsort, aber man will ihn ja auch nicht zu schnell erreichen …

»Was bin ich doch für eine großartige Kletterkünstlerin«,

flüsterte sie, als sie an einem großen Fenster vorüberkam und in einen protzig eingerichteten und trüb beleuchteten Salon blicken konnte, und …

Sie krallte sich fest und erstarrte, während sie sanft am Seil hin und her schwang.

Zwar hatte sie es ziemlich eilig und legte großen Wert darauf, nicht von Pombrines Wachen geschnappt zu werden, aber in diesem Zimmer bot sich ihr ein Anblick, an dem sie nicht einfach so vorübergleiten konnte. Vier, vielleicht auch fünf oder sogar sechs nackte Körper hatten sich in recht beeindruckend athletischer Akrobatik zu einer Art menschlicher Skulptur verschlungen, einem stöhnenden Gewirr aus sich sanft bewegenden Leibern. Als sie den Kopf leicht neigte, um das gesamte Bild zu erfassen, hob die zentrale Figur des Gebildes, die Schev zuerst für einen rothaarigen, starken Mann gehalten hatte, den Kopf und sah sie direkt an.

»Schevedieh?«

Ganz offensichtlich kein Mann. Aber ganz sicher stark. Selbst mit so kurz geschorenem Haar war sie nicht zu verkennen.

»Javre? Was zur Hölle tust du denn hier?«

Javre sah mit hochgezogenen Augenbrauen auf die nackten Körper, die sich um sie herum räkelten. »Wonach sieht es denn aus?«

Schev kam wieder zu Verstand, als sie unten auf der Straße die Wachen hörte. »Du hast mich nie gesehen!« Damit glitt sie so schnell am Seil nach unten, dass die Hanffasern durch ihre Handschuhe zischten, kam hart auf dem Boden auf und sprintete gerade davon, als eine Gruppe Männer mit gezogenen Waffen um die Ecke stürmte.

»Stehen bleiben, du Dieb!«

»Haltet ihn!«

Und über all dem war Pombrines verzweifeltes Geheul zu hören: »Mein Päckchen!«

Schev riss an der kleinen Kordel, die auf ihrem Rücken hing, spürte, wie sich der Beutel öffnete und die Fußangeln hinter ihr über den Boden rollten, und sie hörte die Schreie, als die ersten Wachleute darauf traten, die Spitzen zu spüren bekamen und stürzten. Die würden morgen richtig wunde Füße haben. Aber es kamen weitere heran.

»Schneidet ihm den Weg ab!«

»Erschießt ihn!«

Sie bog scharf nach links, und nur einen Augenblick später hörte sie die Sehne eines Flachbogens und das Zischen des Bolzens, der neben ihr über die Wand schrammte und in die Nacht trudelte. Als sie am Seil herabgeglitten war, hatte einer ihrer Handschuhe durch die Reibung zu schwelen begonnen, daher riss sie ihn sich im Laufen von den Fingern und warf ihn hinter sich. Dann bog sie schnell nach rechts – die Route hatte sie vorab natürlich schon genau geplant – und sprang über die Tische bei Verscetti, hechtete mit langen Sätzen von einem zum anderen, sodass Gläser und Besteck durch die Gegend flogen, die Gäste aufgescheucht wurden und entsetzt durcheinanderliefen. Ein zerlumpter Geigenspieler sprang beiseite, um sich in Deckung zu bringen.

»Was bin ich doch für eine großartige Läuferin«, flüsterte sie, als sie sich vom letzten Tisch abfederte, über die ausgestreckten Hände eines Leibwächters hinweg, der ihr von links entgegensprang, dann über einen Feiernden zu ihrer Rechten, und nun packte sie die kleine Schnur hinter dem Schild, auf dem BEI VERSCETTI stand und riss mit einem Ruck daran.

Ein grelles Leuchten wie ein Blitz zuckte durch die Gasse, während sie sich abrollte, und als sie wieder auf die Beine kam, folgte ein dröhnendes Krachen. Die düstere Nacht war plötzlich hell erleuchtet, die Fassaden der Gebäude in weißes Licht getaucht. Schreie ertönten, Kreischen, eine Salve von Detonationen. Hinter ihr, das wusste sie, würden Blüten aus lila

Feuer über die Straße schießen, Schauer goldener Funken, ein Spektakel, wie es der Hochzeit eines Barons würdig gewesen wäre.

»Dieser Qohdam macht tatsächlich ein ziemlich anständiges Feuerwerk«, flüsterte sie und widerstand der Versuchung, stehenzubleiben und sich das Ganze anzusehen. Stattdessen huschte sie scheu wie eine räudige Katze in einen kleinen, düsteren Gang, wuselte drei Dutzend Schritte mit eingezogenem Kopf weiter und duckte sich dann in einen schmalen Garten, krampfhaft bemüht, trotz ihres keuchenden Atems so lautlos wie möglich zu sein. Hastig riss sie das Paket auf, das sie unter den Wurzeln des abgestorbenen Weidenbaums versteckt hatte, entfaltete das weiße Gewand und zog es über, verbarg den Kopf unter der Kapuze und wartete in den Schatten, eine große Votivkerze in der Hand, die Ohren auf jedes Geräusch in der Nacht gespitzt.

»Scheiße«, murmelte sie. Während das letzte Grollen ihres feurigen Ablenkungsmanövers noch verhallte, hörte sie aus der Ferne, aber unbarmherzig näher kommend, die Rufe von Pombrines suchenden Wachen, die mit lautem Klappern jede Tür aufrissen.

»Wo ist er hin?«

»Ich denke, hier hinunter!«

»Das verdammte Feuerwerk hat mir die Hand versengt! Ich habe mich richtig schlimm verbrannt, guck mal!«

»Mein Päckchen!«

»Kommt schon, kommt schon«, murmelte sie. Von diesen Idioten geschnappt zu werden, das wäre wirklich so peinlich wie kein anderer Augenblick ihrer gesamten Karriere. Gut, diese Geschichte, als sie in einem Brautkleid am Gildehaus der Tuchhändler von Adua gehangen hatte, zwar mit Blumen im Haar, aber ohne Unterwäsche, während sich auf dem Platz davor eine ständig wachsende Menge von Zuschauern versammelte, war kaum zu schlagen, aber trotzdem. »Kommt schon her, kommt schon her, kommt ...«

Jetzt endlich hörte sie aus der anderen Richtung die Gesänge, und sie grinste. Die Schwestern waren immer pünktlich. Jetzt vernahm sie auch das Stampfen ihrer Füße, die regelmäßigen Schritte, die das Gebrüll von Pombrines Leibwächtern und das Geheul einer Frau, die vom Feuerwerk vorübergehend ertaubt zu sein schien, übertönten. Immer lauter wurden die Schritte, immer lauter der himmlische Gesang, und die Prozession kam am Garten vorüber: weißgekleidete Frauen, die Kerzen in den starr ausgestreckten Händen hielten und mit ihren weiten Kapuzen so gleichförmig dahinschritten, dass sie beinahe wie Geister wirkten.

»Was bin ich doch für eine großartige Priesterin«, flüsterte Schev, schlüpfte aus dem Garten und drängte sich in die Mitte der Prozession. Dann neigte sie ihre Kerze, bis der Docht den ihrer Nachbarin berührte. Die Frau sah sie stirnrunzelnd an, und Schev erwiderte den Blick mit einem Zwinkern.

»Lass einem Mädchen mal ein Licht aufgehen, ja?«

Mit einem kleinen Aufflackern entzündete sich der Docht, Schev marschierte mit den Schwestern und steuerte ihre eigene, fröhliche Note zu dem monotonen Gesang bei, als sie über die Caldichestraße zur Fintiner Brücke zogen und die maskierten Feiernden ihnen respektvoll Platz machten. Pombrines Freudenhaus und seine immer verzweifelter suchenden Leibwächter, aber auch das wütende Gebrüll zweier sich wild streitender Nordmänner blieben hinter ihnen im Nebel zurück.

Es war schon dunkel, als sie lautlos in ihr eigenes offenes Fenster schlüpfte, sich an den leise wehenden Vorhängen vorbeischob und um ihren gemütlichen Sessel herumschlich. Carcolf schlief darin; eine Strähne blonden Haars lag über ihrem Mund und bewegte sich bei ihren Atemzügen leicht. Sie sah jung aus, mit geschlossenen Augen und entspanntem Gesicht, das einmal nicht die übliche verächtliche Miene zeigte, mit der sie sonst der ganzen Welt begegnete. Jung und sehr schön. Wie herrlich war doch diese neue Mode mit den engen Hosen! Die Kerze warf einen schwachen Lichtschimmer über die flaumigen Härchen auf Carcolfs Wangen, und Schev spürte den Drang, die Hand auszustrecken und ihr sanft über die Wange zu streichen, um dann den Daumen über die Lippen …

Aber schließlich liebte sie das Risiko, und in einer so zahmen Geste lag ja nun keinerlei Reiz. Stattdessen brüllte sie also: »Buh!«

Carcolf sprang aus dem Sessel wie ein Frosch aus kochendem Wasser, stieß gegen den Tisch und wäre beinahe gestürzt, bevor sie sich mit weit aufgerissenen Augen hinter dem Möbelstück in Lauerstellung begab. »Verdammte Scheiße«, keuchte sie dann und holte zittrig Luft. »Musst du so was tun?«

»Müssen muss ich das nicht.«

Carcolf presste sich die Hand gegen die Rippen. »Ich glaube, die Naht könnte wieder aufgeplatzt sein.«

»Sei mal nicht so zimperlich.« Schev zog sich das Gewand über den Kopf und ließ es fallen. »Das war doch höchstens ein Kratzer.«

»Dass du deine Urteilsfähigkeit verloren hast, das verletzt mich mehr als jede Klinge.«

Schev hakte das Geschirr aus, in dem ihr Diebeswerkzeug steckte, löste die Schnallen ihrer Kletterpolster und begann dann damit, ihre schwarze Kleidung abzulegen, wobei sie so tat, als sei es ihr egal, ob Carcolf ihr dabei zusah oder nicht. Aber sie stellte mit einer gewissen Befriedigung fest, dass Carcolf erst wieder sprach, als sie sich in einen sauberen Morgenmantel gehüllt hatte, und dass ihre Stimme dabei immer noch ein wenig heiser klang.

»Und?«

»Und was?«

»Zwar habe ich schon immer davon geträumt, einer Weißen Schwester beim Ausziehen zuzusehen, aber ich habe mich doch gefragt, ob du dieses Ding …«

Schev warf ihr das Päckchen zu, und Carcolf fing es geschickt auf.

»Ich wusste, dass ich mich auf dich würde verlassen können.« Carcolf war ein wenig benommen vor Erleichterung und außerdem auch etwas hibbelig vor Begehren. Sie hatte schon immer eine Schwäche für gefährliche Frauen gehabt.

Verdammte Scheiße, sie wurde tatsächlich immer mehr wie ihr Vater …

»Du hattest recht«, sagte Schev, die sich in den Sessel fallen ließ, aus dem sie Carcolf gerade aufgeschreckt hatte. »Pombrine hatte es.«

»Hab ich es doch gewusst! Diese Schleimbacke! Es ist heute so schwer geworden, einen guten, entbehrlichen Köder zu finden.«

»Ja, man möchte meinen, es sei niemandem mehr zu trauen.«

»Aber egal. Ist ja nichts passiert, oder?« Damit hob Carcolf ihr Hemd und schob das Paket mit größter Sorgfalt in die obere der beiden Geldkatzen, die sie sich um den Bauch geschlungen hatte.

Nun war Schev an der Reihe, sie zu beobachten, wobei sie natürlich so tat, als täte sie das nicht, und sich demonstrativ ein Glas Wein einschenkte. »Was ist denn drin in diesem Päckchen?«, fragte sie wie nebenbei.

»Es ist sicherer, wenn ich dir das nicht erzähle.«

»Du hast keine Ahnung, stimmt's?«

»Ich habe die Anweisung, nicht hineinzusehen«, musste Carcolf zugeben.

»Hast du dich nie gefragt, was es ist? Ich meine, je öfter man mir sagt, ich soll nicht gucken, desto neugieriger werde ich in der Regel.« Schev beugte sich leicht vor, und ihre dunklen Augen schimmerten auf ausgesprochen bezaubernde Weise, sodass Çarcolfs Kopf ganz kurz von dem Bild erfüllt war, wie sie beide lachend über den Teppich kugelten, während sie das Päckchen gemeinsam aufrissen.

Mit etwas Anstrengung löste sie sich von dieser kleinen Phantasie. »Als Diebin kann man sich darüber Gedanken machen. Als Kurierin nicht.«

»Könntest du vielleicht noch ein bisschen aufgeblasener daherreden?«

»Wenn ich mir Mühe gebe, vielleicht.«

Schev schlürfte ihren Wein. »Na gut, ist ja dein Päckchen.«

»Nein, ist es nicht. Genau das ist der Grund.«

»Ich glaube, du warst mir lieber, als du noch eine Verbrecherin warst.«

»Lüg doch nicht. Du würdest es genießen, mich zu korrumpieren.«

»Das ist wohl wahr.« Schev ließ sich tiefer in den Sessel sinken, wobei ihre langen, braunen Beine unter dem Saum ihres Morgenmantels hervorsahen. »Wieso bleibst du nicht noch ein bisschen?« Ihr tastender Fuß fand Carcolfs Knöchel, glitt sanft an der Innenseite ihres Beins empor, wieder runter, wieder rauf. »Und lässt dich korrumpieren?«

Carcolf holte beinahe schmerzhaft tief Luft. »Verdammt, nichts täte ich lieber.« Es überraschte sie selbst, wie tief dieses Gefühl war, und es schnürte ihr beinahe die Kehle zu. Für einen winzigen Moment hätte sie das Päckchen am liebsten aus dem Fenster geworfen, sich vor den Sessel gekniet, Schevs Hand genommen und ihr all die Geschichten aus der Zeit erzählt, als sie noch ein kleines Mädchen gewesen war. Aber der Moment ging schnell vorüber. Dann war sie wieder Carcolf, und sie trat geschmeidig beiseite und ließ Schevs Fuß auf die Dielenbretter zurückfallen. »Aber du weißt, wie das in meinem Geschäft so ist. Ich muss mit der Ebbe auslaufen.« Damit nahm sie ihren neuen Mantel und wandte sich beim Anziehen ab, um schnell jede Spur von Tränen wegzublinzeln.

»Du solltest mal Urlaub machen.«

»Das sage ich mir bei jedem Auftrag, und jedes Mal, wenn er vorüber ist, merke ich, dass ich ... unruhig werde.« Carcolf seufzte, als sie die Knöpfe schloss. »Ich bin einfach nicht fürs Stillsitzen gemacht.«

»Hm.«

»Tu doch nicht so, als sei das bei dir anders.«

»Tu ich nicht. Aber ich habe selbst über eine Luftveränderung nachgedacht. Adua vielleicht, oder wieder zurück in den Süden ...«

»Mir wäre es lieber, wenn du hier bliebest«, hörte Carcolf sich selbst sagen, und dann versuchte sie, diesem Satz mit einer lockeren Handbewegung die Schwere zu nehmen. »Wer sonst würde mich aus Schwierigkeiten befreien, wenn ich hier unterwegs bin? Du bist die Einzige in der ganzen verdammten Stadt, der ich vertraue.« Das war natürlich eine glatte Lüge, sie vertraute Schev nicht im Geringsten. Eine gute Kurierin vertraut niemandem, und Carcolf war die beste. Aber sie fühlte sich mit Lügen wesentlich wohler als mit der Wahrheit.

An Schevs Lächeln konnte sie ablesen, dass die genau verstand, wie es sich verhielt. »Wie nett.« Sie packte Carcolf am Handgelenk, als sie sich zum Gehen wandte. »Mein Geld?«

»Wie dumm von mir.« Carcolf reichte ihr eine Börse.

Ohne überhaupt nur hineinzusehen, sagte Schev: »Und auch den Rest.«

Carcolf seufzte erneut und warf die zweite Börse aufs Bett, und das Gold glänzte im Lampenschein, als sich die Münzen über das weiße Laken ergossen. »Du wärst doch enttäuscht gewesen, wenn ich das nicht versucht hätte.«

»Deine Rücksicht auf meine zarten Gefühle ist wirklich

rührend. Wir sehen uns wahrscheinlich, wenn du das nächste Mal hier bist?«, fragte Schev, als Carcolf die Hand auf den Riegel legte.

»Ich zähle die Augenblicke bis dahin.«

Jetzt gerade hätte sie alles für einen Kuss gegeben, aber sie war sich nicht sicher, ob sie ihrer Standfestigkeit so weit trauen konnte, dass es bei einem blieb, und so sehr sie der Abschied auch schmerzte, beließ sie es bei einer Kusshand und zog die Tür hinter sich zu. Dann glitt sie schnell über den schattenumlagerten Innenhof und durch das schwere Tor auf die Straße, und sie hoffte, dass es eine Weile dauern würde, bis Schevedieh die Münzen in der ersten Börse genauer in Augenschein nahm. Vielleicht wartete deswegen wieder eine kosmische Bestrafung auf sie, aber allein, wenn sie an das Gesicht dachte, das Schevedieh machen würde, hatte sich diese Sache gelohnt.

Der Tag war eine verdammte Katastrophe gewesen, aber im Nachhinein überlegte sie, dass es noch wesentlich schlimmer hätte kommen können. Noch hatte sie reichlich Zeit, um es zum Schiff zu schaffen und die Ebbe zum Auslaufen zu nutzen. Carcolf schlug die Kapuze über den Kopf, verzog leicht das Gesicht, weil die frisch genähte Wunde schmerzte, und weil sie dieses unerklärliche Geschwür störte, und weil die verfluchte Hosennaht noch immer zwickte, dann schritt sie hinaus in die neblige Nacht, nicht zu schnell, nicht zu langsam und völlig unauffällig.

Verdammt, sie hasste Sipani.

ERSCHUF EIN UNGEHEUER

Carleon, Sommer 570

»Was bedeutet Frieden, Vater?«

Bethod blinzelte, als er zu seinem älteren Sohn hinunterblickte. Elf Jahre war Scale inzwischen, und in seinem jungen Leben hatte er bislang keinen Frieden kennengelernt. Ganz kurz vielleicht mal. Kleine Augenblicke hinter einem Nebel aus Blut. Während er um eine Antwort rang, wurde Bethod klar, dass er sich selbst kaum noch daran erinnerte, wie Frieden sich angefühlt hatte.

Wie lange lebte er nun schon in Angst?

Er kniete sich vor Scale hin und dachte an seinen eigenen Vater, wie der vor ihm hockte, von Krankheit gezeichnet und vorzeitig gealtert. »Manche Menschen zerstören Dinge einfach deshalb, weil es in ihrer Macht liegt«, hatte der damals geflüstert. »Aber Krieg muss für einen Anführer stets das letzte Mittel bleiben. Wenn du einen Krieg führst, hast du schon verloren.«

Trotz all seiner Siege, obwohl er sich gegen alle Widrigkeiten durchgesetzt und seine Feinde stets wieder hatte zu Schlamm werden lassen, trotz all der kassierten Lösegelder und der besetzten Landstriche hatte Bethod schon seit Jahren verloren. Das erkannte er jetzt.

»Frieden«, sagte er, »ist dann, wenn die Fehden beendet sind, wenn alle Blutschuld bezahlt ist und wenn alle mit der

Lage der Dinge zufrieden sind. Mehr oder weniger zumindest. Frieden ist dann … wenn niemand mehr kämpft.«

Scale dachte mit gefurchter Stirn darüber nach. Bethod liebte ihn, natürlich, aber selbst er musste zugeben, dass der Junge nicht der Schnellste war. »Und … wer gewinnt dann?«

»Alle«, sagte Calder.

Bethod hob die Augenbrauen. Sein jüngerer Sohn war so blitzgescheit, wie der ältere langsam war. »Das ist richtig. Frieden heißt, dass jeder gewinnt.«

»Aber Rasselkopf hat geschworen, dass es keinen Frieden geben wird, bevor du nicht tot bist«, sagte Scale.

»Das hat er. Rasselkopf gehört allerdings zu den Männern, die schnell bereit sind, einen Eid zu schwören. Im Laufe der Zeit mag er einsehen, dass er voreilig gehandelt hat. Besonders, da ich seinen Sohn habe, der hier im Keller in Ketten liegt.«

»*Du* hast ihn?«, hakte Ursi in scharfem Ton nach. Sie bürstete sich in der Ecke des Raumes ihr Haar und hielt dabei kurz inne, um ihm einen langen Blick zuzuwerfen. »Ich dachte, er sei Neunfingers Gefangener?«

»Neunfinger wird ihn mir überlassen.« Bethod erklärte das seiner Frau so bestimmt, als sei es mit einem einfachen Fingerschnippen zu bewerkstelligen und keine Herausforderung, für die er seinen ganzen Mut zusammennehmen musste. Was war er nur für ein Häuptling, dass er sich davor fürchtete, seinen eigenen Kämpen um einen Gefallen zu bitten?

»Befiehl es ihm.« Es waren die Worte eines Mannes, die seltsam klangen, weil Calders hohe Kinderstimme sie aussprach. »Zwinge ihn dazu.«

»Ich kann es ihm nicht befehlen. Rasselkopfs Sohn ist Neunfingers Gefangener. Er wurde in der Schlacht ergriffen, und Namhafte Männer haben ihre Regeln.« Ganz davon abgesehen, dass Bethod keine Ahnung hatte, ob Neunfinger ihm gehorchen würde, oder was er tun wollte, wenn er sich weigerte.

Bei dem Gedanken, das herausfinden zu müssen, packte ihn das Grauen. »Es gibt Regeln.«

»Regeln sind für jene, die anderen folgen«, sagte Calder.

»Alle müssen sich an Regeln halten, gerade jene, die andere führen. Ohne Regeln steht jeder Mensch allein da und besitzt nicht mehr als das, was er der Welt mit einer Hand entreißen und mit der anderen festhalten kann. Chaos.«

Calder nickte. »Das verstehe ich.« Und Bethod wusste, dass das stimmte. Sie waren sich so wenig ähnlich, seine beiden Söhne. Scale war stämmig, blond und ruppig. Calder war schlank, dunkel und verschlagen. Sie glichen ihren Müttern so sehr, dass Bethod sich manchmal fragte, ob überhaupt irgendetwas von ihm in den beiden steckte.

»Was machen wir im Frieden?«, fragte Scale.

»Wir bauen.« Mit einem Lächeln dachte Bethod an die Pläne, die er in Gedanken schon so oft hin und her bewegt hatte, dass er sie vor sich sah, als seien sie schon wahr geworden. »Wir werden die Männer zurück nach Hause schicken, zurück zu ihrer Arbeit, zurück zu ihren Familien, damit sie noch die Ernte einbringen können. Und dann fordern wir von ihnen Steuern.«

»Steuern?«

»Das ist so eine Erfindung aus dem Süden«, erklärte Calder. »Geld.«

»Jeder Mann gibt seinem Häuptling etwas von dem, was er besitzt«, führte Bethod weiter aus. »Und wir nutzen dieses Geld, um Wälder zu roden, Stollen auszuheben und Mauern um unsere Städte zu ziehen. Und dann werden wir eine große Straße von Carleon nach Uffrith bauen.«

»Eine Straße?«, brummte Scale, der in einem Band festgestampfter Erde wenig Ruhmreiches zu erkennen vermochte.

»Darauf kommen Männer zweimal so schnell vorwärts wie sonst«, fuhr ihn Calder an, der allmählich die Geduld verlor.

»Krieger?«, fragte Scale nun hoffnungsvoll.

»Wenn es sein muss, auch Krieger«, antwortete Bethod. »Aber auch Karren und Waren, Vieh und Nachrichten.« Er deutete aus dem Fenster, das hell im Dämmerlicht hervortrat, als ob es ihnen allen den Blick in eine bessere Zukunft gewährte. »Diese Straße wird das Rückgrat der Nation sein, die wir erschaffen. Diese Straße wird den Norden zusammenschweißen. Ich mag ja einige Schlachten gewonnen haben, aber es wird diese Straße sein, wegen der sich die Leute an mich erinnern werden. Diese Straße wird die Welt verändern.«

»Wie kann man die Welt mit einer Straße verändern?«, fragte Scale.

»Du bist ein Idiot«, sagte Calder.

Scale versetzte ihm einen Schlag gegen den Kopf, der ihn umwarf, um zweifelsfrei aufzuzeigen, wo die Grenzen großer Schläue lagen. Bethod hörte, wie Ursi die Luft einzog, daher verpasste er Scale einen ganz ähnlichen Klaps, der seinen Ältesten auf die Bretter schickte, um ihm aufzuzeigen, wo die Grenzen brutaler Kraft lagen. Ein hässliches Muster, das unter den vier Familienmitgliedern öfter mal durchgespielt wurde.

»Aufstehen, alle beide«, fuhr Bethod seine Söhne an.

Calder warf seinem Bruder einen finsteren Blick zu und rappelte sich auf, eine Hand gegen den blutigen Mund gepresst, während Scale, der sich den eigenen Kopf hielt, ebenso finster zurückguckte. Bethod packte sie beide am Arm und zog sie mit einem Griff an sich, dem kein Widerstand entgegenzusetzen war.

»Wir sind eine Familie«, sagte er. »Wenn wir nicht immer für einander da sind, wer steht dann für uns ein? Scale, du wirst eines Tages Häuptling sein. Du musst lernen, dein Temperament im Zaum zu halten. Calder, du wirst eines Tages die rechte Hand deines Bruders sein, sein oberster Würdenträger und sein vertrautester Berater. Du musst lernen, deine Zunge im Zaum zu halten. Ihr beide zusammen habt all meine besten Eigenschaften und noch viel mehr. Ihr beide zusammen könntet unseren Clan zum größten im ganzen Norden machen. Allein seid ihr gar nichts. Denkt immer daran.«

»Ja, Vater«, murmelte Calder.

»Ja, Vater«, brummte Scale.

»Jetzt geht, und wenn ich noch mehr Kampfeslärm höre, dann hoffentlich deswegen, weil ihr gemeinsam jemanden verprügelt.« Er stand da, die Hände in die Hüften gestemmt, und sah ihnen nach, während sie, sich gegenseitig schubsend, in den Flur stolperten, bis die Tür hinter ihnen zufiel. »Ich kann kaum Frieden zwischen meinen Söhnen stiften«, murmelte er und schüttelte den Kopf. »Wie soll mir das zwischen den großen Anführern des Nordens gelingen?«

»Man sollte darauf hoffen, dass die Anführer des Nordens sich mehr wie erwachsene Männer benehmen«, sagte Ursi, deren Kleidersaum zischend über den Boden strich, als sie hinter ihn trat und mit den Händen zart über seine Rippen fuhr.

Bethod schnaubte und drückte ihre Arme sanft gegen sein Herz. »Ich fürchte, da hoffen wir vergebens. Im Norden liebt man die großen Krieger, und große Krieger sind selten gute Anführer. Männer ohne Angst sind Männer ohne Vorstellungskraft – Männer, die ihren Kopf dazu benutzen, um damit durch die Wand zu gehen, und nicht, um nachzudenken. Sie feiern hier niederträchtige, stolze, zornige Männer, und die kindischsten aus dem ganzen Haufen wählen sie zu Anführern.«

»In dir haben sie einen anderen Anführer gefunden.«

»Ich habe dafür gesorgt, dass sie zuhörten. Und ich werde auch Rasselkopf dazu bringen, dass er mir zuhört. Ebenso wie Neunfinger.« Bethod fragte sich allerdings, wen er mit diesen Worten überzeugen wollte – seine Frau oder vielmehr sich selbst. »Manchmal ist er für Vernunft durchaus empfänglich.«

»Früher einmal vielleicht.« Ursis Atem kitzelte seinen Hals,

als sie ihm leise ins Ohr raunte. »Aber Neunfinger ist im Blutrausch. Im Mordrausch. Mit jedem neuen Tag ist er weniger dein Freund, weniger vertrauenswürdig, weniger ein Mensch und immer mehr ein Tier. Mit jedem neuen Tag ist er weniger Logen und mehr der Blutige Neuner.«

Bethod verzog gequält das Gesicht. Er wusste, dass ihre Einschätzung richtig war. »An manchen Tagen ist er ganz ruhig.«

»Und an den anderen? Letzte Woche hat er einen ganzen Pferch Schafe niedergemetzelt, wusstest du das?«

Bethods verzerrte Miene wurde zu einer Grimasse. »Habe ich gehört.«

»Weil ihm ihr Blöken auf die Nerven ging, hat er gesagt. Er hat sie mit bloßen Händen getötet, eines nach dem anderen, und das tat er so ruhig und gelassen, dass die anderen Tiere nicht einmal in Panik gerieten.«

»Ja, habe ich gehört.«

»Und als die Schäferhündin bellte, hat er ihr den Kopf eingeschlagen. Später fand man ihn zwischen den toten Tieren, fest schlafend und schnarchend. Er ist aus Tod gemacht, und überall dort, wohin er geht, bringt er den Tod mit sich. Er macht mir Angst.«

Bethod drehte sich in ihrer Umarmung um und blickte zu ihr hinab, dann legte er ihr sanft eine Hand auf die Wange. »Du musst keine Angst haben. Niemals. Du nicht.« Aber die Toten wussten, wie oft er selbst sich fürchtete. Wie lange war das nun schon so?

Sie legte ihre Hand auf seine. »Ich habe keine Angst vor ihm. Ich habe Angst vor dem Ärger, den er dir machen könnte. Den er dir machen *wird*.« Ihre Stimme senkte sich zu einem Flüstern, als sie ihm in die Augen sah. »Du weißt, dass ich recht habe. Was ist, wenn du wirklich einen Frieden zustande bringst? Neunfinger ist kein Schwert, das du über den Kamin hängen und von dem du nach dem Abendessen schöne Geschichten erzählen kannst. Er ist der Blutige Neuner. Wenn du keine Kämpfe mehr für ihn hast, glaubst du, er wird dann aufhören? Nein. Er wird sich selbst welche suchen und mit demjenigen Streit anfangen, der ihm gerade am nächsten steht. So ist er nun mal. Früher oder später wird er sich auch gegen dich wenden.«

»Aber ich stehe in seiner Schuld«, murmelte er. »Ohne ihn hätten wir nie …«

»Der Große Gleichmacher zahlt alle Schulden«, sagte sie.

»Es gibt Regeln.« Aber seine Stimme war jetzt schwach, so schwach, dass er sich kaum dem Blick ihrer dunklen Augen stellen konnte.

»Das kannst du von mir aus den Kindern erzählen«, flüsterte sie. »Aber wir wissen es besser. Es gibt nur Einschätzungen – darüber, was besser und was schlechter ist.«

»Ich werde mit ihm reden«, sagte er wieder und hörte, wie kraftlos das selbst in seinen eigenen Ohren klang. Dann löste er sich von ihr und ging zum Fenster. »Er wird Rasselkopfs Sohn aufgeben. Das wird er einsehen. Das *muss* er.« Er stützte die Fäuste aufs Fensterbrett und ließ den Kopf hängen. »Bei den Toten, ich bin es so sehr leid. Dieses ganze Blut.«

Wieder trat sie nahe zu ihm, massierte seine Schulter und seinen Nacken, und er seufzte unter ihrer Berührung. »Du hast dieses ganze Blut nie gewollt.«

Darüber musste er lachen, aber es lag nichts Freudiges darin. »Doch, das habe ich. Ich habe es verlangt. Nicht so viel; ich hätte nie gedacht, dass es so viel werden könnte, aber das ist nun mal das Problem mit diesem angeblich ganz besond'ren Saft. Wunden werden so leicht geschlagen und sind so schwer zu heilen. Und ich habe sie gern geschlagen. Ich brauchte einen Mann, der für mich kämpft. Ich brauchte einen Mann, der vor nichts zurückschreckt. Ich brauchte ein Ungeheuer.«

»Und du hast eins gefunden.«

»Nein«, flüsterte er und schüttelte ihre Hand ab, »Ich habe eines erschaffen.«

Es war einer dieser Tage ganz am Anfang des Sommers, wenn die warme Sonne die Menschen wie ein schlauer General nach draußen lockt, um sie dann mit einem unverhofften Guss von enormer Gewalt zu überraschen. Aus den Traufen der Strohdächer leckten die Tropfen des letzten Regens, der Hof der Feste hatte sich in Matsch verwandelt und war mit schimmernden Pfützen übersät.

»Ein schlechter Tag für einen Angriff«, sagte Kropf, der wachsam über Bethods Schulter blickte, die Hand locker am Knauf seines Schwertes. »Ein guter Tag, um eine gute Stellung zu halten.«

»Es gibt keine schlechten Tage, um gute Stellungen zu halten«, sagte Bethod, der mit schmatzenden Schritten über den Hof ging und sich vergeblich bemühte, dabei einigermaßen auf festem Boden zu bleiben.

»Ein guter Anführer hält seine Stellung, wann immer er kann, denk ich mal. Überlässt die Angriffe den weniger vorsichtigen Leuten.«

»Das ist wohl so«, sagte Bethod. »Wie gut ist denn meine Stellung, was meinst du?«

Kropf kratzte sich den braunen Bart. »Kann ich nicht beurteilen, Häuptling.«

Draußen vor den Toren lagerte ein Viertel von Bethods Heer. Männer saßen in kleinen Grüppchen vor ihren Zelten, kochten und tranken, kratzten an verschorften Wunden und würfelten um die in der gestrigen Schlacht erbeuteten Trophäen, lagen in der Sonne. Wenn er an ihnen vorüberging, nahmen sie ihre schartigen Waffen, um gegen die zerbeulten Schilde zu schlagen, und stießen bewunderndes Gebrüll aus.

»Der Häuptling! Es ist der Häuptling!«

»Bethod!«

»Noch ein Sieg!«

Er fragte sich, wie lange sie ihn noch so feiern würden, wenn sie weiterkämpften und die Siege ausblieben. Nicht lange, nahm er an. Bei dem Gedanken schüttelte er den Kopf. Bei den Toten, gab es denn keinen Erfolg, in dem er nicht gleichzeitig ein Scheitern sah?

Logens Zelt stand etwas abseits von den anderen. Ob er sich selbst dazu entschieden hatte, oder ob er seinen Platz als Erster gewählt hatte und dann alle anderen vorsichtig Abstand von ihm hielten, war schwer zu sagen. Jedenfalls stand es allein für sich. Von draußen war ihm nicht anzusehen, dass es dem gefürchtetsten Mann im ganzen Norden gehörte. Es war ein großes, formloses, fleckiges Konstrukt aus schimmliger Leinwand, die sich im leichten Wind blähte.

Der Hundsmann saß an einem erloschenen Feuer in der Nähe der Zelttür, die leise hin und her schlug, und schnitt Federn für die Befiederung von Pfeilschäften zurecht. Saß so treu da wie ein Hund vor der Tür seines Herrn. Bethod konnte durchaus noch Mitleid empfinden, egal, was die Leute sagten, und in diesem Augenblick tat er das. Er selbst mochte ja auch an Neunfinger gebunden sein, das schon, aber auf keinen Fall so eng wie dieser arme Teufel.

»Wo ist denn der Rest von dem Treibgut?«, fragte Bethod.

»Dreibaum ist mit ihnen auf Kundschaftertour«, sagte der Hundsmann.

»Er hat sie also irgendwo hingebracht, wo sie sich ihrer Schande nicht stellen müssen, meinst du wohl.«

Der Hundsmann sah kurz auf und wirkte ganz und gar nicht ehrfürchtig. »Vielleicht, Häuptling. Wir alle müssen uns für irgendetwas schämen, denk ich mal.«

»Warte hier«, knurrte Bethod an Kropf gewandt und wünschte sich, er könnte ebenfalls hier draußen stehen bleiben, aber dann streckte er doch die Hand nach der Zelttür aus.

»Ich würde da jetzt nicht reingehen«, sagte der Hundsmann und machte Anstalten aufzustehen.

»Musst du ja auch nicht«, fuhr Bethod ihn an, der den Gedanken nicht ertrug, später noch einmal allen Mut zusammen nehmen zu müssen, um sich mit schmatzenden Stiefeln hierher auf den Weg zu machen und sich dieser Begegnung zu stellen. Er war der Herr, und so wollte er auch auftreten. Und daher schlug er die Leinwand zurück und brüllte: »Neunfinger!«

Es dauerte einen Augenblick, bis sich seine Augen an die muffige Dunkelheit gewöhnt hatten. Einen Augenblick, in dem er den scharfen Gestank ungewaschener Körper wahrnahm und hörte, wie etwas raschelte und schnaufte und bloße Haut aufeinander klatschte.

Dann sah er Neunfinger, der nackt auf einem kahlen, alten Tierfell kniete, die Rückenmuskeln angespannt und den Kopf leicht zurückgewandt, sodass er über seine steinplattenbreite Schulter spähen konnte. Auf seiner Wange prangte eine neue Narbe, die schwarz zwischen einer Spur unordentlicher Stiche glänzte. Seine Augen waren weit aufgerissen, die Zähne tiergleich gefletscht, und ganz kurz glaubte Bethod, er würde ihn voller Mordlust anspringen.

Dann verzog sich sein frischvernarbtes Gesicht zu einem fröhlichen Lächeln. »Na also, rein oder raus, Häuptling, aber steh da nicht in der Tür rum, es wird nämlich ganz schön frisch an meinem Arsch.«

Jetzt sah Bethod auch die Frau, die unter Neunfinger kniete, und deren fettiges Haar und verschwitztes Gesicht vom harten Tageslicht beschienen wurden.

Es gab tausend Gründe, aus denen Bethod jetzt am liebsten wieder gegangen wäre. Aber Rasselkopf war zu ihnen unterwegs. Er musste es hinter sich bringen, und zwar jetzt.

»Raus mit dir«, sagte Bethod zu der Frau. Anstatt sich seinem Befehl sofort zu fügen, drehte sie sich erst ein wenig, um zu sehen, was Neunfinger dazu meinte.

Der zuckte die Achseln. »Du hast gehört, was der Häuptling gesagt hat.«

Bethod mochte Häuptling von Carleon und Häuptling von Uffrith sein, er mochte zwei Dutzend Schlachten gewonnen haben und als größter Kriegsfrüher seit Skarling Ohnekapp gelten. Aber Neunfinger-Logen hatte in den vergangenen Jahren eine Aura der Angst um sich herum geschaffen. Eine Aura des Todes. Wie Schama Ohnherz sie früher gehabt hatte, nur härter, und mit jedem gewonnenen Zweikampf und jedem getöteten Mann wurde sie schwärzer.

Soweit seine Hand reichte, hatte Neunfinger das Sagen.

Die Frau rappelte sich auf und hastete an Bethod vorbei, schnappte sich im Laufen ihre Sachen und machte sich nicht einmal die Mühe, sie anzuziehen, bevor sie das Zelt verließ. Die Toten mochten wissen, wie erleichtert sie war. Bethod musste nur mit Neunfinger reden und hatte schon das Gefühl, dass ihn seine Gedärme im Stich lassen wollten. Wie sich das anfühlen mochte, von ihm gefickt zu werden, wollte er sich gar nicht erst vorstellen. Er warf einen letzten, sehnsüchtigen Blick zum Tageslicht draußen, dann ließ er die Zelttür zufallen und schloss sich ein in der Dunkelheit mit seinem alten Freund. Seinem alten Feind.

Neunfinger hatte sich jetzt auf den speckigen Fellen auf den Rücken gedreht, so unbekümmert, als wäre er ganz allein, und streckte Arme und Beine weit von sich; sein halbsteifer Schwanz lümmelte seitlich an einem Bein.

»Geht doch nichts über einen Fick am Nachmittag, was?«, fragte er, ans Zeltdach gewandt.

»Was?« Bethod war einmal stolz darauf gewesen, dass er sich niemals überrumpeln ließ. Inzwischen aber schien ihn beinahe jede Bemerkung Neunfingers aus dem Gleichgewicht zu bringen.

»Ein Fick.« Neunfinger stützte sich auf einen Ellenbogen. »Hast du schon gefickt, Häuptling?«

»Ich habe Pläne geschmiedet.«

Neunfinger rümpfte die Nase. »Also, es riecht nach Ficken.«

»Das bist du.«

»Ah.« Neunfinger schnupperte an seiner Achselhöhle und hob zustimmend eine vernarbte Braue. »Also, du solltest aber ficken. Am Nachmittag. Oder egal wann. Du siehst besorgt aus.«

»Ich bin besorgt, weil der halbe Norden meinen Tod will.«

Logen grinste. »Meinen Tod will der ganze Norden. Guck ich deswegen vielleicht so zerknittert? Wenn man eins von Logen Neunfinger sagen kann, dann das – er betrachtet die Dinge immer von der Sonnenseite.« Bethod knirschte mit den Zähnen. Wenn er diesen blöden Spruch noch einmal hören musste, würde er ausrasten. »Deine Frau sah auch besorgt aus, als ich sie neulich gesehen habe. War das gestern? Oder vorgestern? Eine Ehe taugt nichts ohne Ficken, oder? Das ist doch Sinn und Zweck der ganzen Übung.«

Bethod wusste nicht so recht, was er sagen sollte. Der Geruch in dem Zelt raubte ihm fast den Verstand. »Willst du mir was über die Ehe beibringen? Du?«

»Weisheit ist doch Weisheit, egal, woher sie stammt, oder? Ich meine, wenn es ums Ficken oder Kämpfen geht, dann bin ich bestimmt eher ein Kämpfer. Wenn man eins von Logen Neunfinger sagen kann, dann das – er ist ein Kämpfer, aber ein Fick beruhigt all die …«

»Rasselkopf ist im Anmarsch«, sagte Bethod.

»Er kommt hierher?«

»Ja.«

Neunfinger runzelte die Stirn. »Dann sollte ich mir vielleicht was überziehen.«

»Wäre eine Idee.«

Aber leider tat er das nicht. Stattdessen zog er die Knie bis unter sein Kinn, dann sprang er mit schlangengleicher Geschwindigkeit in einem Satz hoch, richtete sich zu voller Größe auf, streckte die Arme und bewegte die Finger. Die neun Finger und den Stumpf jedenfalls.

Bethod schluckte. Der Drecksack wurde immer größer, das hätte er schwören mögen. Bethod selbst war schon nicht klein, aber Neunfinger überragte ihn um einen halben Kopf und schien nur aus verdrehten Narben, Muskeln und Sehnen wie Baumwurzeln zu bestehen, wie eine Maschine, die zum Töten gemacht war, ohne dass die Konstrukteure ihrem Aussehen besonders viel Beachtung geschenkt hatten. Schon allein in seiner Haltung lag nur Stolz und Hass und Verachtung für die ganze Welt und alle, die in ihr lebten. Diese Verachtung erstreckte sich auch auf Bethod, der sein Häuptling war.

Wieder fragte sich Bethod, ob er wirklich tun sollte, was Ursi wollte. Neunfinger töten. Das hatte er sich seit Heonan gefragt, als Logen auf die Klippen gestiegen war und entgegen seinen Befehlen das Blut der Bergmenschen vergossen hatte. Während die kurzsichtigen Narren die Kühnheit seines Kämpen beklatschten und schlechte Lieder über seine Kampfkraft erdachten, machte Bethod sich Gedanken darüber, wie man den blutrünstigen Narren umbringen konnte. Wen er dazu aussenden konnte, und wann. Ein Messer in der Nacht, das konnte doch nicht so schwer sein? Einen tollwütigen Hund sollte man töten, bevor er seinen Herrn in die Hand biss. Oder vielleicht dem Herrn den Kopf abriss.

Und dennoch … und dennoch … sie waren Freunde, oder nicht? Bethod stand in seiner Schuld, war es nicht so? Es gab doch Regeln, oder? Ein Mann sollte zu seinen Verpflichtungen stehen, hatte sein Vater immer gesagt.

Und dann waren da noch die Zweifel, die in Bethods Hinterkopf herumspukten. Was, wenn etwas schiefging? Was, wenn der Blutige Neuner überlebte und auf ihn losging?

»Dann kommt Rasselkopf also?« Neunfinger schlenderte zu einem Tisch, der aus einer alten Tür gemacht worden war, während seine Nüsse bei jedem Schritt gegen seine nackten Schenkel schlenkerten. »Was will der alte Drecksack denn?«

»Ich habe ihn gebeten zu kommen.«

Neunfinger hatte die Hand halb zum Tisch ausgestreckt und hielt nun mitten in der Bewegung inne. »Hast du?« Auf der Türplatte standen ein Weinkrug und einige Becher. Und dort im vernarbten Holz steckte auch ein riesiges Messer, fast schon groß genug, um als Schwert durchzugehen, und ragte direkt vor Logens ausgestreckten drei Fingerspitzen auf, während die Klinge in den schmalen Tageslichtstreifen, die ins Zelt hineinleckten, kalt schimmerte.

Nun wurde Bethod klar, dass sich in diesem Zelt mindestens ebenso viele Waffen befanden wie in einer durchschnittlichen Waffenkammer. Auf dem Boden lag ein Schwert in seiner Scheide mit verdrehtem Gurt, und darüber ein blankes. Direkt daneben lehnte eine Axt, deren schweres Blatt voller brauner Flecken war – Rost, hoffte Bethod, fürchtete aber, dass es sich eher um etwas anderes handelte. Es lag ein Schild herum, der so zerfurcht und eingebeult und von Scharten durchzogen war, dass man unmöglich hätte sagen können, welche Zeichnung ihn einmal geziert hatte. Und Messer. Messer waren überall, ihre Klingen und Knäufe blinzelten überall verräterisch zwischen den Pelzen hervor, sie steckten in den Zeltpfosten oder waren bis ans Heft in den Boden gerammt. Man kann nie zu viele Messer haben, das sagte Neunfinger ja auch ständig.

Bethod fragte sich, wie viele Menschen er getötet hatte. Fragte sich, ob das überhaupt noch irgendjemand beziffern konnte. Namhafte Männer, Kämpen, berühmte Krieger, Hörige, Schanka – oder hießen die Shanka? – sowie Bauern, Frauen und Kinder. Allen atmenden Geschöpfen hatte er schon den Atem ausgetrieben. Es würde ihm nichts ausmachen, Bethod zu töten. Jeden Augenblick, den sie beieinander standen, war ein Augenblick, in dem sich Logen bewusst dagegen entschied. Und wieder fühlte Bethod, wie er das wohl zehnmal an jedem Tag tat, wie schwach dieses Ding war, das man Macht nannte. Was für eine fadenscheinige Illusion. Eine Lüge, die aus unbekanntem Grund allgemein als Wahrheit betrachtet wurde. Und die Klinge, die dort in der Tischplatte steckte, konnte diese Macht mit einem Schlag zerstören – seine Macht, Bethod selbst und alles, wofür er gearbeitet hatte. Alles, was er seinen Söhnen hinterlassen wollte.

Neunfinger grinste. Es war ein wölfisches Grinsen, als hätte er gerade jede Faser von Bethods Autorität hinweggewischt und könnte seine Gedanken lesen. Dann legte er seine drei Finger um den Henkel des Weinkrugs. »Willst du, dass ich ihn umbringe?«

»Rasselkopf?«

»Joh.«

»Nein.«

»Oh.« Neunfinger sah ein wenig enttäuscht aus, kippte dann aber Wein in einen Becher. »Na gut.«

»Ich will mit ihm Frieden schließen.«

»Frieden, sagst du?« Neunfinger hielt inne, den Becher schon halb am Mund. »Frieden?« Er ließ sich das Wort auf der Zunge zergehen, als sei es ein seltsames, unbekanntes Gericht. Als sei es ein Wort aus einer fremden Sprache. »Warum?«

Bethod blinzelte. »Was meinst du damit, warum?«

»Ich kann das Arschloch erledigen, Häuptling, das kannst du mir glauben! Ich mache den fertig, das geht *so*.« Der Becher zersprang in seiner Hand, und Wein und Tonscherben spritzten und flogen über die Felle, die auf dem Zeltboden ausgebreitet waren. Neunfinger betrachtete blinzelnd die blutende Faust, als hätte er keine Ahnung, wie das gerade passiert war. »Uh. Scheiße.« Er sah sich nach etwas um, mit dem er das Blut hätte abwischen können, gab dann auf und nutzte die eigene Brust.

Bethod trat ihm entgegen. Die Toten wussten, wie sehr sich alles in ihm innerlich dagegen sperrte. Die Toten wussten, wie sein Herz klopfte. Aber er trat dennoch auf ihn zu, sah ihm fest in die Augen und sagte: »Du kannst nicht die ganze Welt töten, Logen.«

Neunfinger grinste und nahm einen anderen Becher. »Die Leute wollen mir immer sagen, wen ich alles nicht umbringen darf. Aber starke Männer, schwache Männer, große Namen und kleine Namen, sie alle sterben, wenn man nur tief genug zusticht. Schama Ohnherz, erinnerst du dich an den? Jeder hat gesagt, ich sollte nicht gegen ihn antreten.«

»Ich habe dir gesagt, du solltest das nicht tun.«

»Nur weil du Angst hattest, dass ich verliere. Aber als ich gegen ihn kämpfte, und als dann alles darauf hindeutete, dass ich gewinnen würde ... hast du da vielleicht gesagt, ich sollte aufhören?«

Bethod schluckte. Sein Mund war trocken. An diesen Tag erinnerte er sich nur zu gut. An den Schnee auf den Bäumen, an die Atemwolken über der brüllenden Menge, an das Aufeinanderschlagen von Stahl, und wie er beide Fäuste schmerzhaft fest geballt hielt, während er Neunfinger innerlich anfeuerte. Als er verzweifelt seinen Sieg herbeiwünschte, weil all seine Hoffnungen auf ihm ruhten.

»Nein«, sagte er.

»Nein. Und nachdem ich seine Eingeweide mit seinem eigenen Schwert rausgeholt hatte ... hast du mich da vielleicht aufgehalten?«

»Nein«, sagte Bethod. Er erinnerte sich, wie die Gedärme gedampft hatten, erinnerte sich an den Geruch, erinnerte sich an das gurgelnde Stöhnen, mit dem Schama Ohnherz gestorben war, und an das laute, triumphierende Gebrüll, das aus seiner eigenen Kehle brach. »Ich habe dich angefeuert.«

»Ja. Da hast du nicht nach Frieden gerufen, wenn ich mich recht erinnere. Da hast du …« Neunfingers Augen waren fieberhell, und seine Hände fuhren durch die Luft, als er nach dem richtigen Wort suchte. »Du hast … die *Lust* daran gespürt, nicht wahr! Besser als Liebe. Besser als Ficken. Besser als alles andere. Streite das nicht ab!«

Bethod schluckte. »Ja.« Tatsächlich konnte er diese unbändige Lust noch immer spüren.

»Du hast mir den Weg gezeigt.« Und Neunfinger hob seinen Zeigefinger und tippte ganz leise gegen Bethods Brust. So sanft die Berührung auch war – sie sorgte doch dafür, dass ihm ein kalter Schauer über den ganzen Körper lief. »Du. Und ich bin den Weg gegangen, den du mir gewiesen hast, oder nicht? Egal, wohin er führte. Egal, wie weit oder wie dunkel er war oder wie schlecht die Chancen standen, ich bin deinen Weg gegangen. Jetzt lass mich *dir* den Weg zeigen.«

»Und wohin willst du uns führen?«

Neunfinger hob die Arme und legte den Kopf in den Nacken, das Gesicht zum fleckigen Zeltdach gewandt, das leise in der Brise zappelte. »Zum ganzen Norden! Zur ganzen Welt!«

»Ich will nicht den ganzen Norden. Ich will Frieden.«

»Was bedeutet Frieden?«

»Alles, was du willst.«

»Und was, wenn ich Rasselkopfs Sohn umbringen will?«

Bei den Toten, das war schlimmer als eine Unterhaltung mit Scale. Es war, als spräche man mit einem Kind. Einem entsetzlich gefährlichen Kind, das vierkantig zwischen ihm und allem stand, was er anstrebte. »Hör mir zu, Logen.« Ganz vorsichtig. Ganz geduldig. »Wenn du Rasselkopfs Sohn umbringst, werden die Fehden kein Ende nehmen. Das Blutvergießen wird nie aufhören. Alle im Norden werden gegen uns sein.«

»Was interessiert mich das? Sollen sie doch kommen! Er ist mein Gefangener. Ich habe ihn erwischt, und ich sage, was mit ihm geschieht.« Logens Stimme wurde lauter, wilder, überschlug sich. »Ich sage das! Ich bestimme das!« Dabei stieß er sich einen Finger gegen die Brust, Spucke flog von seinen Zähnen, und seine Augen quollen aus den Höhlen. »Es ist leichter, die Weißflut aufzuhalten als den Blutigen Neuner!«

Bethod stand da und starrte ihn an. Im Blutrausch und im Mordrausch, genau, wie Ursi gesagt hatte. Mit der Selbstsucht eines Kleinkindes, der Wildheit eines Wolfes, der Eitelkeit eines Helden. Konnte das wirklich derselbe Mann sein, den er einst zu seinen engsten Freunden gezählt hatte? An dessen Seite er geritten war, lachend und stundenlang? Sie hatten die Landschaft genau studiert und sich überlegt, wo sie ihr Heer aufstellen würden. Oder wo sie Festungen bauen oder Fallen stellen oder wie sie das Gelände selbst als Waffe nutzen würden. Jetzt erkannte er ihn kaum noch wieder.

Beinahe hätte er ihn gefragt: *Was ist mit dir geschehen?*

Aber Bethod wusste, was geschehen war. Er war ja dabei gewesen, oder nicht? Er hatte den Weg gewiesen, genau, wie Neunfinger gesagt hatte. Er war ein williger Reisegefährte auf dieser Straße gewesen. Er hatte die Ernte eingefahren und dabei gelächelt. Er hatte ein Ungeheuer erschaffen, und jetzt musste er die Dinge wieder geraderücken. Oder es zumindest versuchen. Für sie alle. Für Logen. Für sich selbst.

Er senkte die Stimme und sprach leise und ruhig weiter. Er griff nicht an, aber er wich auch nicht zurück. Er war ein Fels.

»Er ist dein Gefangener. Natürlich ist er das. Und du bestimmst, was mit ihm geschehen soll. Das ist ganz klar. Aber ich bitte dich, Logen. Als dein Häuptling. Als dein Freund. Überlass ihn mir, ich kann ihn gut gebrauchen. Weißt du, was mein Vater immer gesagt hat?«

Logen blinzelte und runzelte die Stirn wie ein boshaftes Kind. Und wie bei einem boshaften Kind gewann auch bei ihm die Neugier die Oberhand. »Was hat er gesagt?«

Bethod versuchte nun, seine gesamte Überzeugungskraft in die nächsten Worte zu legen. So, wie sein Vater das immer getan hatte, bis jedes einzelne Wort so schwer wog wie ein Berg. »Bevor man einen Mann wieder zu Schlamm werden lässt, sollte man sicher sein, dass er einem lebendig nichts mehr nützt. Manche Menschen zerstören Dinge einfach deshalb, weil es in ihrer Macht liegt. Sie sind zu blöd zu erkennen, dass es keinen größeren Machtbeweis gibt als Gnade.«

Neunfinger sah ihn finster an. »Willst du damit sagen, ich sei blöd?«

Bethod blickte in die schwarzen Abgründe seiner Augen, in deren Ecken er eine ganz schwache Spiegelung seines eigenen Gesichts erkennen konnte, und sagte: »Beweise, dass du es nicht bist.«

Nun starrten sie einander an, und eine Ewigkeit schien zu vergehen, und sie standen so nahe beieinander, dass Bethod Neunfingers Atem auf seinem Gesicht spüren konnte. Er wusste nicht, was geschehen würde. Wusste nicht, ob Neunfinger sich darauf einlassen würde, oder ob er ihn an Ort und Stelle umbringen würde. Er wusste gar nichts.

Dann, als hätte man ein stählernes Blatt gebogen und plötzlich losgelassen, verzog sich Logens Mund zu einem Grinsen. »Du hast ja recht. Natürlich hast du recht. Ich mach nur Spaß.« Er gab Bethod mit dem Handrücken einen Klaps gegen den Arm.

Bethod war sich nicht sicher, ob er jemals weniger Spaß gehabt hatte als in den letzten Augenblicken.

»Frieden, das brauchen wir jetzt.« Logen tapste zum Tisch, locker und gut gelaunt, und er schüttete sich so ungestüm mehr Wein in den Becher, dass er auch über sein Bein spritzte, was er aber kaum bemerkte. »Ich meine, die Leiche von diesem Drecksack nützt mir nichts, oder? Wozu taugt er, wenn er tot ist? Dann ist er bloß noch tumbes Fleisch und bald danach Schlamm. Gib ihn Rasselkopf zurück. Heim zu Papi. Ist für alle das Beste. Wir bringen das hinter uns und gehen dann nach Hause. Und züchten dann Schweine oder irgend so einen Scheiß. Er gehört dir.«

»Den Toten sei Dank«, flüsterte Bethod, der kaum sprechen konnte, weil sein Herz so laut klopfte. »Du hast die richtige Entscheidung gefällt. Vertrau mir.« Er holte tief Luft und ging dann mit weichen Knien zur Zelttür. Doch bevor er ins Freie trat, wandte er sich noch einmal um.

Ein Mann sollte seine Verpflichtungen ehren, hatte ihm sein Vater immer gesagt.

»Danke, Logen«, erklärte er. »Wirklich. Ohne dich wäre ich nicht dort, wo ich heute bin. So viel weiß ich.«

Logen lachte. »Dafür sind Freunde doch da, oder nicht?« Und er zeigte dieses entspannte Lächeln von früher, das Lächeln eines Mannes, der niemals dunkle Ziele verfolgt hätte, und der frische Schnitt auf seiner Wange verzog sich, bis aus den Stichen eine dünne Blutspur rann. »Wo ist denn jetzt dieses Mädel hin?«

Draußen war es hell, und Bethod schloss die Augen und atmete tief durch, dann wischte er sich mit dem Handrücken den Schweiß von der Stirn.

Er konnte es schaffen. Er konnte es schmecken.

Freiheit.

Frieden.

Sensen auf den Feldern, Männer, die etwas erbauten, statt etwas zu zerstören, der Wald, der für seine große Straße gerodet wurde, und eine Nation, die sich aus Staub und Asche erhob. Eine Nation, für die sich alle Opfer gelohnt haben würden …

Und dafür musste er lediglich einen Mann, der ihn mehr hasste als alles andere auf der Welt, dazu bewegen, die Dinge auf seine Weise zu sehen. Er holte noch einmal tief Luft und blies dann die Wangen auf.

»Er überlässt dir Rasselkopfs Sohn?«, fragte Kropf, der kurz aufhörte, seinen Daumennagel abzuknabbern, und ein kleines abgebissenes Stückchen ausspuckte.

»Das tut er.«

Der Hundsmann schloss die Augen und stieß ebenfalls einen erleichterten Seufzer aus. »Den Toten sei Dank. Ich hatte versucht, es ihm zu sagen. Versucht, aber ...«

»Er ist heutzutage niemand, mit dem es sich leicht reden lässt.«

»Nein, das ist er wohl nicht.«

»Beschäftigt ihn hier bitte, bis Rasselkopf wieder weg ist«, sagte Bethod. »Das Letzte, was ich gebrauchen kann, ist der Blutige Neuner, der mit raushängendem, feuchtem Schwanz in meine Verhandlungen platzt. Und bei den Toten, sorgt dafür, dass er keinen Blödsinn macht!«

»Er ist nicht blöd.«

Bethod blickte zurück in das schattenumlagerte Maul des Zelteingangs, aus dem Logens fröhliches Summen drang. »Dann sorgt dafür, dass er nichts Verrücktes tut.«

»Du kannst gleich da stehen bleiben«, sagte Kropf, schob sich mit der Schulter vor Bethod und zog zur Warnung eine gute Länge Stahl.

»Natürlich.« Der Fremde wirkte nicht besonders bedrohlich, nicht einmal auf Bethod, der sich inzwischen daran gewöhnt hatte, überall Angriffe zu wittern. Vor ihnen stand ein unauffälliger, kleiner Kerl in reisestaubigen Kleidern, der sich auf einen Stab stützte. »Ich bitte Euch nur um ein klein wenig Eurer Zeit, Lord Bethod.«

»Ich bin kein Lord«, sagte Bethod.

Der Mann lächelte nur. Es war etwas Seltsames an ihm. Ein wissendes Funkeln in seinen Augen. Verschiedenfarbige Augen, wie Bethod bemerkte. »Wenn man jeden Mann wie einen Kaiser behandelt, wird man niemanden beleidigen.«

»Dann geht ein Stück mit mir.« Bethod schritt zwischen den Zelten und den Schlammlachen auf die Feste zu. »Ich habe einen Augenblick Zeit für Euch.«

»Mein Name ist Sulfur.« Damit verbeugte sich der Mann bescheiden, noch während er hinter ihm her eilte. Seine Manieren waren ein wenig südländisch geprägt, wie Bethod beifällig bemerkte. »Ich bin ein Gesandter.«

Bethod schnaubte. Gesandte brachten selten gute Nachrichten. Neue Herausforderungen, neue Beleidigungen, neue Bedrohungen, neue Fehden, aber selten gute Nachrichten. »Von welchem Clan?«

»Von keinem Clan, Lord Bethod. Ich komme von Bayaz, dem Ersten der Magi.«

»Pah«, schnaufte Kropf ablehnend, das Schwert noch immer halb gezogen.

Und Bethod erkannte, was ihn an diesem Mann am meisten beunruhigte. Er hatte keine Waffe. In diesen blutigen Zeiten war das so ungewöhnlich, als würde man ohne seinen Kopf auf Reisen gehen.

»Was sollte ein Zauberer von mir wollen?«, fragte er mit gerunzelter Stirn. Für Zauberkunst hatte er nichts übrig. Er hielt mehr von Dingen, die man anfassen, berechnen und auf die man sich verlassen konnte.

»Er möchte nicht über das reden, was er wünscht, sondern über das, was *Ihr* wünscht. Mein Meister ist ein ausgesprochen weiser und mächtiger Mann. Der weiseste und mächtigste, der in diesen späten Tagen vielleicht überhaupt noch lebt. Zweifelsohne kann er Euch helfen, bei Euren …« Sulfur wedelte mit seiner langfingrigen Hand, als ob er das richtige Wort suchte. »Schwierigkeiten.«

»Unterstützung ist mir natürlich stets willkommen.« Sie stapften durch den schmatzenden Matsch, vorbei an den Wachen und zurück in die Feste. »Aber meine Schwierigkeiten sind heute vorüber.«

»Mein Meister wird überglücklich sein, das zu erfahren. Aber, wenn ich darf, so würde ich doch gern darauf hinweisen, dass gelöste Probleme oft die Eigenschaft haben, von neuen Schwierigkeiten eingeholt zu werden.«

Bethod schnaubte wieder, während er auf der Treppe stehen blieb und mit Kropf an seiner Seite zum Tor hinübersah. »So viel ist wohl wahr.«

Sulfur sprach weiter in sein Ohr, mit sanfter, einschmeichelnder Stimme. »Sollten sich Eure Schwierigkeiten einmal als so groß erweisen, dass Ihr sie allein nicht schultern könnt, dann steht Euch die Tür meines Meisters jederzeit offen. Ihr mögt ihm jederzeit einen Besuch abstatten, in der Großen Bibliothek des Nordens.«

»Bestellt Eurem Meister meinen Dank, aber sagt ihm, ich hätte keinen Bedarf an …« Bethod wandte sich um, aber der Mann war verschwunden.

»Rasselkopf ist auf dem Weg, Häuptling.« Schneebleich kam ihm über den Hof entgegengeeilt. Sein Mantel war von dem schnellen Ritt mit Dreck bespritzt. »Hast du seinen Sohn, ja?«

»Ja.«

»Dann hat Neunfinger eingewilligt, ihn aufzugeben?«

»Ja.«

Schneebleich hob die blassen Augenbrauen. »Gut gemacht.«

»Wieso auch nicht? Ich bin sein Häuptling.«

»Klar. Und meiner. Aber es ist manchmal so weit, dass ich nicht weiß, was diesem verrückten Drecksack von einem Tag auf den anderen einfällt. Manchmal gucke ich ihn an, und …«

Er erschauerte. »Dann denke ich, der bringt mich aus reiner Gehässigkeit um.«

»Harte Zeiten erfordern harte Männer«, sagte Kropf.

»Das tun sie wohl, Kropf«, stimmte ihm Schneebleich zu, »und zweifelsohne sind das jetzt solche Zeiten. Die Toten wissen, dass ich schon einigen harten Männern gegenüberstand. Habe mit ihnen gekämpft und gegen sie. Große Namen. Gefährliche Arschlöcher.« Er beugte sich vor, das weiße Haar flatterte im Wind, und er spuckte aus. »Aber ich habe nie jemanden getroffen, der mir so viel Angst gemacht hätte wie der Blutige Neuner. Du vielleicht?«

Kropf schluckte und schwieg.

»Vertraust du ihm?«

»Mit meinem Leben«, sagte Bethod. »Das haben wir doch schon alle getan, oder nicht? Mehr als einmal. Und jedes Mal hat er sich als treu ergeben erwiesen.«

»Joh, und dieses Mal hat er es auch wieder getan, indem er Rasselkopfs Sohn gefangen genommen hat.« Schneebleich grinste. »Frieden, was, Häuptling?«

»Frieden«, sagte Bethod, der sich das Wort auf der Zunge zergehen ließ und dabei seinen Geschmack auskostete.

»Frieden«, brummte Kropf. »Dann kann ich ja wieder als Zimmermann arbeiten.«

»Frieden«, sagte Schneebleich und schüttelte den Kopf, als ob er kaum glauben konnte, dass es so etwas wirklich geben konnte. »Soll ich Kleinknochen und Schlohmähne dann also sagen, sie sollen abziehen?«

»Im Gegenteil«, sagte Bethod. Er glaubte bereits Hufe vor den Toren zu hören. »Sie sollen ihre Männer in Bereitschaft bringen. All ihre Männer.«

»Aber …«

»Der weise Anführer hofft, dass er sein Schwert nicht brauchen wird. Aber deswegen schärft er es trotzdem.«

Schneebleich lächelte. »Das tut er, Häuptling. Ein stumpfes nützt einem ja nichts.«

Reiter sprengten durch das Tor. Kampfmüde Männer auf kampfbereiten Pferden. Männer mit wohlerprobten Rüstungen und Waffen. Männer, die ihre grimmigen Gesichter wie Schwerter präsentierten. Rasselkopf ritt ganz vorn, und obwohl er langsam kahl wurde und etwas in die Breite ging, war er noch immer ein beeindruckender Kerl, mit goldenen Ringen in seinem Kettenhemd, goldenen Ringen im Haar und Gold am Heft eines schweren Schwertes.

Der Matsch spritzte über den Hof und auf alle Anwesenden, als er herangaloppierte, sein Pferd hart zügelte und dann mit gebleckten Zähnen auf Bethod hinunterstarrte.

Bethod lächelte nur. Schließlich war er im Vorteil. Er konnte es sich leisten. »Schön, dich zu sehen, Rasselkopf ...«

»Sehe ich anders«, fauchte der. »Scheiße, dich zu sehen, würde ich sagen. So richtig Scheiße! Bist du das etwa, Curnden Kropf, du alter Wichser?«

»Joh«, sagte Kropf ganz ruhig, die Hände über dem Schwertgurt gefaltet.

Rasselkopf schüttelte den Kopf. »Hätte nie gedacht, dass ein guter Mann wie du sich für so was hier hergeben würde.«

Kropf zuckte nur die Achseln. »Bei einem guten Kampf stehen stets auf beiden Seiten gute Männer.« Bethod gefiel Kropf immer besser. Er hatte so eine beruhigende Präsenz. Jemand, der auch in krummen Zeiten ganz geradeaus ging. Jemand, der in jeder Hinsicht das genaue Gegenteil vom Blutigen Neuner war.

»Ich sehe hier nicht allzu viele gute Männer«, herrschte Rasselkopf ihn an.

Was hatte Bethod seiner Frau gesagt? Im Norden liebte man die niederträchtigen, stolzen, zornigen Männer und wählte die kindischsten von ihnen zu Anführern. Hier stand eines der besten Beispiele für diese Behauptung – oder vielleicht auch eines der schlimmsten, je nach dem, wie man die Sache betrachten wollte –, tobte herum und blähte die Nüstern weiter als sein Pferd.

Bethod amüsierte diese Beobachtung, aber als er sprach, achtete er auf einen respektvollen Ton. »Du beehrst meine Feste mit deiner Anwesenheit, Rasselkopf.«

»*Deine* Feste?«, schäumte Rasselkopf. »Letzten Winter gehörte sie noch Hallum Braunstab!«

»Ja. Aber Hallum handelte überstürzt und verlor sie an mich, ebenso wie sein Leben. Jedenfalls freue ich mich, dass du hierhergekommen bist.«

»Nur wegen meinem Sohn. Wo ist mein Sohn?«

»Er ist hier.«

Die Kinnmuskeln des Alten mahlten. »Ich habe gehört, er hat gegen den Blutigen Neuner gekämpft.«

»Und verloren.« Kurz sah Bethod die Angst in Rasselkopfs faltigem Gesicht aufflackern. »Die Unvernunft der Jugend, zu glauben, dass man gewinnen könnte, wo hundert bessere Männer schon gescheitert und zu Schlamm geworden sind.« Diese Worte ließ er eine Weile wirken. »Aber Neunfinger hat ihm nur einen Schlag auf den Kopf gegeben, und das ist bei deiner Familie doch wohl der am wenigsten empfindliche Körperteil, oder? Er hat nichts weiter als einen Kratzer abbekommen. Wir sind keine so blutrünstigen Drecksäcke, wie ihr glaubt.« Nicht alle jedenfalls. »Er ist in Sicherheit. Er wird gut behandelt. Wie ein Gast. Im Augenblick befindet er sich hier unter uns, in meinem Keller.« Und weil er Rasselkopf schließlich kein zu harmloses und beruhigendes Bild zeichnen wollte, fügte Bethod hinzu: »In Ketten!«

»Ich will ihn wiederhaben«, sagte Rasselkopf mit rauer Stimme, und seine Wangen zitterten.

»Würde mir in deiner Lage ganz genauso gehen. Ich habe

selbst Söhne. Steig von deinem Pferd, und dann reden wir darüber.«

Sie starrten sich über den Tisch hinweg an. Auf einer Seite Rasselkopf und seine Namhaften Männer, deren Blicke vermuten ließen, dass sie eher einen Kampf beginnen als Frieden schließen wollten. Auf der anderen Bethod, eingerahmt von Schneebleich und Curnden Kropf.

»Möchtet ihr etwas Wein?«, fragte er und deutete auf den Krug.

»Scheiß auf deinen Wein!«, brüllte Rasselkopf und schlug den Becher so heftig beiseite, dass er über den Tisch flog und an der Wand zerbrach. »Und scheiß auf deine Landkarten und scheiß auf dein Gequatsche! Ich will meinen Sohn!«

Bethod holte tief Luft und seufzte. Wie viel Zeit verschwendete er eigentlich immer wieder mit diesem Geseufze? »Du kannst ihn haben.«

Wie er gehofft hatte, traf das Rasselkopf und seine Männer völlig unvorbereitet. Sie blinzelten einander an, runzelten die Stirn und grollten, warfen ihm finstere Blicke zu und versuchten herauszufinden, was das jetzt wieder für ein Täuschungsmanöver sein sollte.

»Hä?«, war dann aber alles, was Rasselkopf herausbrachte.

»Was nützt er mir denn? Nimm ihn mit, du hast meinen Segen.«

»Und was willst du dafür haben?«

»Nichts.« Bethod beugte sich vor und blickte unverwandt in Rasselkopfs graubärtiges Gesicht. »Ich will Frieden, Rasselkopf. Mehr habe ich nie gewollt.« Das war eine Lüge, das wusste er, schließlich hatte er mehr Schlachten angezettelt als jeder andere Häuptling seiner Zeit, aber eine gute Lüge ist besser als eine schlechte Wahrheit, hatte seine Mutter ihm immer gesagt.

»Frieden?«, schnaubte Schwarzzeh, einer von Rasselkopfs Namhaften Männern, der als besonders unbezähmbar galt. »Hast du den fünf Dörfern, die du oben im Tal niedergebrannt hast, etwa Frieden gebracht?«

Bethod stellte sich seinem brennenden Blick, ganz ruhig und gelassen. Er war ein Fels. »Wir hatten Krieg, und im Krieg tun Menschen Dinge, die sie später bedauern. Auf beiden Seiten. Ich will nichts mehr bedauern. Von daher, Schwarzzeh – ja, ich will den Frieden, egal, was du glaubst. Das ist alles, was ich mir wünsche.«

»Frieden«, raunte Rasselkopf. Bethod beobachtete sein narbiges Gesicht genau, und dann sah er es. Dieses leicht sehnsüchtige Zucken. Den langsam weicher werdenden Mund. Den verschleierten Blick. Er kannte das alles von sich selbst und begriff, dass auch Rasselkopf den Frieden wollte. Nach all dem Blut, das in den letzten Jahren vergossen worden war – welcher vernünftige Mann hätte da auch etwas anderes gewollt?

Bethod schlang die Hände auf dem Tisch ineinander. »Wenn wir jetzt Frieden schließen, können die Hörigen wieder zu ihren Höfen zurückkehren und die Carls in ihre Burgen. Wenn wir jetzt Frieden schließen, müssen sich die Ehefrauen und Mütter und Kinder nicht allein mit der Ernte plagen. Wenn wir jetzt Frieden schließen, können wir etwas *aufbauen*.« Und nun schlug Bethod mit der Faust auf den Tisch. »Ich habe genug Verschwendung erlebt, was ist mit euch?«

»Ich habe das alles nie gewollt«, fauchte Rasselkopf.

»Glaub es mir oder glaub es nicht, aber ich auch nicht. Also lass uns die Kämpfe beenden. Hier. Jetzt. Es steht in unserer Macht.«

»Hörst du dir das an?«, wandte sich Schwarzzeh an seinen Häuptling, wobei seine Stimme ungläubig in eine höhere Tonlage kippte. »Yawl der Alte wird nichts von Frieden hören wollen, und ich auch nicht!«

»Halt die Klappe!«, fuhr Rasselkopf ihn an und starrte Schwarzzeh nieder, bis der in mürrisches Schweigen versank. Dann wandte er die Augen wieder zu Bethod, während er sich gedankenverloren über den Bart strich. Die meisten seiner Männer blickten ebenfalls nachgiebiger drein. Dachten darüber nach. Überlegten, was Frieden bedeuten würde. »Schwarzzeh hat allerdings in einem Punkt recht«, sagte Rasselkopf. »Yawl der Alte wird nichts davon hören wollen, und dann müssen wir auch an den Schwarzen Dow denken und an viele andere auf meiner Seite, die noch Rechnungen offen haben. Sie werden vielleicht nicht bereit sein, Frieden zu schließen.«

»Die meisten aber schon. Und was die anderen angeht, so ist es unsere Aufgabe, sie zur Einsicht zu bewegen.«

»Sie werden nicht aufhören, dich zu hassen«, sagte Schwarzzeh.

Bethod zuckte die Achseln. »Sie können ja auch gern damit weitermachen. Solange sie mich friedlich hassen.« Er beugte sich vor und legte etwas Eisen in seine Stimme. »Aber wenn sie gegen mich kämpfen wollen, werde ich sie zerschmettern! So wie Dreibaum und Beyr und alle anderen.«

»Was ist mit dem Blutigen Neuner?«, fragte Rasselkopf. »Willst du aus diesem Tier einen braven Bauern machen, oder was?«

Bethod ließ sich die Zweifel, die er in dieser Hinsicht hegte, nicht anmerken. »Vielleicht werde ich das. Er ist mein Mann. Meine Angelegenheit.«

»Und er wird einfach so tun, was du sagst, ja?«, fragte Schwarzzeh verächtlich.

»Das hier ist eine größere Sache, größer als wir alle«, sagte Bethod, der weiter Rasselkopfs Blick suchte. »Das geht hinaus über dich, über mich, über deinen Sohn oder auch den Blutigen Neuner. Das hier schulden wir unserem Volk. Sprich mit den anderen Clans. Ruf deine Hunde zurück. Sag ihnen, das Land, das ich in der Schlacht erobert habe, gehört mir und meinen Söhnen und meinen Enkeln. Was du jetzt noch besitzt, bleibt dir. Dir und deinen Söhnen. Ich will es nicht.« Damit erhob er sich und streckte die Hand aus, vorsichtig darauf achtend, dass weder die Handfläche noch der Handrücken nach unten zeigten, sondern dass er sie ganz gerade hielt. Absolut korrekt. Eine Hand, die sich keine Freiheiten nahm und keine Gefälligkeiten gewährte. Eine Hand, der man trauen konnte. »Nimm meine Hand, Rasselkopf. Lass uns all dem ein Ende bereiten.«

Rasselkopf ließ die Schultern hängen. Als er sich erhob, wirkte er müde. Ein alter Mann. Ein alter Mann, den der Kampfgeist verlassen hatte.

»Ich will nur meinen Sohn«, krächzte er, und er packte Bethods Hand. Bei den Toten, sein Griff fühlte sich gut an. »Gib mir meinen Sohn, und dann kannst du von mir aus tausend Jahre Frieden haben.«

Bethod schritt federnd davon und spürte eine unvertraute Freude im Herzen. Als sei ihm eine große Last von den Schultern genommen worden. Und warum auch nicht? Wie viele Feinde hatte er sich gemacht, wie viel Blut vergossen, wie oft hatte er trotz schlechtester Vorzeichen gesiegt, und alles nur, um zu überleben? Wie lange lebte er nun schon in Angst?

Frieden. Sie alle hatten behauptet, er würde niemals Frieden haben.

Aber es war, wie sein Vater immer gesagt hatte. Schwerter sind ganz schön, aber die wahren Siege werden mit Worten errungen. Jetzt würde er sich ans Erbauen machen. Etwas erschaffen, worauf er stolz sein konnte. Etwas, worauf sein Vater stolz gewesen wäre. Etwas, auf das seine Söhne …

Und dann sah er den Hundsmann, der oben an der Treppe

kauerte. Sein spitzes Gesicht hatte einen seltsam schuldbewussten Ausdruck, und Bethod fühlte ein Entsetzen in sich aufsteigen, kalt wie Eis, das all seine Träume erfrieren ließ.

»Was machst du hier?«, stieß er flüsternd hervor.

Der Hundsmann schüttelte nur den Kopf, und sein verfilztes Haar schlenkerte vor seinem Gesicht hin und her.

»Ist Neunfinger dort unten?«

Die Augen des Hundsmanns waren groß und feucht, und sein Mund öffnete sich, aber er sagte nichts.

»Ich habe dir doch gesagt, lass nicht zu, dass er irgendwelchen Blödsinn macht«, presste Bethod durch die zusammengebissenen Zähne hervor.

»Du hast mir aber nicht gesagt, wie.«

»Soll ich mit dir runterkommen?« Aber Kropf sah nicht so aus, als ob er sich wirklich darum riss, und das konnte Bethod ihm nicht übelnehmen.

»Ich gehe am besten allein.«

Zögernd – wie ein Mann, der sein eigenes Grab schaufelt – schlich Bethod seitwärts die Treppe hinunter, nahm eine Stufe nach der anderen in die unterirdische Dunkelheit. Vor ihm erstreckte sich der Tunnel, Fackellicht beschien den feuchten Fels am anderen Ende, und als sich etwas bewegte, glitten Schatten über die moosbewachsenen Wände.

Er wäre am liebsten weggerannt, aber er zwang sich, darauf zuzugehen, einen zögerlichen Schritt nach dem anderen, einen keuchenden Atemzug nach dem anderen. Über das Klopfen seines Herzens nahm er seltsame andere Geräusche wahr. Ein Schmatzen und Knirschen. Ein Summen und Pfeifen. Ein Knurren und Stöhnen und manchmal auch kurze, geradezu gesungene Sätze, die allerdings nicht besonders melodiös klangen.

Bethod stockte der Atem, als er sich zwang, um die Ecke zu gehen und durch die weit geöffnete Tür in die Zelle zu blicken, und als er das tat, wurde ihm eiskalt, von den Zehen bis zu den Haarspitzen. Tödlich kalt.

Neunfinger stand da, noch immer nackt, die Lippen gespitzt und schief pfeifend. Seine dicken Muskeln spannten und bewegten sich bei dem, was er da tat, reine Freude leuchtete aus seinen Augen, und seine Haut zierten von Kopf bis Fuß dunkle Spritzer.

Die Wände der Zelle waren mit etwas behängt, mit einer Art schimmerndem Seil, das an eine Girlande bei einem ausschweifenden Fest erinnerte. Es waren Gedärme, erkannte Bethod plötzlich. Gedärme, die auseinandergezogen und an die Wand genagelt worden waren.

»Bei den Toten«, flüsterte er, dann schob er sich wegen des fürchterlichen Gestanks die Hand vor den Mund.

»Das trifft es genau!« Neunfinger rammte das große Messer in den Tisch und hob den Kopf, der vor ihm lag, an einem Ohr empor. Aus dem durchtrennten Hals rann noch immer das Blut und tropfte auf den Boden. Es war der Kopf von Rasselkopfs Sohn. Neunfinger packte den schlaff herunterhängenden Kieferknochen mit der anderen Hand und bewegte ihn ungelenk auf und ab, während er mit zusammengebissenen Zähnen und spöttisch hoher Stimmlage sprach.

»Ich will wieder zu meinem Papi.« Und Neunfinger lachte. »Bring mich wieder zu Papi.« Und er kicherte. »Ich hab Angst.« Und er seufzte, dann warf er den Kopf weg und sah ihm mit gerunzelter Stirn nach, als er in eine Ecke rollte.

»Dachte, das hier sei lustiger.« Nun sah er sich nach etwas um, woran er sich die Hände hätte abwischen können, die bis zu den Ellenbogen glitschig vor Blut waren, aber er fand nichts. »Meinst du, dass Rasselkopf ihn immer noch haben will?«

»Was hast du getan?«, flüsterte Bethod und starrte das Ding an, das dort auf dem Tisch lag und kaum noch Ähnlichkeit mit einem Menschen hatte.

Und Logen zeigte dieses entspannte Lächeln von früher, das Lächeln eines Mannes, der niemals dunkle Ziele verfolgt hätte, und zuckte die Achseln.

»Hab's mir anders überlegt.«

DANKSAGUNG

Wie immer, vier Menschen, ohne die …
Bren Abercrombie, der vom Lesen des Buchs die Augen wehtun.
Nick Abercrombie, dem vom Gerede über das Buch die Ohren wehtun.
Rob Abercrombie, dem vom vielen Umblättern die Finger wehtun.
Lou Abercrombie, der vom Festhalten meiner Wenigkeit die Arme wehtun.

Außerdem gilt mein herzlicher Dank:

Den Herausgebern von Anthologien, die unglaublicherweise bereit waren, mir Geld dafür zu zahlen, dass ich einige dieser Geschichten überhaupt erst schrieb: Lou Anders, Jonathan Strahan, George R.R. Martin, Gardner Dozois und Shawn Speakman.

All jenen wunderbaren und talentierten Menschen bei meinem britischen Verlag Gollancz und dessen Muttergesellschaft Orion, vor allem Simon Spanton, Sophie Calder, Jen McMenemy, Mark Stay und Jon Wood. Dann natürlich auch all jenen, die mir geholfen haben, meine Bücher zu schreiben, zu verlegen, zu bewerben, zu übersetzen und vor allem zu verkaufen, wo auch immer in der Welt sie sich befinden mögen.

Den Designern, die dafür verantwortlich sind, dass ich irgendwie stilvoll rüberkomme: Dave Senior und Laura Brett.

Dem, der dafür sorgte, dass der Wolf auf der richtigen Seite der Tür blieb: Robert Kirby.

Allen Autoren, deren Pfade sich im Internet, an der Bar oder in einigen Fällen am D&D-Tisch und im Fechtsaal mit meinen kreuzten, und die Hilfe, Unterstützung, Gelächter und jede Menge stehlenswerte Ideen beisteuerten. Ihr wisst, wen ich meine.

Und zuletzt und vor allem in erster Linie …

Meiner Komplizin bei allen Verbrechen gegen die Fantasy-Literatur, Gillian Redfearn. Keine Klinge ist so scharf wie ihr gespitzter Bleistift …

DIE RÜCKKEHR IN DIE WELT
DER KLINGEN-ROMANE

Eine neue Generation von Abenteurern steht auf

LESEPROBE

SEGNUNGEN UND FLÜCHE

Rikke.«

Mit großer Anstrengung öffnete sie ein Auge – ein Spalt stechender, übelkeitserregender Helligkeit.

»Komm wieder zurück.«

Die Angesprochene schob das spuckefeuchte Rundholz mit der Zunge aus dem Mund und stieß das erste Wort hervor, das ihr einfiel. »Scheiße.«

»Ja, so ist es gut, mein Mädchen!« Isern hockte sich neben ihr hin, dass die Runen und Fingerknochen an ihrer Kette nur so schaukelten; sie grinste schief, wobei ihre Zahnlücke sichtbar wurde, bot ihr aber keine Hilfe an. »Was hast du gesehen?«

Rikke fasste sich an den Kopf. Es fühlte sich an, als würde ihr der Schädel platzen, wenn sie ihn nicht zusammenhielt. Noch immer zuckten Schatten über die Innenseite ihrer Augenlider, wie diese glühenden Flecken, die man sah, wenn man direkt in die Sonne geblickt hatte.

»Ich sah Leute von einem hohen Turm stürzen. Dutzende.« Bei dem Gedanken daran, wie diese Menschen auf den Boden geprallt waren, zog ein Schatten über ihr Gesicht. »Ich sah Leute, die gehängt wurden. Jede Menge.« Ihre Eingeweide krampften sich bei der Erinnerung an die hin und her schwingenden Körper und die baumelnden Füße zusammen. »Ich sah … eine Schlacht vielleicht? Unter einem roten Berg.«

Isern schniefte. »Wir sind hier im Norden. Da braucht man keine Magie, um eine Schlacht vorherzusagen. Was noch?«

»Ich sah, wie Uffrith brannte.« Es war, als ob Rikke den Rauch noch immer riechen konnte. Sie presste sich die Hand auf das linke Auge. Es fühlte sich heiß an. Brennend heiß.

»Was noch?«

»Ich sah einen Wolf die Sonne verschlingen. Dann fraß ein Löwe den Wolf. Dann fraß ein Lamm den Löwen. Dann fraß eine Eule das Lamm.«

»Das muss ja ein echtes Eulenungeheuer gewesen sein.«

»Oder vielleicht auch ein sehr winziges Lamm? Was bedeutet das?«

Isern berührte ihre vernarbten Lippen mit der Fingerspitze, so wie sie das immer tat, wenn sie kurz davorstand, etwas Wichtiges zu verkünden. »Scheiße, keine Ahnung. Vielleicht wird uns das Rad der Zeit, wenn es sich weiterdreht, die Geheimnisse dieser Visionen offenbaren.«

Rikke spuckte aus, schmeckte aber noch immer Verzweiflung auf der Zunge. »Also … abwarten.«

»Das ist in elf von zwölf Malen die beste Vorgehensweise.« Isern kratzte sich in der kleinen Kuhle über den Schlüsselbeinen und zwinkerte Rikke zu. »Aber wenn ich das so sagen würde, dann würde mich ja niemand für eine große Denkerin halten.«

»Also, zwei Geheimnisse kann ich gleich enthüllen.« Rikke stöhnte und stützte sich auf einen Ellenbogen auf. »Mir tut der Kopf weh, und ich habe mir in die Hosen gekackt.«

»Das zweite ist kein Geheimnis, das hat jeder längst gemerkt, der eine Nase hat.«

»Kacke-Rikke werden sie mich nennen.« Sie rümpfte die Nase, als sie sich ein wenig bewegte. »Und das nicht zum ersten Mal.«

»Dein Problem ist, dass es dich überhaupt interessiert, wie sie dich nennen.«

»Mein Problem ist, dass ich mit Anfällen geschlagen bin.«

Isern grinste und tippte sich auf die Wange unter dem linken

Auge. »Du sagst, es sei ein Fluch, ich sage, du bist gesegnet mit dem Langen Auge.«

»Ha.« Rikke rollte sich auf die Knie, und ihr Magen vollführte dieselbe Bewegung, bis sein Inhalt an ihrer Kehle kitzelte. Bei den Toten, sie fühlte sich zerschlagen und ausgequetscht. Es war doppelt so schmerzhaft wie das Erwachen nach einer Nacht mit zu viel Bier, nur fehlten irgendwelche netten Erinnerungen. »Für mich fühlt es sich nicht wie ein Segen an«, meinte sie brummig, nachdem sie zaghaft aufgestoßen und einen Waffenstillstand mit ihrem Magen ausgehandelt hatte.

»Es gibt wenige Segnungen ohne einen darin verborgenen Fluch, und auch kaum Flüche ohne den Hauch eines Segens.« Isern schnitt aus einem getrockneten Klumpen Tschagga ein kleines Stückchen heraus. »Wie bei den meisten Dingen ist es eine Frage der Betrachtung.«

»Sehr tiefsinnig.«

»Wie immer.«

»Vielleicht würde jemand, dem der Kopf weniger wehtut, deine Weisheiten mehr zu schätzen wissen.«

Isern befeuchtete sich die Fingerspitzen mit der Zunge, rollte das Tschagga zu einer kleinen Kugel und hielt sie Rikke hin. »Ich bin ein bodenloser Brunnen der Erkenntnis, kann aber die Unwissenden nicht zwingen, aus mir zu trinken. Jetzt zieh dir die Hosen aus.« Sie stieß ihr typisch wildes, bellendes Lachen aus. »Wie viele Männer es wohl gibt, die nur zu gern diese Worte aus meinem Mund hören würden!«

Rikke lehnte sich mit dem Rücken gegen einen der Bautasteine, auf deren Oberseiten noch Schnee lag, kniff die Augen zusammen, als die Sonne durch die herabhängenden Zweige blitzte, und zog den Pelz, den sie von ihrem Vater bekommen hatte, enger um die Schultern, während ihr der beißende Wind um den nackten Hintern fuhr. Sie kaute das Tschagga, jagte mit schwarzen Fingernägeln nach dem Juckreiz, der über ihren ganzen Körper tanzte, und versuchte ihre Nerven zu beruhigen und die Erinnerungen an den Turm, an die Gehängten und an das brennende Uffrith abzuschütteln.

»Visionen«, murmelte sie. »Ganz sicher ein Fluch.«

Wenig später kam Isern mit Rikkes tropfnassen Hosen wieder über die matschige Böschung. »So rein wie frisch gefallener Schnee! Jetzt stinkst du höchstens noch nach Jugend und Enttäuschung.«

»Du bist mir gerade die Richtige, dich übers Stinken auszulassen, Isern-i-Phail.«

Isern hob ihren sehnigen, tätowierten Arm, schnupperte an ihrer Achselhöhle und stieß einen zufriedenen Seufzer aus. »Ich verströme einen guten, erdigen, fraulichen Duft, so wie der Mond ihn liebt. Wenn dich irgendwelche Gerüche stören, dann hast du dir die falsche Gefährtin ausgesucht.«

Rikke wollte etwas Tschaggasaft ausspucken, stellte sich dabei aber so ungeschickt an, dass der größte Teil dabei auf ihrem Kinn landete. »Wenn du glaubst, ich hätte mir irgendwas davon ausgesucht, dann bist du verrückt.«

»Das hat man über meinen Pa auch gesagt.«

»Der war auch so verrückt wie ein Sack Eulen, das sagst du doch selbst immer!«

»Joh, na ja, was für den einen verrückt ist, ist für den anderen bemerkenswert. Ich muss wohl nicht sagen, dass du noch einen großen Sprung von deinem normalen Selbst entfernt bist. Dieses Mal hast du so heftig um dich getreten, dass du beinahe deine Stiefel verloren hättest. In Zukunft muss ich dich vielleicht fesseln, damit du dir nicht die Rübe aufschlägst und am Ende nur noch sabberst, so wie mein Bruder Brait. Der kann aber wenigstens seine Kacke bei sich behalten.«

»Na, schönen Dank auch.«

»Keine Ursache.« Isern formte mit ihren Fingern eine Raute und blickte durch dieses kleine Feld zur Sonne hinauf. »Wir sollten längst unterwegs sein. Edle Taten werden heute vollbracht. Oder vielleicht auch niedere.« Damit warf sie die Hosen in Rikkes Schoß. »Zieh die besser an.«

»Wie, so nass? Da reibe ich mir doch alles wund.«

Isern schnaubte. »Wenn das alles ist, worüber du dir Sorgen machst?«

»Mir tut der Kopf noch immer so weh, dass ich es in den Zähnen fühle.« Rikke hätte gern geschrien, aber das hätte noch mehr wehgetan, und das wusste sie, deswegen stieß sie die Worte ganz leise hervor. »Noch mehr kleine Unannehmlichkeiten kann ich nicht gebrauchen.«

»Das Leben *besteht* aus kleinen Unannehmlichkeiten, Mädchen! Daran merkst du, dass du noch lebst.« Wieder stieß Isern ihr bellendes Lachen aus, dann klopfte sie Rikke gut gelaunt mit so viel Schwung auf die Schulter, dass die kurz aus dem Tritt kam und zur Seite stolperte. »Du kannst natürlich auch deinen runden, weißen Arsch frei raushängen lassen, wenn dir das lieber ist, aber jetzt wird gelaufen, angezogen oder nackt.«

»Ein Fluch«, brummte Rikke und quälte sich in ihre feuchten Hosen. »Ganz sicher ein Fluch.«

»Also … meinst du wirklich, ich habe das Lange Auge?«

Isern marschierte wie gewohnt mit weit ausholenden Schritten durch den Wald, was stets dafür sorgte, dass Rikke ein kleines Stück hinter ihr blieb, egal, wie schnell sie ging. »Meinst du, ich würde meine Bemühungen sonst an dich verschwenden?«

Rikke seufzte. »Nein, wohl nicht. Bloß ist es in den Liedern immer eine Kraft, die von den Hexen und Magi und den großen Weisen benutzt wird, um durch den Nebel dessen zu blicken, was kommt. Und keine, wegen der Idioten umfallen und sich vollkacken.«

»Falls dir das noch nie aufgefallen ist, die Barden haben die Angewohnheit, die Dinge ein wenig zu beschönigen. Mit Liedern über weise Hexen kann man nämlich ganz hübsches Geld verdienen, mit Liedern über vollgekackte Idioten weniger.«

Rikke musste sich bekümmert eingestehen, dass das wohl der Wahrheit entsprach.

»Und es ist nicht leicht zu beweisen, dass man das Lange Auge hat. Man kann es nicht zwingen, sich zu öffnen. Man muss es dazu verlocken.« Isern kitzelte Rikke unter dem Kinn, bis die ungehalten den Kopf wegdrehte. »Man muss es an heilige Orte bringen, wo die alten Steine stehen, damit der Mond es ganz bescheinen kann. Aber es sieht dann trotzdem das, was es will.«

»Aber dass Uffrith brennt?« Jetzt, da sie von den Hohen Höhen hinabstiegen und sich ihrem Zuhause näherten, spürte Rikke eine lastende Beklommenheit. Bei den Toten, sie war in Uffrith bestimmt nicht immer glücklich gewesen, aber sie wollte deswegen nicht, dass der Ort in Flammen aufging. »Wie soll denn das geschehen?«

»Dazu reicht wohl schon ein achtlos angezündetes Küchenfeuer.« Iserns Blick glitt zur Seite. »Obwohl ich sagen würde, hier im Norden ist es wahrscheinlicher, dass Städte durch einen Krieg in Brand geraten.«

»Krieg?«

»Ein Krieg ist das, was geschieht, wenn ein Kampf sich so sehr ausweitet, dass fast niemand unbeschadet wieder herauskommt.«

»Ich weiß, was Krieg ist.« Da war ein Fleckchen Angst, das sich in Rikkes Nacken ausbreiten wollte und das sich nicht abschütteln ließ, egal, wie sie ihre Schultern kreisen ließ. »Aber während meines bisherigen Lebens herrschte im Norden immer nur Frieden.«

»Mein Pa hat gesagt, Friedenszeiten gibt es immer dann, wenn die Weisen sich auf Gewalt vorbereiten.«

»Dein Pa war so verrückt wie ein Stiefel voller Dung.«

»Und was sagt dein Pa? Nur wenige sind so klaren Geistes wie der Hundsmann.«

Rikke bewegte die Schultern noch ein wenig weiter, aber es half nichts. »Er sagt, man muss das Beste hoffen und sich auf das Schlimmste vorbereiten.«

»Ein guter Rat, wenn man mich fragt.«

»Aber er hat wirklich finstere Zeiten durchlebt. Immer gekämpft. Gegen Bethod. Gegen den Schwarzen Dow. Da war alles anders.«

Isern schnaubte. »Nein, war es nicht. Ich war dabei, als dein Vater gegen Bethod gekämpft hat, oben auf den Hohen Höhen, mit dem Blutigen Neuner an seiner Seite.«

Rikke sah sie blinzelnd an. »Da kannst du doch höchstens zehn gewesen sein.«

»Alt genug, um einen Mann zu töten.«

»Was?«

»Damals hab ich immer den Hammer von meinem Pa getragen, weil die Kleinste die schwerste Last tragen soll, aber an jenem Tag hat er mit dem Hammer gekämpft, deswegen hatte ich seinen Speer. Diesen hier.« Der Stiel der Waffe schlug mit seinem Ende den Rhythmus ihrer Schritte auf dem Pfad. »Mein Pa hat einen Mann zu Boden geworfen, und als der gerade wieder aufstehen wollte, hab ich ihm den Speer in den Arsch gerammt.«

»Diesen Speer?« Für Rikke war dieses Ding eigentlich nur ein Stock gewesen, den Isern mit sich trug. Ein Stock, der zufällig eine Kappe aus Hirschleder hatte. Ihr gefiel der Gedanke nicht, dass sich darunter eine Klinge verbarg. Erst recht keine, die schon mal im Arsch irgendeines armen Schweins gesteckt hatte.

»Nun, der Schaft ist im Lauf der Zeit ein paar Mal erneuert worden, aber …« Isern blieb wie angewurzelt stehen, hob die tätowierte Hand und verengte die Augen. Rikke hörte nichts außer dem Wispern der Zweige, dem tröpfelnden Geräusch des schmelzenden Schnees und dem Zwitschern der Vögel in den allmählich grün werdenden Bäumen.

Sie beugte sich zu Isern hinüber. »Was ist ...«

»Leg einen Pfeil auf deinen Bogen und lass sie reden«, flüsterte Isern.

»Wen denn?«

»Oder, wenn das nicht geht, zeig ihnen die Zähne. Du hast ja sehr schöne Zähne.« Damit huschte sie über die Straße und verschwand unter den Bäumen.

»Meine Zähne?«, zischte Rikke, aber da war Iserns huschender Schatten schon im Brombeergestrüpp verschwunden.

In diesem Augenblick hörte sie die Stimme eines Mannes. »Sicher, dass das hier der richtige Weg ist?«

Sie hatte sich den Bogen über ihre Schulter gehängt, weil sie auf Jagdbeute hoffte, und jetzt ließ sie ihn heruntergleiten, tastete ungeschickt nach einem Pfeil und hätte ihn fast fallenlassen, schaffte es dann aber doch, ihn einzunocken, obwohl ein unruhiges Zucken über ihren Arm lief.